AF577806

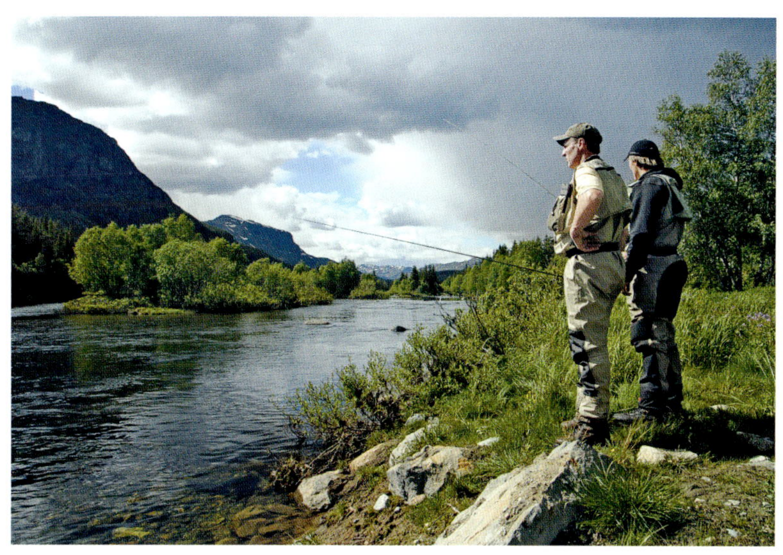

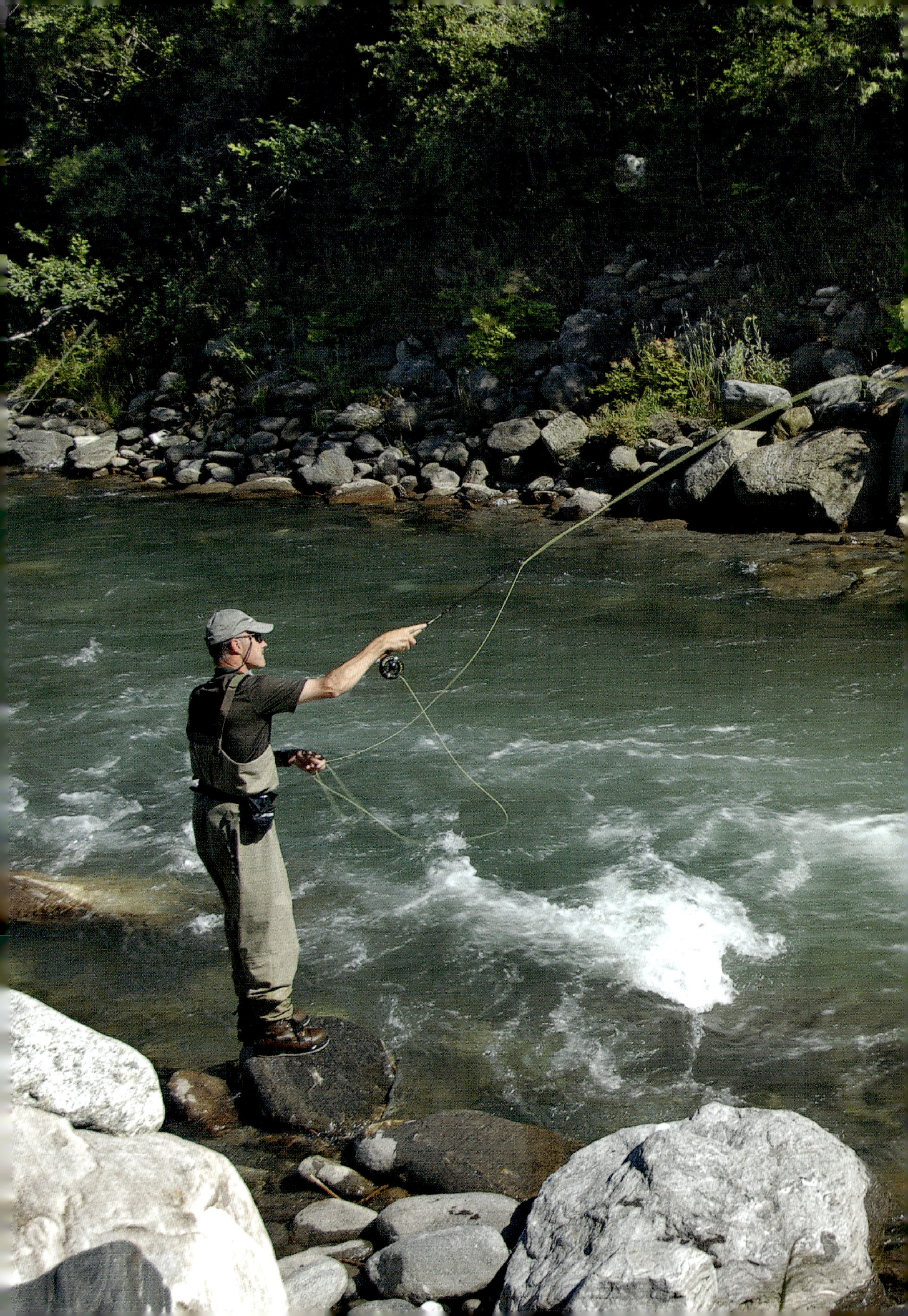

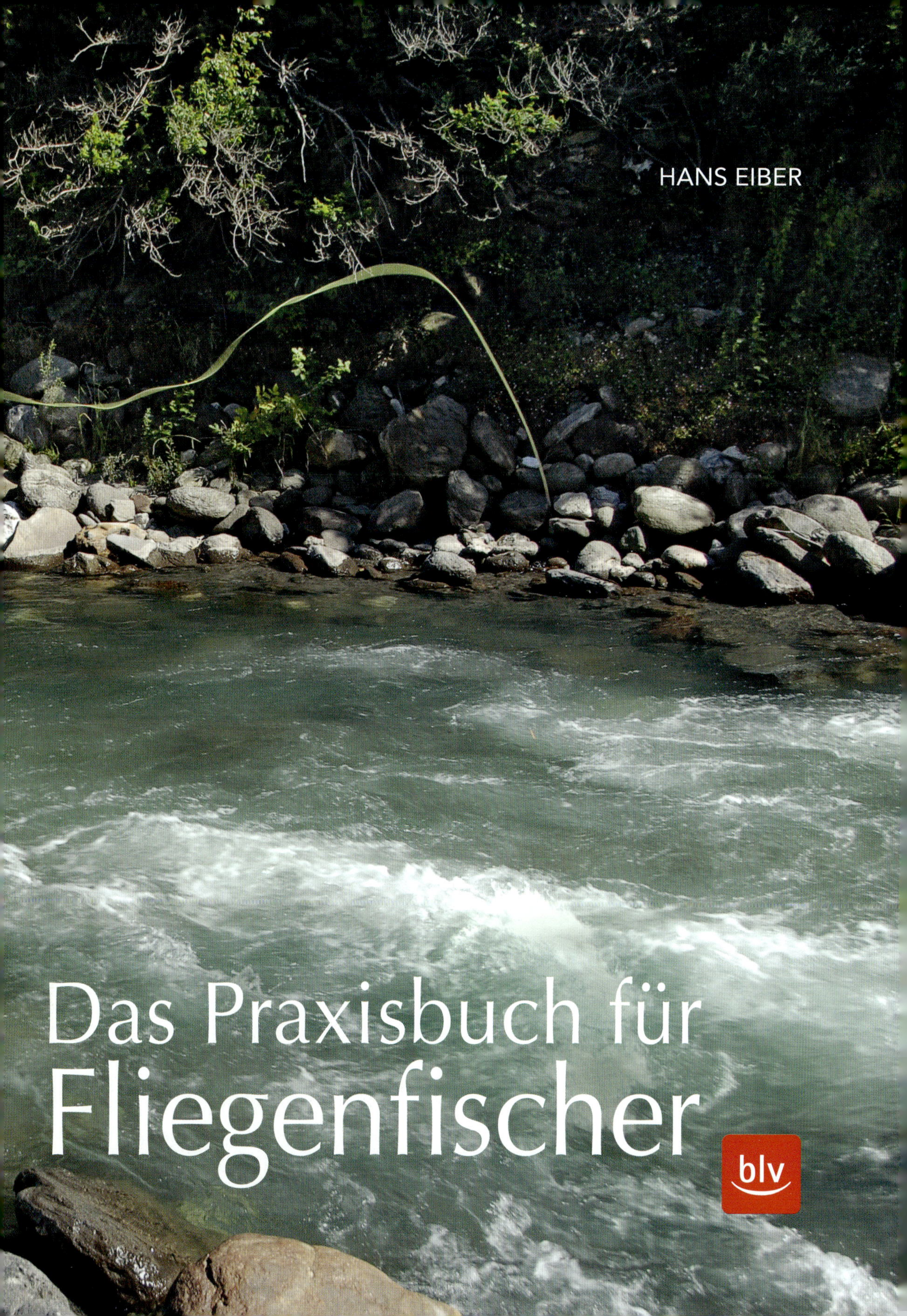
HANS EIBER
Das Praxisbuch für
Fliegenfischer
blv

Was Sie in diesem Buch finden

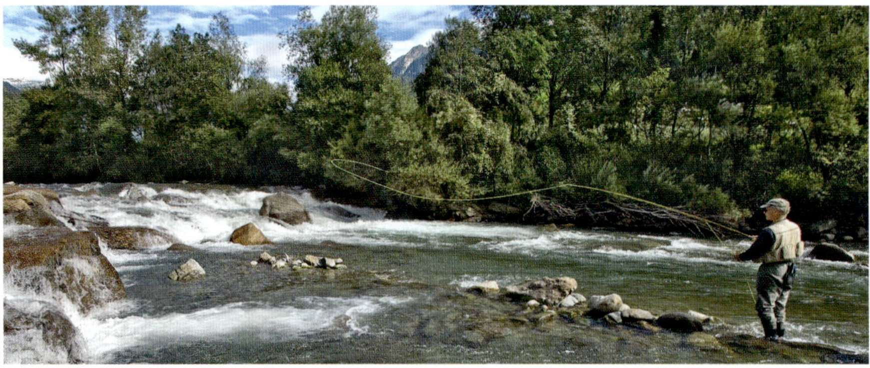

Ein Wort zuvor

Dieses Buch entstand ziemlich genau zehn Jahre nach meinem Erstlingswerk »Das ist Fliegenfischen«. Während jenes sich eher mit dem Gesamtthema beschäftigt, soll nun noch mehr die Praxis in den Vordergrund rücken.
Dabei habe ich versucht auf den vor Ihnen liegenden Seiten interessante Erfahrungen, Methoden und Vorgehensweisen vieler guter und renommierter Fliegenfischer aus dem In- und Ausland zusammenzufassen, zu beschreiben und zu diskutieren.
Ich möchte Sie, liebe Fliegenfischerinnen und Fliegenfischer, einladen, alles was Sie auf den folgenden Seiten finden, vor allem auch als Grundlage zu sehen für Ihre eigenen Schlussfolgerungen, Ideen und Experimente. Zwei Dinge sind mir besonders aufgefallen bei den vielen Fliegenfischern und Fliegenbindern, die ich im Laufe der Jahre kennenlernen durfte: Ein gehöriger Schuss positive Neugierde und eine erfrischende Kreativität. Diese Eigenschaften machen es einem sicher leicht die vorgestellten Methoden und Techniken für das leichte Fliegenfischen in Fließ- und Stillgewässern als Basis und Vorschlag anzusehen und nicht als ultimative Lösung. Finden Sie selbst weiterhin neue Wege und Möglichkeiten zu den ständig individuell auftretenden Herausforderungen. Auch das ist mit dem gewählten Titel »Das Praxisbuch für Fliegenfischer« gemeint.
Ich danke jedem, der mich bei diesem Buch unterstützt hat, allen voran aber meiner Frau Gerda und meinem Sohn Robin, die mir die nötige Zeit zum Schreiben gaben. Des weiteren all jenen, die bereitwillig vor meine Kamera traten, ihr eigenes Bildmaterial oder ihre selbstgebundenen Fliegenmuster zur Verfügung stellten, ihre An- und Einsichten verrieten und bereitwillig mit mir über alles diskutierten, kurz gesagt, treue, liebe Freunde und Kameraden am Fischwasser oder am Bindetisch waren und sind, und hoffentlich noch lange bleiben.
Ich wünsche Ihnen beim Lesen viel Vergnügen und hoffe sehr, dass Sie sich ein wenig inspirieren lassen und noch öfters zur Fliegenrute greifen, als es vielleicht bisher der Fall gewesen ist.

Tight Lines!

Hans Eiber
Aschach im März 2011

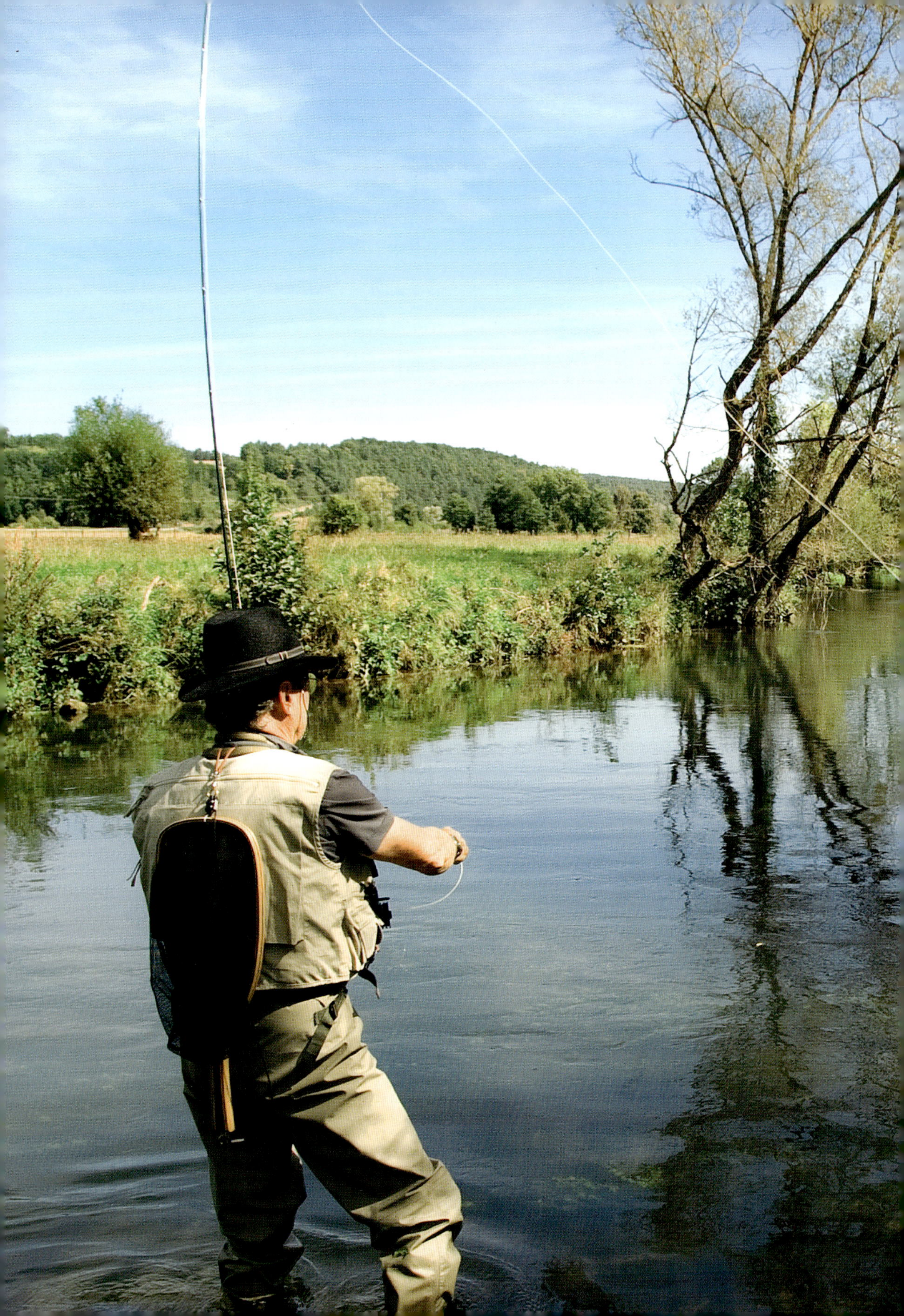

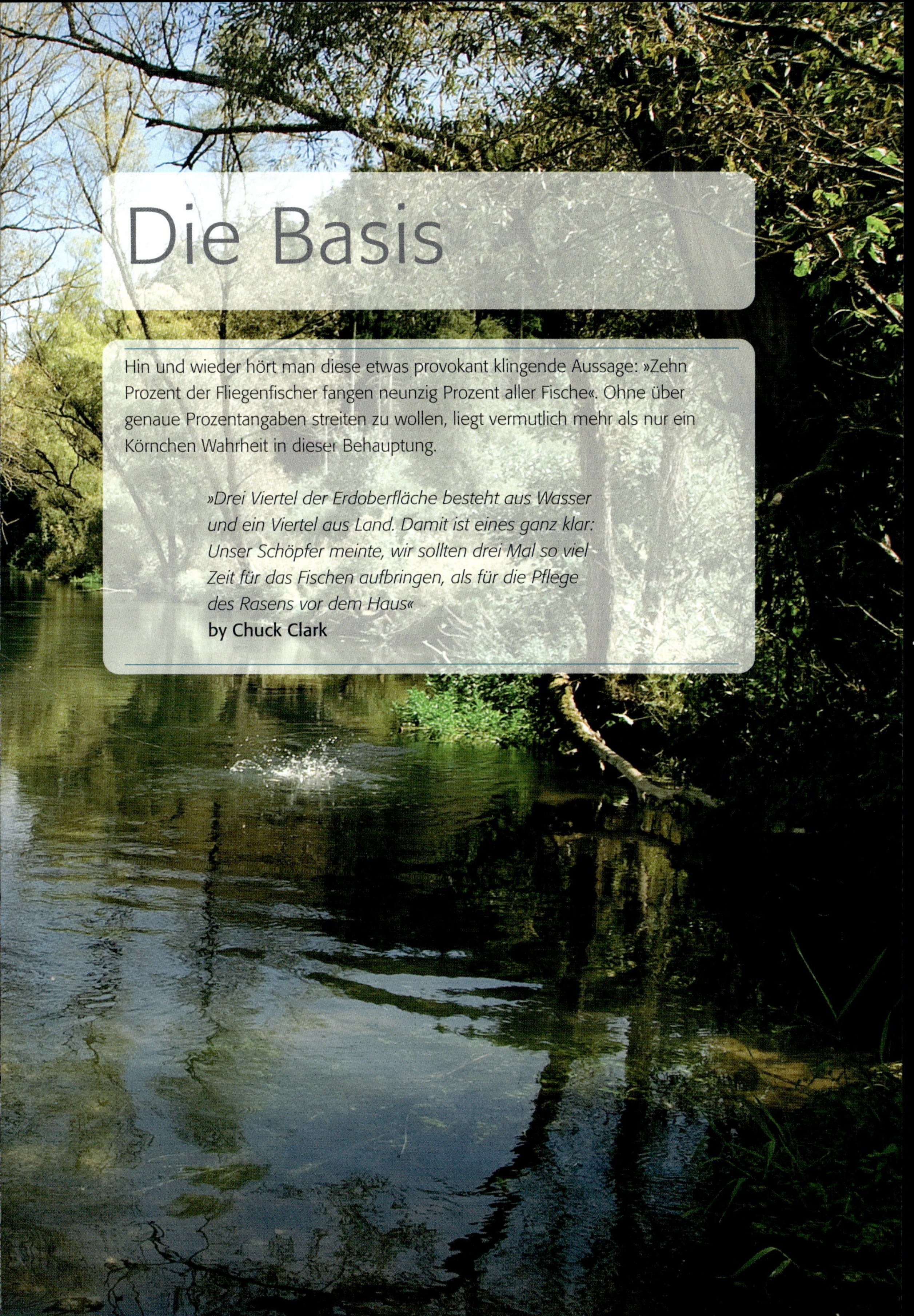

Die Basis

Hin und wieder hört man diese etwas provokant klingende Aussage: »Zehn Prozent der Fliegenfischer fangen neunzig Prozent aller Fische«. Ohne über genaue Prozentangaben streiten zu wollen, liegt vermutlich mehr als nur ein Körnchen Wahrheit in dieser Behauptung.

> *»Drei Viertel der Erdoberfläche besteht aus Wasser und ein Viertel aus Land. Damit ist eines ganz klar: Unser Schöpfer meinte, wir sollten drei Mal so viel Zeit für das Fischen aufbringen, als für die Pflege des Rasens vor dem Haus«*
> **by Chuck Clark**

Biologischer Hintergrund

Alle »Kunst« und Geschicklichkeit im Umgang mit der Fliegenrute nützt uns nur begrenzt, wenn wir uns nicht zumindest im Ansatz damit beschäftigen, wie die Fische ihre Umgebung im Wasser, aber auch die darüber liegende Welt, die unsere, wahrnehmen.

Die Sinne der Fische

Die Fische besitzen besondere Fähigkeiten, sie sind von der Natur für das Leben und Überleben im Wasser vorzüglich ausgestattet. Prinzipiell sind sie uns eigentlich sogar überlegen, aber je mehr wir über sie wissen, umso mehr haben wir eine Chance, es mit ihnen aufnehmen zu können.

Sehvermögen

Als Fliegenfischer sprechen wir vor allem den Gesichtsinn eines Fisches an. Wir tun alles, um unser Angebot für den Fisch optisch reizvoll und attraktiv erscheinen zu lassen. Die meisten Fische, auch die Salmoniden, sehen auf jedem Auge in einem 180 Grad-Winkel und können jeden Gegenstand in diesem Bereich erfassen. Da jedes Auge isoliert mit dem Gehirn verbunden ist, kann es auch unabhängig vom anderen auf das anvisierte Objekt

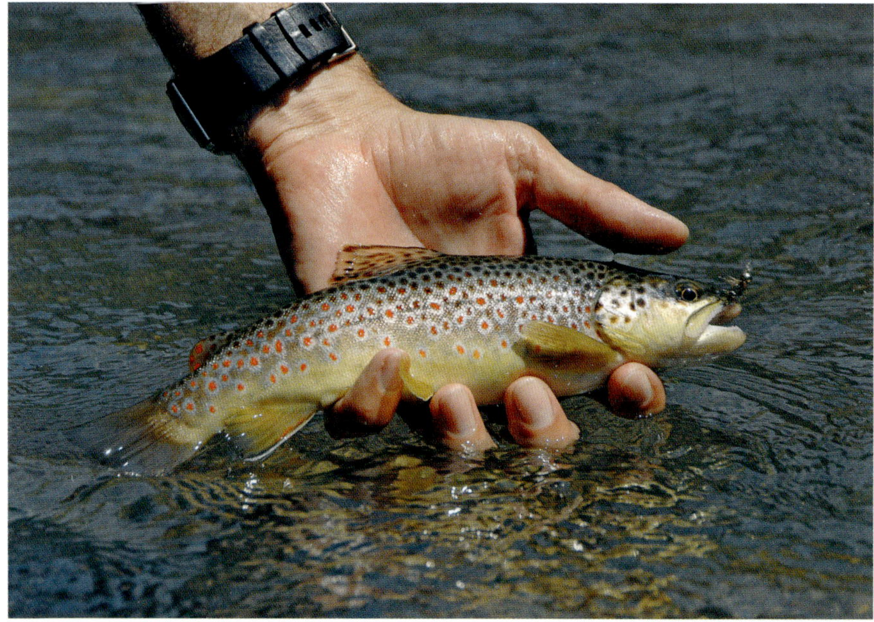

Keine sehr große, aber wunderschöne, wilde Bachforelle aus einem Gebirgsbach. Sie nahm eine große schwarze Nymphe.

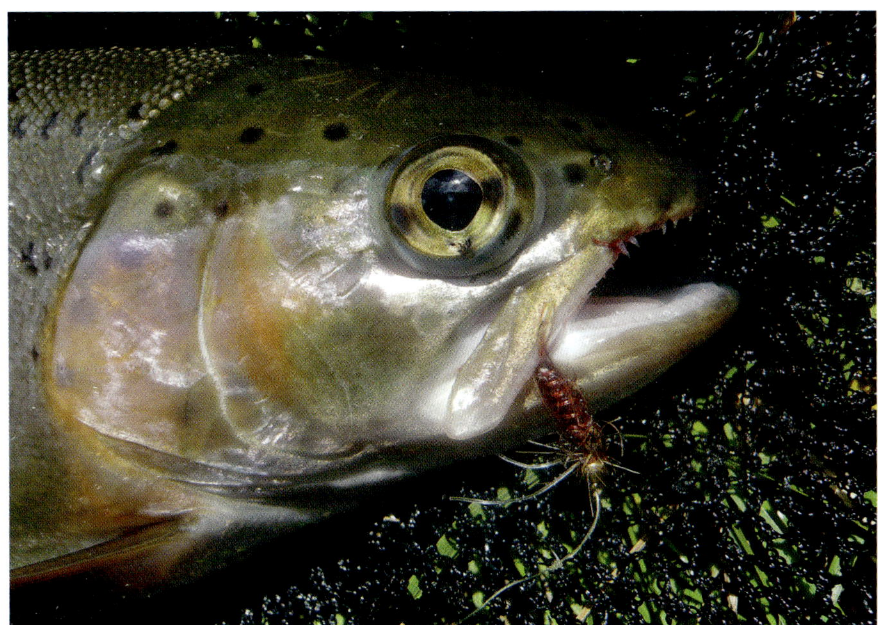

Eine Nymphe die genau auf sein Maul zu driftet, sieht der Fisch zweidimensional.

scharf stellen. Ein Fisch ist damit in der Lage auf jeder Kopfseite ein eigenes Bild zu fokussieren.
Direkt vor dem Fisch überlappen diese beiden voneinander isolierten Sehbereiche und ermöglichen dem Fisch zweidimensional zu sehen. In diesem Bereich kann der Fisch Distanzen abschätzen und zum Beispiel eine auf ihn zutreibende Nymphe genau fixieren und abfangen. Kein Zufall, dass sich dieser zweidimensionale Sehbereich genau vor dem Maul befindet. Hinter dem Fisch befindet sich allerdings ein blinder Winkel, in den er nicht hineinblicken kann. Wenn wir vorsichtig genug sind, können wir uns aus dieser Richtung relativ nahe an einen gesichteten Fisch annähern.
Ein Forellenauge ist in der Lage Dinge scharf zu stellen, die sich nur wenige Zentimeter vor ihm befinden. Es kann deswegen unsere Fliege sehr genau prüfen. Allerdings verstellt dieser kurze Fokus dem Fisch in diesem Moment den klaren Blick in die Ferne. Befindet sich eine Forelle also während eines Insektenschlupfes dicht unter der Wasseroberfläche und konzentriert ihren Blick auf die heran treibenden Insekten, sieht sie weiter entfernte Objekte unscharf. Deswegen kommen wir an solche Fische oft verblüffend nahe heran, auch wenn wir uns nicht im toten Winkel befinden. Sollten wir uns allerdings zu auffällig und zu schnell bewegen, sollte plötzlich ein helles Objekt, zum Beispiel die helle Kopfbedeckung eines Fliegenfischers, die hin und her schwingende Fliegenrute oder eine in der Sonne aufblitzende helle Fliegenschnur in sein ver-

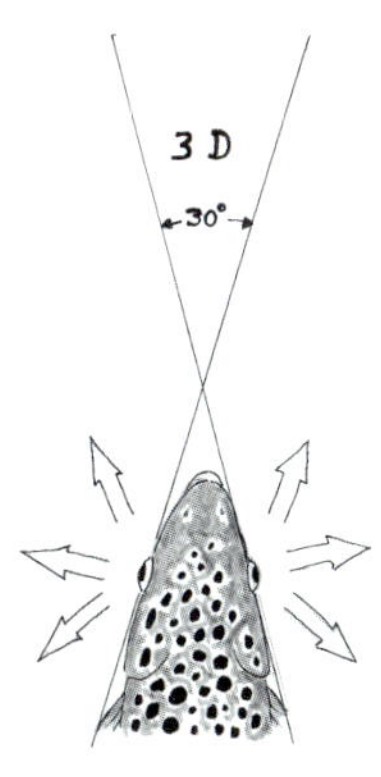

Blickwinkel des Fisches nach vorne und zur Seite.

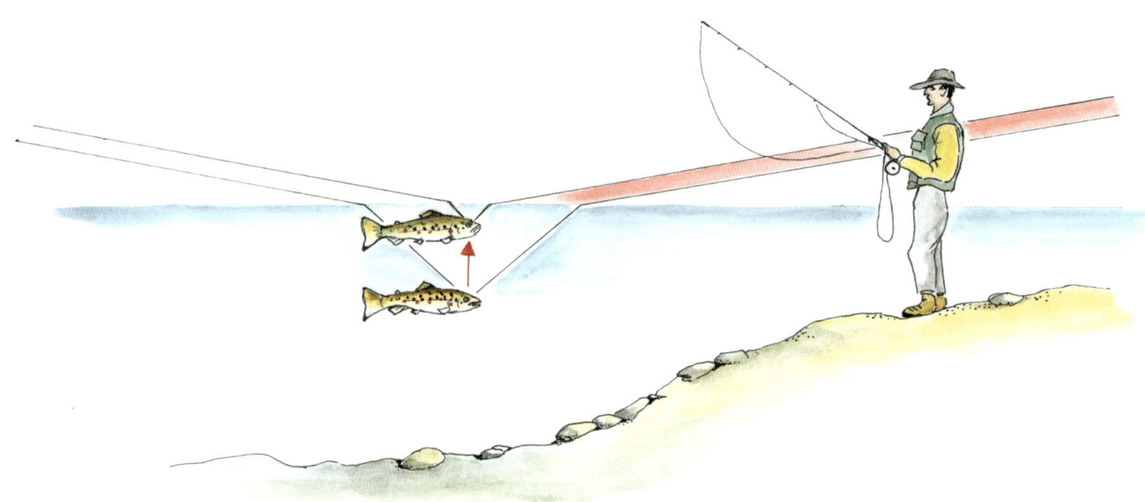

Steigt der Fisch in der Wassersäule nach oben, verkleinert sich sein Fenster. Allerdings wandert der Rand des über Wasser liegenden Sichtbereichs nicht linear mit in die Höhe. Am schmalen roten Streifen sieht man die geringe Veränderung. Der Grund, dass wir bei vorsichtigem Vorgehen überraschend nahe an einen knapp unter der Oberfläche stehenden Fisch herankommen, liegt eher daran, dass er sein Auge auf Nahsicht eingestellt hat, um heran driftende Insekten schnell zu erkennen.

schwommenes weiteres Gesichtsfeld springen, wird der Fisch sofort seinen Fokus ändern und fliehen.

Das Fenster Wie sieht der Fisch Objekte über der Wasseroberfläche? Lichtstrahlen und damit das Bild, das sie mit sich tragen, reisen auf einer geraden Linie durch den Raum. Wenn Sie auf ein dichteres Medium treffen, verändert sich ihre Flugbahn, sie werden abgelenkt. Das ist die Lichtbrechung. Sobald ein Lichtstrahl schräg auf Wasser trifft, beugt er seine Richtung. Der Ausschlag hängt vom Einfallwinkel ab. Der geringste Winkel, in dem Licht noch gebrochen wird und in das Wasser eindringt liegt bei 10 Grad. Darunter prallt der Strahl bis auf wenige Lichtreste ab und wird grundsätzlich im gleichen Winkel wegreflektiert. Von unten sieht der Fisch an der Wasseroberfläche ein kreisrundes Bild der Außenwelt. Es ist sein »Fenster«, das sich für ihn in einem Winkel von 97 Grad öffnet und ein Bild in einem Ausschnitt von 160 Grad über dem Wasserspiegel erfasst, es in einer komprimierten und dadurch mehr oder weniger verzerrten Form einfängt. Wir sollten möglichst nicht in diesen Sichtkreis geraten und wenn doch, dann so, dass uns der Fisch nicht als Gefahr betrachtet.

Nehmen wir an, eine Forelle schwimmt etwa 60 Zentimeter unter der Oberfläche. In drei Meter waagrechter Entfernung über dem Wasser sieht sie alles was höher ist als dreißig Zentimeter. In sechs Metern Entfernung liegt die Grenze bei knapp einem Meter. Bei zehn Metern Distanz zum Fisch, sind es immerhin schon etwa 160 Zentimeter. Allerdings dürfen wir annehmen, dass der Fisch auf diese Entfernung grundsätzlich nicht mehr in der Lage ist, scharf genug zu sehen. Bei allen diesen schönen Rechenbei-

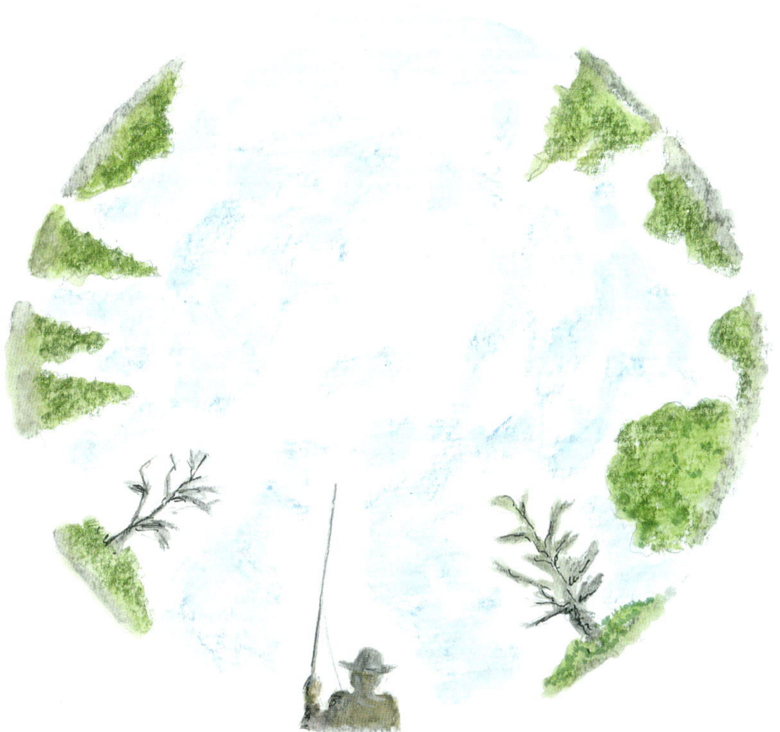

Etwa so, möglicherweise an den Rändern auch etwas verzerrter, kann der Fisch bei glatter Wasseroberfläche wie durch eine Art Bullauge, in unsere Welt blicken. Man beachte nicht nur den Fliegenfischer, sondern vor allem dessen Fliegenrute und stelle sich diese in Bewegung vor. Jetzt wird klar, warum manchmal ein sorgfältiger Seitenwurf mit abgesenkter Rute besser wäre.

spielen müssen wir daran denken, auch die Bewegungen unserer Armen und der Rute möglichst aus dem Sichtfeld des Fisches herauszuhalten. Deswegen sollten wir bei entsprechenden Situationen einen Seitenwurf mit abgesenkter Rute anwenden und unsere Körpergröße verkleinern. Das alles gilt für eine spiegelglatte Wasseroberfläche. Je unruhiger und turbulenter diese ist, desto weniger sieht der Fisch von der Außenwelt.

Unterwassersicht Wie sieht der Fisch seine Welt unter Wasser, außerhalb der Ränder dieses Fensters? Aus dem Sichtwinkel des Fisches dringen hier keine Lichtstrahlen durch den Wasserspiegel. Weder von unten noch von oben. Deswegen sieht der Fisch die Wasseroberfläche um das Fenster herum als Spiegelbild des Gewässerbodens. Schwimmt eine Nymphe etwa zwanzig Zentimeter unter der Oberfläche, sieht sie der Fisch zwei Mal. Das

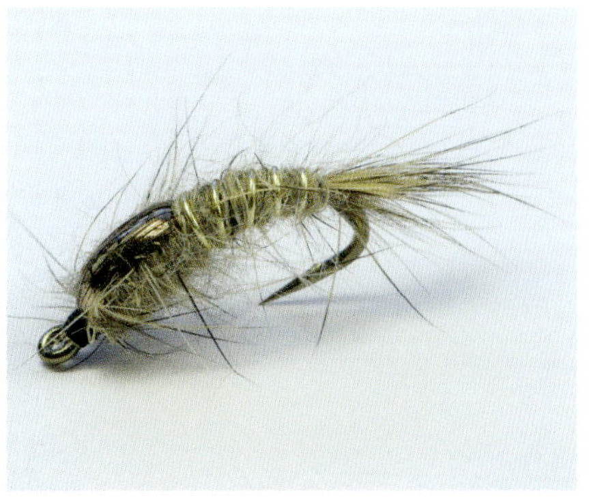

»Flashback« Variante einer »Hares Ear-Nymph«.

erste Mal real von unten und ein zweites Mal ihr Spiegelbild, und zwar die Oberseite. Das könnte ein Grund sein, warum eine »Flashback-Nymphe«, mit glänzendem Rückenschild, manchmal so erfolgreich ist. Der Schild spiegelt sich an der Oberfläche und wirft sein Bild nach unten.

Im klaren Wasser können Forellen vermutlich sehr weit sehen, es ist von rund fünfzehn Metern und mehr die Rede. Ob das stimmt und ob in dieser Entfernung die entsprechende Bildschärfe erreicht wird, sei dahingestellt. Durchschnittlich reicht es wenn wir von einer Sehweite von einem bis sechs Metern ausgehen, abhängig von der Wassertrübung. In einer rauen, verwirbelten Strömung spielt die Bildverzerrung eine zusätzliche Rolle.

Farberkennung

Wissenschaftler sind der Meinung Fische können Farben und deren Abstufungen bis zu einer bestimmten Wassertiefe erkennen. Das ist wichtig für uns, einmal was unser eigenes Auftreten betrifft und dann natürlich hinsichtlich der Muster, die wir den Fischen vorsetzen möchten.

Wissenschaftliche Studien weisen auch darauf hin, dass die Farberkennung während der hellsten Stunden

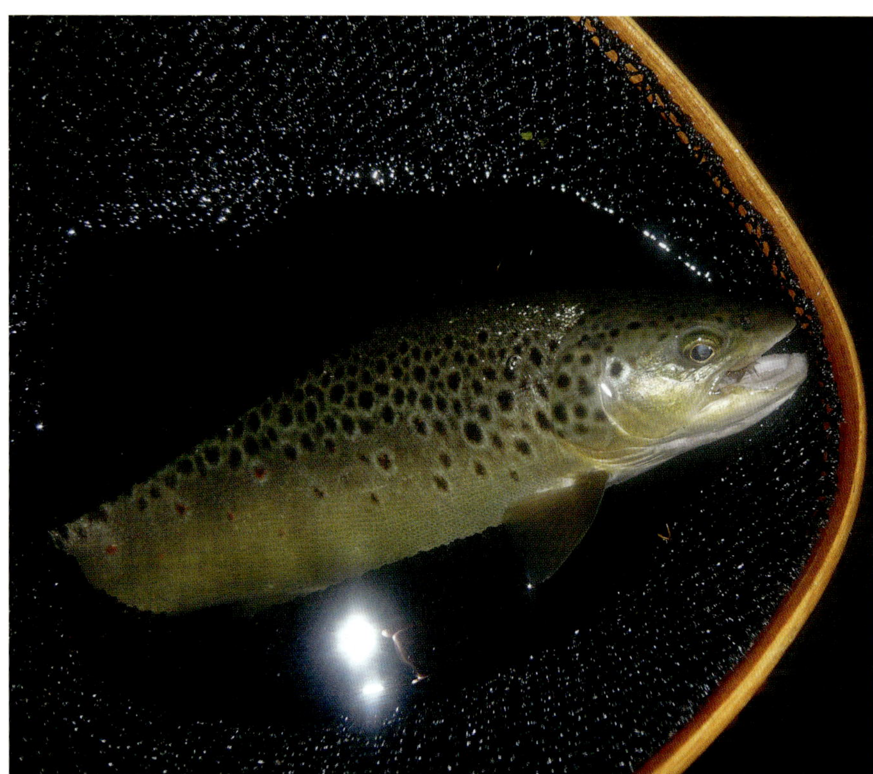

Je schlechter das Licht, desto weniger können Fische Farben erkennen.

des Tages am besten ist. Im Dämmerlicht des Morgens oder Abends spielt sie faktisch keine Rolle mehr. Das kennen wir zwar auch selbst von unserem Sehvermögen, das Auge des Fisches kann allerdings grundsätzlich mehr Licht absorbieren und verwerten als das des Menschen. Deswegen sehen Fische im Dämmerlicht sehr gut und sind durchaus in der Lage eine Fliege dann noch genau zu untersuchen und entweder gutzuheißen oder verächtlich abzulehnen, wenn wir zum Anknüpfen der Fliege ans Vorfach bereits ein Lämpchen brauchen. Die Möglichkeit des Farbsehens verlieren die Fische allerdings im Tagesverlauf; angeblich schon etwa vier bis fünf Stunden vor Dunkelheit und erreichen sie am Morgen erst dieselbe Zeit nach dem Hellwerden, im Sommer also so gegen acht bis neun Uhr. Ob das alles exakt zutrifft, wissen wir nicht, als grober Anhalt ist es für uns jedoch interessant. Wir können jedenfalls davon ausgehen, dass die Fische sehr gut in der Lage sind, ihre Beute auch unter schlechten Lichtverhältnissen wahrnehmen und verfolgen zu können. Große Bachforellen jagen bekanntlich gerne in der Dunkelheit. Fische besitzen keine Augenlider. Ein Grund, warum sie sich an sonnigen Tagen in den Schatten von Bäumen oder anderer

In turbulentem Wasser stört das Waten die Fische relativ wenig. Man sollte nur nicht direkt durch die Standplätze der Fische laufen bevor man diese angefischt hat. Man beachte den Watstock. Als »drittes Bein« trägt er auf rutschigem Untergrund und schneller Strömung sehr zur Sicherheit bei. Für strömungsstarke Gewässer eine sehr sinnvolle Anschaffung.

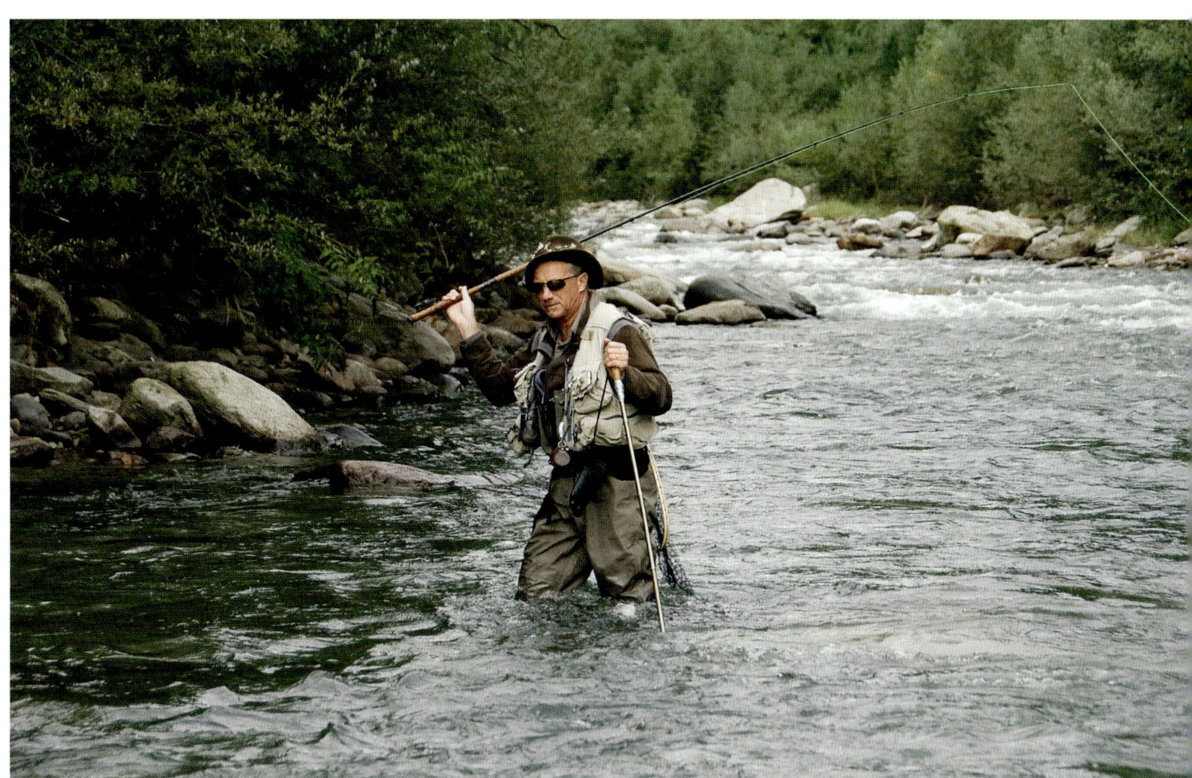

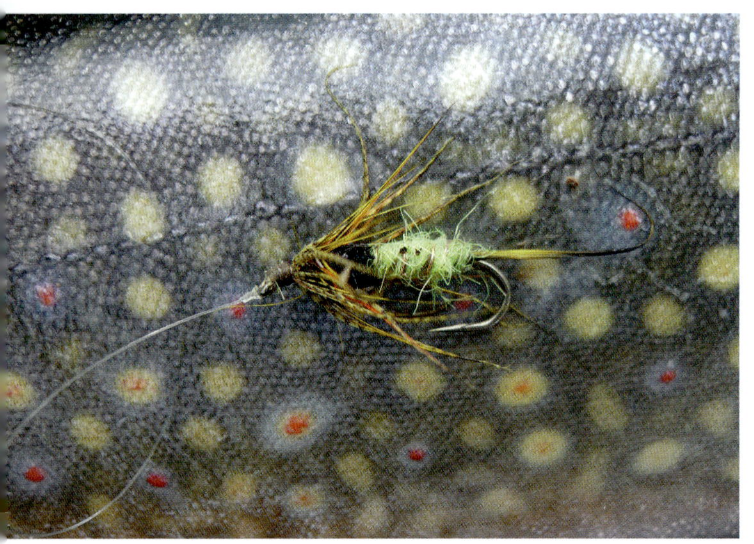

Der Bachsaibling nahm eine nass gefischte Maifliege als Aufsteiger knapp unter der Wasseroberfläche. Die Seitenlinie des Fisches ist deutlich sichtbar.

überhängender Ufervegetation zurückziehen. Aber auch eine Erklärung, warum sie gerade an bedeckten Tagen näher unter der Wasseroberfläche stehen, als an den hellen.

Hören

Ein Fisch benötigt keine Ohren, weil er sich bereits in dem Medium befindet, das den Ton trägt. Wasser besitzt eine viel bessere Lautübertragung als Luft. Die Information wirkt deswegen direkt auf den Außenbereich des Schädels und wird von dort auf das »innere Ohr« übertragen. Töne, die in der Luft erzeugt werden, finden keine Übertragung ins Wasser. Das Sprechen birgt also keine Gefahr. Bereits der Engländer *Alfred Ronalds* berichtet in seinem Klassiker »The Flyfishers Entomology« von einem Experiment. Er beobachtete eine Forelle in rund zwanzig Zentimeter tiefen Wasser, während in unmittelbarer Nähe eine Schrotflinte in die Luft abgefeuert wurde. Der Fisch nahm angeblich keine Notiz davon.

Schlecht sind alle Geräusche, die direkt im oder in Verbindung mit dem Wasser entstehen. Sie werden sofort weitergeleitet. Darunter fallen zum Beispiel, das Knirschen der Watschuhe auf Kies, Schlagen der Metallspitze eines Watstockes gegen Steine, Herunterfallen von harten Gegenständen im Boot oder knarrende und quietschende Ruder.

Seitenlinie

Das so genannte Seitenlinienorgan gibt es nur bei Fischen. Im Prinzip handelt es sich dabei um eine Röhre, die auf beiden Flanken unter der Haut und den Schuppen von den Kiemenbögen bis zum Schwanz verläuft. Der in der Röhre eingebettete Nervenstrang ist mit Verästelungen ausgestattet, die wiederum in Öffnungen nach außen enden und für die Aufnahme der ankommenden Informationen zuständig sind. Dieses Organ hat verschiedene Aufgaben. Es kann Niederfrequenzschwingungen aufnehmen und damit vor Gefahren warnen. Taucht in einiger Entfernung ein Otter oder ein Kormoran ins Wasser und nähert sich, meldet dies die Seitenlinie. Ebenso registriert diese, wenn eine andere Forelle heftig nach einer Steinfliegenlarve schnappt oder sich im Sprung auf eine Köcherfliege an der Oberfläche stürzt. Die Seitenlinie fungiert zudem als Temperaturfühler.

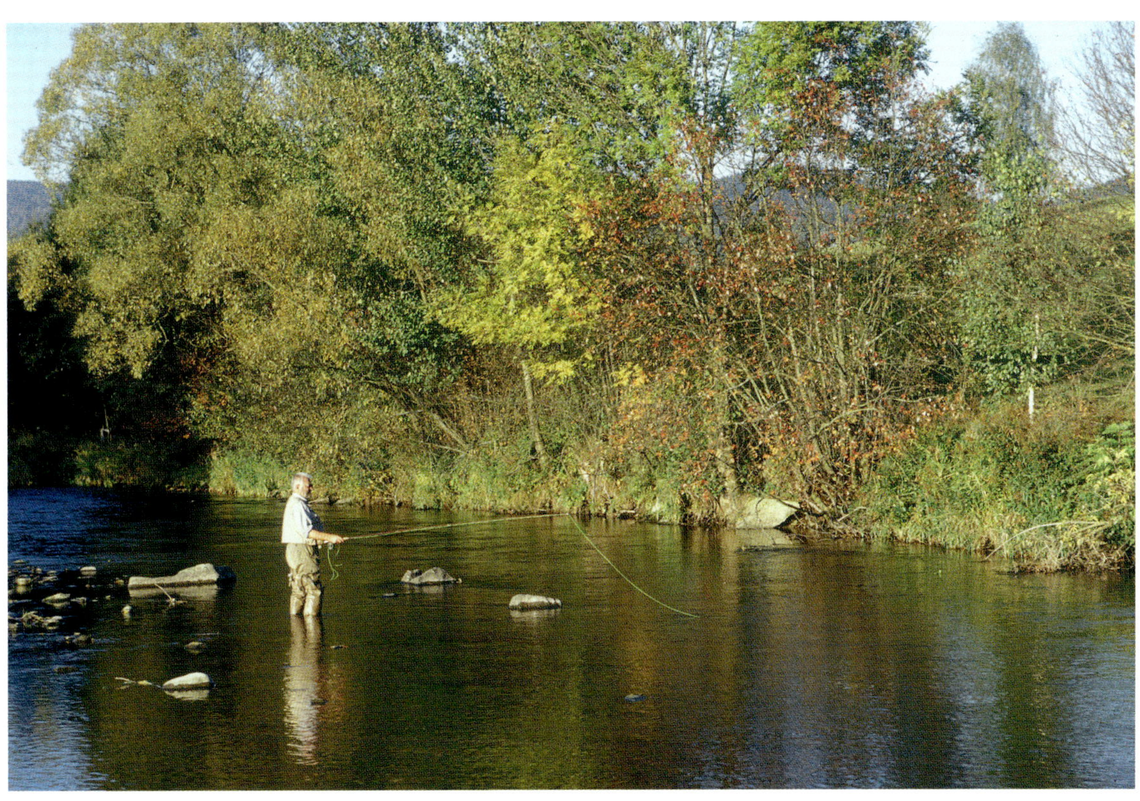

Sonniger Herbsttag an der Großen Mühl im österreichischen Mühlviertel. Aber was nehmen die Fische heute?

Auch wenn uns ein Fisch nicht sehen kann, er wird uns bei ruhigen Wasserbedingungen spüren und fühlen, falls wir uns nicht entsprechend vorsichtig verhalten. Das sollten wir beim Waten bedenken. Je schneller und unruhiger die Strömung in Fließgewässern ist, an Stillgewässern kann es stärkerer Wellengang sein, desto mehr überdecken die dadurch verursachten Nebengeräusche und Vibrationen unser unvorsichtiges Verhalten.

Geruch und Geschmacksinn

Beide Sinne sind sehr stark miteinander verbunden und bei verschiedenen Fischarten sehr deutlich ausgeprägt, zum Beispiel den Karpfenartigen. Sie finden ihre Nahrung in hohem Maß über ihr Riech- und Geschmacksvermögen. Jeder passionierte Karpfenangler weiß, wie er seine hochrückige Beute mit speziellen Duftstoffen an den Haken locken kann. Bei Salmoniden ist das vermutlich nicht derart ausgeprägt, aber auch sie setzen Geruch- und Geschmacksinn ein. Des Fliegenfischers Liebling, die Forelle, kann nur schmecken, wenn sie ein Objekt ins Maul nimmt. Besonders viele Geschmacksnerven sitzen auf der Zunge. Vermutlich schmecken ihnen unsere so liebevoll konstruierten Imitationen

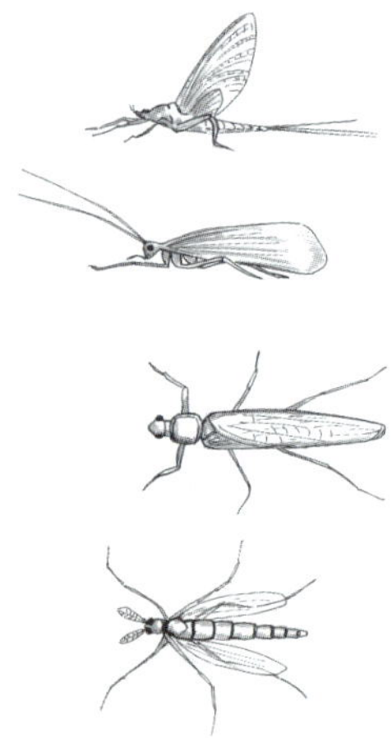

Von oben: Eintagsfliege, Köcherfliege, Steinfliege, Zweiflügler (Mücke).

aber überhaupt nicht und das ist vermutlich einer der Gründe, warum die Fische sie so schnell wieder ausspucken. Zusätzlich hat natürlich auch ihr Tastsinn den Betrug erkannt, gerade wenn es sich um ein Muster handelt, das aus überwiegend harten Materialien besteht. In dieser Hinsicht könnte die öfters gehörte Empfehlung eher weiche, natürliche Zutaten zu verwenden durchaus seine Berechtigung haben. Vielleicht behalten die Fische solche Muster eine oder zwei entscheidende Sekunden länger im Maul.

Die richtige Fliegenwahl

Vermutlich wird jeder, der dieses Buch liest, die für den Fliegenfischer wichtigsten Insektengruppen einigermaßen einordnen können. Damit ist keine Einteilung im zoologischen Sinn gemeint, sondern eine einfache Gruppierung in Eintags-, Köcher- und Steinfliegen. Hinzu kommen die Zweiflügler, zu welchen Zuckmücken und Schnaken gehören. Für Fliegenfischer relevante Landinsekten stellen eine eigene Gruppe dar, die »Terrestrials«. Was wir dabei nicht wissen müssen, sind die lateinischen Namen der Insekten. Die Fische kennen sie auch nicht. Wie können wir schnell herausfinden, was auf der Speiseliste der Fische vermutlich gerade ganz oben rangiert?

Der »Foodcheck«

Die amerikanischen Fliegenfischer nennen es kurz und bündig: »Foodcheck«. Dieser »Nahrungstest« empfiehlt sich zumindest dann dringend, wenn wir in einem bis zu diesem Zeitpunkt für uns unbekannten Gewässer fischen möchten. Wir sollten folgende Merkmale der

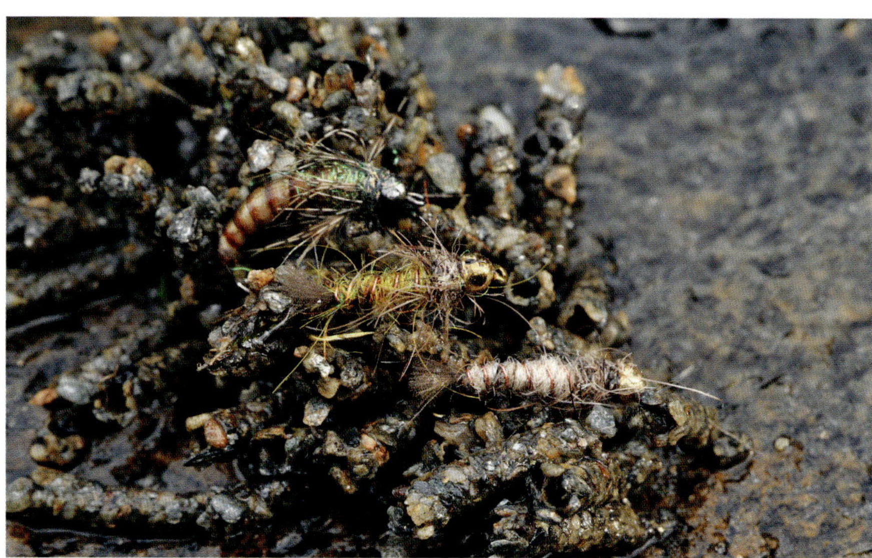

Künstliche Köcherfliegenlarven aus harten und weichen Materialien inmitten ihrer natürlicher Vorbilder. Welche Muster fangen besser?

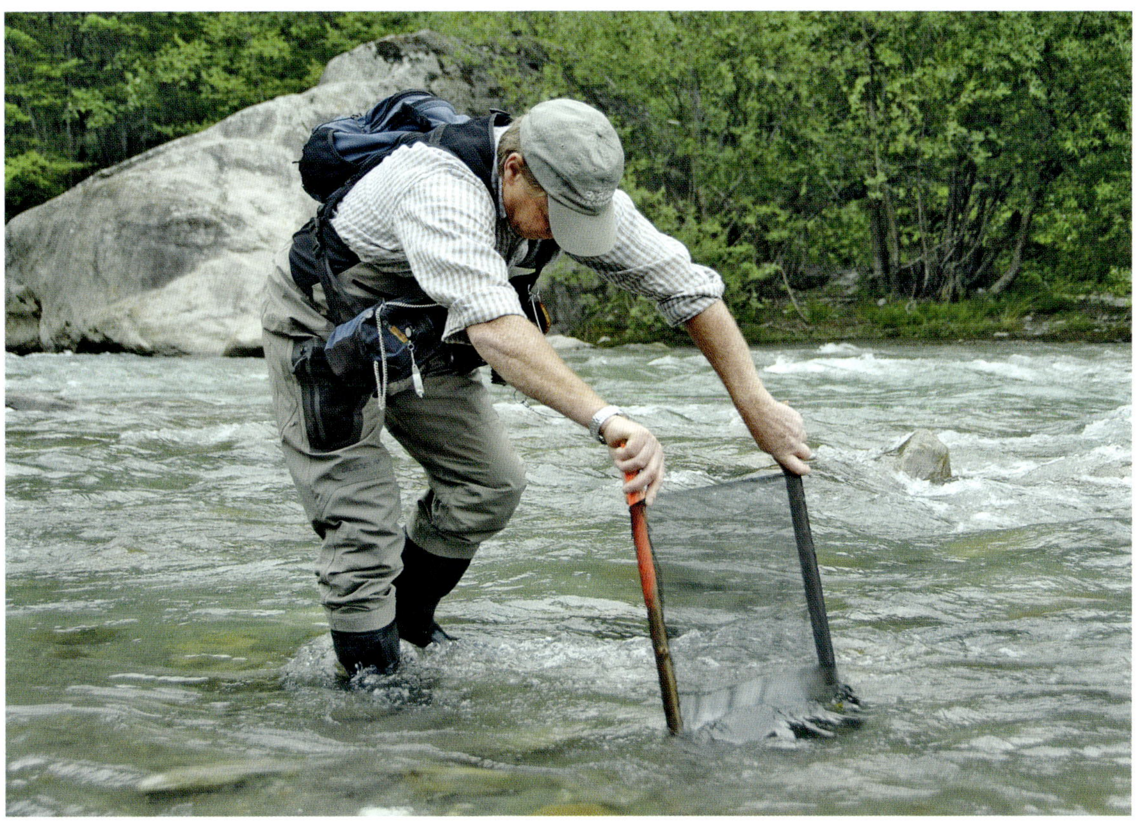

vorhandenen Insekten erkennen und einordnen können:
Die ungefähre Form und Größe und den Farbton einer Nymphe, Larve, Puppe oder eines geflügelten adulten Insekts.

Pflanzen und Steine Um das allgemeine Vorkommen an Nymphen zu überprüfen, kann man an geeigneter Stelle ins Wasser steigen und ein kleines Bündel Pflanzen ausreißen. Das legt man dann auf eine flachen Stein am Ufer oder auf die Planke eines Holzstegs und hebt es nach einer Minute unter ein wenig Schütteln hoch.

Erstaunlich, was da an kleinen Krabbeltierchen zum Vorschein kommt. An einem Bach mit wenig Bewuchs, aber vielen Steinen, heben wir ein paar davon hoch und drehen sie um. Auf der Unterseite eines Steines kleben gerne die flachen Steinklammerer diverser Arten von Eintagsfliegen oder wir finden wechselnde Ansammlungen von Köcherfliegenlarven in ihren Gehäusen aus Sand und Ministeinchen.

Netz Wer mit den Schuhsohlen die Steine ein wenig hin- und herrollt, wird verschiedene Nymphen und Larven freispülen. Manche Fliegenfischer

Eine gründliche Untersuchung der vorhandenen Insektenwelt ist mit einem selbst gebastelten Fangnetz möglich. *Robert Pegoretti* untersucht hier das phänomenale Nährtieraufkommen in der Passer in Südtirol.

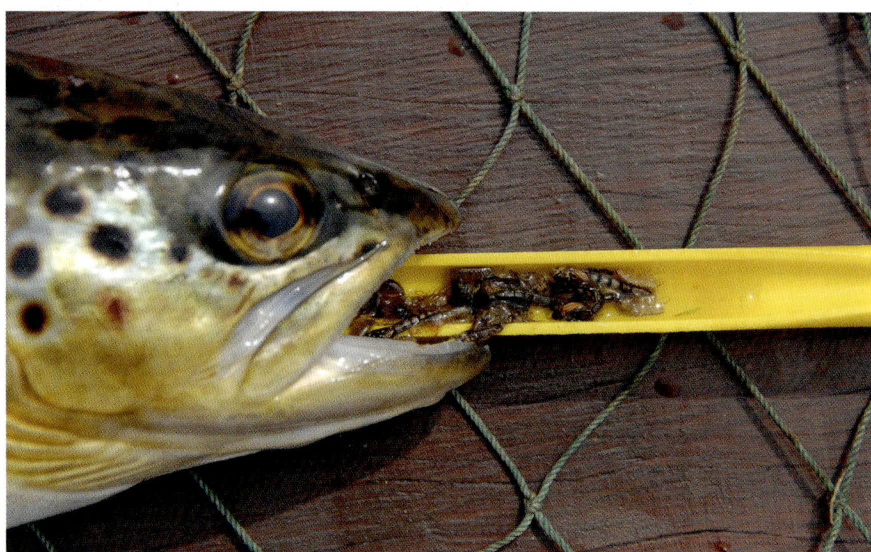

Ein »Magenlöffel« fördert das zutage, was der Fisch zuletzt gefressen hat. Die weiter oben im Schlund steckenden Tierchen sind unverdaut und sauber zu erkennen. Manchmal leben sie sogar noch. In diesem Fall handelt es sich um frisch aufgenommene Zuckmücken-Puppen aus dem Schlund einer irischen »Brown Trout«.

Der bunt gemischte Mageninhalt einer im Juni gefangenen Forelle. Es sind auffallend viele Landinsekten enthalten, die von außen ins Wasser geraten sind.

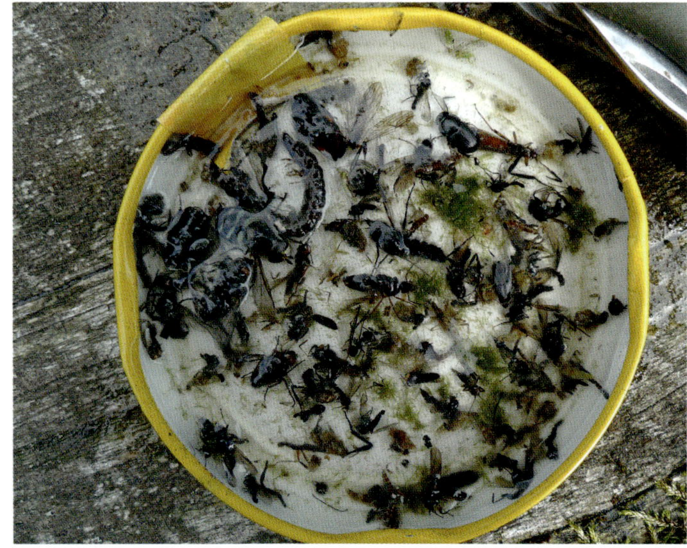

führen ein kleines Aquariumsnetz mit sich, das sie dann stromabwärts vor die Stiefel halten. Die engen Maschen eines Schonkeschers erfüllen den gleichen Zweck.

Für einen präziseren Überblick über die vorkommenden Arten im jeweiligen Gewässer, baut man sich ein Fanggerät aus einem rechteckigen feinen Fliegengitternetz von etwa 50 mal 50 Zentimeter und zwei etwa 60 Zentimeter langen dünnen Latten. Eine solche große Auffangfläche sammelt schnell viele Nymphen und Larven ein.

Magenuntersuchung Wer das Spektrum der aufgenommenen Nahrung der Fische genauer untersuchen möchte, spielt ein wenig Gerichtsmediziner und untersucht den Mageninhalt eines entnommenen Fisches. Als Untersuchungsgerät dienen eine Pinzette und der Deckel eines Senf- oder Gurkenglases mit weißer Innenseite des Deckels, sowie eine kleine Lupe. Alles lässt sich problemlos in der Fliegenweste mit sich führen.

Ist der Magen geöffnet, befindet sich im hinteren Abschnitt nicht mehr iden-

tifizierbarer feiner Verdauungsbrei. Anders stellt sich das im vorderen Teil des Magens dar, der in Nähe des Schlundes liegt, und die letzte Mahlzeit des Fisches beinhaltet. Picken Sie ein paar der aneinander klebenden Insekten mit der Pinzette heraus, sie sind meist noch völlig unversehrt. Geben Sie ein wenig Wasser in den umgedrehten Deckel und die Insekten dazu. Dort lösen sie sich voneinander und lassen sich mit einem kleinen Vergrößerungsglas gut identifizieren.
Vor allem die Fliegenfischer auf den britischen Inseln verwenden einen so genannten »Magenlöffel«. Dazu wird dieser schmale Löffel oder Spatel über das Maul in einen toten Fisch durch den Schlund bis fast in den Magensack eingeführt und um seine Längsachse gedreht. Beim Herausziehen liegen die zuletzt gefressenen Insekten sauber zuoberst in der Spatelrinne und können nun relativ problemlos identifiziert werden.

Ufervegetation Das Schütteln von Büschen und Sträuchern gibt Hinweise welche Landinsekten momentan unterwegs sind. Vor allem im Sommer spielen Ameisen, Schnaken, Raupen und Käfer eine nicht zu unterschätzende Rolle. Auch die erwachsenen, flugfähigen Exemplare von Eintagsfliegen hängen bevorzugt unter den Blättern, um sich hier auf ihre zweite Häutung und den Hochzeitsflug vorzubereiten. Über Landinsekten, die »Terrestrials«, und ihre Bedeutung für den Fliegenfischer sprechen wir in diesem Buch weiter hinten noch ausführlicher.

Fernglas Manche Fliegenfischer führen immer ein kleines Taschenfernglas mit sich. Dabei sollte man nur über

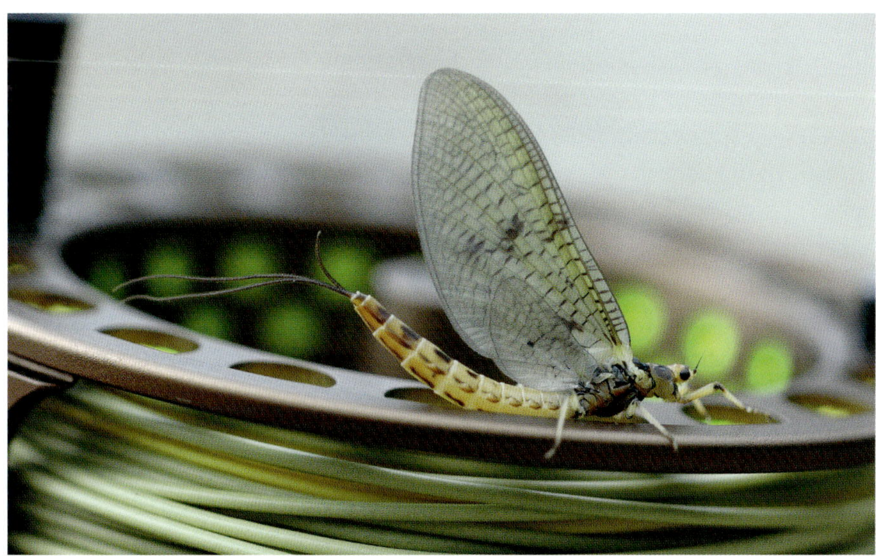

Die größte unter unseren heimischen Eintagsfliegen: Eine frisch geschlüpfte Maifliege im ersten »Dun«-Stadium. Man beachte die noch instabilen Schwanzfäden.

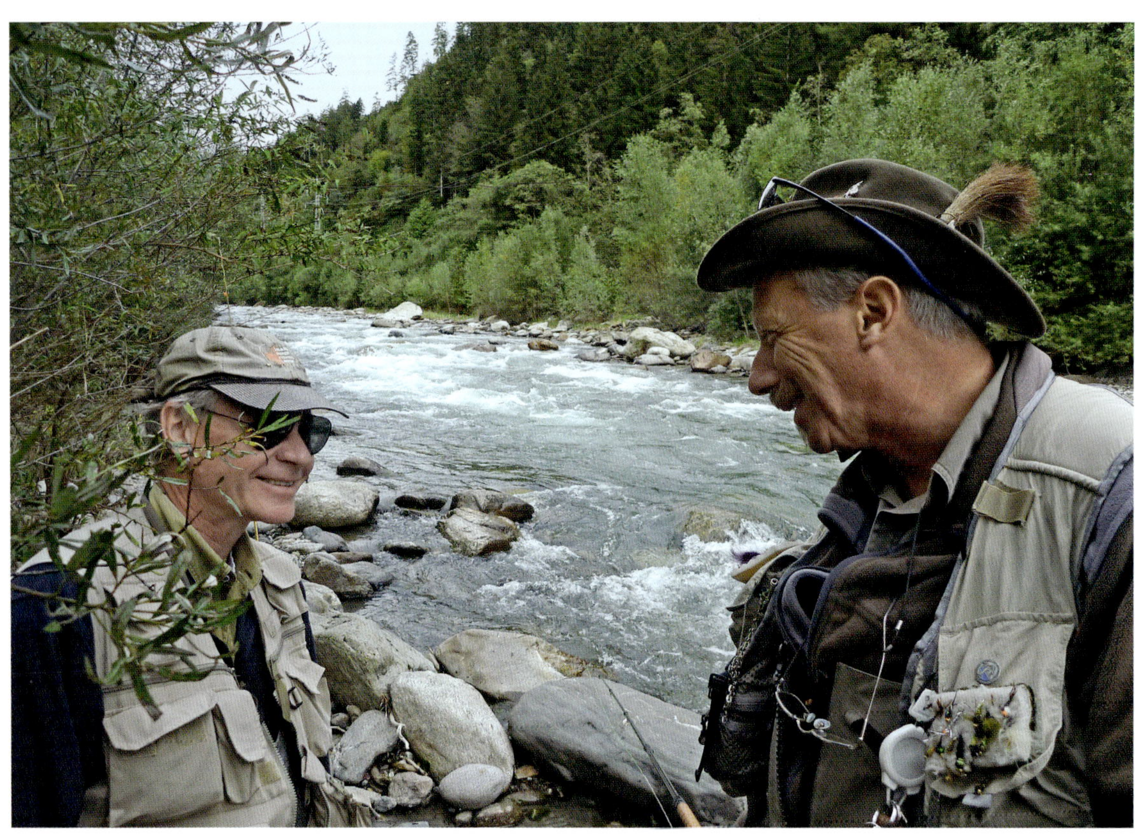

Es lohnt sich immer an fremden Gewässern auf einheimische Fliegenfischer oder Fischereiaufseher zuzugehen und sie um Rat zu fragen. So gut wie alle Angesprochenen freuen sich darüber und geben gerne Auskunft.

eine fünffache Vergrößerung hinaus gehen, wenn man über besonders ruhige Hände verfügt. Je höher die Vergrößerung desto schwieriger ist es das Glas ruhig zu halten. Jedenfalls lassen sich mit diesem Hilfsmittel auf dem Wasser abtreibende Insekten näher heran holen. Wir können dann ihre Größe und Grundfarbe besser einschätzen und ein möglichst ähnliches Muster aus unseren Fliegendosen heraussuchen.

Gewisse entomologische Grundkenntnisse sind für einen passionierten Fliegenfischer unverzichtbar. Wer sich ein wenig mit der Insektenwelt im Wasser beschäftigt, wird schnell feststellen wie sein Verständnis für die ökologischen Zusammenhänge im Wasser insgesamt zunimmt und ihm so manche Wechselbeziehungen zwischen den vorkommenden Organismen klarer werden.

Je mehr wir über Fische, ihre Nährtiere, ihre Ansprüche und ihr Umfeld erfahren, desto mehr werden wir uns für diesen Lebensraum einsetzen und damit auch für die Zukunft unserer Passion. Ganz nach dem Leitsatz des berühmten Zoologen und Verhaltensforschers Konrad Lorenz: »Man liebt nur, was man kennt, und man schützt nur, was man liebt.«

Solides Handwerk

Der gekonnte Umgang mit Fliegenrute und Schnur wird durch solides Handwerk und Geschicklichkeit geprägt. Alleine die Fähigkeit in der Luft eine perfekte Schnurschlaufe zu formen, macht aber noch keinen wirklich guten Fliegenfischer aus. Natürlich beherrscht dieser sein Gerät, aber das wirklich Entscheidende ist: Er geht einfach durchdachter und sorgfältiger an eine Situation heran als andere, die weniger erfolgreich sind als er.

Präsentation!

Jäger und Fliegenfischer haben viel gemeinsam. Der eine will einen sicheren Schuss abgeben, dem anderen kommt es auf eine präzise »Präsentation« der Fliege an. Während aber ein Jäger sein Wild »nur« treffen muss, ist es für einen Fliegenfischer weitaus schwieriger. Denn der Fisch entscheidet letztlich selbst darüber, ob er die angebotene Fliege für gut befindet oder nicht. Was verstehen wir unter einer gelungenen »Präsentation«. Den Begriff nur auf einen gelungenen Wurf und die gezielte Ablage der Fliege zu beschränken, wäre eindeutig zu kurz gegriffen.

Wurfposition

Damit kommen wir zu einem ganz entscheidenden Punkt. Ich muss mich einem gesichteten Fisch oder einem

Eine Fliegenrute und eine tolle Musterauswahl. Für die Fliegenweste ist diese Box natürlich zu groß, aber mit einem derart übersichtlichen Basissortiment lassen sich die kleineren Dosen zum Einstecken jederzeit schnell und individuell befüllen.

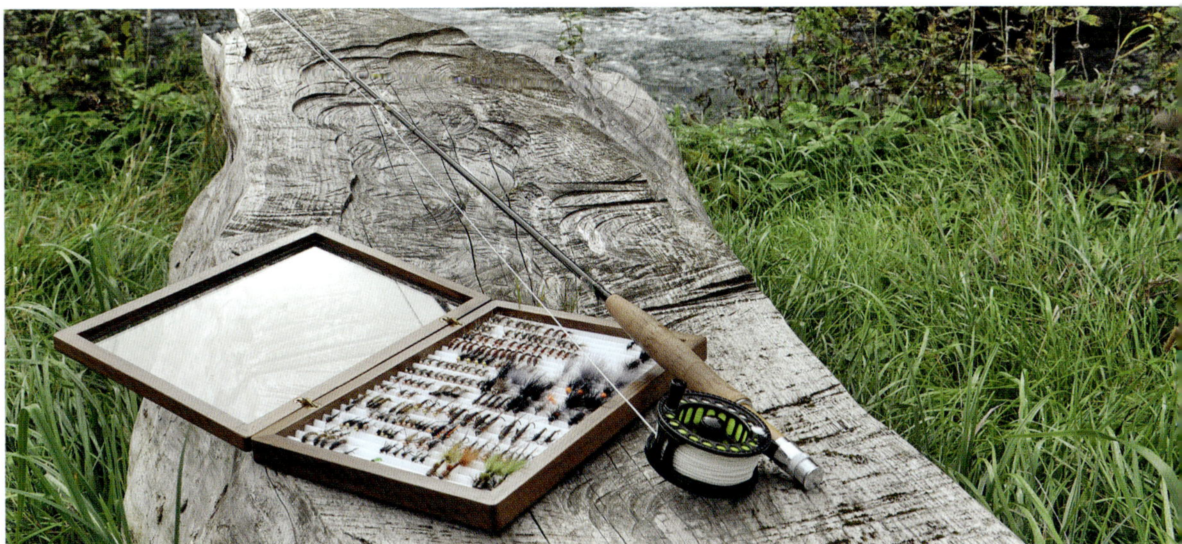

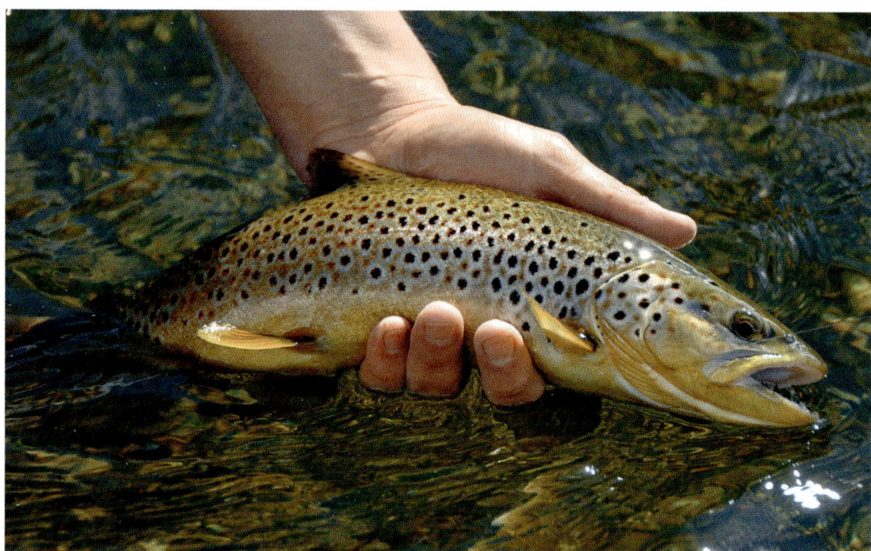

Diese Forelle aus der norwegischen Hemsila stieg in knapp 20 Meter Entfernung nach kleinen Eintagsfliegen. Das Wasser stand fast bis zur Oberkante der Wathose. Man kam nicht näher heran. Es war eine dieser Gelegenheiten, für die es sich doch lohnt Weitwürfe zu üben.

vermuteten Standplatz so geschickt annähern, dass ich die bestmögliche Ausgangsposition für einen erfolgreichen Wurf wählen kann. Ziel ist es, unter den jeweilig vorliegenden Gewässerbedingungen, mein Fliegenmuster so zu servieren, dass der Fisch es für ein appetitliches Naturprodukt hält. Das ist die Voraussetzung für alle weiteren Überlegungen.

Ich versuche immer so nahe wie möglich an den Fisch heran zu kommen.

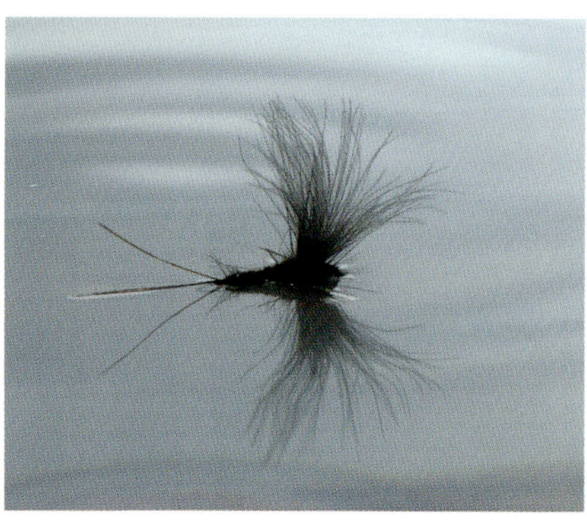

Eine Trockenfliege soll so natürlich auf der Wasseroberfläche driften, als wäre sie nicht an ein Vorfach gefesselt. Die sorgfältige Bindeweise muss für eine korrekte Schwimmlage sorgen.

Dann habe ich die Leine besser unter Kontrolle und das Setzen des Hakens ist auf kürzere Entfernung sicherer möglich. Wenn ich in einem Fluss wate und es sind noch 15 Meter bis zu einem Fisch, versuche ich den Abstand auf bequemere 10 Meter zu erkürzen. Eine lange auf dem Wasser aufschwimmende Leine ist zudem schwer zu kontrollieren. Dies führt schnell zum »Dreggen« der Fliege. Mit kurzer Leine driftet die Fliege idealerweise so, als wäre sie völlig losgelöst von Vorfach und Fliegenschnur.

Licht und Schatten

Die jeweils herrschenden Lichtverhältnisse spielen eine große Rolle. Ist das Wasser klar, hilft mir die in meinem Rücken stehende Sonne beim Blick ins Wasser. Die Reflexionen auf dem Wasser halten sich in Grenzen, eine gute

Polbrille verschafft mir noch bessere Sicht. Blicken wir aber gegen das Licht, sind auch die Möglichkeiten einer Polbrille sehr begrenzt.

Sonnige Tage sind meist keine besonders guten Fischtage. Bedecktes Wetter passt, aber eine dünne Wolkendecke erzeugt oft ein einheitliches Gleißen auf dem Wasser und verstellt uns den Blick unter die Oberfläche. Die Ringe von steigenden Fischen sind aber gut zu sehen, sie bieten ein gutes Ziel. Aber aufpassen, Fallstricke lauern überall. Wenn rund zwanzig Meter weiter stromaufwärts ein Fisch steigt, versuche ich immer für eine passable Wurfposition näher ranzukommen. Aber ich werde mich möglichst nicht unmittelbar am Ufer entlang bewegen, da könnten mich andere Fische wahrnehmen und deren Flucht würde auch das von mir ausgesuchte Exemplar warnen. Also werde ich die nötige Distanz im großzügigen Bogen über Land zurücklegen und mich erst an der passenden Stelle direkt aufs Ufer zubewegen. Die letzten Meter rutsche ich, wenn nötig, auch auf Knien. Einer der Gründe, warum ich, selbst wenn ich nicht vorhabe zu waten, gerne lange Hüftstiefel trage.

Überprüfen Sie die richtige Schnurlänge durch einen Probeservice, ausreichend abseits des festgestellten Fisches. Dann ändern Sie die Richtung und setzen die Fliege genau vor den Fisch.

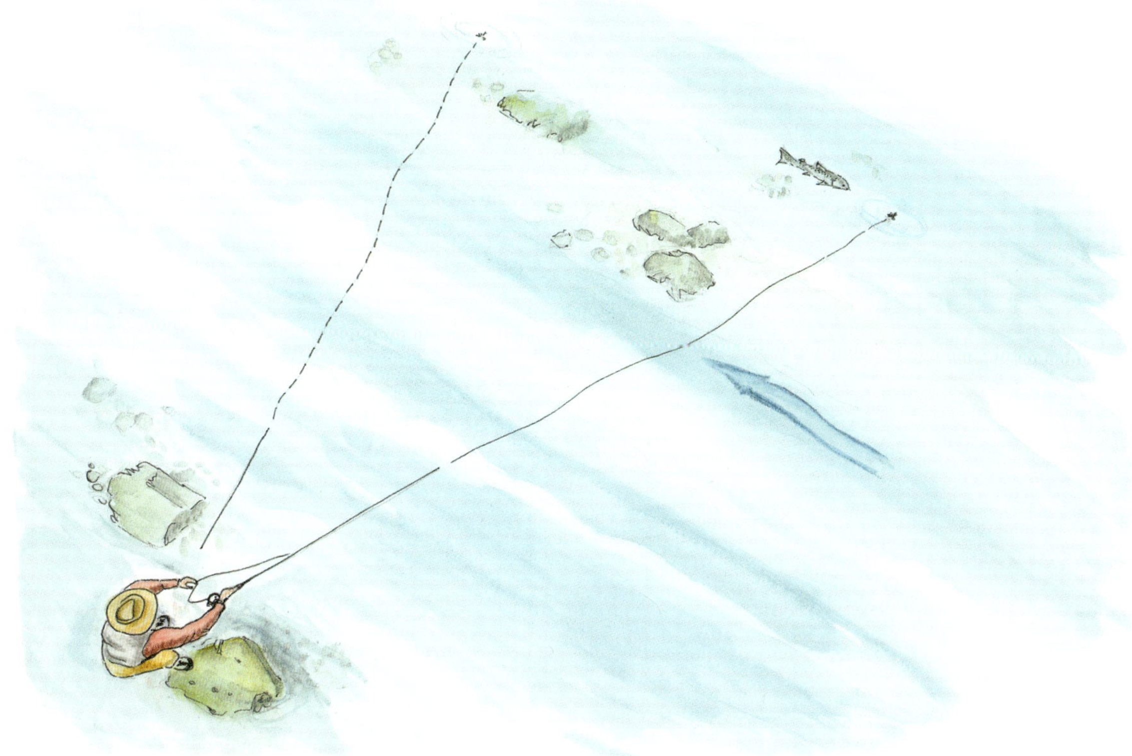

Oft vergrämen wir einen schönen Fisch, weil wir voll aufgerichtet zu nahe ans Wasser heran gehen. Ein bisschen Abstand und ein Kniefall zur rechten Zeit hilft Misserfolge zu vermeiden.

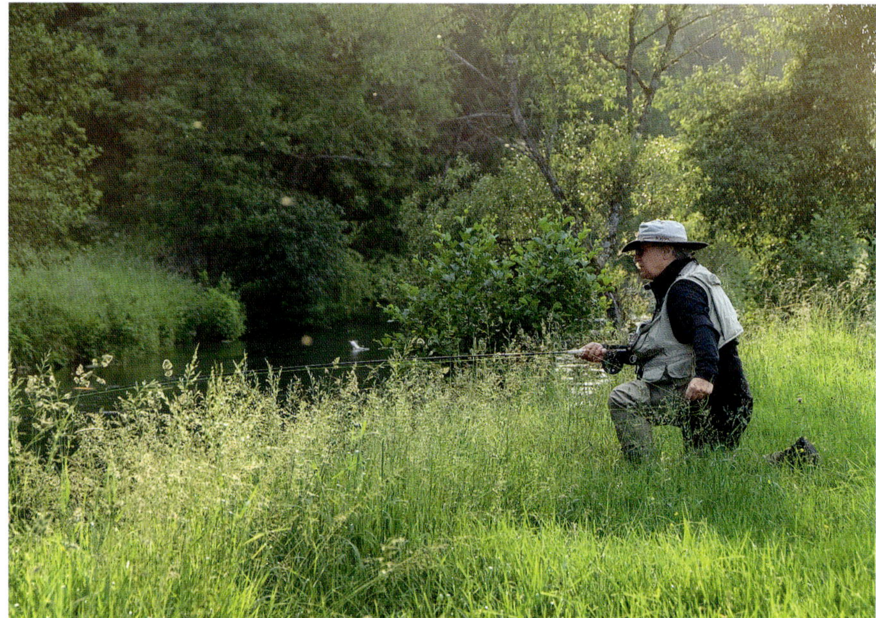

Einmal schützen sie gut vor den lästigen, nicht ungefährlichen Zecken, außerdem wird die Hose beim Hinknien nicht schmutzig.
Ein hoch aufgerichteter Mensch wirft vor einer tiefstehenden Sonne einen langen Schatten, der möglichst nicht aufs Wasser fallen sollte. Fische sind gewissermaßen genetisch programmiert sich vor Schatten in acht zu nehmen. Schließlich könnte immer auch ein Fischadler oder ein Kormoran der Urheber sein.

Tarnung

Ich versuche immer neutrale Kleidung zu tragen. Auch wenn sich die Wissenschaftler über die Fähigkeit des Farbsehens bei Fischen noch nicht ganz im Klaren sein mögen, der scharfe Kontrast zwischen zwei Objekten fällt den Flossenträgern sicher auf, vor allem einer der sich bewegt. Ein grelles helles Hemd vor grünem Ufergebüsch ist sicher nicht zielführend. Ich bevorzuge erdige Farbtöne. Das hört sich selbstverständlich an, aber oft vernachlässigt man gerade die Selbstverständlichkeiten. Auch mir passiert dies hin und wieder. Nutzen Sie, wenn möglich, immer Sträucher und andere Vegetation als Deckung.

Falsche Bewegungen

Wenn wir, auf der Suche nach einer guten Wurfposition, uns im Sichtbereich eines Fisches seitlich verschieben, sieht dieser das deutlicher, als wenn wir direkt auf ihn zu kommen. Ein Grundsatz, den auch ein Pirschjäger anwendet. Die durch die Luft sausende Schnur ist ein weiterer klassischer Fehlerpunkt. Man benötigt nicht viele Leerwürfe, um die Fliege an einem bestimmten Punkt abzulegen. Es gibt aber Fliegenfischer, die ziehen ein wenig Schnur von der Rolle, zielen sofort direkt auf den Fisch und holen bei jedem Leerschwung etwas mehr Schnur von der Spule. Und dann passiert etwas Faszinierendes. Etwas das ich immer wieder beobachte, aber nie verstehen werde. Obwohl der Werfer irgendwann die erforderliche Schnurlänge erreicht hat und die Schnur einfach ablegen könnte, schwingt er das Schnurende weiterhin über dem Fisch hin und her, bis er nach vier oder fünf, absolut unnötigen Leerwürfen, die Schnur endlich ablegt. Es wurde kein einziger Zentimeter mehr gewonnen, aber der Fisch erfolgreich vertrieben.

Merke: Mehrere aufeinanderfolgende Leerwürfe benötige ich nur am Anfang, solange ich Schnur ausspielen will. Die dafür nötige Länge ziehe ich aber schon vorher von der Rolle, dann tue ich mich leichter. Zielen Sie beim Ausspielen der Schnur möglichst auch nicht gleich in Richtung Fisch, sondern halten Sie ausreichenden Abstand ein. Legen Sie bei kürzeren Distanzen, die Schnur weit genug abseits des Fisches erst einmal auf die Wasseroberfläche, um die richtige Distanz abschätzen zu können. Dann folgt ein einmaliges Abheben der Leine und das Ablegen der Fliege zielgenau vor dem Fisch. Beim

Beim Watfischen stromaufwärts, sollte man einen vorher gesichteten Fisch nicht direkt von hinten anwerfen. Selbst wenn nur das Vorfach über den Fisch fällt, kann ihn dies erschrecken. Wenn möglich verschiebt man seine Wurfposition etwas zur Seite und wirft schräg stromaufwärts. Ein bisschen Aufwand, der sich bei einem guten Fisch lohnt.

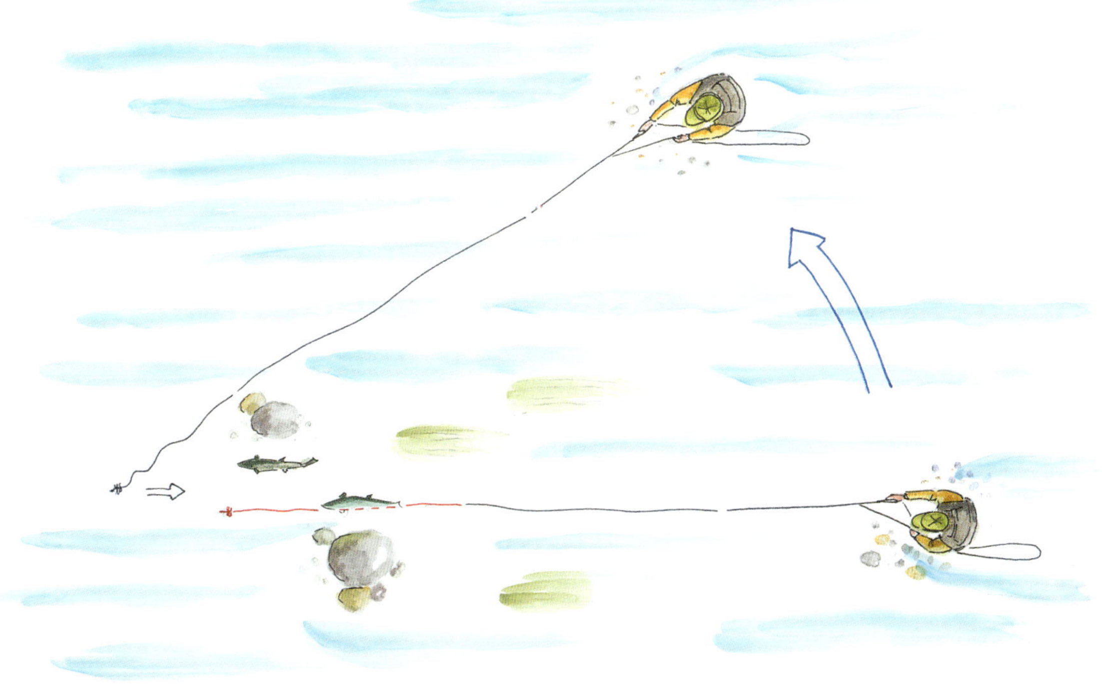

Hier steigen die Fische knapp unter dem Ufer. Keine leichte Aufgabe die Fliege unverdächtig zu präsentieren. Vor allem an einem sonnigen Tag wie diesem.

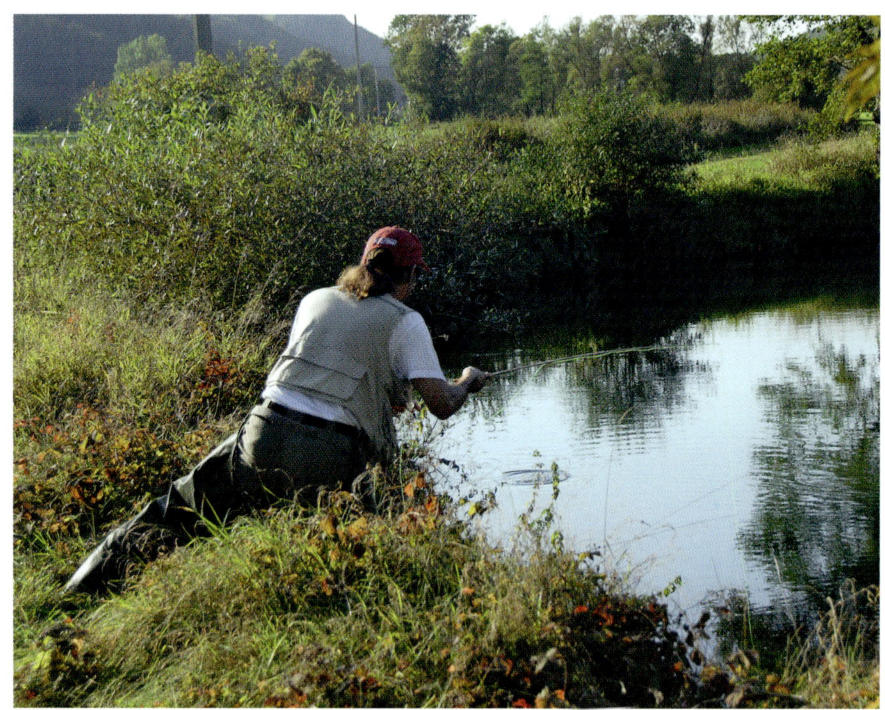

Wenn Sie den Platz für eine günstigere Wurfposition wechseln wollen, dann gehen Sie dazu nicht direkt am Ufer entlang, sondern umschlagen Sie großräumig. Sonst besteht das Risiko andere Fische zu erschrecken und zu vergrämen. Sie würden damit möglicherweise »Ihren« Fisch warnen. Leerwürfe und der Probeservice werden dann weitab des Fisches ausgeführt.

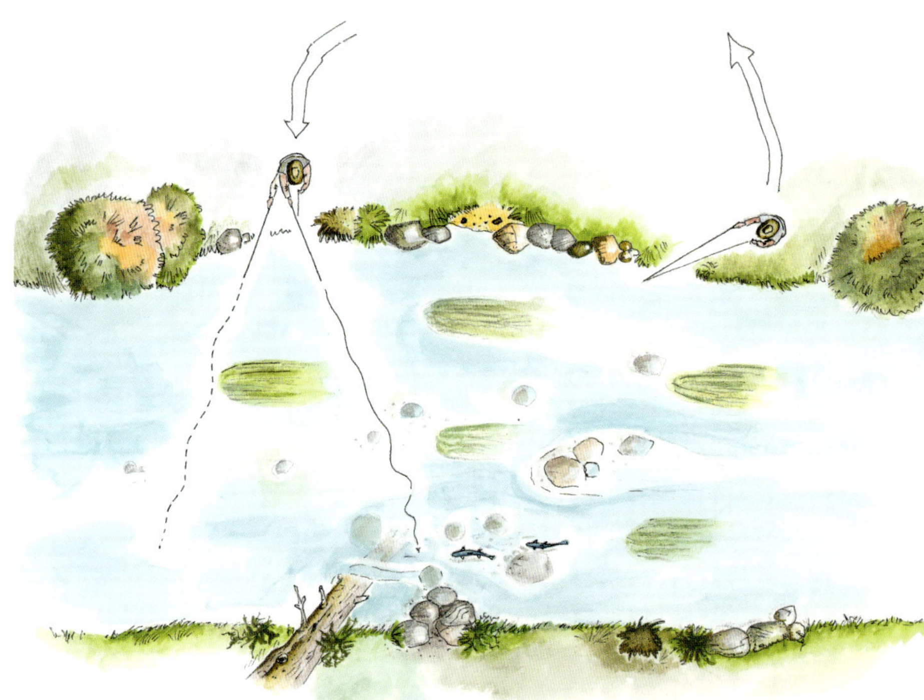

Werfen von weiteren Distanzen, fühle ich beim Ausspielen der Fliegenschnur deren Gewicht spätestens dann, sobald sich etwa neun Meter – die Länge der Keule – außerhalb der Rutenspitze befinden. Jetzt folgt maximal noch ein Rückwurf, dann lasse ich die Leine über die letzten Meter schießen. Nehme ich die abgelegte Schnur für den nächsten Service wieder auf, hole ich etwas Leine ein und benötige dann grundsätzlich nur einen Leerwurf, allerhöchstens zwei, um die Schnur wieder in die gewünschte Richtung fliegen zu lassen.

Vor vielen Jahren hatte ich die Gelegenheit mit einer Gruppe deutscher Fliegenfischer in Neuseeland zu fischen. Dort sind die Gewässer bekanntlich extrem klar und die Fische ebenso scheu. Was die einheimischen Guides zur nackten Verzweiflung trieb, waren die vielen überflüssigen Leerwürfe, die einige von uns durchführten.

Praxis und Erfahrung

Ein gute »Präsentation« ist das Zusammenspiel von vielen Faktoren. Dazu gehören das richtige **Beurteilen der Situation**, eine **erfolgreiche Annäherung**, das **Auswählen der besten Wurfposition**, des **effektivsten Wurfes**, sowie seine **korrekte Ausführung**. Ein erfahrener, guter Fliegenfischer beachtet dies alles rein intuitiv. Würde

Traumhafte Stelle an der Hemsila in Norwegen. Vermeiden Sie unbedingt Leerwürfe direkt über dem Fisch. Zielen Sie zuerst in eine andere Richtung. Dann lassen Sie, wenn es weit ist, die Leine zum Fisch »schießen«. Versuchen Sie nicht große Schnurlängen in der Luft zu halten.

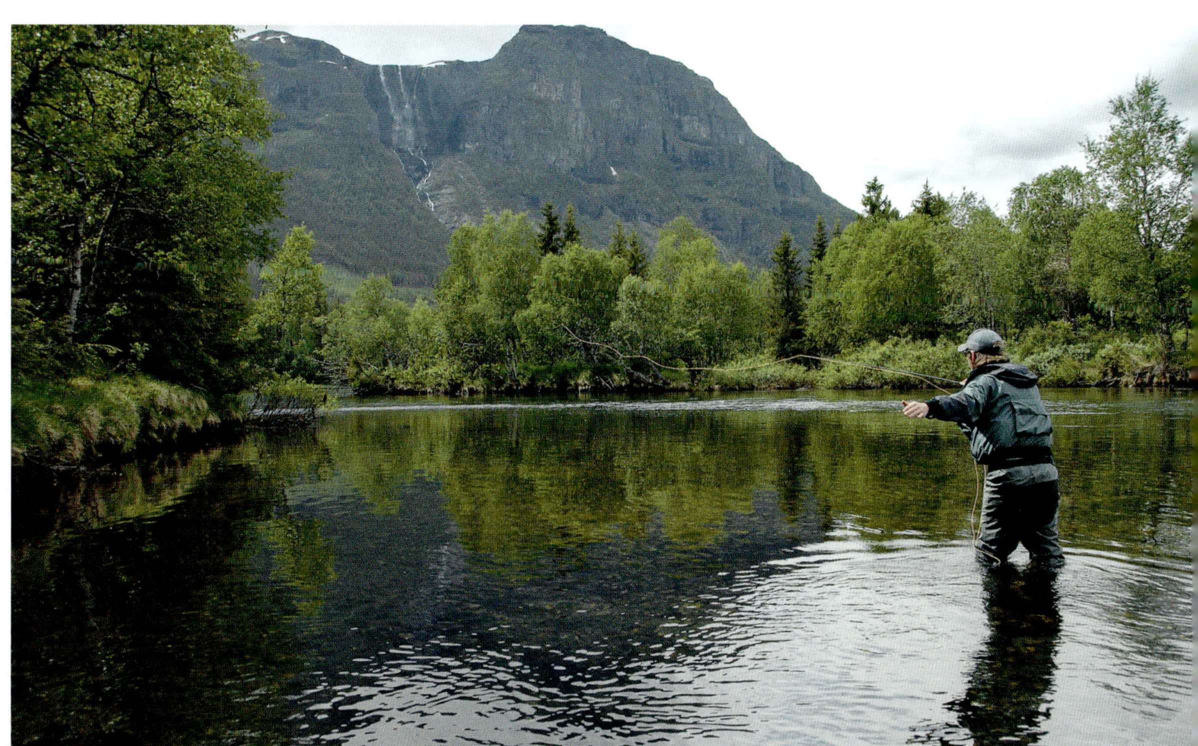

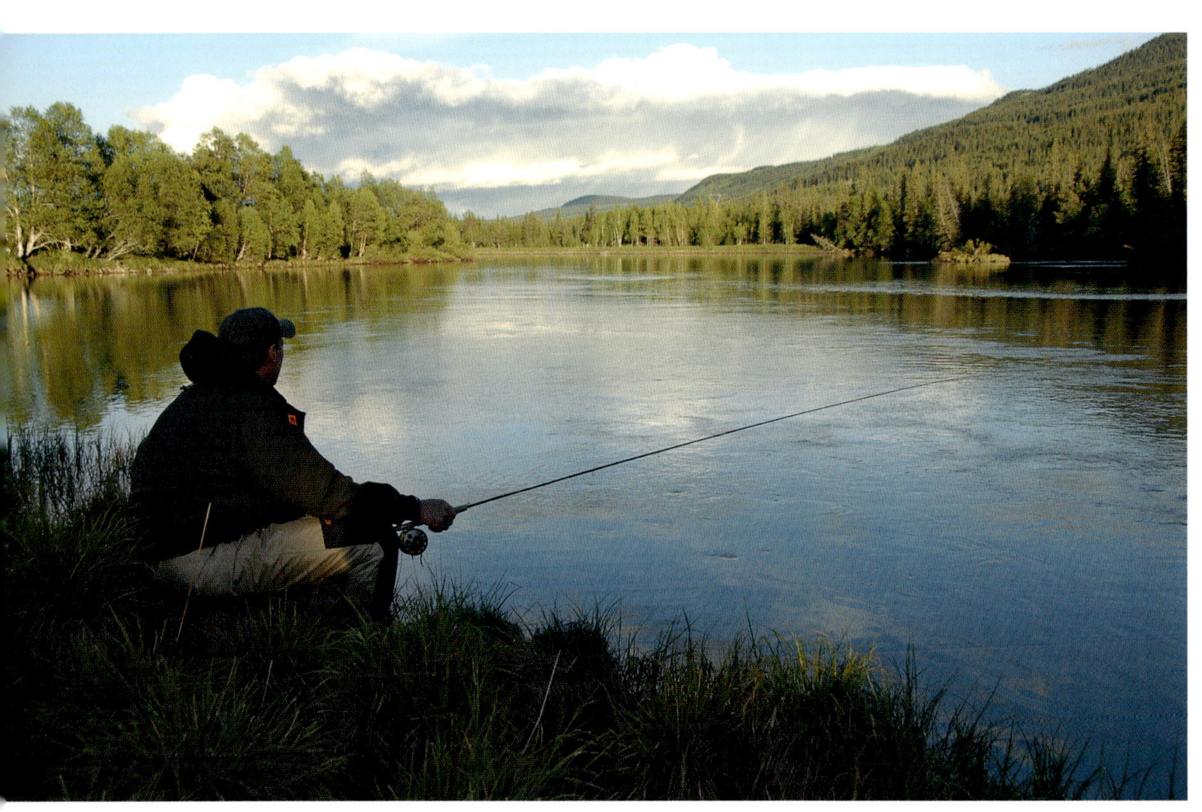

Sorgfältige Beobachtung des Wassers und seiner Umgebung zeichnet einen guten Fliegenfischer aus. Hier kommt es nicht darauf an, viele Würfe durchzuführen. Aber sobald man einen Fisch entdeckt hat, sollte man zielgenau servieren können. Mit so wenig Leerwürfen wie möglich.

man ihn in solchen Situationen fragen, was er denn eben genau macht, hätte er möglicherweise Probleme eine zufriedenstellende Antwort zu geben. Er macht es einfach richtig, ohne es erklären zu können. Richtiges Verhalten ohne lange Nachzudenken kann man nur mit vielen Jahren Erfahrung entwickeln. Ich finde es jedenfalls ungeheuer interessant, mich immer wieder auf neue Situationen einstellen zu müssen. Das macht das Fliegenfischen so spannend. Gehen Sie also ans Wasser, so oft sie nur können. Die Praxis ist Ihr bester Lehrer. Zudem heißt es in einem alten babylonischen Sprichwort, »die Stunden, die ein Mensch beim Fischen verbringt, werden nicht auf die Lebenszeit angerechnet«. Wenn das keine vielversprechenden Aussichten sind.

Die Fliege platzieren

Wer Schnur und Rute spielerisch und gekonnt behandelt, wird mehr Spaß und Freude beim Fliegenfischen haben. Eine Handvoll Spezialwürfe hilft dabei. Die drei Wichtigsten sind für mich: Der »Puddle-Cast«, bei uns auch »österreichischer Fallschirmwurf« genannt, der »Reach-Cast« und der »Tuck-Cast«. Ich habe alle diese Würfe, und

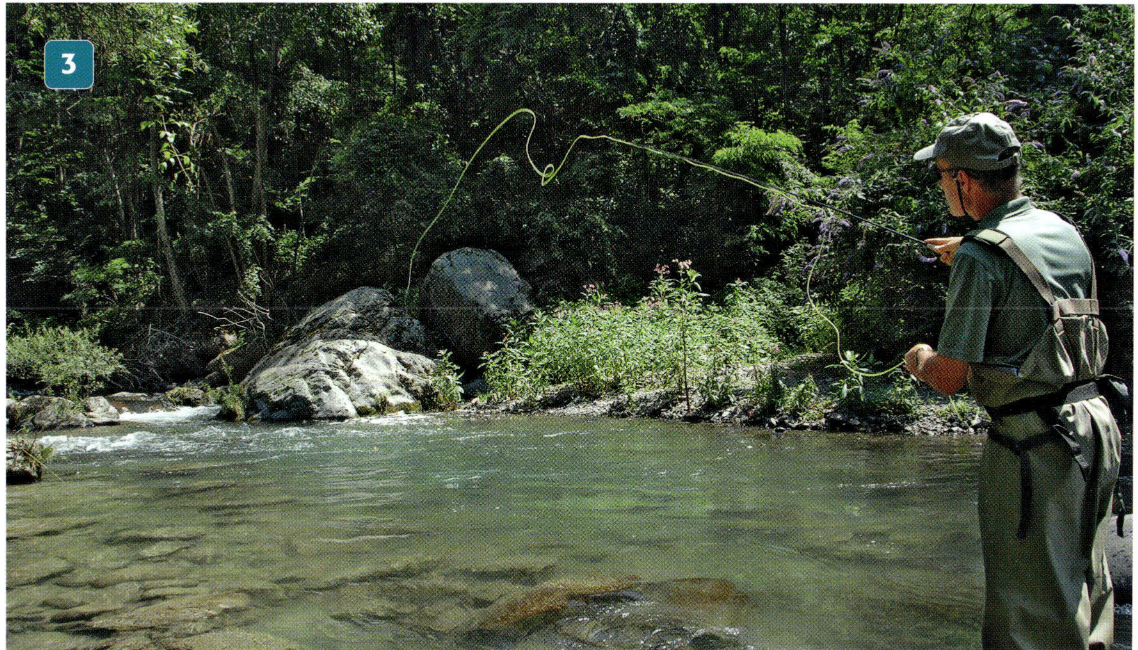

1 Der Rückschwung wurde mit leicht seitlich abgekippter Rute nach hinten ausgeführt, jetzt folgt der Vorschwung senkrecht und hoch über der Schulter. Die Schnur rollt nach vorne aus, hat sich aber noch nicht ganz gestreckt.

2 Die Wurfhand stoppt den Vorschwung abrupt bei etwa zehn Uhr, dabei drückt der oben auf dem Griff liegende Zeigefinger betont ruckartig von oben auf den Griff, während Ring- und kleiner Finger am unteren Ende den Korkgriff scharf gegen den Handballen pressen. Aus dieser »Freeze«-Bewegung heraus, ruckt der ganze Unterarm kurz senkrecht in die Höhe. Vor der Rutenspitze formt sich dadurch in der Schnur eine kleine aufwärts gerichtete Welle, die blitzschnell nach vorne wandert.

3 Die Spitze der Fliegenschnur und das Vorfach klappen nach unten ein. Die Nymphe trifft steil von oben auf das Wasser und das möglichst senkrecht über ihr aufgestellte Vorfach bricht über dem Eintauchpunkt in sich zusammen. Die Nymphe sinkt ungehindert Richtung Grund und zieht das locker einfallende Vorfach hinter sich her.

Bereich hinter einem Stein oder quer über den Bach in die langsamere Randströmung serviert werden soll, aber die Hauptleine sofort von der schnellen Strömung erfasst werde würde. Während die Schnur dann schon abtreibt, verharrt die Fliege ein paar Sekunden lang ganz unbehelligt dort wo sie gelandet ist. Erst wenn sich das Vorfach streckt, wird sie mitgezogen und beginnt zu furchen. Am besten gelingt der »Tuck-Cast«, egal ob mit Nymphe oder Trockenfliege im Distanzbereich bis 10 oder 12 Meter.

Das Menden der Schnur

Sobald eine schwimmende Fliegenschnur in einem Fließgewässer auf dem Wasser aufliegt, ist sie den meist unterschiedlichen Strömungen im Aufwasserungsabschnitt ausgesetzt. Da man in der Regel eine natürliche Drift der Fliege erreichen möchte, darf die Schnur nicht unter Spannung geraten. Das würde die Fliege zum »Dreggen« bringen. Jeder Fliegenfischer kennt dieses Problem. Eine gute Ausgangsbasis kann man gleich zu Beginn durch einen

Jetzt wird die Leine stromaufwärts »gemendet«, um die Drift der Fliege zu verlangsamen.

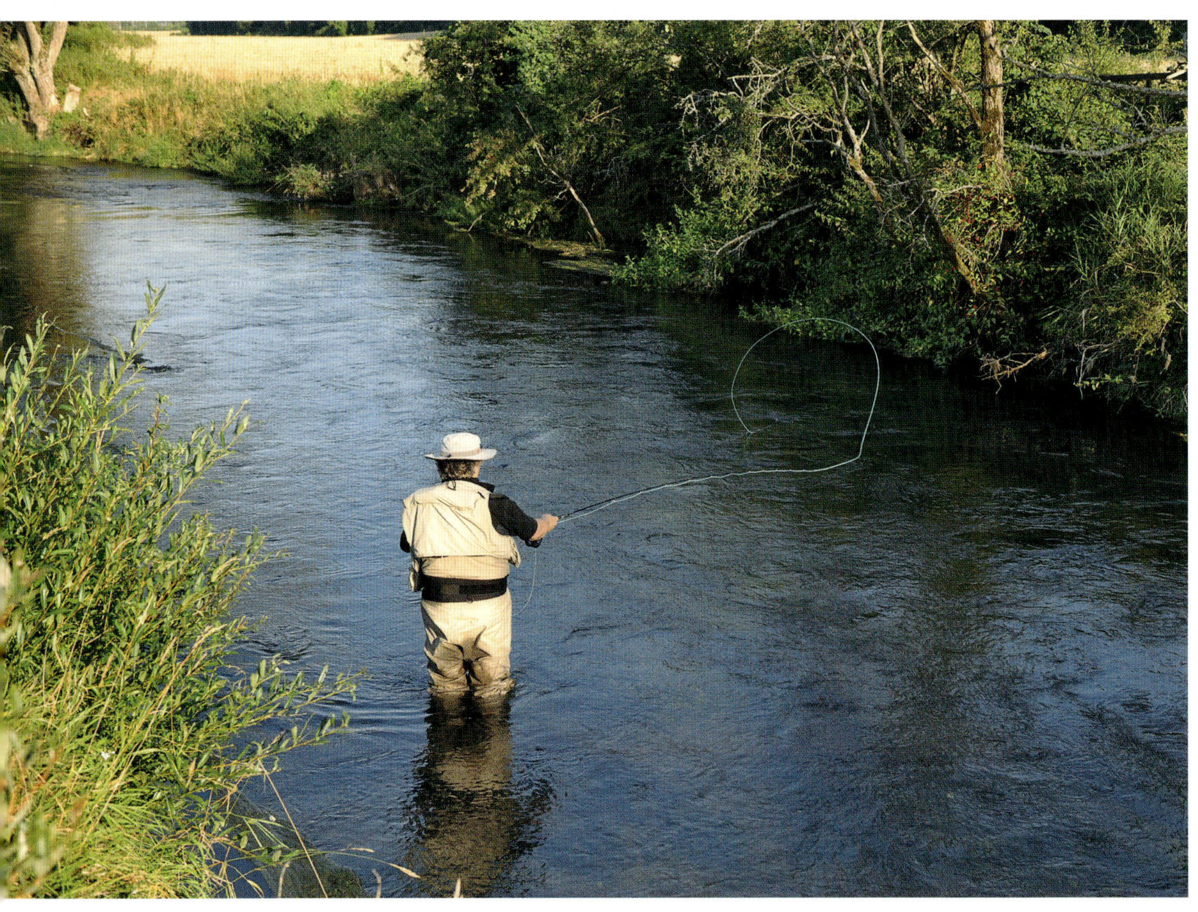

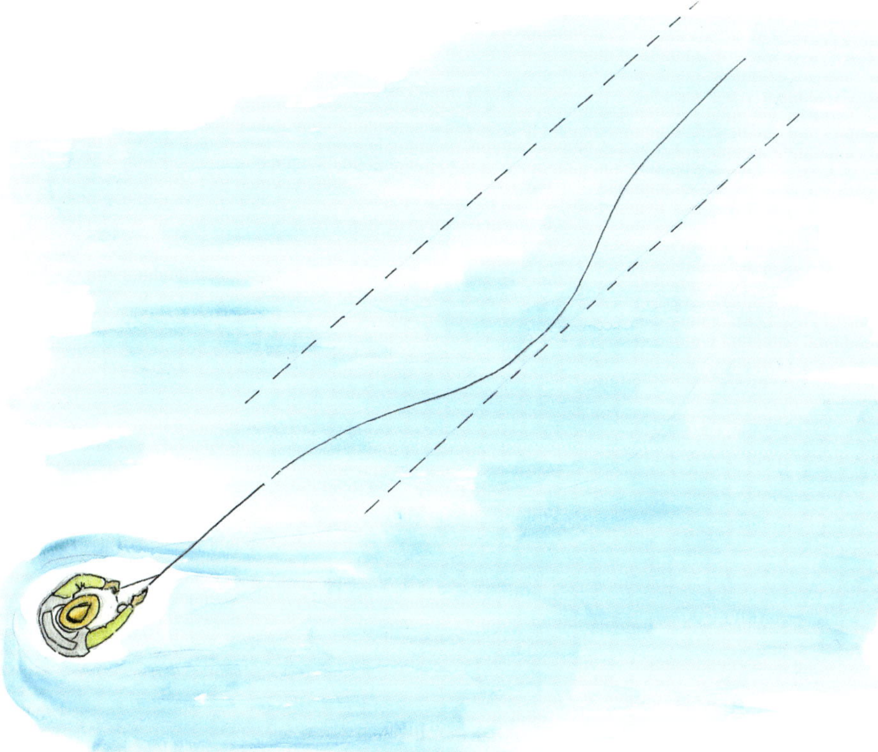

Der relativ schmale Korridor vor der Rutenspitze. Nur innerhalb dieses Bereichs kann die Lage der Schnur effektiv korrigiert werden.

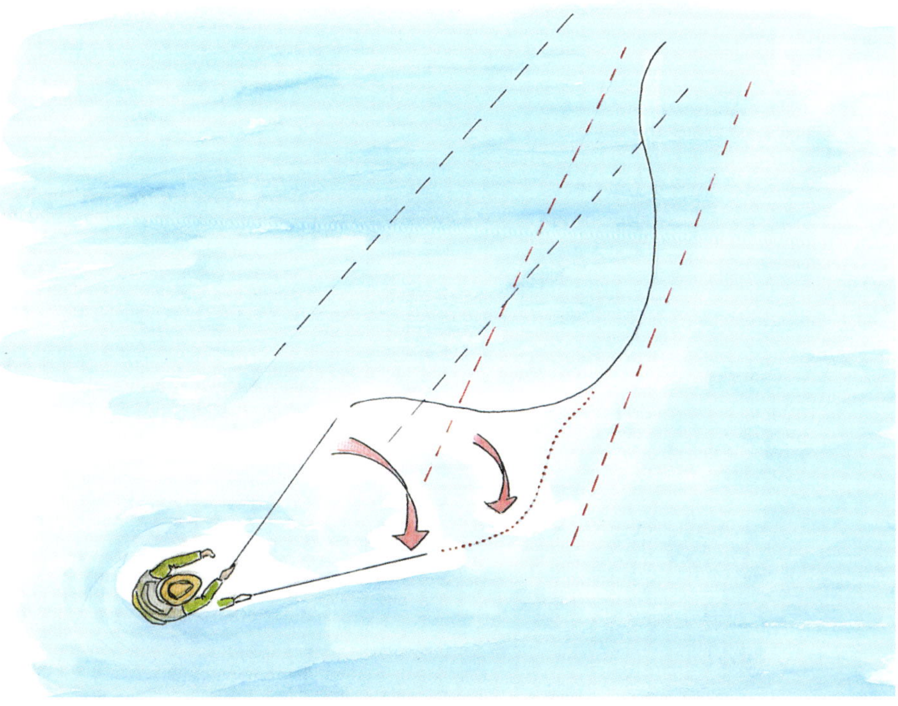

Überschreitet der Schnurbauch den Bereich des ursprünglichen Korridors (schwarze Strichlinie), muss die Schnur erst in einen neuen gebracht werden (rote Strichlinie). Nun ist wieder das Menden eines längeren Schnurteils möglich.

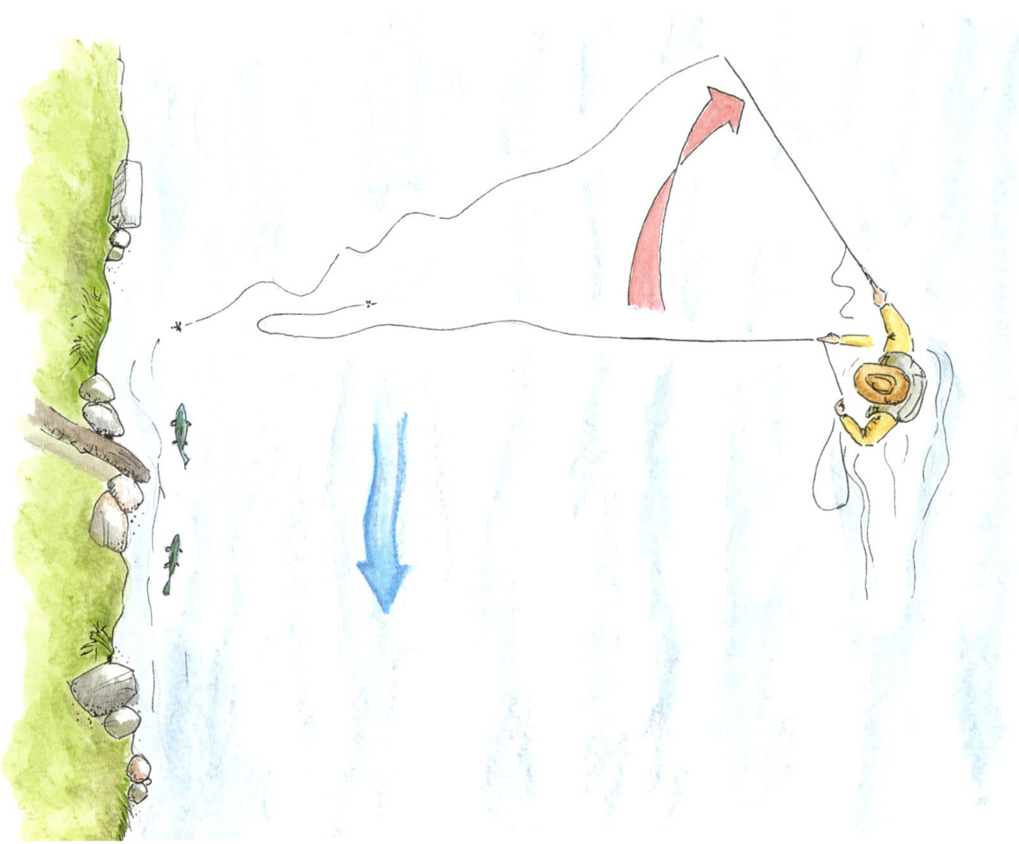

Bei einem Service quer zur Strömung hilft der »Reach-Cast« die Schnur stromauf oberhalb der Fliege abzulegen. Dadurch treibt die Fliege länger ungehindert ab, ohne zu »dreggen«.

entsprechenden Spezialwurf, eben »Tuck-, Bogen-, Reach-cast« und andere, herstellen. Trotzdem muss die Schnur hin und wieder »umgelegt« also »gemendet« werden. Um das korrekt auszuführen, sollte man ein paar Dinge beachten.

Richtig »Menden«

Was passiert, wenn ein Fliegenfischer in einem kleinen Fluss seine Trocken- oder Nassfliege, mehr oder weniger quer, also fast im Winkel von 90 Grad, zur zügigen Strömung servieren möchte? In der Mitte ist die Strömung am schnellsten, zu den Rändern hin langsamer. An den gegenüberliegenden Rand, über die schnelle Strömung hinweg, will er die Fliege servieren, sie soll dort ganz natürlich abtreiben, so als hinge sie nicht an einem Vorfach. Nach dem Ablegen der Schnur, landet das Vorfach und die Fliege im vorgesehenen Bereich. Der Hauptteil der Schnur wird erwartungsgemäß sofort von der starken Mittenströmung ergriffen. Ein stromabwärts gerichteter Schnurbauch beginnt sich auszuformen. Unser Fliegenfischer macht jetzt verschiedene Fehler. Er senkt die Rute sehr weit ab, so dass viel Leine auf dem Wasser liegt. Zudem behält er die Rute statisch in der gleichen Position wie im Moment der Ablage der Schnur. Er wartet untätig ab bis sich ein deutlicher Strömungsbauch in der Leine ausgeformt hat. Erst kurz bevor das Vorfach sich vollkommen gestreckt hat, und droht, die Fliege mit sich zu reißen, reagiert er. Mit einem kräftigen Schwung der Rute, versucht er den mittlerweile ausgeprägten Schnurbogen stromauf zu schleudern. Ergebnis: Es entsteht Zug auf die gesamte Leinenlänge, auch das Vorfach und die Fliege werden deutlich bewegt. Genau das sollte vermieden werden. Dieser Versuch zu Menden war nicht effektiv und hat die Lage sogar noch verschlechtert.

Im »Korridor«

Eric Stroup, ein amerikanischer Flyfishing Guide, hat in seinem kleinen Buch »Common Sense Flyfishing« das richtige Vorgehen so schön und logisch beschrieben, wie ich es bis jetzt noch nirgendwo anders gefunden habe. Will man nämlich eine auf dem Wasser liegen Schnur effektiv »menden«, gelingt dies nur in einem bestimmten Bereich, dem von *Stroup* so genannten »Korridor«. Damit ist ein gedachtes Band von rund 1,5 bis 2 Meter Breite gemeint, das sich entlang der Leine von der Rutenspitze bis zur Fliege erstreckt. Nur wenn sich die Schnur innerhalb dieses Bereichs befindet, kann sie wirkungsvoll bewegt werden. Mit dem Ziel, dass sie nicht unter Spannung gerät und die Fliege weiter auf natürlich abdriften kann. Hier liegt auch eine kleine Falle, in die viele Fliegenfischer hineintappen. Sie glauben, wenn die Leine einmal umgelegt wurde, müssten sie den Vorgang erst wiederholen, wenn erneut ein deutlicher Schnurbogen auf dem Wasser liegt. Dabei darf dieser erst gar nicht entstehen! Eine ausgeprägte auf dem Wasser treibende Leinenkurve lässt sich nicht mehr wirkungsvoll neutralisieren. Voraussetzung für die Vermeidung eines solchen Schnurbauchs ist, dass man nicht nur einmal mendet, sondern ständig aufeinander folgend. Die auf dem Wasser schwimmende Schnur darf gar nicht die Chance bekommen aus dem Korridor herauszudriften und sie sollte auch durch uns nicht über diesen Korridor hinaus umgelegt werden. Hat der Schnurbogen einmal doch die Grenzen dieses Bandes überschritten, muss die Rutenspitze nachgeführt werden und vor der Schnur in eine Position gebracht werden, die den Korridor wieder herstellt. Erst dann kann die gesamte Schnur erneut erfolgreich gemendet werden. Eigentlich muss man bei entsprechend schwierigen Verhältnissen permanent kleine Mendeschwipps mit der Rutenspitze durchführen, um die Fliege optimal driften zu lassen.

Ich weiß, alle diese Erklärungen klingen ziemlich trocken. Probieren Sie alles einfach am Wasser aus. Mit ein bisschen Übung wird es Ihnen bald gelingen korrekt zu »menden«.

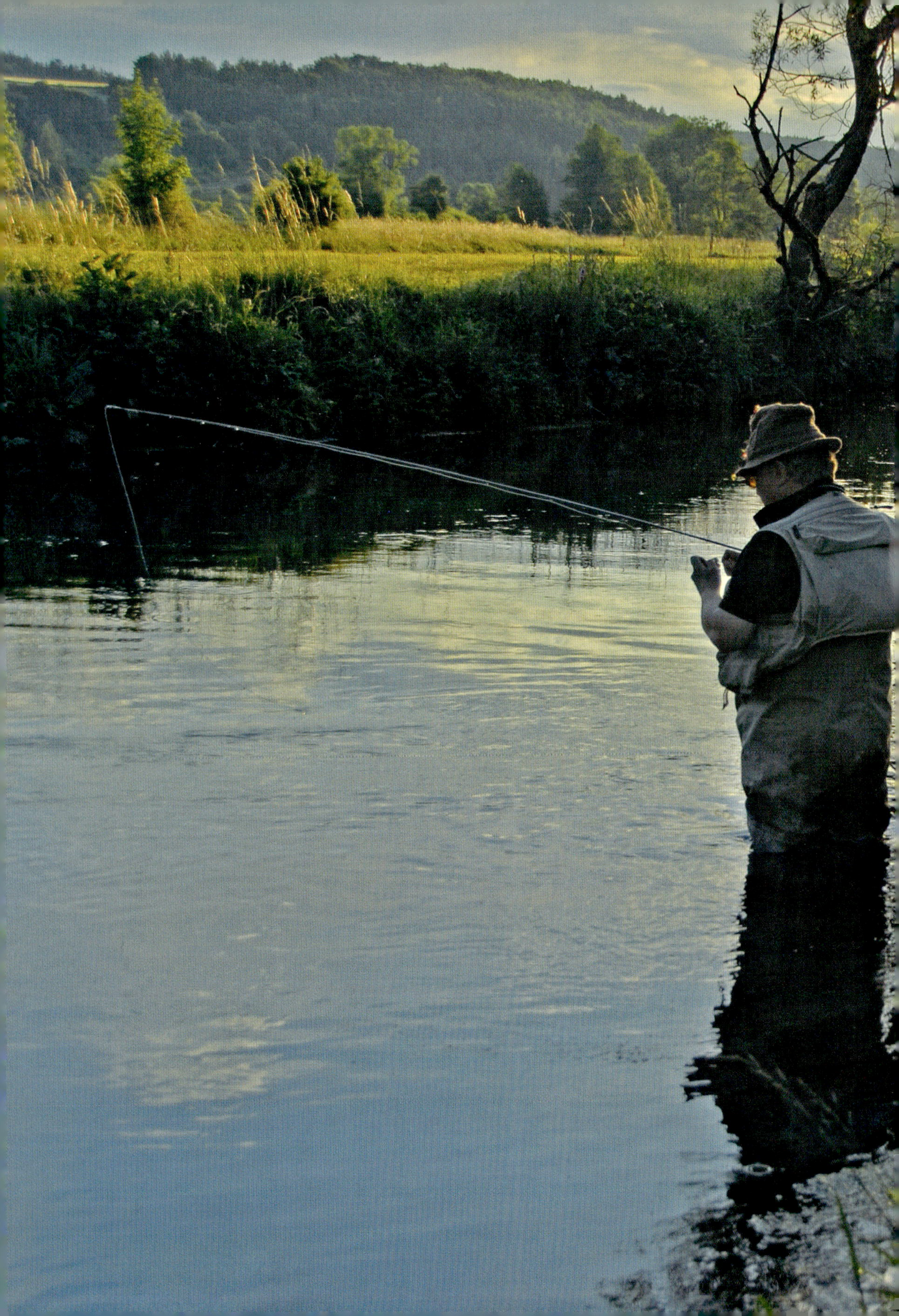

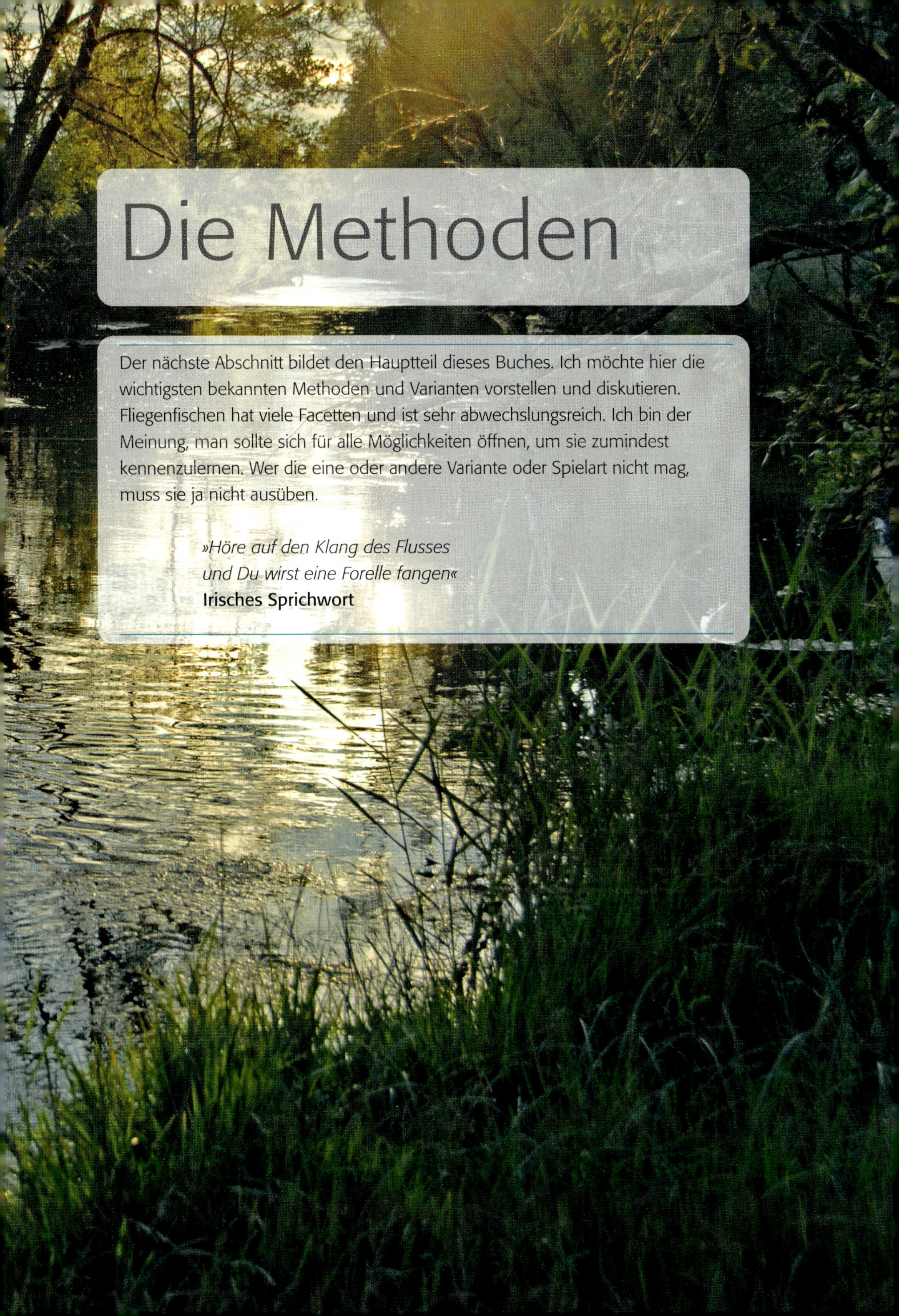

Die Methoden

Der nächste Abschnitt bildet den Hauptteil dieses Buches. Ich möchte hier die wichtigsten bekannten Methoden und Varianten vorstellen und diskutieren. Fliegenfischen hat viele Facetten und ist sehr abwechslungsreich. Ich bin der Meinung, man sollte sich für alle Möglichkeiten öffnen, um sie zumindest kennenzulernen. Wer die eine oder andere Variante oder Spielart nicht mag, muss sie ja nicht ausüben.

»Höre auf den Klang des Flusses
und Du wirst eine Forelle fangen«
Irisches Sprichwort

Zu zweit geht's besser

Diese Regenbogenforelle konnte dem schweren Nymphen-Tandem in der Tiefe des Gumpens nicht widerstehen. Die größere Nymphe treibt ganz dicht am Grund entlang und ist deswegen mit einem Monofil-Hakenschutz ausgestattet. Sehr oft wird aber das kleinere Muster genommen. Der Grund: Kleine Nymphen sind häufiger und die Fische sehen sie öfter als große.

Wir werden uns auf den noch folgenden Seiten ausführlicher mit Trocken- und Nassfliege, Nymphe und Streamer beschäftigen. Aber zuvor gehe ich auf die Möglichkeiten von Kombi- oder Tandem-Montagen ein, sie begegnen uns in den einzelnen Abschnitten in der einen oder anderen Form immer wieder.

Teamgedanke

An meinem Lieblingsfluss, der oberpfälzischen Lauterach, gibt es einen größeren, tiefen Gumpen unterhalb einer scharfen Rechtskurve. Dieser Pool enthält einige schöne Fische, nur gibt er sie nicht immer so einfach her. In diesem Zusammenhang erinnere mich an einen Nachmittag in einem heißen August. Die 10er »John-Barr-Spezial«, sonst ein richtiges Erfolgsmuster, wird total ignoriert. Kein einziger Zupfer – einfach nichts. Eigentlich weiß ich es ja, jetzt im Spätsommer sind kleinere Nymphen erfolgsversprechender. Einziges Rezept für diese Situation wäre also ein Muster in Größe 14 oder 16. Eine etwas komplizierte Dreh- und Ge-

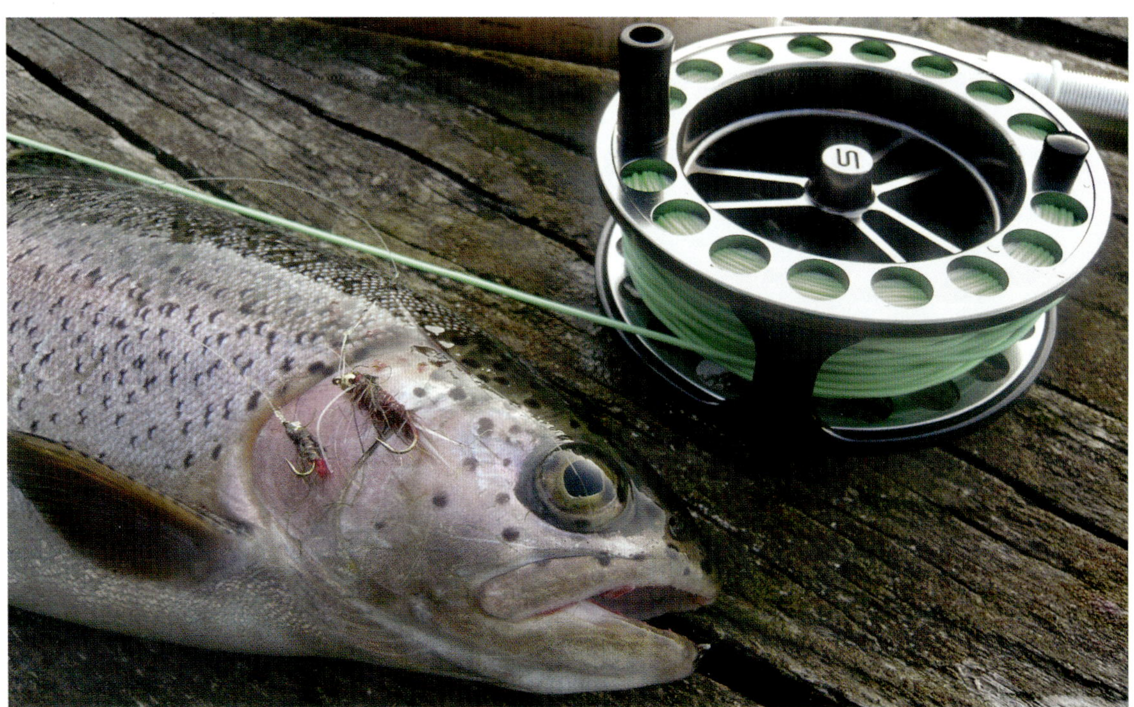

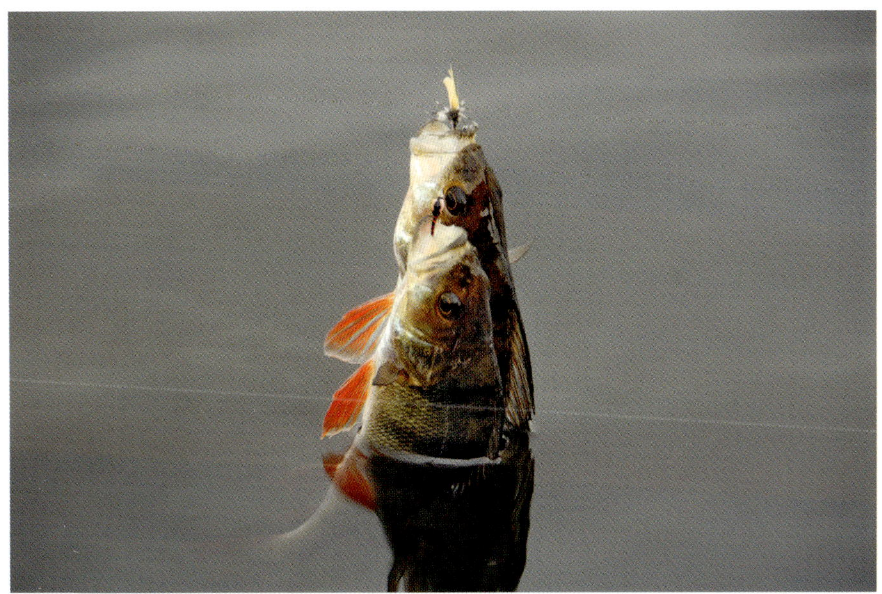

Manchmal führen Multi-Rigs zu Doppelergebnissen. Aber nur, wenn die Fische nicht zu schwer sind, ansonsten würde das Vorfach reißen. Hier war das Tandem aus Trockenfliege und Nymphe eigentlich für Forellen gedacht, aber die vorbeikommenden Barsche fanden es ebenfalls sehr appetitlich.

genströmung macht es aber fast unmöglich eine solche Nymphe in diesem Gumpen schnell auf die Tiefe von etwa zwei Metern zu bringen, dorthin wo sich die Fische momentan vermutlich befinden. Das Gewicht der großen Steinfliege wäre sicher weiterhin hilfreich. Also knüpfe ich eine kleine olivfarbene Nymphe an einem Seitenarm etwa fünfzig Zentimeter über der Steinfliege an und schicke das ungleiche Paar mithilfe eines lockeren »Tuck-Casts« ab in den Pool. Der dritte Service bringt den Biss. Eine sehr lebhafte 35er Regenbogen hatte die frisch angeknüpfte kleinere Nymphe knapp über dem Grund genommen.

Tradition

Bis weit ins 20. Jahrhundert hinein war es an vielen Gewässern üblich, gleichzeitig mehrere Muster an einem Vorfach zu führen. Unsere Vorfahren verwendeten dazu ausschließlich Nassfliegen, für leichte Trockenfliegen stand das notwendige Material noch nicht zur Verfügung. Die Muster wurden auf starkdrähtige Haken gebunden und paarweise, zu dritt oder im noch größeren Gruppenverband in einem bestimmten Abstand voneinander ans Vorfach geknüpft. Teilweise hat sich diese Praxis erhalten. Traditionell wird auf den Seen der britischen Inseln heute noch vom Boot aus mit bis zu drei Fliegen gefischt. Auch bei der »tschechischen« Methode des Nymphenfischens kommen bis zu drei Muster zum Einsatz.

Es gibt aber auch andere Situationen, in welchen die Präsentation von mehr als einer Fliege eine interessante Alternative zur Einzelfliege ist. Drei Fliegen

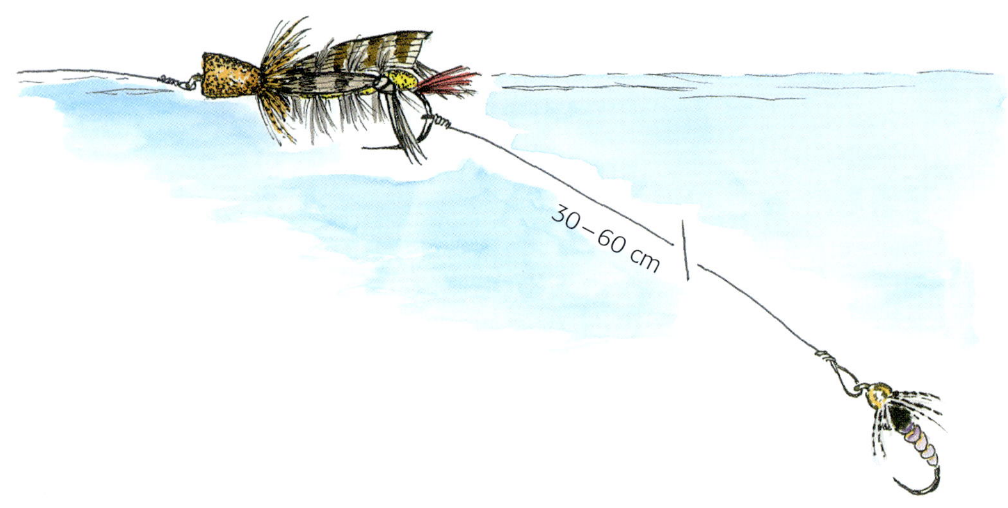

Eine klassische Kombi aus tragfähigem Trockenmuster. Hier ein Grashüpfer und eine kleine Goldkopfnymphe. Verwenden Sie besser eine Messing- statt einer zu schweren Tungsten-Perle.

sind für meinen Geschmack etwas übertrieben. Aber unter bestimmten Bedingungen und vorausgesetzt es verstößt nicht gegen gültige Gewässerbestimmungen, halte ich es für eine geschickte Taktik zumindest zwei Fliegen, sozusagen als »Tandem«, anzubieten. Dabei lassen sich Trockenfliege, Nassfliege, Nymphe und selbst Streamer in ganz unterschiedlichen Kombinationen zusammenstellen. Es schärft die eigene Beobachtungsgabe am Wasser und eröffnet der kreativen Phantasie neuen Spielraum.

Trockenfliege und Nymphe

Eine klassische Kombination ist die Verknüpfung von Trockenfliege und Nymphe. Wenn die Fische oberflächenaktiv sind, aber unklar ist, was sie momentan bevorzugen, finden wir es so schneller heraus. Zwei unterschiedliche Fliegenmuster, eines an der Oberfläche, das andere etwas darunter, erhöht die Erfolgschance. Wenn ein Fisch von der auffälligen Trockenfliege an der Oberfläche angelockt wird, sie aber etwas suspekt findet, akzeptiert er die etwas tiefer schwimmende Nymphe oft ohne weiteren Argwohn. In diesem Fall übernimmt die Trockenfliege die Aufgabe des Bissanzeigers. Taucht sie plötzlich ab, setzen wir den Haken.

Die Möglichkeiten zur Teambildung sind vielfältig. Die Trockenfliege kann zum Beispiel an einem kurzen Seitenarm, als »Springer«, oberhalb der Nymphe angebracht werden. Einfacher und schneller befestigt man die Nymphe als »Dropper« mittels einem rund 30 bis 60 Zentimeter langen Stück Monofil direkt im Hakenbogen der Trockenfliege. Füllige, tragfähige Muster wie eine »Humpy«, »Stimulator«, eine »Klinkhammer-Spezial« mit dichtem Hechelkranz oder ein deftiger »Grashopper« sind gut geeignet für das

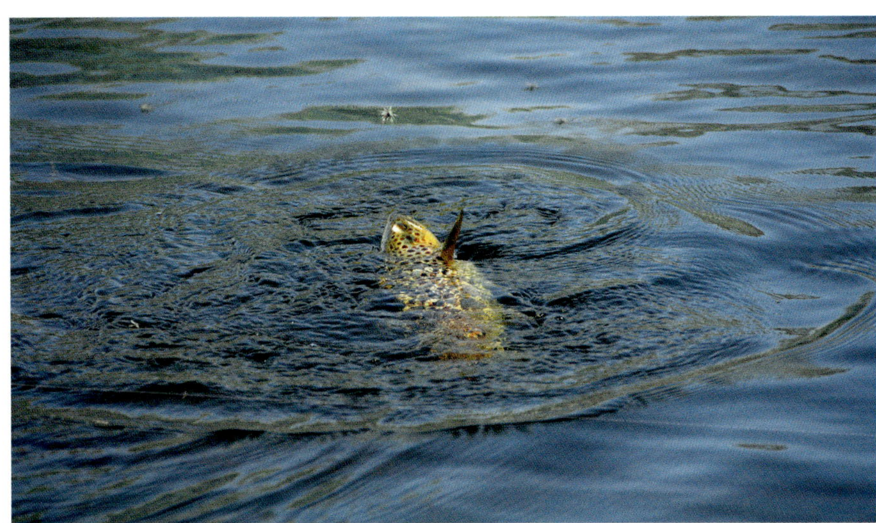

Erfahrungsgemäß nehmen die Fische in den allermeisten Fällen lieber die Nymphe und nicht die Trockenfliege.

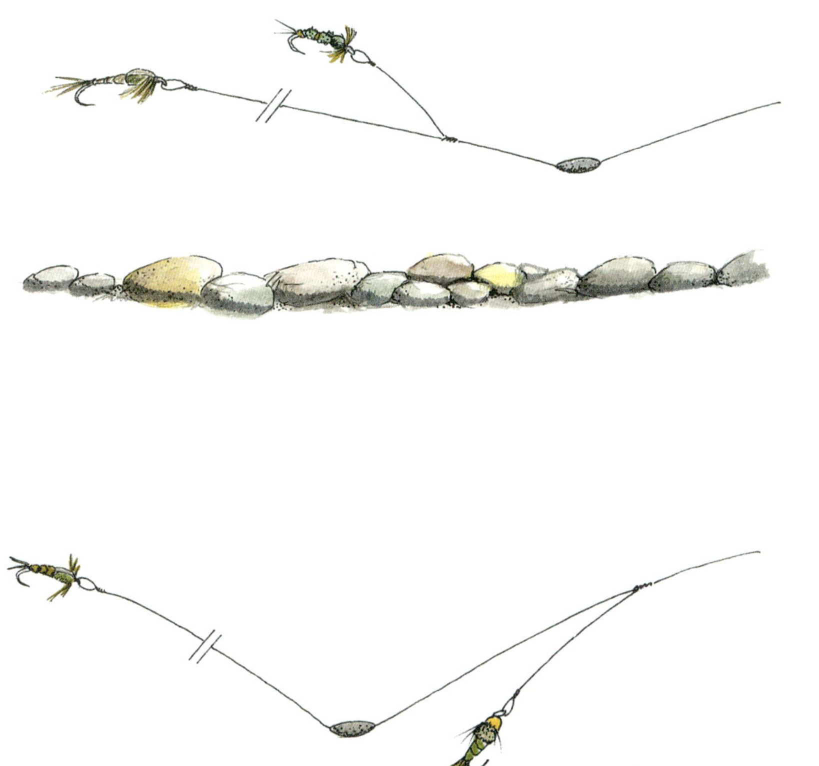

Oben: Die Beschwerung »Tungsten-Soft Weight« sitzt oberhalb von zwei unbeschwerten, lebhaft im Wasser spielenden Nymphen.

Unten: Hier befindet sich das Gewicht zwischen einer beschwerten und einer unbeschwerten bzw. nur leicht beschwerten Nymphe am Ende des Vorfachs. Eine interessante, oft sehr fängige Kombination.

Absuchen schnellerer Züge und den Ausläufen von Rauschen. Sie bringen genügend Auftrieb mit, und können eine leicht beschwerte Nymphe sicher tragen. Nach meiner Erfahrung ist ein Tandem aus Trockenfliege und Nymphe gerade in kleineren Flüssen und Bächen oft ein unschlagbares Suchteam. Setzen Sie an einem Wiesenbach einmal einen gut schwimmenden 10er Grashüpfer in Verbindung mit einer nicht zu schweren 14er Goldkopfnymphe ein. Auch große Döbel lieben ein solches Arrangement.
Findet gerade ein Schlupf statt, orientiert man sich am natürlichen Insekt. Besonders bei glatter Wasseroberfläche in ruhigen Staustrecken oder Rückläufen sind dann oft kleinere Trockenfliegen gefordert, in Kombination mit einer leichten »Fasanenschwanz-« bzw. »Hasenohrnymphe« oder ähnlichen imitativen Mustern. Auch ein nur sanft im Oberflächenfilm eingetauchter Emerger-Typ eignet sich jetzt als Anhängsel. Als einzeln angebotenes Muster wäre dieser nur recht schwer im Auge zu behalten, und ob er in natürlicher Weise locker abtreibt oder schon »dreggt«, ist dann schwer zu sagen. Ist er Teil eines Tandems, konzentriert man sich auf die korrekte Drift der Trockenfliege. Dann verhält sich der angehängte Emerger automatisch ebenfalls ziemlich richtig. Das in den Hakenbogen eingehängte Vorfachstück wähle ich meist eine Stufe schwächer und dünner als das Hauptvorfach.
In Fließgewässern unterscheidet sich die Führung eines Tandems grundsätzlich nicht von der Präsentation einer einzelnen Trockenfliege. Legen sie das Tandem aber immer ausreichend stromauf von einem gesichteten Fisches ab, damit der Fisch durch das Einfallen der beiden Fliegen keinen Verdacht schöpft und die Nymphe genügend Zeit hat in die richtige Tiefe abzusinken.

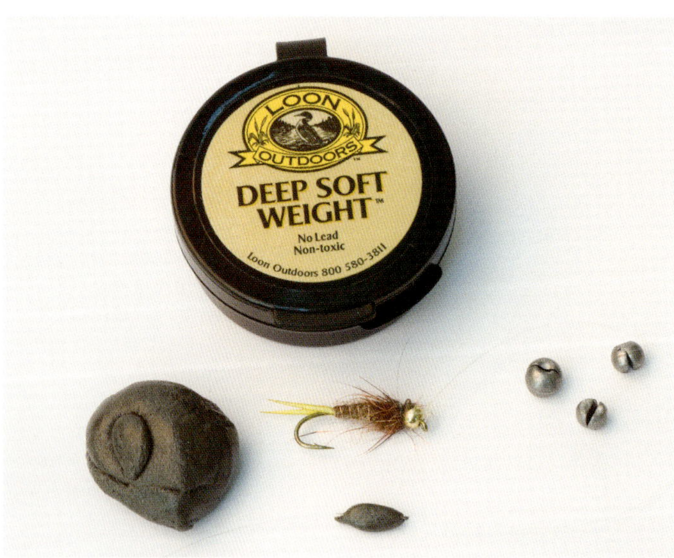

»Deep Soft Weight« ist eine Knetmasse mit Tungsten Bestandteilen und kann an beliebiger Stelle am Vorfach angebracht werden. Am besten hält es direkt über einem Knoten. Zwischen den Fingern angewärmt ist es weich und formbar, im Wasser wird es schnell hart. Abnehmbar und wiederverwendbar ist eine praktische und umweltfreundliche Alternative gegenüber einem Bleischrot.

Nymphe und Nymphe

Um eine Nymphe in Grundnähe zu bringen, braucht es die richtige Technik und ein gewisses Gewicht. Während der Sommermonate und vor allem im Herbst bevorzugen die Fische eher kleinere Nymphenmuster.
An schnell fließenden Gebirgsgewässern, wie an der von mir gerne besuchten Passer in Südtirol, suchen die einheimischen Fliegenfischer die potenziellen Standplätze in der zügigen

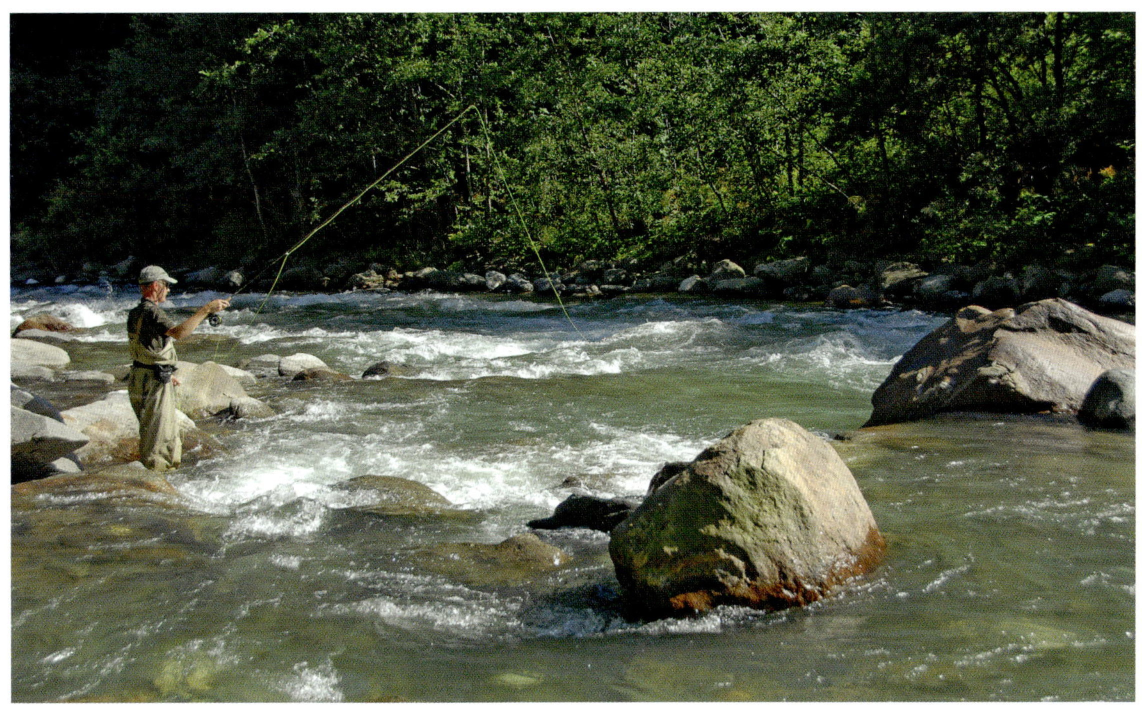

Strömung auf diese Weise intensiv ab. Normalerweise platziere ich das größere Muster ans Vorfachende, da sich die Montage dann etwas leichter werfen und kontrollieren lässt. Sitzt die schwere, große Nymphe oben am Seitenarm, kann es wegen Pendelbewegungen beim Werfen leichter zu Überschlägen und Verhängungen kommen. Mit etwas Wurfdisziplin geht es aber trotzdem. Es kann nämlich durchaus recht verführerisch wirken, wenn eine leichte Nymphe, der schweren nachfolgt. Besitzt die kleine Nymphe mithilfe von etwas Polycelon sogar einen gewissen Eigenauftrieb, lassen sich interessante Effekte erzeugen. Das schwere Muster driftet knapp über dem Grund, während sich im Schlepptau die kleine Nymphe locker einige Zentimeter höher in der Wassersäule frei bewegen kann.

Nymphe und Streamer

Die Kombination von Nymphe und Streamer ist eine weitere interessante Option. Befestigt man eine kleine Nymphe rund 30 bis 40 Zentimeter vor dem Streamer, sieht es aus, als würde ein Kleinfisch eine Insektenlarve verfolgen. So mancher größere Räuber verfällt in hemmungslosen Futterneid und schnappt sich entweder die Beute oder eben gleich den Verfolger. Nymphen- oder Streamertandems lassen sich mit allen bekannten Anbietetechniken, mit und ohne Bissan-

Kombi-Montagen, egal ob Trockenfliege-Nymphe oder Nymphe-Nymphe, sind ideal zum Absuchen der einzelnen »Pockets« in Bächen und Flüssen der Gebirge.

Mit diesem Sortiment lässt sich problemlos ein fängiges Tandem zusammenstellen.

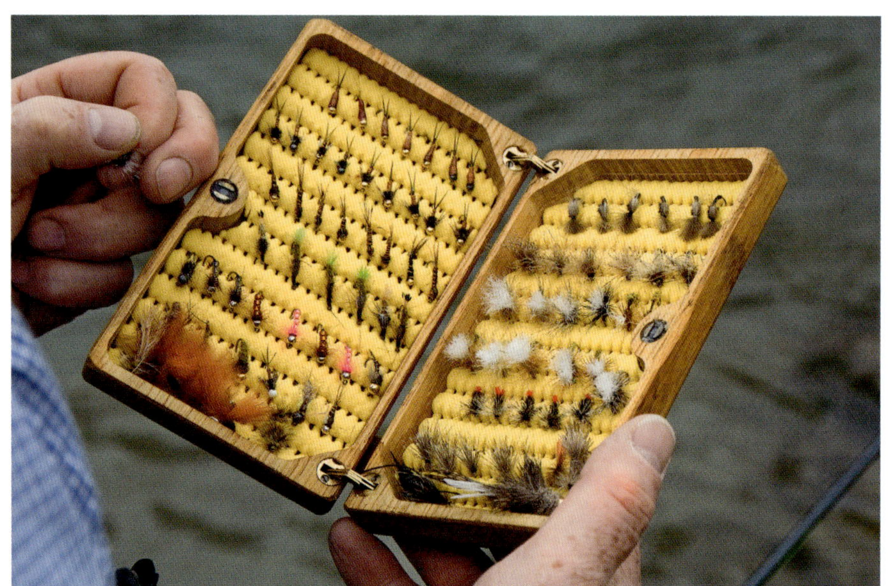

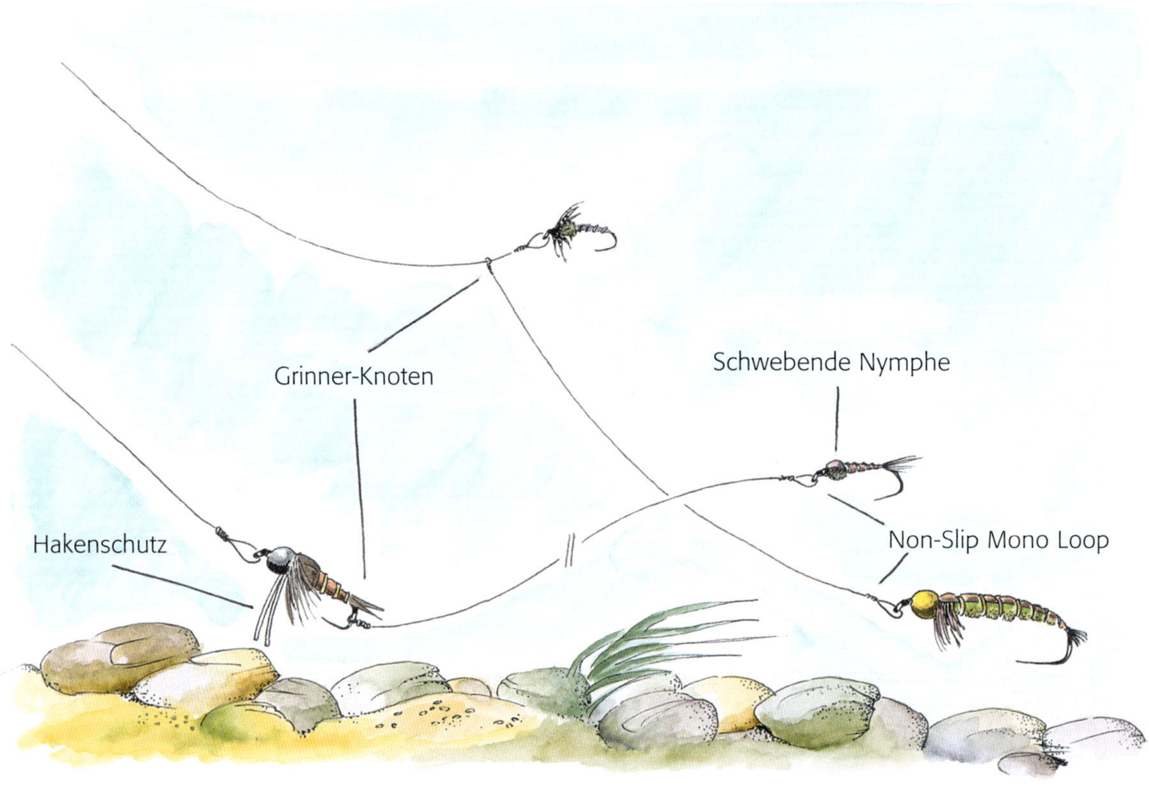

Grinner-Knoten

Schwebende Nymphe

Hakenschutz

Non-Slip Mono Loop

Tandems können sehr vielseitig und mit unterschiedlichen Verknüpfungen zusammengestellt werden.

zeiger, in der freien Drift oder aktiv bewegt fischen. Ich empfehle eine Rute mit mittelschneller Aktion und eine betont ovale Wurftechnik ohne scharfe Stopps beim Rück- und Vorschwung, um ein Überschlagen der Leine und Verwicklungen im Vorfach zu vermeiden.

Schneller Wechsel

Einen Austausch-Seitenarm oder -Springer finde ich besonders interessant, denn sie sorgen für Flexibilität. Sie eignen sich vor allem dann, wenn man rasch hintereinander verschiedene Muster ausprobieren möchte, ohne den Aufwand zu haben ständig neue Knoten binden zu müssen. Bei schlechtem Licht in der Dämmerung ist dieses System eine sehr praktische Lösung, vorausgesetzt man hat schon zuhause eine Reihe von Nymphen an jeweils einem kurzen Stück Vorfach vorbereitet. Die Nymphe hängt an einem Clinch-Knoten bzw. in einem festen Non-Slip Mono Loop und das lose Ende auf der anderen Seite wird mit einer schließbaren Grinner-Schlaufe versehen. Um die korrekte, aber recht kurze Springerlänge von eben fünf bis 10 Zentimeter zu erreichen, binde ich zuerst die Fliege ans Monofil und knüpfe danach die Grinner-Schlaufe am anderen Ende so nahe wie möglich zur Fliege hin. Beim Einsatz führe ich den offenen Springer über die Nymphe am Vorfach bis über den ersten Knoten, hinter dem die Schlaufe geschlossen wird. Dieser etwa 30 bis 50 Zentimeter oberhalb des Vorfachendes sitzende Knoten ist eigentlich als Sollbruchstelle gedacht, falls es bei einem schwierigen Hänger zum Monofilbruch kommen sollte. Zusätzlich verhindert er jetzt das Abrutschen des Springers. Bekommt man keine Bisse auf die Springernymphe,

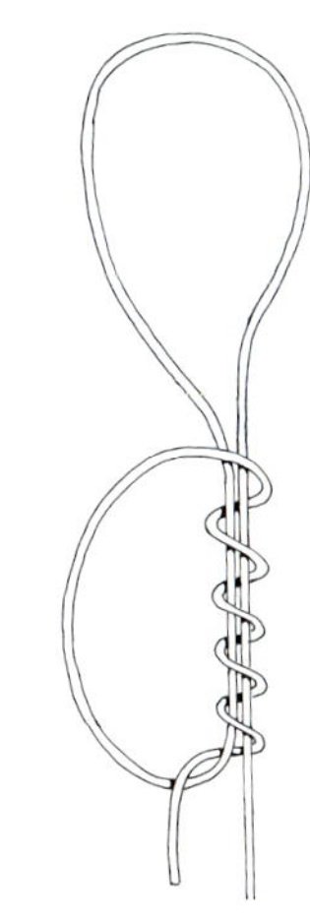

Grinner-Schlaufe

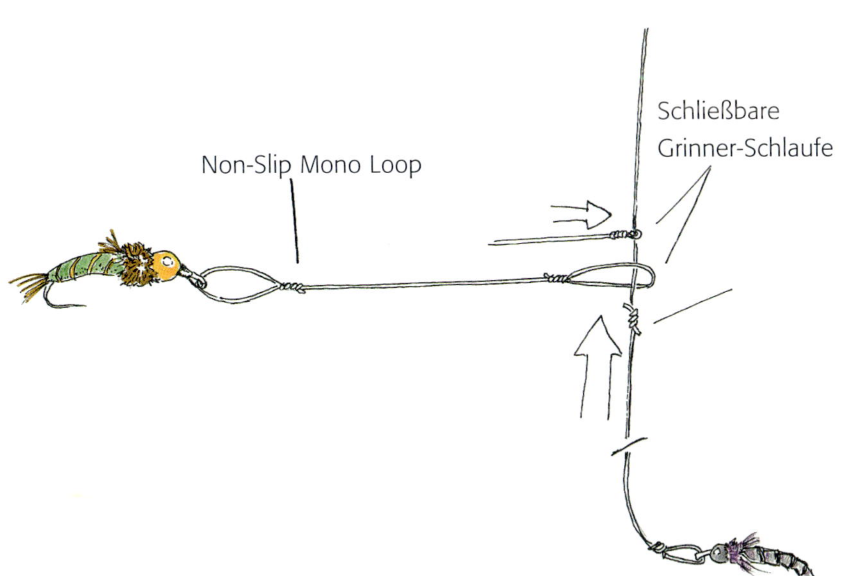

Kurzer »Wechselspringer«. Er wird über das Vorfach gefädelt und hinter einem Knoten arretiert. Die Bindeweise des »Non-Slip Mono Loops« finden Sie auf Seite 128.

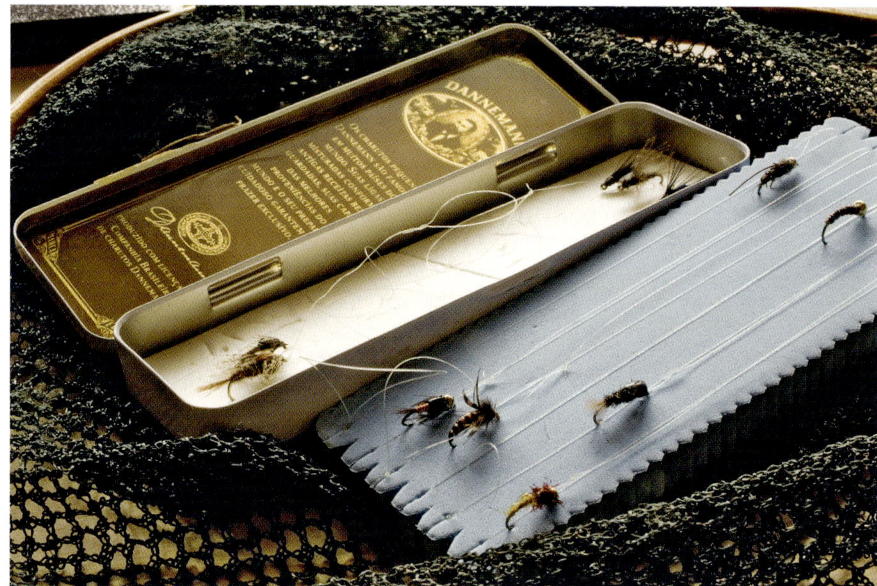

Vorbereitete, bereits mit einem Fliegenmuster bestückte Seitenarme zum schnellen Einhängen in das Vorfach. Die offene Grinnerschlaufe wird über einen Knoten oder vor die Nymphe am Ende des Vorfachs geschoben und dann geschlossen. Verwenden Sie am besten Fluorocarbon, nicht schwächer als 0,18 Millimeter.

wird der Knoten vorsichtig abgeknipst und der Springer durch einen anderen ersetzt.

Bei einer weiteren Variante schiebt man die Grinner-Schlaufe eines rund 30 bis 50 Zentimeter langen Monofils mit angeknüpfter Nymphe über das Hauptvorfach und schließt sie vor dem Non-Slip Mono Loop. Die bisherige Endnymphe wird dadurch automatisch zur oberen Nymphe und das Anhängsel zum unteren Ende.

Will man die obere Nymphe auswechseln, schiebt man nur die geschlossene Grinner-Schlaufe nach oben und hat Spielraum zum Knüpfen. Experten raten bei allen diesen Wechselspringern zu Fluorocarbon, das abriebfester ist als Nylon. Dann sollte aber auch das Hauptvorfach aus Fluorocarbon

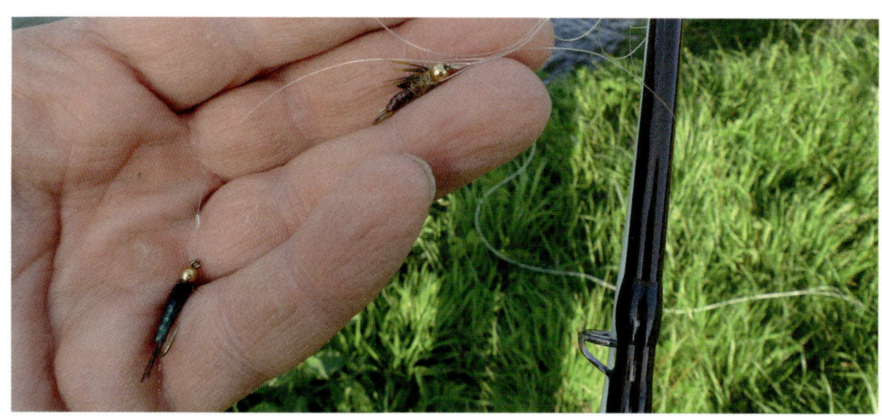

Fehlende Wurfdisziplin wird sofort bestraft, wenn sich mehr als ein Muster am Vorfach befindet.

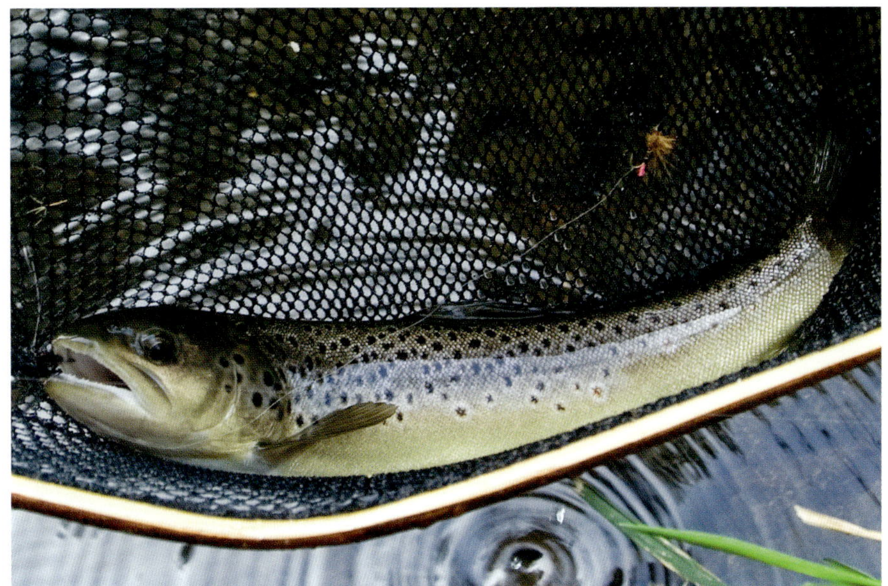

Nachdem ich dieser schönen Bachforelle die Trockenfliege aus dem Maul gelöst hatte, hing immer noch die Nymphe im Kiefer. Sie hatte im Aufsteigen blitzschnell zuerst die Nymphe und dann sofort die Trockene genommen.

bestehen. Will man Nylon und Fluorocarbon miteinander verknüpfen, sollte man besser ein Pitzenbauerringerl als sicheres Verbindungselement verwenden.

Vorsichtiger Umgang

Gewisse Risiken sind beim Einsatz einer Tandemmontage vorhanden. Es ist natürlich nicht so, als würde man nur mit einer Fliege fischen. Etwas mehr Vor- und Umsicht bei der Handhabung, beim Werfen, beim Drillen und auch beim Landen eines Fisches ist gefordert. Vor allem beim Abködern eines Fisches, muss man auf den freien Haken achten, er könnte zu einer Gefahr für uns selbst und dort wo Catch & Release durchgeführt wird, auch für den Fisch werden.

Ein weiteres Problem: Bereits im Drill kann der freie Haken irgendwo hängen bleiben. In Gewässern mit viel Pflanzenwuchs verzichte ich deshalb in der Regel auf zwei Fliegen oder reduziere sofort wieder auf eine, sobald ich das momentan fängige Muster gefunden habe. Verwende ich zwei Nymphen, greife ich in Gewässern mit viel Pflanzenbewuchs auf Nymphen mit Hakenschutz zurück.
Mitunter passieren kuriose Dinge. Als ich im Einlauf vor einem größeren Gumpen einen Fisch steigen sehe, werfe ich meine Fliegen etwas oberhalb in die Strömungslinie. Das Zweierteam besteht aus einer großen, für Fischer und Fisch gut sichtbaren Trockenfliege, in ihrem Hakenbogen hängt eine kleine schwarze Nassfliege am 30 Zentimeter langen Monofil. Die Trockenfliege verschwindet sofort in

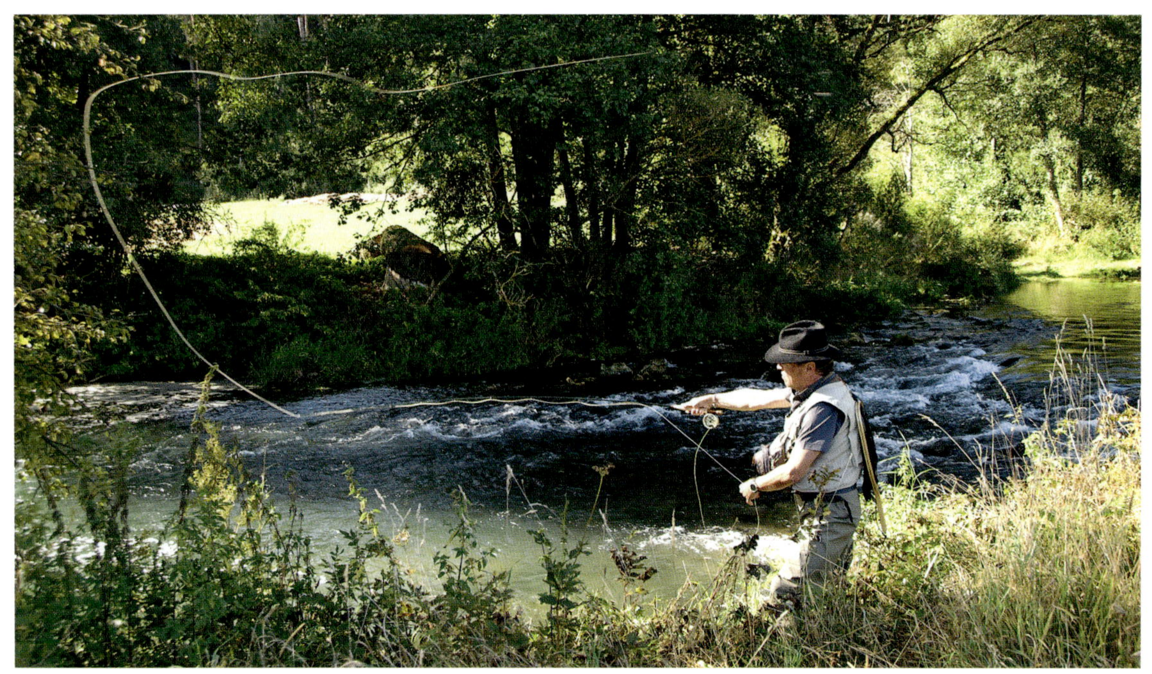

Runde, weiche Wurfbewegungen führen zu einer offeneren Wurfschlaufe und vermeiden Verwicklungen einer Tandem-Montage.

einem kleinen Schwall und nach ein bisschen Hin-und-Her führe ich eine schön gezeichnete Bachforelle zum Netz. Ich löse die Trockenfliege und will den Fisch seine Freiheit wiedergeben, als sich das Vorfach noch einmal streckt und ich sehe, dass sich auch die Nassfliege im Maul des Fisches befindet. Die Rotgetupfte hatte offenbar zuerst die Nasse und danach so blitzschnell die Trockene genommen, dass ich den ersten Kontakt überhaupt nicht bemerkt hatte.

Kreatives Fischen

Damit ist das Thema »Kombi-Montagen« sicher nicht erschöpfend behandelt, Raum für Experimente bleibt genug. Wer zwei Haken am Vorfach ablehnend gegenüber steht, könnte zumindest eine größere Trockenfliege als Sichthilfe und Bissanzeiger verwenden und ihren Hakenbogen abklemmen. Ich habe für hindernisreiche Gewässer, einige von diesen hakenlosen Mustern parat. Ich verwende sie, wenn ich die Bisse eher auf das kleinere Dropper-Muster erwarte, mir aber zwei Haken wegen der Hängergefahr zu viel sind. Sollte den Fischen doch die große Trockenfliege besser gefallen, kommt ein baugleiches aber »scharfes« Muster ans Vorfach, das ich dann aber wieder einzeln fische.

Tandem- oder Kombi-Montagen können die Chancen auf einen Fisch enorm erhöhen. Es macht auch sehr viel Spaß Zusammenstellungen immer wieder neuen Bedingungen anzupassen.

Trockenfliege

Sobald wir einen Ring auf der Wasseroberfläche sehen, denken wir eigentlich sofort an eine Trockenfliege. Nicht immer führt das zum Erfolg, obwohl die Fische an der Wasseroberfläche aktiv sind? Kann man mit der Trockenfliege auch große Fische fangen? Wo, wann und wie hat man die besten Chancen auf einen Ausnahmefisch? Und wie kann man die Präsentation der Fliege optimieren? Beschäftigen wir uns ein bisschen mit solchen Fragen und Herausforderungen.

An der Oberfläche oder darunter

Manchmal bin ich sehr ungeduldig. Vor allem, wenn ich einen größeren Fisch sehe, der gerade eine Fliege von der Wasseroberfläche geholt hat. Eigentlich will ich ihn sofort anwerfen und krame in der Fliegendose schnell nach einer passenden Trockenfliege. Aber was heißt »passend«? Welche Fliege will der Fisch in dieser Situation haben? Eine kleine Pause des Überlegens wäre nun

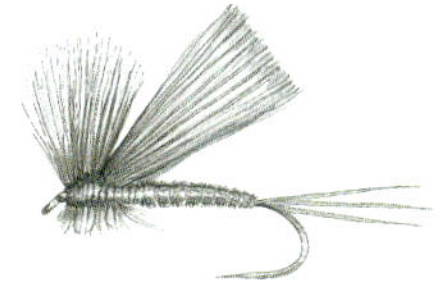

Steigende Fische in einem Jurabach.

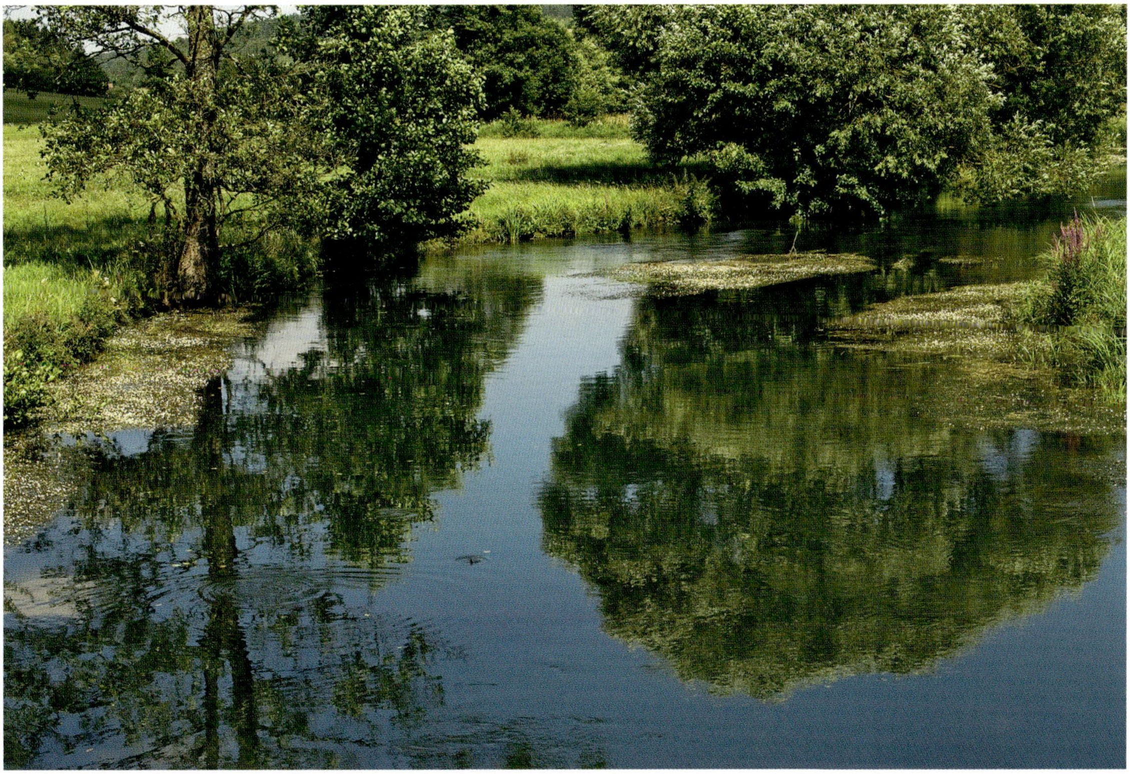

Das sieht nach einem festen Entschluss aus.

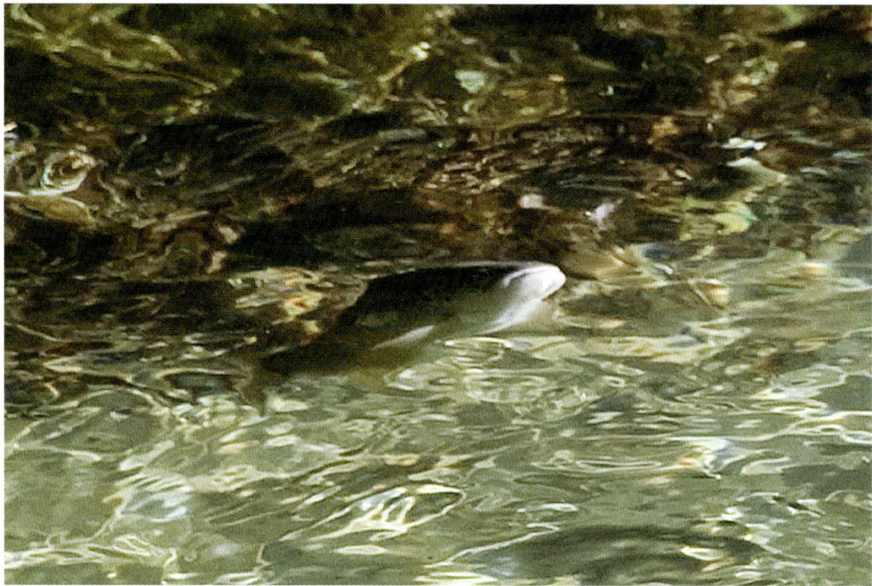

gut. Denn mit einem falschen Muster, das wir dann vermutlich mehrmals hintereinander anbieten, können wir den Fisch schnell vergrämen. Beobachten wir zuerst ein wenig die Wasseroberfläche, vielleicht sehen wir genauer was der Fisch nimmt. Können wir eine auf der Oberfläche treibende Fliege ausmachen, die plötzlich in einem Schwall verschwindet, wird die Sache klarer. Sehen wir nur die Bewegung der Oberfläche, aber vorher keine Fliege, erfordert dies weitere Gedankengänge. Fest steht, der Fisch hat »etwas« genommen. Aber was? Schwamm dieses »Etwas« direkt auf der Oberfläche oder vielleicht nur knapp unter ihr? Oder war es genau im Film des Wasserspiegels gefangen? Am Bild des »Rings«, der Art und Weise, wie der Fisch an der Oberfläche »zeichnet«, lässt sich einiges herauslesen. Sehen wir uns die wichtigsten Steigformen und -muster genauer an. Neben anderen Autoren geht der bekannte englische Fliegenfischer *John Goddard* in seinen Bücher immer wieder auf diese wichtigen Verhaltensmuster ein. Ich führe nachfolgend seine wichtigsten Aussagen mit meinen eigenen Erfahrungen zusammen.

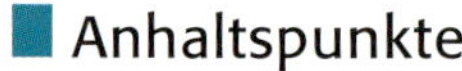

Eintagsfliegen-Emerger (Ausschlüpfer) im Oberflächenfilm. Der Rückenschild wölbt sich und ist kurz vor dem Aufplatzen, um das geflügelte Insekt, die »Subimago« zu entlassen.

Anhaltspunkte

Um einen Ring auf dem Wasser richtig einzuschätzen, sollte man folgende Fragen stellen:

1. Um welche Steigform handelt es sich?
2. Welches Insekt und welches Stadium will der Fisch?
3. Wie biete ich meine gewählte Imitation an?

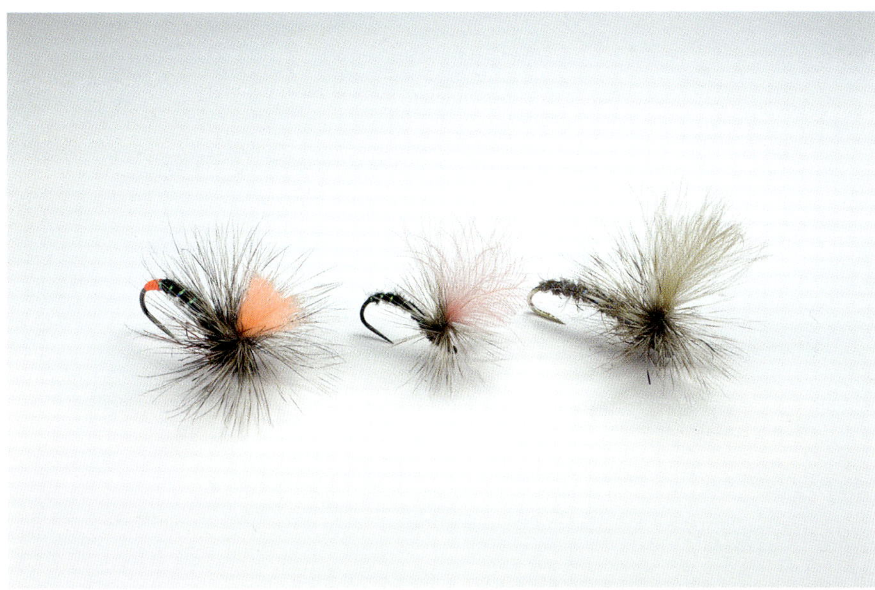

Die »Klinkhammer-Spezial« ist mehr eine Bindeweise als ein spezifisches Muster. Sie imitiert einerseits sehr überzeugend ein im Oberflächenfilm hängendes, schlüpfendes Insekt, andererseits geht ein entsprechendes Muster auch als ein im Wasser gelandetes Käferchen durch.

Das mag ein paar Minuten dauern, es erhöht die Erfolgschancen aber enorm.

Der **»Einfache Stieg« (Simple Rise)** ist am häufigsten. Der Fisch steht etwa 50 bis 100 Zentimeter tief und hat von dort aus einen guten Überblick. Sobald ein Insekt, das ihn interessiert, in seinem Fenster erscheint, lässt er sich mithilfe der Strömung zur Oberfläche tragen, öffnet kurz seine Kiefer und saugt die Fliege ein. Dann senkt er seinen

»Einfacher Stieg« (Simple Rise)

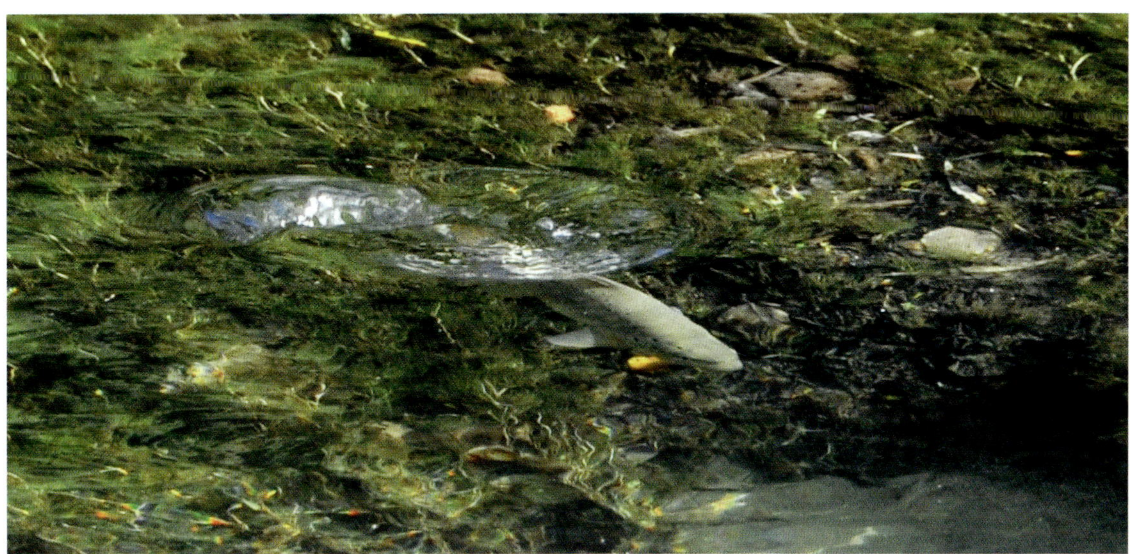

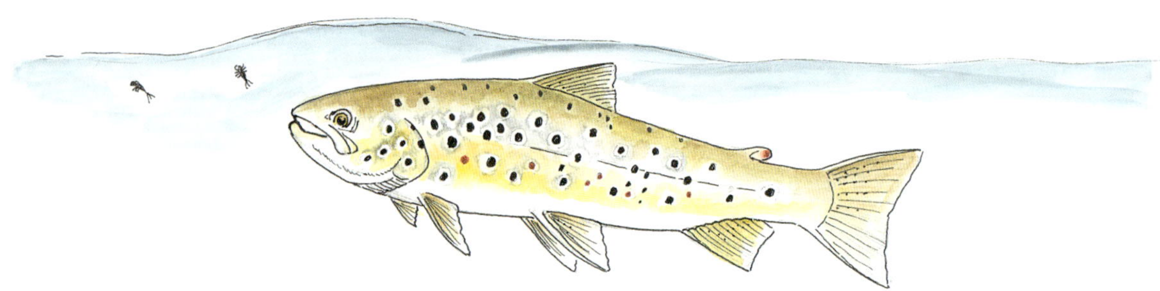

»Welle« (Bulge-Rise)

Kopf und lässt sich vom Wasserdruck wieder zu seinem Standplatz zurücktreiben. Beim Durchbrechen der Wasseroberfläche wird etwas Luft durch seine Kiemendeckel gepresst und in vielen Fällen bleibt nach dem Abtauchen des Fisches im Zentrum von auseinanderlaufenden Wellenringen eine Luftblase an der Oberfläche zurück. Für uns im Allgemeinen ein Zeichen, dass der Fisch tatsächlich etwas auf der Oberfläche Treibendes genommen hat.

Die **»Welle« (Bulge)** tritt vor allem während intensiver Insektenschlüpfe auf. Der Fisch befindet sich aufgrund des reichhaltigen Angebots relativ nahe der Oberfläche und kommt gerade immer soweit nach oben, um die aufsteigenden Insekten knapp unter dem Wasserspiegel abzufangen. Diese Form eines Stieges ist bei glatter Wasseroberfläche leicht zu erkennen. Der Spiegel scheint sich an dieser Stelle etwas zu heben, sobald das Insekt nach unten eingesogen wird, formt

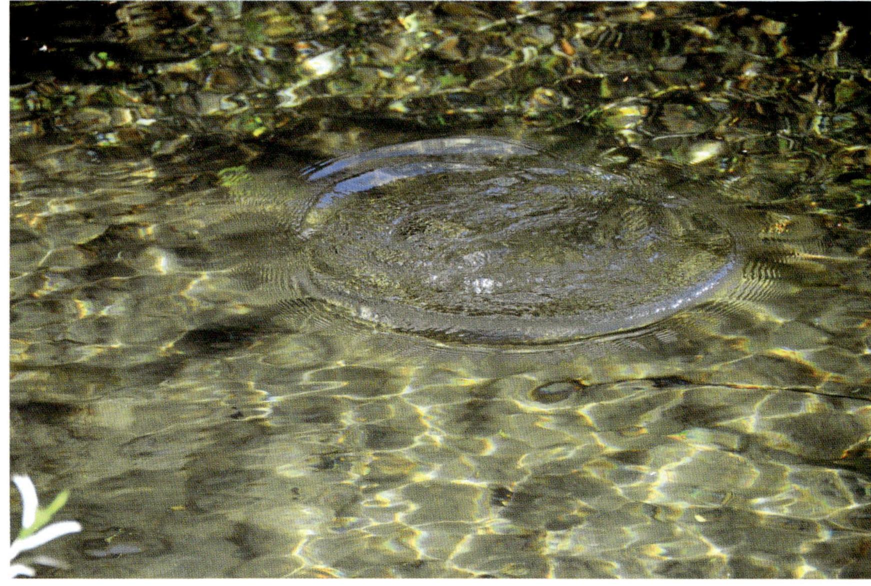

»Wirbel« (Boil)

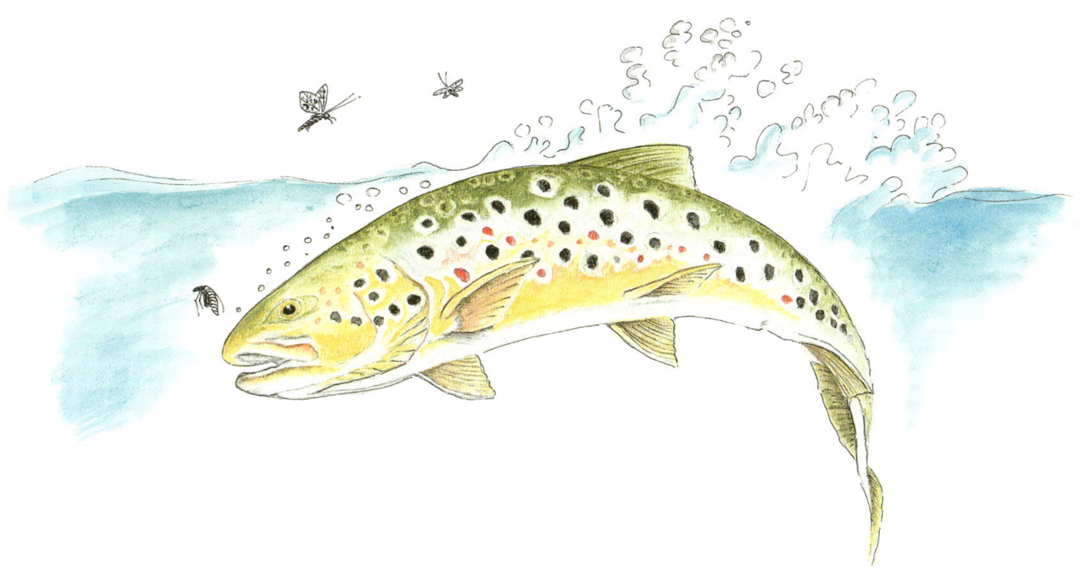

»Klatscher« (Slash-Rise)

sich ein kleiner Trichter, gefolgt von einer leichten Turbulenz an der Oberfläche. Meistens sind kleine Insekten das Opfer, kleine Eintagsfliegenymphen, Köcherfliegen- oder Mückenpuppen.

Der **»Wirbel« (Boil)** ähnelt der »Welle«, ist aber deutlicher zu sehen, da der Fisch rascher unterwegs ist.
Er durchbricht immer noch nicht den Wasserspiegel, aber seine Bewegung fällt heftiger aus, da er größere, schneller schwimmende Insekten verfolgt. Eine Steigform, die vor allem in langsamer Strömung und in Stillwassern vorkommt, dort bei Windstille weithin zu sehen ist und den Puls eines Fliegenfischers rapide in die Höhe treiben kann. Zumindest ist dies bei mir der Fall. Bei leicht vom Wind gerippelter Oberfläche wird das Lokalisieren der Stiege schon schwieriger, aber dafür die Präsentation unserer Fliege auch unverdächtiger.

Der **»Klatscher« (Slash**) ist nicht zu übersehen. Er stammt von Fischen, die mit Anlauf aus der Tiefe kommen und sich größere Insekten, Maifliegen, Grashüpfer, Sedges oder große Steinfliegen holen. Manchmal springen die Fische auch ganz aus dem Wasser. In Seen jagen die Fische auf diese Weise Libellenlarven am Rand der Riedbetten. Manchmal versuchen sie sich auf diese Weise sogar an den niedrig über dem Wasser schwirrenden adulten Libellen.

Der **»Kuss« (Kiss oder Sip-Rise)** ist hauptsächlich in ruhigen Partien und langsamen Strömungen zu beobachten. Ein Klassiker in Kreideflüssen und

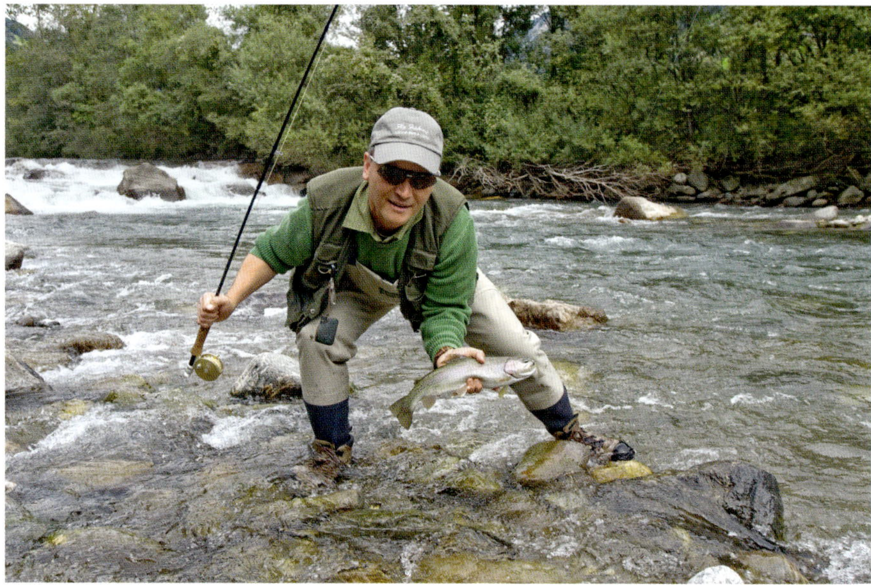

Das Rezept für solche Bedingungen: Eine nicht zu kleine, gut schwimmende Trockenfliege. Die Steigform spielt hier keine Rolle.

»Kuss« (Kiss-Rise)

Spring Creeks. Verursacht wird er durch Fische, die relativ knapp unter der Oberfläche stehen und eigentlich nur ihr Maul öffnen und wieder schließen, um eine heran driftende, meist kleinere, Fliege abzufangen. Dem Fisch steht nur ein enges, räumlich sehr begrenztes Fenster zur Verfügung, deswegen sollte unser Muster ziemlich genau auf seinen Kopf zu schwimmen. Obwohl diese Steigform sehr sanft ausfällt und nur ein paar schwache konzentrische Wellen auftreten, ist an ruhigen Abenden oft ein geräuschvolles »Plopp« zu hören. Hintergrund dieser Steigform kann der Schlupf kleiner Mücken, ein starker Eintagsfliegenschlupf oder eine Ansammlung abtreibender, nach der Eiablage abgestorbener »Spents« sein.

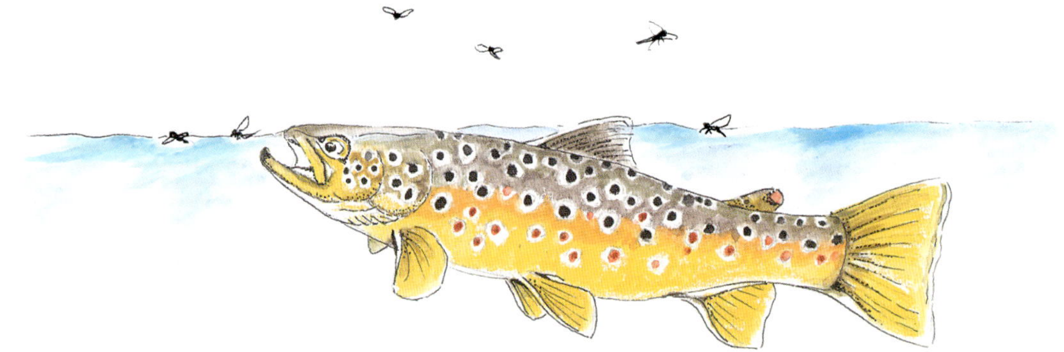

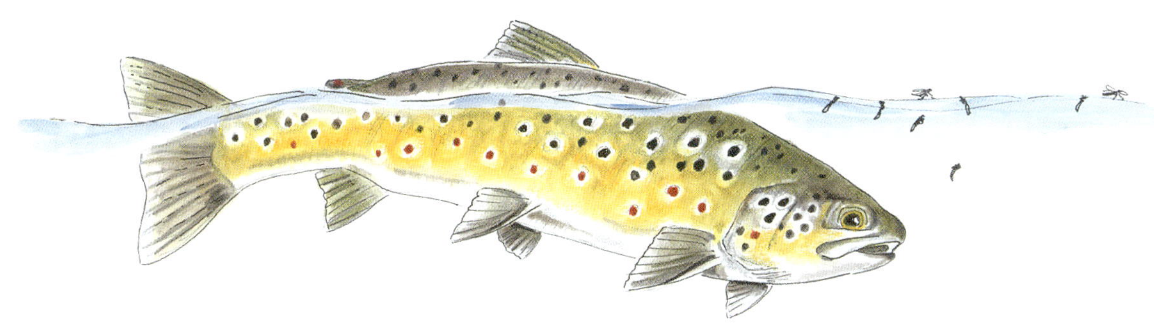

Der Begriff **»Kopf über Schwanz« (Head and Tail)** beschreibt eine sehr schöne Steigform in ruhigen Partien, zum Beispiel Stauabschnitten vor Wehren oder Sohlschwellen. Der Fisch steigt von unten auf und »rollt« ähnlich wie ein Delphin oder Tümmler durch die Wasseroberfläche. Zuerst erscheint der Kopf, dann der Rücken, abschließend zumindest ein Teil der Schwanzflosse. Der Fisch ist sich seiner Sache sicher, das antreibende Objekt auch zu bekommen. Er kann die Sache in Ruhe erledigen. Viele Insektenarten können der Auslöser sein, auch Landinsekten. In Stillwassern sieht man »Head and Tail Rises« vor allem am Morgen und am Abend, zum Beispiel, wenn ein größerer Mückenschlupf ansteht und die Puppen im Film hängen und nicht entkommen können. In nahrungsreichen Kreide- oder Kalksteinflüssen des Juras können uns diese Fische zur Verzweiflung treiben, weil es dort mitunter sehr schwierig ist herauszufinden, was sie gerade bevorzugen.

Der **»Schlinger« (Gulper)** kommt eher selten vor. Aber manchmal kann man derart agierende Fische beobachten, wenn sehr viele kleine Insekten in langsam strömenden Rückläufen oder kleinen Buchten mit fast stehendem Wasser dicht zusammengetrieben wurden. Relativ häufig ist das in ruhigen Gewässern der Fall. Die Fische schwimmen unter Oberfläche entlang und nehmen teilweise mehrere Fliegen auf einmal ins Maul. Eine schwierig zu fischende Situation, wegen des Überangebots an Insekten.

Der **»Gründler« (Tailing Trout)** kommt in flacherem Wasser vor. Nicht immer handelt es sich um einen steigenden Fisch, wenn an der Oberfläche ringförmige Wellen entstehen. Fische suchen in flacheren Partien zwischen den Wasserpflanzen, um Nymphen und Bachflohkrebse heraus zu scheuchen. Dabei kann ihre Schwanzflosse die Wasseroberfläche durchbrechen. Erste Wahl ist jetzt keine Trockenfliege sondern ein

»Kopf über Schwanz« (Head and Tail-Rise)

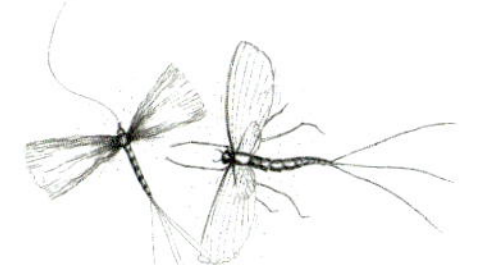

Eintagsfliegen-Spents

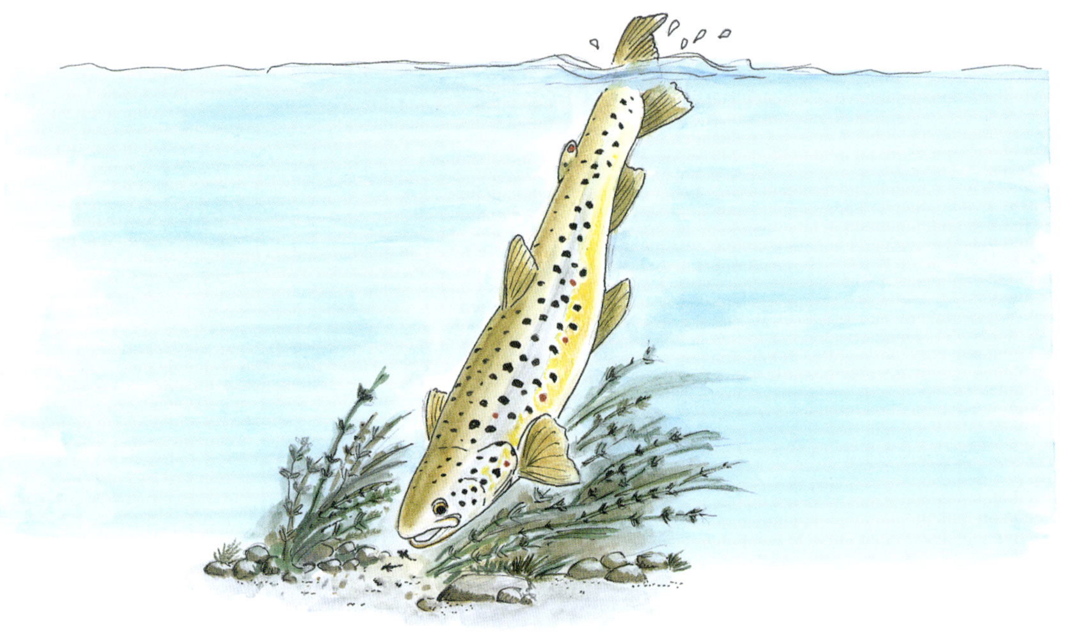

»Gründler« (Tailing Trout).

kleiner »Shrimp« oder eine »Pheasant Tail«. Zielgenauer Service ist Voraussetzung. Nicht ganz einfach, auch weil das Muster in dem flachen Wasser schnell im Bewuchs hängen bleiben kann.

Die Trockenfliege und große Fische

Norwegen im Juni. Wir befinden uns an der *Hemsila*, dem Fluss der großen Bachforellen.
An einem Abend, gegen 22.00 Uhr ist es noch glockenhell. Tor, unser Guide, führt uns noch an eine sehr versteckt liegende Stelle am Fluss. Ohne ihn hätten wir sie sicher nie gefunden. Ganz unscheinbar mündet hier zwischen überhängenden Uferbäumen ein kleiner Gebirgsbach in den Fluss. Tor watet vorsichtig ins knietiefe Wasser und serviert sein kleines CDC-Muster sanft in das ruhige Kehrwasser seitlich der Mündungszunge. Es ist gerade der zweite oder dritte Wurf, als die Fliege in einem kleinen Ring verschwindet und sich seine Rute abrupt verbeugt. Es folgt ein strammer, spektakulärer Drill, dessen glücklicher Ausgang in dem mit großen Steinbrocken verblockten Wasser nicht sicher erscheint. Aber zuletzt schiebt Tor seine Hand unter eine etwa 60 Zentimeter lange, prächtige Bachforelle. Dabei grinst er über das ganze Gesicht. Er wusste, wo er gezielt nach einem starken Fisch Ausschau halten musste.

Regeln für große Fische

Kapitale Fische kommen nur in die Nähe der Wasseroberfläche, wenn es sich für sie lohnt. Das ist in der Regel nur während entsprechend ausgeprägter Insektenschlüpfe der Fall. Die Maifliegenzeit ist eine solche Periode hoher Aktivität. Jetzt zeigen sich plötzlich größere Fische, die den großen Rest des Jahres über im Verborgenen leben. An bestimmten Plätzen sieht man diese außergewöhnlichen Exemplare dann knapp unter der Oberfläche, wie sie in aller Ruhe die großen Fliegen einsammeln. Diese Stand- und Fressplätze entsprechen fast immer demselben Muster. Verschwindet hier der »Inhaber«, stellt sich bald der nächststärkere Fisch ein.

Typische Stellen sind:

1. Flaches, langsam strömendes Wasser entlang eines Ufers mit einem tiefen Pool in der direkten Nähe. Hier liegen die Nahrungsgründe und ein sicheres Versteck nahe beieinander. Große Forellen sind faul, sie bevorzugen langsamere Strömung als die Kleineren. Die guten Plätze liegen oft am Prallufer einer Außenkurve, dort vor allem in deren unterem Drittel, aber hin und wieder auch in der Innenkurve, wo sich die Strömung deutlich verlangsamt.

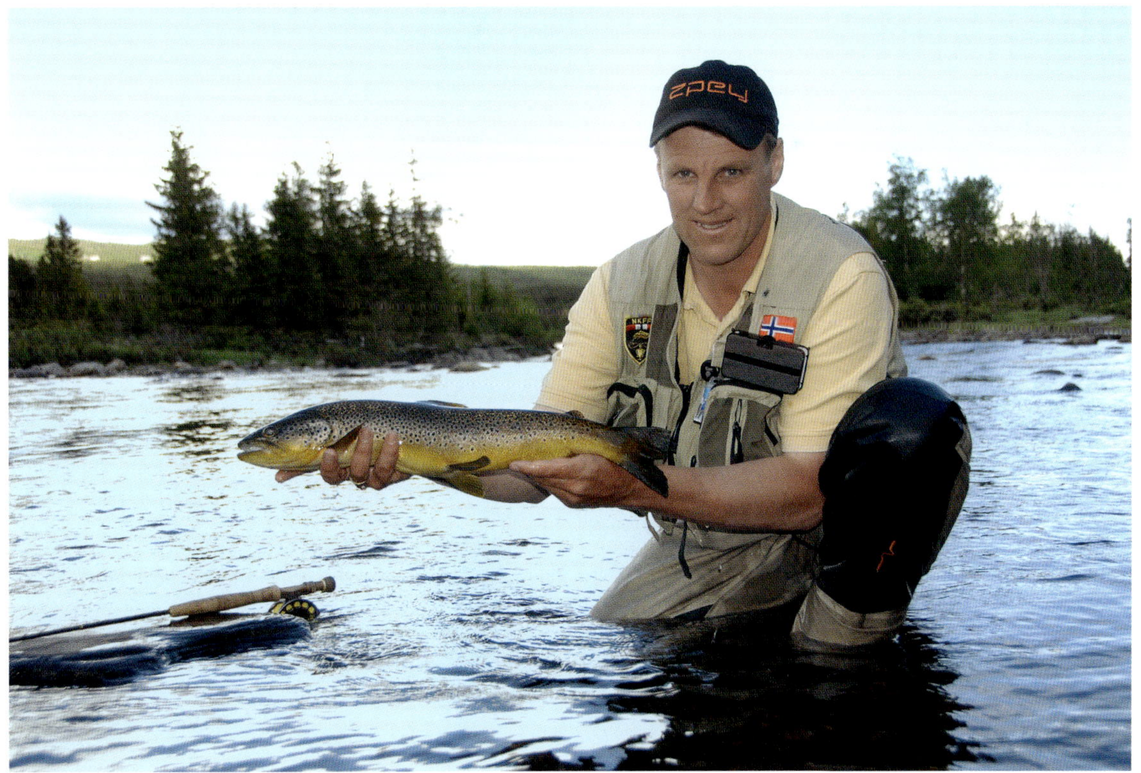

Der bekannte norwegische Fliegenfischer Tor Grothe mit seiner Forelle.

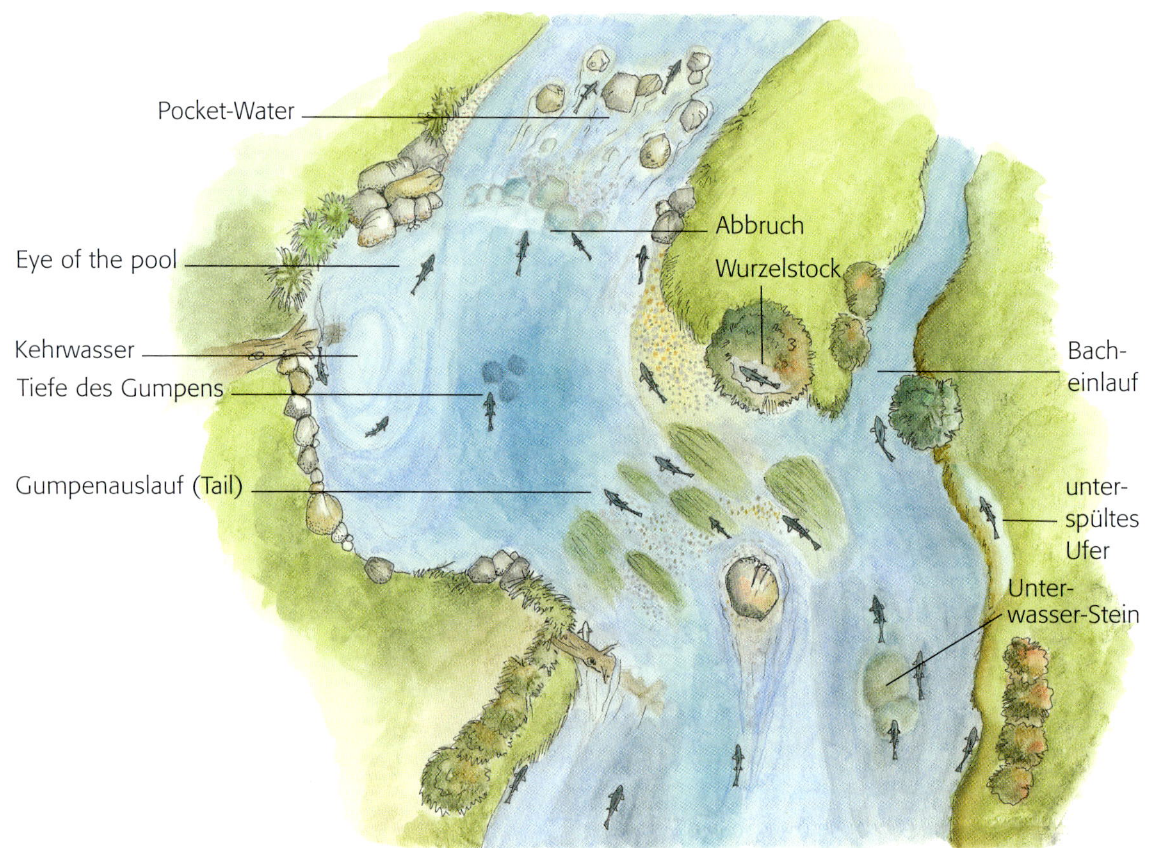

Bevorzugte Standplätze im Fließwasser

2. Achten Sie auf unterspülte Uferbereiche. Hier ist Schutz von oben vorhanden und die Nahrung wird von der Strömung in den Bau geliefert. Vor allem in kleineren Fließgewässern oft der beste Standplatz.

3. »Strukturen« sind immer gute Adressen. Das können in einen Gumpen gestürzte Baumleichen oder Stein- und Felsgruppen sein. Tiefes Wasser in der Nähe als Rückzugsmöglichkeit ist Voraussetzung.

4. Eine besondere Stelle ist das so genannte »Eye of the Pool«, dieses dreieckig ausgeformte ruhigen Kehrwasser seitlich eines Einlaufs in einen Gumpen. Ist es tief genug, können wir hier oft mit guten Fischen rechnen. Droht irgendeine Gefahr, genügt ein Schlag mit der Schwanzflosse und der Fisch ist in Sicherheit. Auch wenn sich den ganzen Tag über hier nichts zeigt, am späten Abend beginnen dort die Fische zu steigen. Manchmal ist es ein richtig Großer.

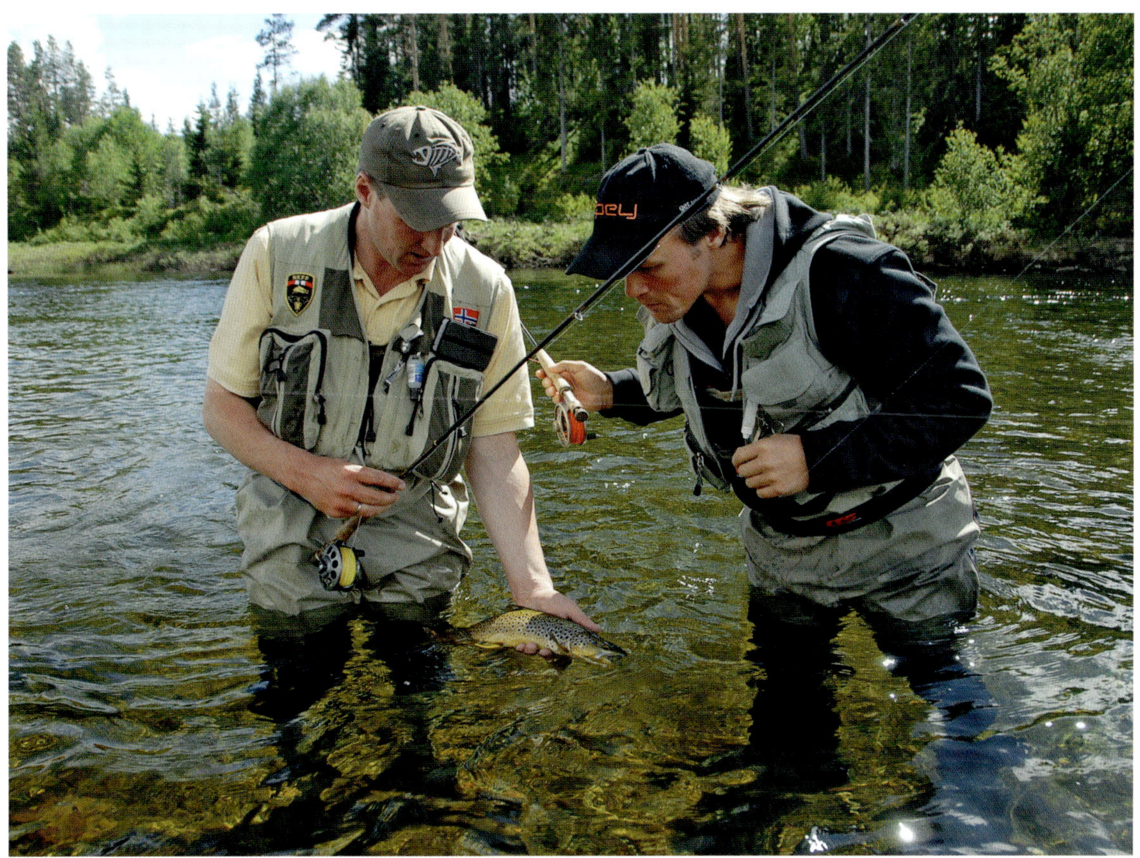

Was gibt es Schöneres als mit einem guten Freund zum Fischen zu gehen?

Hier noch ein paar Überlegungen in loser Reihenfolge:

Richtig imprägnieren Beim »Fetten« der Fliege mit Silikongel gerät das Mittel meist auch auf den offenen Hakenbogen, der auf diese Weise ebenfalls wasserabstoßende Eigenschaften erhält. Ein leichter Haken kann dann die Wasseroberfläche nicht durchdringen, sondern liegt flach auf ihr auf. Damit die Fliege korrekt und aufrecht schwimmt, tupfe ich die Hakenspitze mit der Zunge an und entfette sie damit.
Da auch Silikonpräparate einen öligen Film auf dem Wasser hinterlassen,

Grundsatz: Sobald Sie einen guten Fisch gesichtet haben, planen Sie den Service Ihrer Fliege so sorgfältig, als ob Sie nur diesen einen hätten.

Man muss nicht unbedingt auf viele Jahre als Fliegenfischer zurückblicken. Wenn der Ort und die Zeit stimmen und die Fliege richtig auf dem Wasser landet, dann klappt es eben.

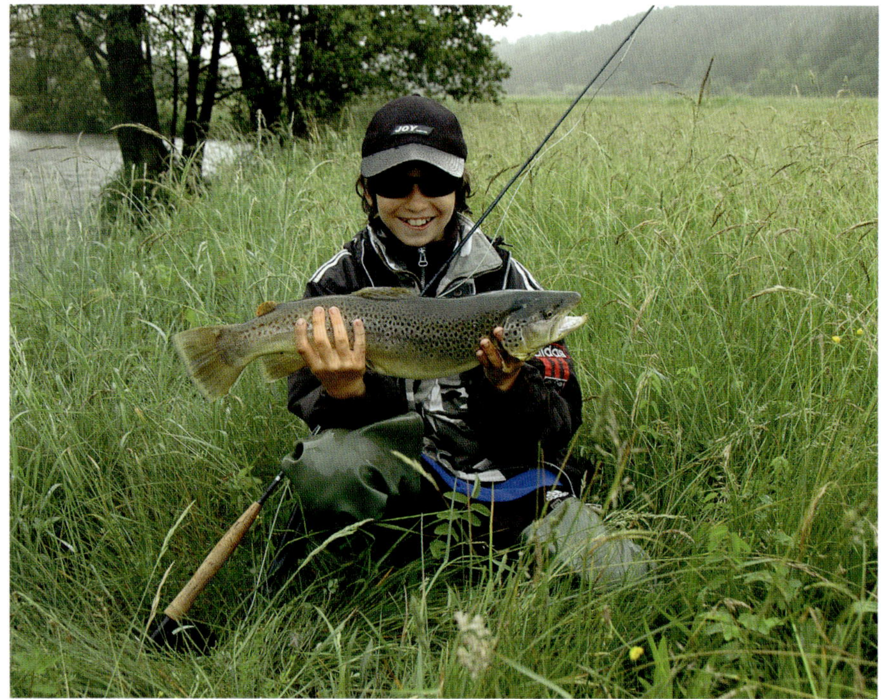

sollte man die frisch behandelte Fliege mit einem Papiertaschentuch ausdrücken oder kurz an einer anderen Stelle im Wasser ablegen, um den Überschuss zu entfernen.

Wenn möglich imprägniere ich frisch gebundene Trockenfliegen schon am Bindetisch. Der Fachhandel hält diverse Mittelchen für diesen Zweck bereit, von denen einige ganz ausgezeichnet sind. Ich bevorzuge zur Zeit das ausgezeichnete »Watershed«. Die Fliegen müssen danach einige Stunden, am besten über Nacht trocknen, aber sie schwimmen dann wirklich sehr gut und lange, aber natürlich nicht ewig. Sobald ein paar Fische damit gefangen wurden, müssen sie gewechselt werden.

Richtiges Timing Auch wenn Sie schon sicher sind, welche Fliege Sie einem von Ihnen bestätigten, größeren Fisch vorsetzen wollen, warten Sie noch ein bisschen und beobachten Sie ihn ein paar Minuten lang. Zeigt er sich zum Beispiel in etwa alle drei Minuten, dann servieren Sie gut zweieinhalb Minuten nach dem letzten Ring auf dem Wasser. Driftet die Fliege jetzt korrekt ins Fenster des Fisches, nimmt er sie oft auf den ersten Wurf.

Lange Spitze Achten Sie beim Trockenfliegenfischen auf eine ausreichend lange, parallele Spitze des verjüngten Vorfachs. Das dünne Ende legt sich in kleinen Kurven auf der Wasseroberfläche ab. So werden die unterschiedlichen kleinen Turbulenzen der Wasseroberfläche kompensiert und das feine Furchen der Fliege, der »Microdrag«, wird verhindert. Die Fische beurteilen, im Gegensatz zu uns, das Verhalten der Fliege aus nächster Nähe und merken sofort, sollte sie sich in geringster Weise unnatürlich verhalten. Wenn ich den Eindruck habe, die Fische verweigern wegen des Vorfachs, verringere ich nicht gleich den Durchmesser der Vorfachspitze, sondern ich verlängere sie nur. Eine Spitzenlänge von 60 Zentimeter ist ohnehin das Minimum, 100 Zentimeter sind besser. Bei sehr langsamer Strömung und ruhiger Wasseroberfläche, Bedingungen, wie man sie in den typischen Staustrecken vor Wehren oder Sohlschwellen findet, sind die Fische oft extrem vorsichtig. Beim Einsatz von sehr kleinen Fliegen, verwende ich in Ausnahmefällen auch einmal ein 5 oder sogar 6 Meter langes Vorfach mit einer bis zu 2 Meter langen, dünnen Spitze. Damit gelingen wunderbare lange, natürliche Driften, vorausgesetzt ich kann mit dem Wind servieren. Gegen den Wind, selbst gegen den leichtesten Luftzug, hat eine derart lange Spitze natürlich keinerlei Chance sich manierlich zu strecken.

Kleinere Bäche bieten im Sommer oft spannendes Fischen mit der Trockenfliege.

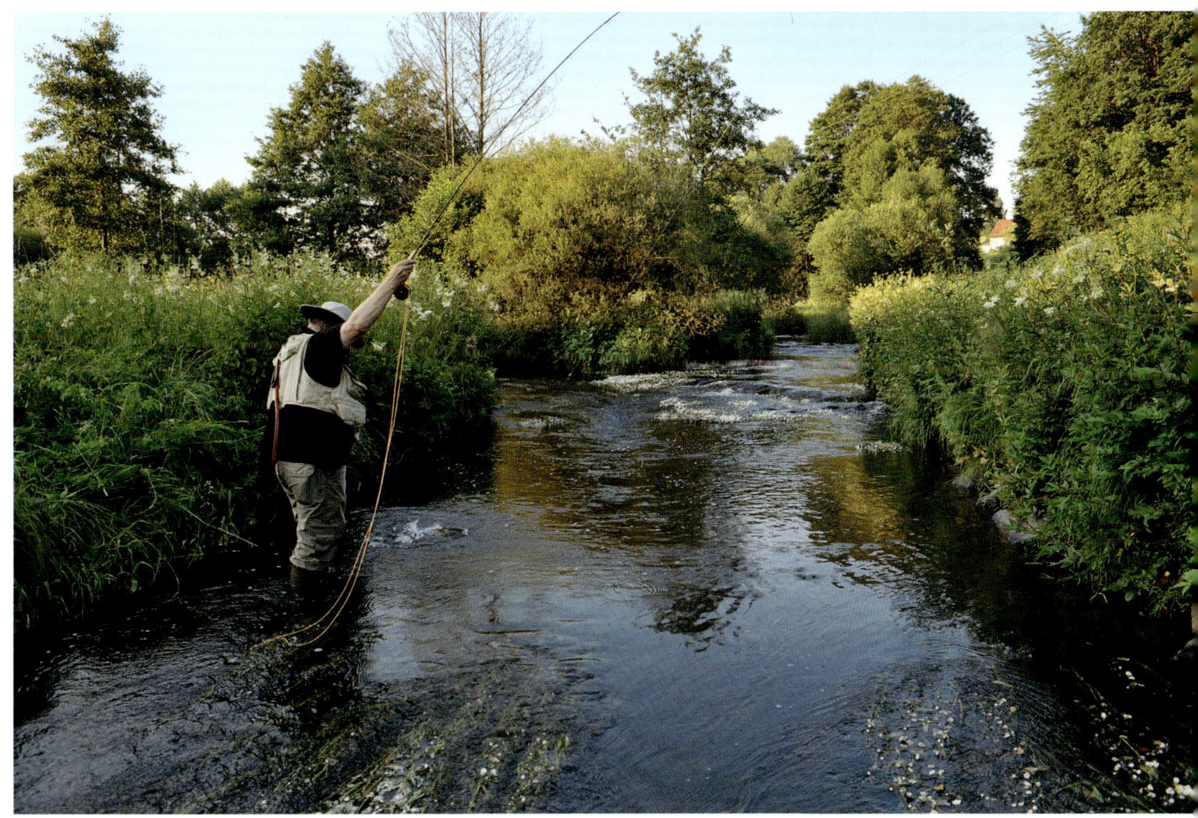

Drei verschiedene Interpretationen einer Maifliege. Links: Aufwändig gebundenes Muster mit »Extended Body«. Mitte: Expressionistisches Muster aus einer CDC Feder. Rechts: Maifliegen Emerger im »Klinkhammer Stil«.

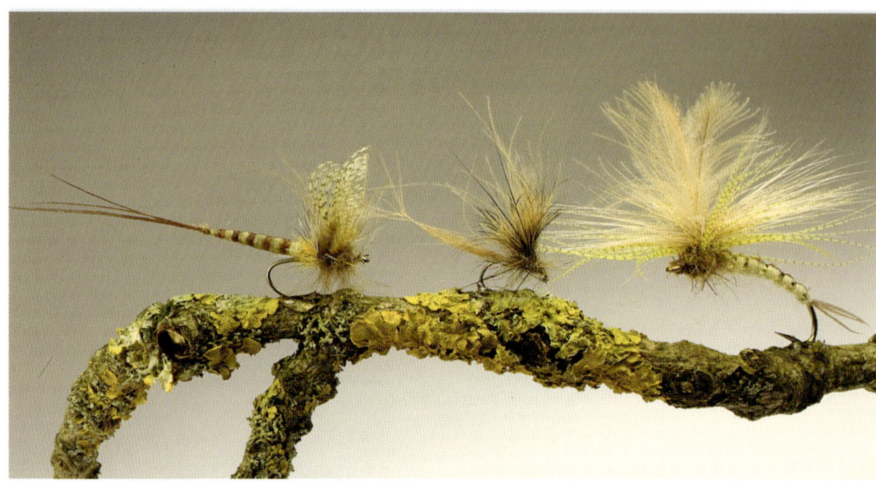

Es sieht zwar nicht so aus, aber der Haken hängt sicher im Maulwinkel des Fisches.

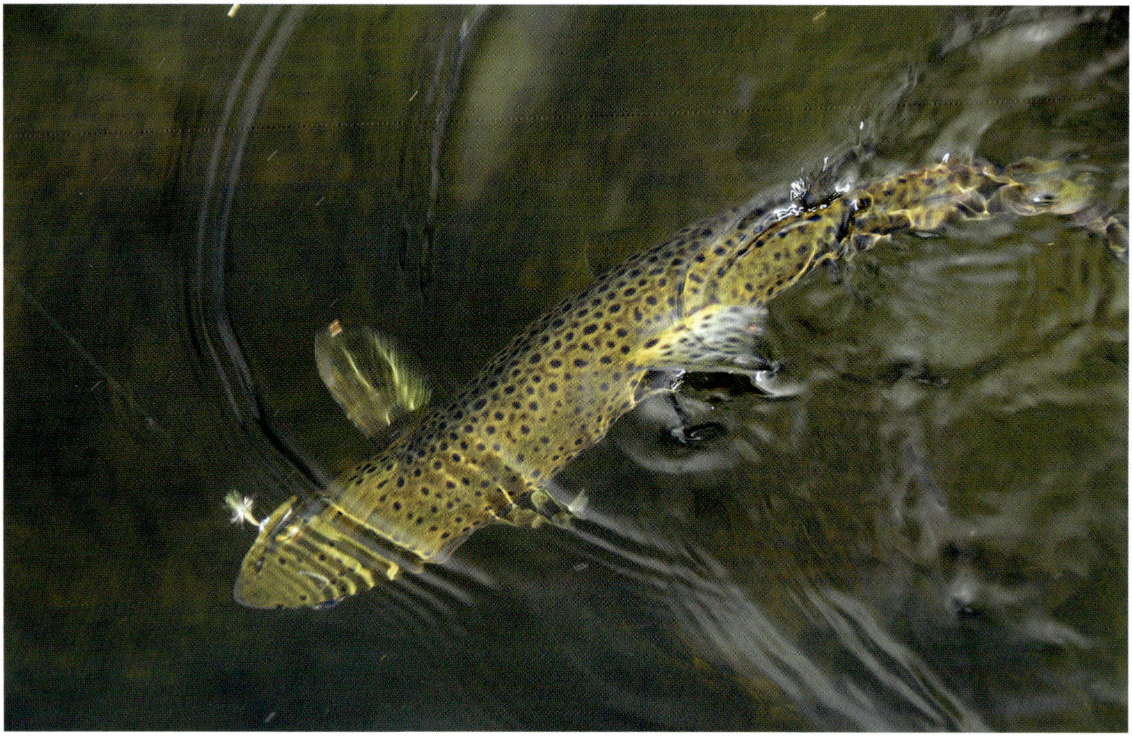

Lange Drift Fischen Sie eine Fliegendrift immer gründlich aus. Wenn das Muster einen gesichteten Fisch passiert hat, heben Sie nicht zu früh ab, selbst wenn Sie verständlicherweise so schnell wie möglich erneut anbieten wollen. Üben Sie sich in Geduld und warten Sie bis sich die Fliege weit ge-

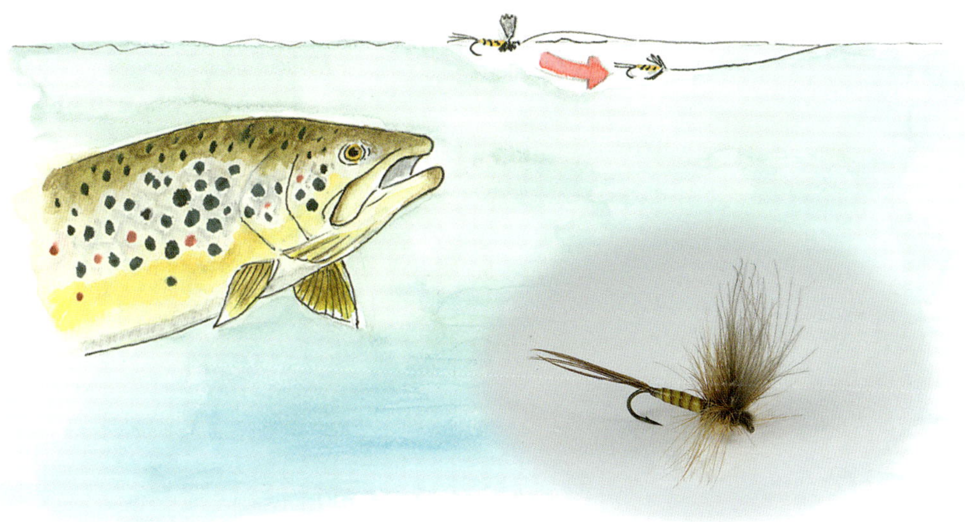

nug vom Fisch entfernt hat. Dann heben Sie möglichst sanft und ohne Spritzer ab und servieren erneut.

Keine Bewegung – oder doch?

Während der Maifliegenzeit komme ich spätabends ans untere Ende eines breiten Gumpens in einer scharfen Flusskurve. Die Strömung fließt hier derart in die Mitte des an dieser Stelle ca. 12 Meter breiten Flüsschens, dass sich an der Außenkurve ein recht großes, langsam am Ufer entlang zurückfließendes Kehrwasser gebildet hat. Am oberen Ende kurz vor dem herabkommenden Riesel ragt ein schwerer, umgestürzter Baum schräg in die Tiefe des Kolkes. Ich weiß, dass hier mindestens eine kapitale Bachforelle ihren Einstand hat. Bei klarem Wasser habe ich auch schon kurz einmal zwei große Fische nebeneinander gesehen. Tatsächlich mache ich heute unter dem Baum, kurz vor allerlei angestautem Treibgut, einen verhaltenen Ring aus. Beinahe hätte ich ihn übersehen. Gespannt beobachte ich, wie eine weitere Maifliege in die Falle der Rückströmung gerät und nahe dem Ufer unter den herabhängenden Grashalmen langsam unter die Baumleiche driftet. Wieder bewegt sich die Wasseroberfläche ganz sacht und diese Fliege verschwindet ebenfalls, als hätte sie sich einfach aufgelöst. Das sieht nicht nach einem kleinen Fisch aus. Und es sieht auch so aus, als ob es heute klappen könnte. Mit etwas vom Jagdfieber zit-

Vorsichtiges, aktives Bewegen der Trockenfliege, auch ihr langsames Abtauchen, kann bei einem Fisch den entscheidenden Beißreflex auslösen.

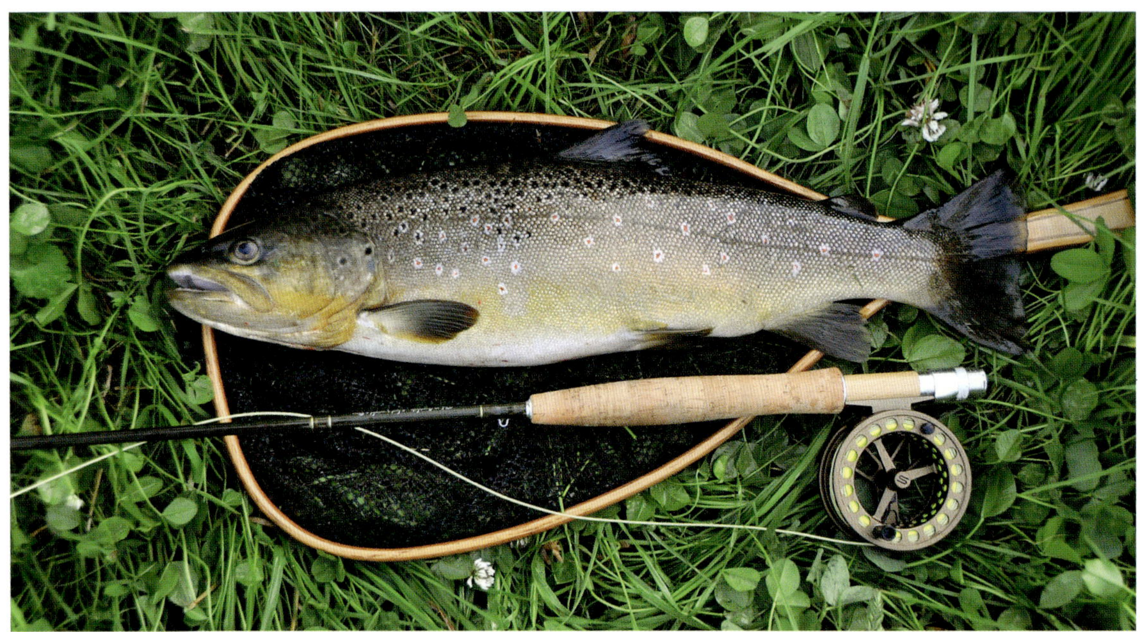

Eine Bachforelle in dieser Größenordnung kommt in der Regel nur bei einem intensiven Insektenschlupf in die Nähe der Oberfläche und ist dann mit einer Trockenfliege ansprechbar.

ternden Fingern schaffe ich es eine besonders sorgfältig gebundene CDC-Maifliege, eines der Muster für Fälle wie diesen, ans Vorfach zu knüpfen, sie anschließend mit einem »Puddle Cast« ganz manierlich auf dem Wasser abzulegen und mitsamt dem Vorfach in die Randströmung zu dirigieren. Während die Fliege in Richtung der magischen Stelle driftet, füttere ich mit der Rutenspitze etwas Schnur nach. Als meine Fliege dort ankommt, wo ihre natürlichen Vorgänger eben verschwunden sind, passiert erst einmal gar nichts. Gleich droht sie an das Treibgut zu stoßen und sich dort zu verhängen. Ich entschließe mich also sie gerade noch rechtzeitig wegzuholen. Weil ich den Fisch nicht vergrämen will, ziehe ich nur ganz sanft an der Schnur und dadurch geht die Fliege unter. Im nächsten Moment habe ich einen Hänger. Verflixt! Da war wohl ein Ast unter der Wasseroberfläche. Nichts rührt sich, ich ziehe ein wenig stärker, da setzt sich der »Ast« in Bewegung und meldet sich mit klopfenden Bewegungen. Ich erspare Ihnen, liebe Leser, eine weitere Geschichte eines aufregenden Drills. Das Ergebnis war jedenfalls eine Bachforelle mit dreiundfünfzig Zentimeter Länge und 1,7-Kilo Gewicht, die ich dann auch entnehme. Der Fisch hatte die CDC-Maifliege erst akzeptiert, als sie sich langsam unter Wasser von ihr wegbewegte. Vermutlich hatte sie sie für einen knapp Oberfläche schwimmenden Maifliegenausschlüpfer gehalten. »Trocken« heißt nicht immer »ganz trocken«. Und eine »bewegte« Fliege ist nicht immer eine »dreggende« Fliege.

Die Nassfliege – Renaissance eines Klassikers

Eine der ersten wichtigen literarischen Erwähnungen des Fliegenfischens findet sich in der berühmten Schrift »Treatyse of Fysshynge wyth an Angle« von *Dame Juliane Berners*. Das war im Jahr 1496 und unter einer »Fliege« verstand man ein mehr oder weniger kunstvoll auf einen Haken gebundenes Federbündel, das im Wasser unterging. Dies änderte sich über Hunderte von Jahren nicht, da das vorhandene einfache Angelgerät, Vorfächer aus Pferdehaar oder Schweinedarm, sowie schwere starkdrähtige Haken nur das Angeln mit »Nassfliegen« ermöglichten. Heute steht diese klassische Methode etwas stiefmütterlich abgedrängt hinter dem »modernen« Trockenfliegen- und Nymphenfischen, wobei die Übergänge zu letzterem fließend sein können. Es lohnt sich aber, die traditionellen, grundlegenden Anbietetechniken der Nassfliegenfischerei nicht einfach links liegen zu lassen. Sie sind

Ein schöner Abschnitt mit vielen Einständen zwischen den Steinen. Mit einer stromabwärts gefischten Nassfliege müsste sich der eine oder andere Fisch überzeugen lassen.

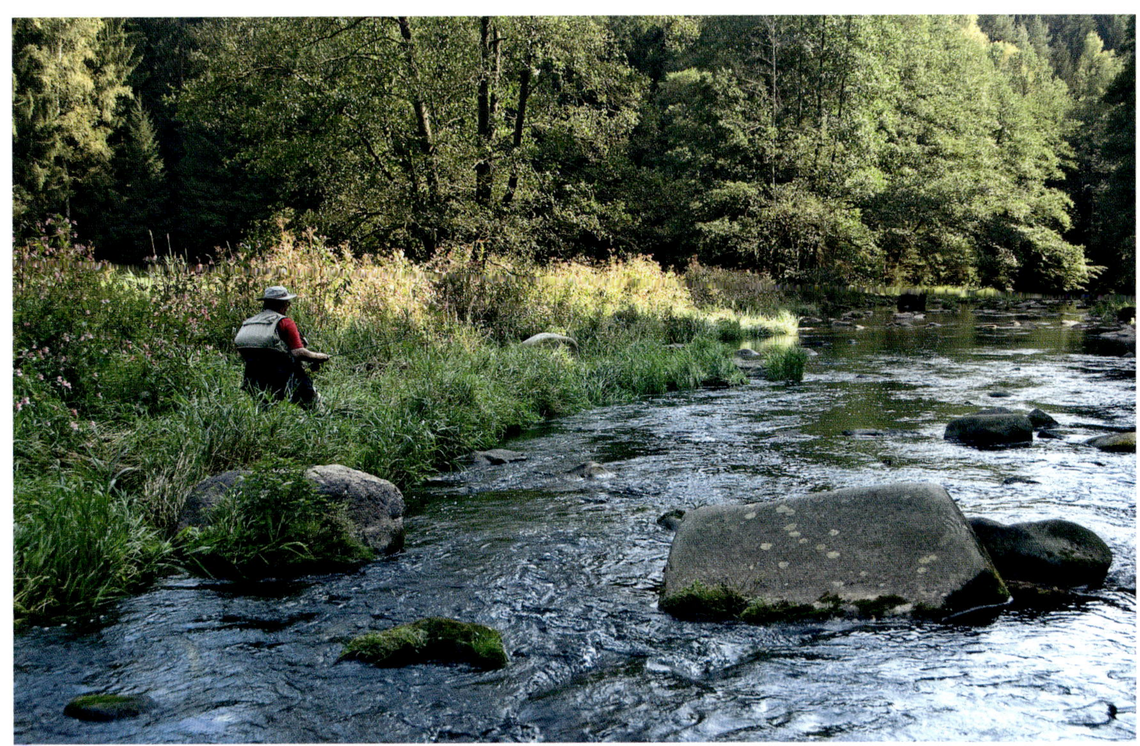

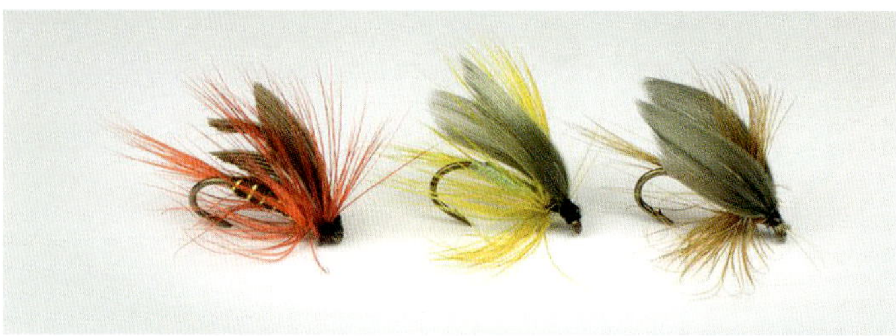

Nassfliegen aus vergangenen Zeiten. Sie haben ihren eigenen Reiz und natürlich fingen sie auch Fische. Heute sind sie aber eher für die Vitrine geeignet. Vermutlich wurden damit abgestorbene und unter Wasser abtreibende Insekten imitiert.

nicht nur für Einsteiger eine wertvolle Schule. Ein paar wesentliche Techniken reichen aus, um effektiv Fische zu fangen. Es werden keine diffizilen Trickwürfe und keine exakt imitativen Fliegenimitationen gefordert. Auch erfahrene Fliegenfischer wissen die Vorteile der Nassfliege zu nutzen, denn in bestimmten Situationen ist sie einer Trockenfliege oder einer Nymphe durchaus überlegen.

Verführerische Fliegenmuster

Neben den zum Schlüpfen aufsteigenden Insekten, werden beispielsweise auch zur Eiablage in Richtung Gewässergrund tauchende Köcherfliegen oder nach der Eiablage abgestorbene und abtreibende Eintagsfliegen imitiert. Korrekt servierte Fliegenmuster mit weichen, beweglichen Merkmalen sind unter Wasser besonders erfolgreich. Prinzipiell lassen sich drei Basistypen von Nassfliegen unterscheiden.

Klassische Nassfliegen mit Flügeln und einem Hechelkranz aus weichen Hennenhecheln kommen seit Jahrhunderten zum Einsatz. Ältere Muster sind manchmal mit auffallend dominant wirkenden Schwingen versehen. Früher wurden damit vermutlich unter anderem mit der Strömung abtreibende tote Köcher- und Erlfliegen imitiert.

»Flymphs«, eine flügellose Erfindung des amerikanischen Fliegenfischers Pete Hidy, die sozusagen den Übergang von der »Nymph« zur »Fly« wiedergeben. Ich habe sie schon in »Das ist Fliegenfischen« etwas näher behandelt. Flymphs sind phänomenale Fliegen. Sie sind einfach zu binden und die Fische lieben sie.

Weichhechelfliegen, in Nordamerika **»Soft Hackles«,** in England **»Spiders«** genannt. Ihr Merkmal ist ein eher schlanker Körper, umgeben von einem spärlichen Kranz aus weichen Hecheln, deswegen sie ein bisschen an eine Spinne erinnern. Auch hier fehlen Flügel. Spiders wurden im 19. Jahrhundert für die quirligen Bäche der schottischen und nordenglischen Mittelgebirge entwickelt. Sie sind eine äußerst interessante Mustergruppe und wir kommen gleich noch näher auf sie zu sprechen.

Das Nassfliegenvorfach

Schauen wir uns zuerst ein paar Voraussetzungen und Begleitmerkmale für erfolgreiches Fischen mit der Nassfliege an. Unsere Vorväter hatten das klassische Nassfliegenvorfach in der Regel immer mit mehreren Fliegen besetzt. Beim Studium amerikanischer Fliegenfischerliteratur bin ich in diesem Zusammenhang einmal über ein interessantes Zeitdokument gestolpert. Der amerikanische Historiker *Richard C. Hoffmann* berichtet darin von Unterlagen im bayerischen Staatsarchiv über Benediktinermönche am Tegernsee, die bereits im 18. Jahrhundert mit bis zu 15 Fliegen am Vorfach fischten. Vermutlich eine recht effiziente Angelegenheit. Da mutet ein Team aus drei Nassfliegen, das heute noch beim traditionellen Bootsfischen auf den Seen der britischen Inseln üblich ist, fast bescheiden an. Dargestellt werden aufsteigende Eintags-, Köcherfliegen und Zuckmücken, sowie ertrunkene Landinsekten. Die Fliegen werden dabei in einem Abstand von 50 bis 100 Zentimeter an einem Springervorfach angebracht. Man möchte damit den Fischen eine gewisse Auswahl präsentieren, nicht mehrere Fische gleichzeitig haken. Im Fließwasser kommen als Kombination eher nur zwei Nassfliegen in unterschiedlicher Farbe und Größe zum Einsatz. Eine einfache, recht universelle Kombination ist beispielsweise ein dunkles Muster in Größe 12 und ein kleines helles Muster in Größe 16. Grundsätzlich ist man mit einer Schwimmschnur und einem normalen sich verjüngenden Trockenfliegenvorfach gut ausgerüstet, da man mit Nassfliegen meistens in den ersten 30 Zentimeter unter der Wasseroberfläche bleibt. Wer etwas tiefer hinab möchte, kann auch zu einer Sink-Tip Leine grei-

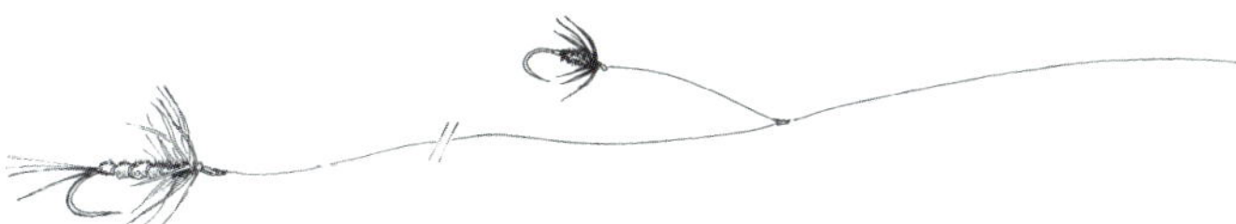

Traditionell werden Nassfliegen oft zu zweit gefischt. Will man seine Chancen optmieren, nimmt man eine größere und eine kleinere, bzw. eine dunkle und eine helle Fliege.

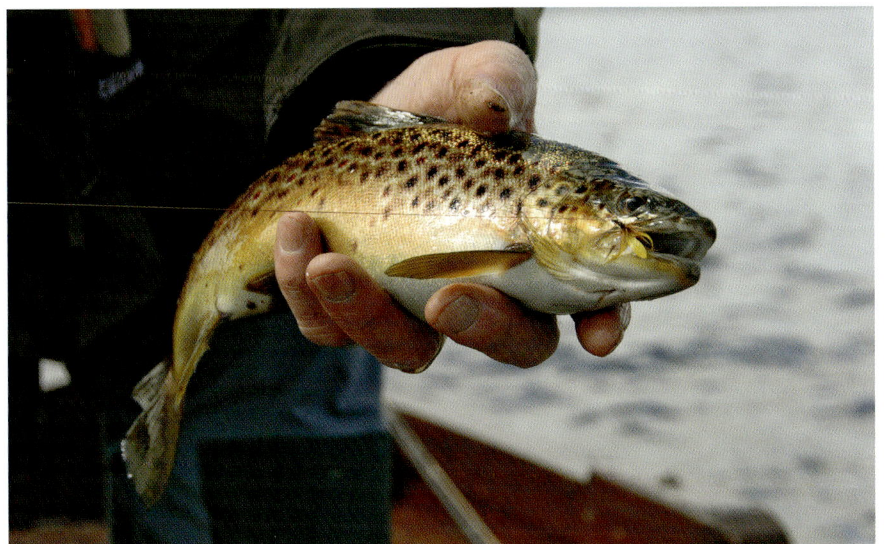

Unter den Fliegenfischern auf den britischen Inseln ist das Nassfliegenfischen auf die dort vorkommende Form der europäischen Bachforelle, die »Brown Trout«, auch heute noch sehr verbreitet.

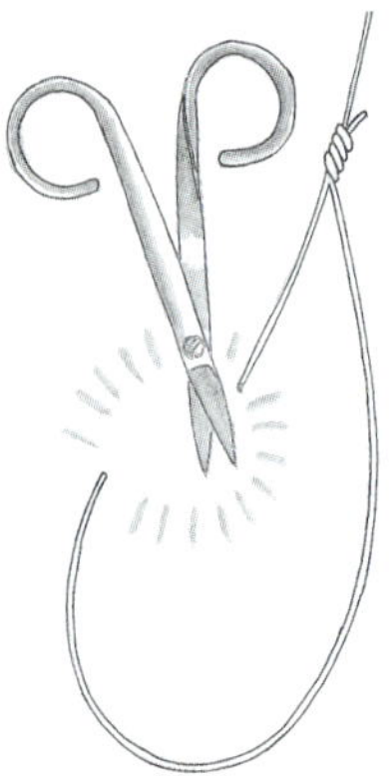

Tipp: Eine simple Möglichkeit für eine Springer- oder Seitenarmmontage besteht darin eine etwa 30 Zentimeter lange Chirurgenschlaufe in das Vorfachende zu knüpfen. Diese Schlaufe wird etwa 15 Zentimeter unterhalb des Knotens entfernt durchgeschnitten. Man erhält einen 15 Zentimeter kurzen Seitenarm und ein längeres Stück mit 45 Zentimeter, das als Vorfachspitze dient.

fen, die in verschiedenen Sinkgeschwindigkeiten erhältlich sind.

Der »Schwung« als Standard

Die klassische Methode für die Nassfliege im Fließgewässer ist bekanntlich der »Nassfliegenschwung«, im englischen »Wet Fly Swing« genannt. Er eignet sich gut zum Absuchen eines Gewässerabschnittes nach aktiven Fischen. Es ist immer noch auch die Standardmethode beim Fliegenfischen auf Lachs.

Sehen wir uns den Vorgang etwas näher an. Die mehr oder weniger schräg abwärts abgelegte Schnur und das Vorfach mit der Fliege schwingen

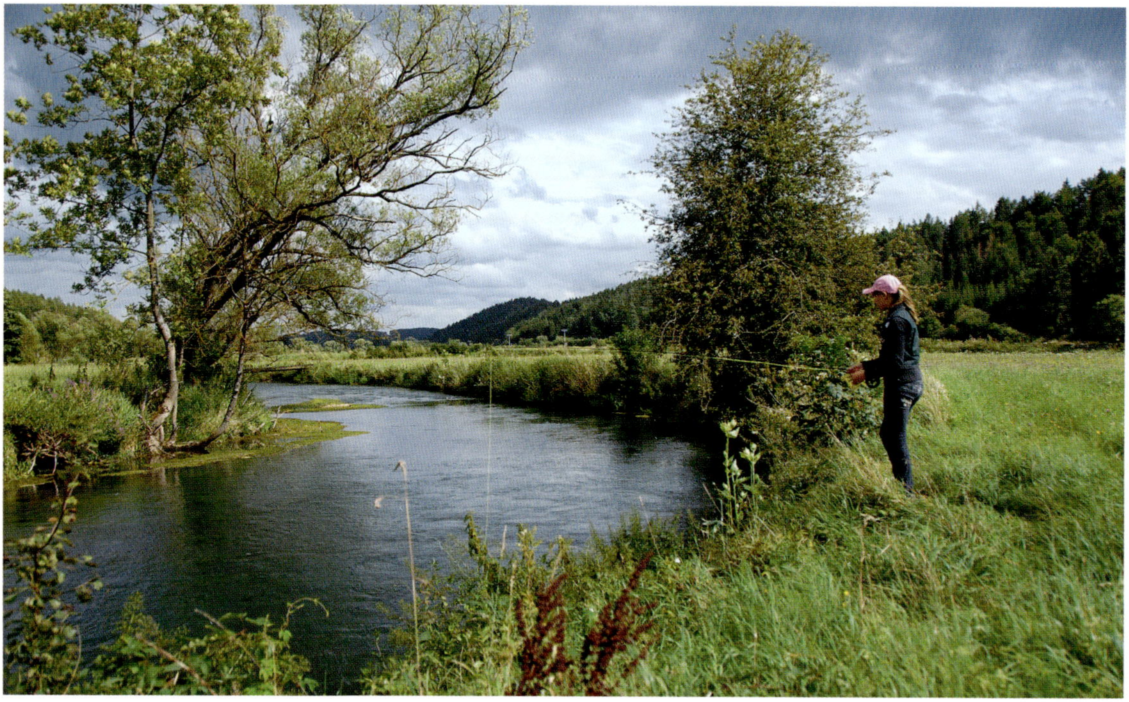

Ist das Wasser durch Regen etwas angetrübt, sind eine oder zwei Nassfliegen am Vorfach eine gute Option.

in einem Bogen zur Seite des Werfers zurück. Eine schnelle Strömung wird die Drift beschleunigen, da sie einen stromabwärts gerichteten Bauch in die Schnur drückt. Der Fliegenfischer kann dem mit entsprechendem »Line Mending« stromauf begegnen und verzögert so die Driftgeschwindigkeit. Bei sehr langsamer Strömung soll sich die Fliege eventuell aber schneller bewegen. Dazu präsentiert man mehr im 90 Grad Winkel, also direkt querüber zur Strömung. So entsteht, wie erwünscht, rascher einen Bauch in der Schnur, die Drift der Fliege beschleunigt sich. Lege ich die Schnur nun zusätzlich stromabwärts um, verstärkt sich dieser Effekt noch. Allerdings sollte man mit dem Menden nicht übertreiben. Was bei turbulenterer Oberfläche relativ problemlos ist, kann in Partien mit spiegelglattem Wasser die Fische durch zu viel Herumplantschen freilich schnell vergrämen.

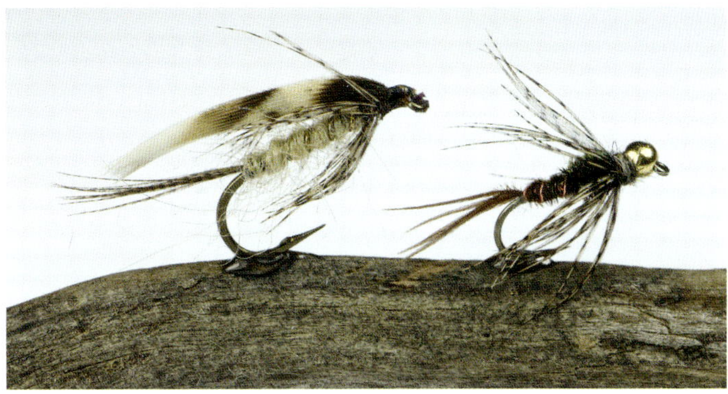

Links: Nasse Märzbraune. Rechts: »Bead Head Spider«

Schräge Sache

Während des Herumschwingens zeigt die Rutenspitze möglichst schräg in die Höhe, die durchhängende Schnur bildet den Puffer, damit der zugreifende Fisch nicht sofort auf den straffen Widerstand einer gestreckten Leine trifft.

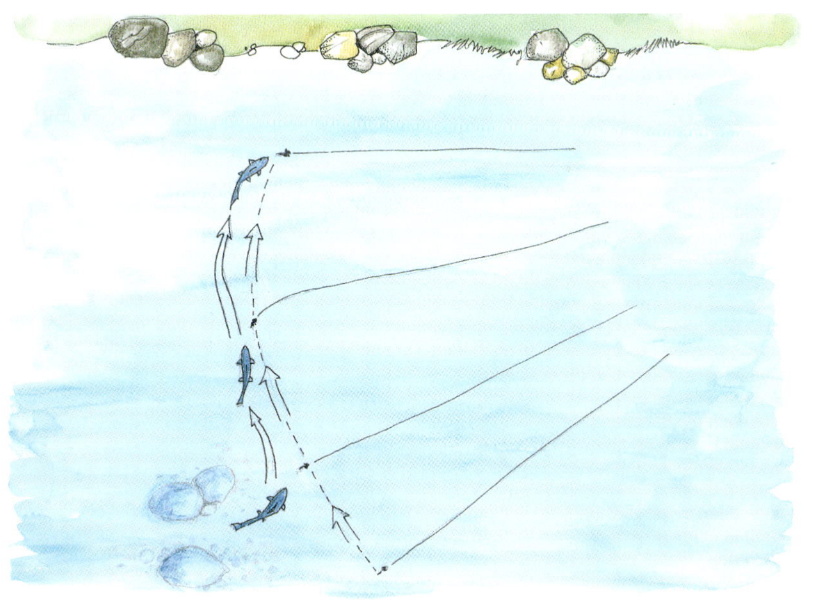

Lassen Sie Schnur und Vorfach mit der Strömung herumschwingen und halten Sie sie dann noch einige Zeit in der Strömung. Oft kommt ein Biss, sobald Sie beginnen die Schnur einzuholen.

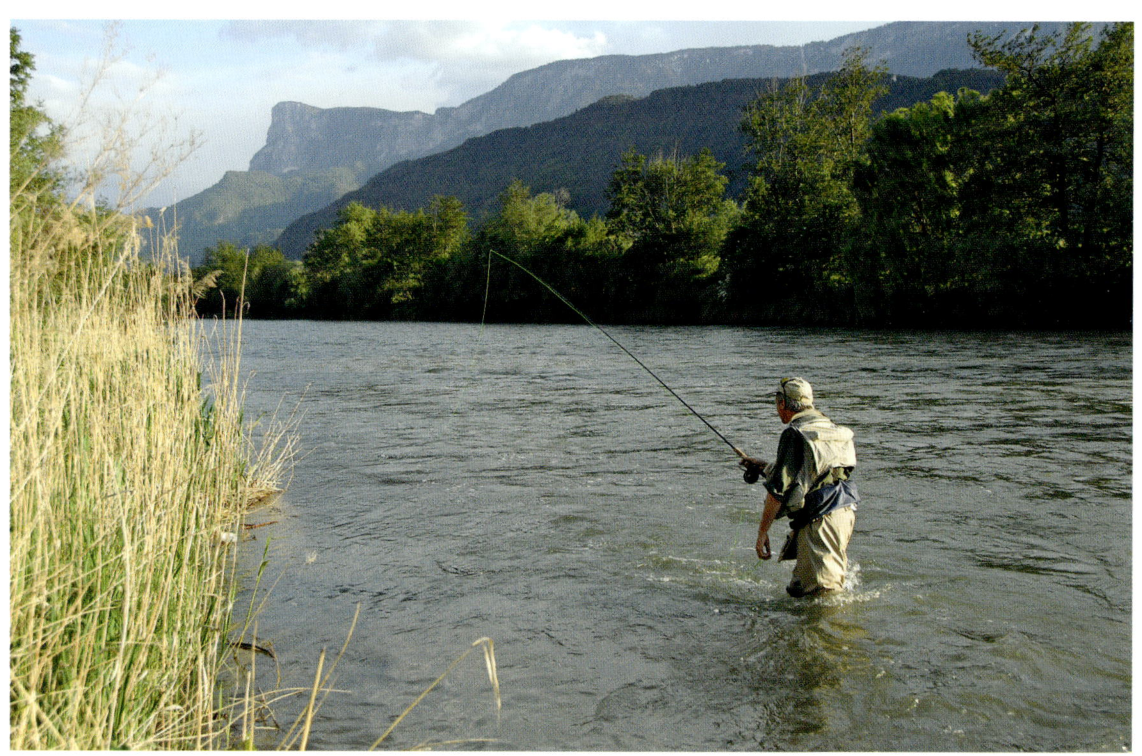

Eine schräg nach oben gehaltene Rute erleichtert beim Nassfliegenfischen das Haken der Fische.

Wir schlagen auch nicht sofort aktiv an, da wir dem Fisch, der mit dem Kopf zu uns steht, die Fliege wieder aus dem Maul ziehen könnten. Nachdem er die Fliege genommen hat, verankert der Fisch den Haken beim Abdrehen mehr oder weniger selbst in seinem Maulwinkel. Das ist die Lehrmeinung und ich bin immer recht gut damit gefahren. Allerdings gibt es auch andere Auffassungen. Ich bin schon Fliegenfischern begegnet, die, während die Schnur herum schwingt, einen straffen Kontakt wünschen und deswegen die Rutenspitze senken. Sie schlagen beim geringsten Zupfer sofort an und sind mit ihrem Erfolg zufrieden. Ich bin grundsätzlich der Ansicht, man sollte nie eine Lehrmeinung zum Dogma erheben. Wer sich unsicher fühlt, erprobt einfach beide Varianten und wird dann schnell sehen, mit welcher er die wenigsten Fehlbisse hat.

Die hängende Fliege

Nach dem Ausschwingen der Schnur »hängt« die Fliege unter mir in der Strömung und wird dabei zur Oberfläche gedrückt. In sehr langsamer Strömung beschleunige ich das Aufsteigen der Fliege durch Anheben der Rute. Es ist die ideale Imitation eines schlüpfenden Insekts. Fische, die der Fliege von einem Standplatz in der Mitte des Flusses bis zu diesem Punkt gefolgt sind,

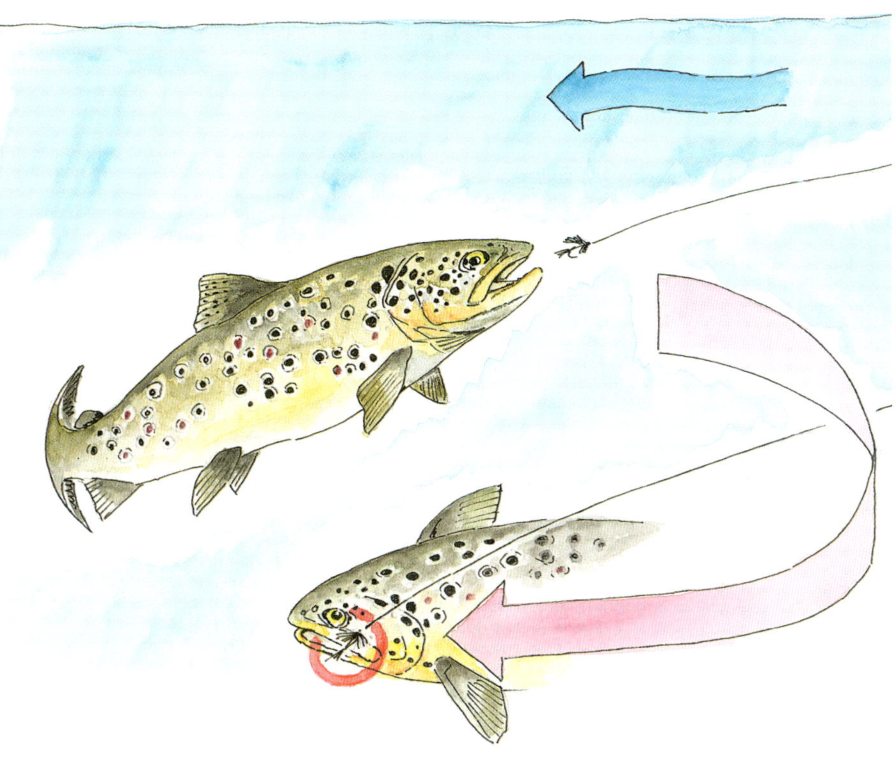

Bei der Ausführung des Nassfliegenschwungs sollte man nicht anschlagen, sondern warten, bis sich der Fisch die Fliege, beim Abdrehen, selbst in den Maulwinkel zieht.

greifen jetzt oft vehement zu. Bekomme ich keinen Biss, mache ich ein oder zwei Schritte flussabwärts und wiederhole den Vorgang.
So fische ich eine Fließstrecke zuerst mit kurzen, dann nach und nach mit längeren Würfen systematisch ab. In Bächen und kleineren Flüssen ist es mitunter möglich die gesamte Gewässerbreite zu bestreichen. Man erreicht so fast alle der potenziellen Standplätze.

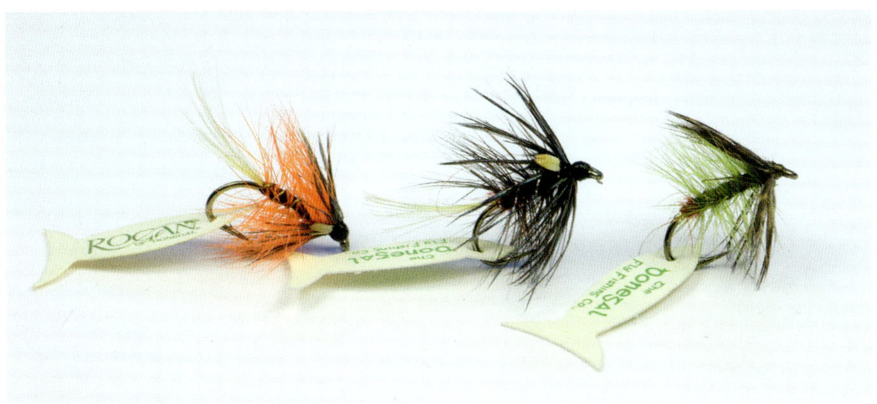

Irische Nassfliegen aus der Produktion der legendären Fliegenbinderdynastie »Rogan of Donegal«. Nebenbei bemerkt: Muster wie diese sind bei uns ein Geheimtipp für große Döbel.

Beschwerungen

Eine unbeschwerte Nassfliege neigt oft bei schnellerer Strömung dazu eher über die Wasseroberfläche zu rutschen, anstatt einige Zentimeter unter ihr zu driften. Schnell verfällt man auf die vermeintliche Lösung, sein Muster durch ein Bleischrot oder etwas »Deep Soft Weight« am Vorfach tiefer zu zwingen. Möglicherweise muss man danach feststellen, dass die Häufigkeit der Bisse plötzlich rapide nachlässt. Vermutlich beeinflusst die herumtreibende punktuelle Beschwerung die Schwimmlage der gewichtslosen Fliege negativ. Das Schrot driftet gewichtsbedingt etwas tiefer, die leichte Fliege wird in unattraktiver Weise hinterher geschleppt. Besser man bringt das Gewicht unmittelbar an der Fliege an. Beschwerte Nassfliegen sind im Handel allerdings kaum erhältlich. Fliegenbinder tun sich leichter, sie können ihre »Nassen« schon am Bindetisch nach Maß austarieren, indem sie dünnen Bleidraht auf dem Hakenschenkel anbringen. Für eine feine Gewichtsdosierung bei kleinen Fliegen wird ein kurzer Abschnitt Bleidraht längs auf dem Hakenschenkel angebracht.

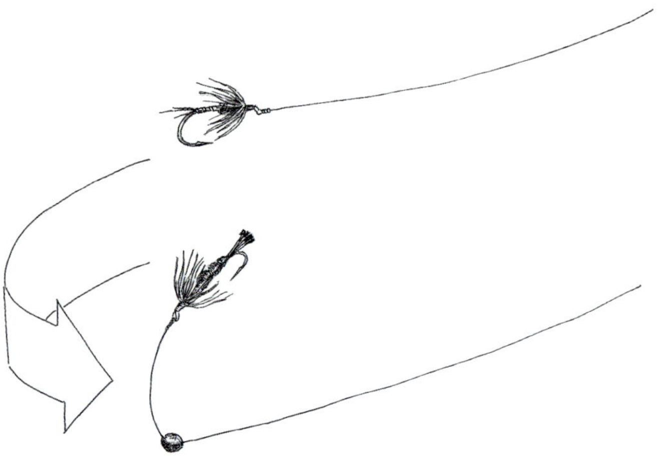

Zeit und Ort

Wo und unter welchen Umständen bietet eine Nassfliege Vorteile? Das kann an dieser Stelle sicher nicht erschöpfend behandelt werden, dafür wäre ein eigenes Buch nötig. Aber über ein paar grundsätzliche Dinge können wir diskutieren.

Knapp darunter

Bestimmte Eintagsfliegenarten leben am Grund unterhalb von sehr rauer Strömung. Sie gehören zur Gruppe der »Klammerer«, deren superflache Nymphen an Steinen leben. Einige von ihnen steigen nicht als Nymphe zur Oberfläche sondern schlüpfen bereits am Gewässerboden oder sie verlassen ihre Nymphenhülle bevor sie die Oberfläche erreichen. Die »Duns« schwimmen dann mit über dem Thorax angelegten Flügeln den restlichen Weg zur Oberfläche. Dabei werden sie von der schnellen Strömung mitgetragen, bis sie in ruhigere Verhältnisse kommen und dort an die Oberfläche gelangen. Schon ein paar vereinzelte Ringe, und einige wenige auf der Wasseroberfläche treibende Eintagsfliegen lassen

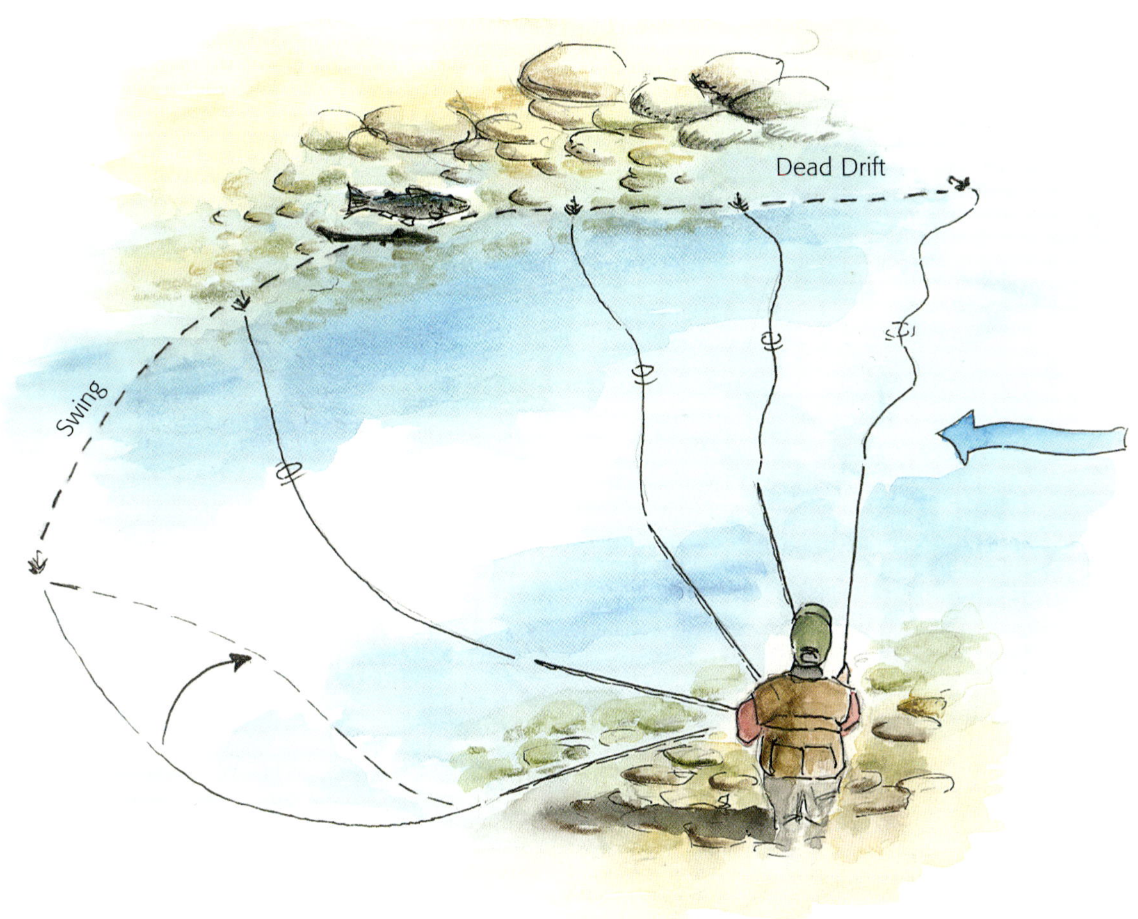

uns rasch wieder zu einer Trockenfliege greifen. Da schließe ich mich gerne mit ein. In vielen dieser Fälle haben wir aber nur wenig Erfolg mit der Trockenen, die Fische nehmen hauptsächlich unter Wasser. Die Mehrzahl der Fische fühlt sich dort sicherer. Wenn genügend Nahrung vorhanden ist, warum sollen sie sich dann an der Oberfläche möglichen Feinden verraten?

Andere Arten der Schwimmergruppe verlassen das Wasser und klettern für die Umwandlung auf Felsen, Wurzeln Äste und andere Objekte. Diese Nymphen sind tatsächlich gute Schwimmer. Sie lassen sich mit aufsteigenden Nassfliegen, zum Beispiel einer weich behechelten »Flymph« oder einer kleinen »Spider« im Randbereich ihrer Wanderwege nachahmen, etwa in träge rinnenden Flachstellen, Rückläufen und flachen Buchten. Langsames Einholen, mit kleinen Bewegungen der Rutenspitze, imitiert die zappelnden Bewegungen der natürlichen Insekten.

Versuchen Sie auch folgende Nassfliegentechnik: Service querüber oder leicht schräg stromaufwärts, inaktiv vorbei an bestätigten Fischen bzw. vermutlichen Einständen. Möglicherweise müssen Sie zwischendurch die Schnur menden. Am Ende der Drift schließt sich ein normaler Nassfliegenschwung an.

Auch beim Nassfliegenfischen muss man für eine korrekte Präsentation hin und wieder ins Wasser. Je nach Art des Gewässergrunds werden dabei aber manchmal zu viele Feinstoffe aufgewirbelt, die dann flussabwärts den Fischen entgegen treiben. Man sollte also schon vorher abschätzen, ob der Boden zum Waten geeignet ist oder nicht.

Drifting and swinging

Wer eine Nassfliege als Nymphe oder eben geschlüpfte »Dun« in den ersten 30 Zentimetern unter der Wasseroberfläche anbieten möchte, wird in den meisten Fällen entweder leicht schräg stromauf- oder stromabwärts quer zum Strom servieren. Ein guter Platz sind schnelle Züge oder »Runs«, vor allem im Bereich wo sie in einen größeren Gumpen münden. Durch ständiges Menden oder schnellem Nachfüttern von Leine gewähren wir der Fliege in der zügigen Strömung eine möglichst ungehinderte Abdrift, bis diese schräg abwärts von uns in einen kontrollierten Schwung übergeht. Richtig interessant wird es, wenn die Fliege durch den Gumpeneinlauf schwingt. Dort wo der Gewässerboden oft plötzlich nach unten wegbricht, befindet sich ein von den Fischen bevorzugter Standplatz. Registrieren wir in diesem Bereich keine Reaktion, führt man die Fliege sanft in die ruhigere Randzone, wo sich die Strömung verliert. Viele Bisse kommen auch, wenn die Fliege den Saum vom schnellen zum langsamen Wasser kreuzt. Geduld und Feingefühl gehört zu dieser Methode, mehr als bei einer Trockenfliege, weil wir den Anbiss in der Regel nicht sehen. Der Schwall kommt erst ein halbe Sekunde hinterher. Gekonntes

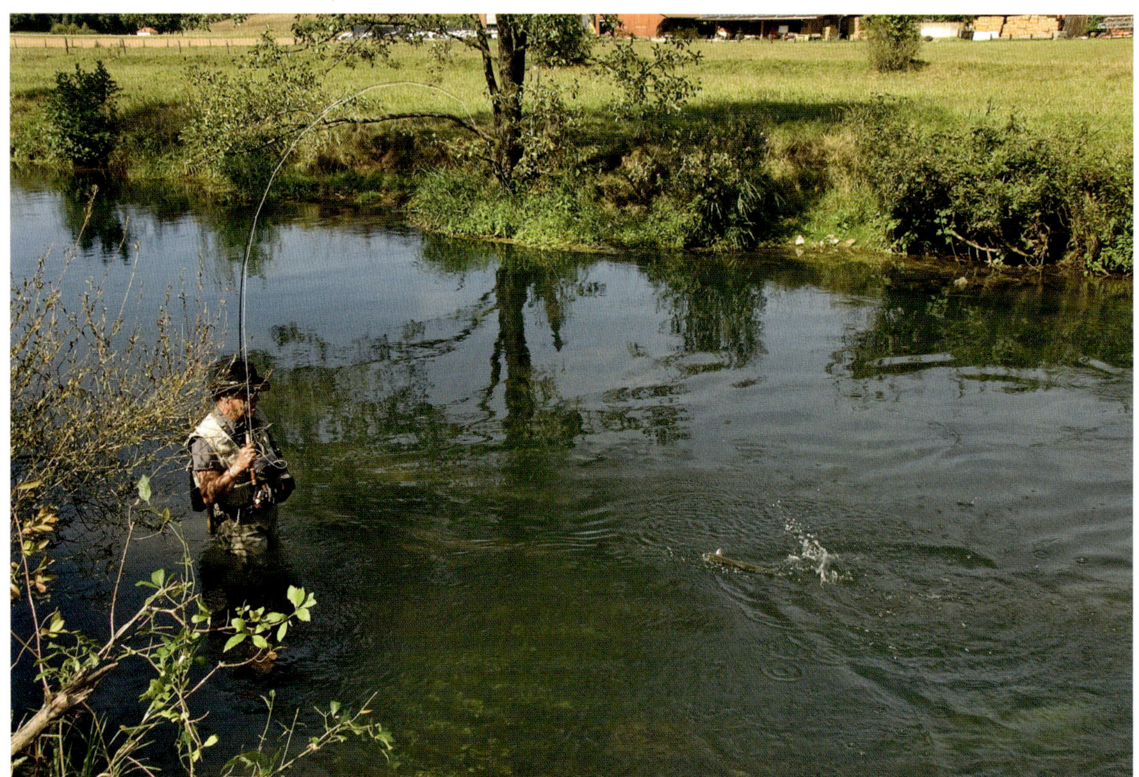

Nassfliegenfischen ist schon sehr anspruchsvoll.

Wenn Sedges schlüpfen

Manchmal können wir keine anhaltende Schlupftätigkeit erkennen. Nur hin und wieder zeigt sich eines der winzigen Segelboote der Eintagsfliegen. In der Luft sind einige schmetterlingsartige Köcherfliegen unterwegs, vor allem adulte Weibchen, die wie Irrlichter über dem Wasser tänzeln und dabei immer wieder fast zufällig auf die Oberfläche tippen. Auf dem Wasser erscheinen neue Köcherfliegen wie aus dem Nichts. Von Zeit zu Zeit ein kräftiger Schwall, der typische »Slash-Rise«. Das Wasser spritzt nach allen Seiten. Wieder hat es eine »Sedge-Pupa« nur bis knapp unter die Wasseroberfläche geschafft. Wir können aber sicher sein, die Fische nehmen die aufsteigenden Puppen auch schon viel weiter unten. Köcherfliegenpuppen steigen sehr zügig zur Oberfläche auf. Ganz so, als ob sie um die Gefahr wüssten, in der sie sich befinden. Auch der eigentliche Schlupf an der Wasseroberfläche geht rasch vonstatten. Blitzschnell hat das adulte Insekt die Puppenhülle verlassen und rennt dann über das Wasser, um seine frisch entfalteten Flügel zu trocknen. Köcherfliegen entsprechen in Fließgewässern in den meisten Fällen der Hakengröße 10 bis 16, in Stillwassern kommen auch erheblich größere Arten vor. Farblich überwiegt ein gedämpftes Braun, Grün oder ein dezentes Zimtorange. Diese faszinierenden Insekten inspirieren Fliegenbinder immer wieder ganz besonders. Es gibt wunderschöne realistische Nachbildungen, die ich eigentlich zum Fischen schon viel zu schade finde. Es ist auch nicht nötig. Ein fängiges Muster braucht nur die wichtigen Schlüsselreize mitzubringen.

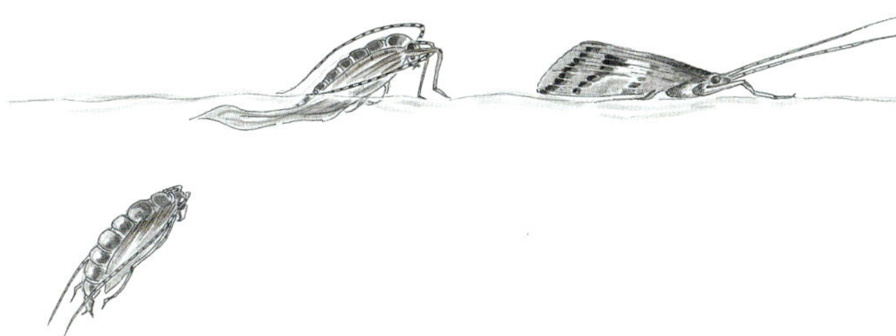

Köcherfliegenpuppen steigen schnell zur Wasseroberfläche auf. Das geschlüpfte Insekt rennt zappelnd über das Wasser, um seine Flügel zu trocknen, bevor es wegfliegt.

Spiders und Soft-Hackles

Das allgemeine Erscheinungsbild einer Köcherfliegenpuppe kann sehr überzeugend durch lebendig und mobil wirkende »Spiders« oder »Soft Hackles« also »Weichhechelfliegen« nachempfunden werden. Der vibrierende Hechelkranz erinnert an die angelegten Antennen, Beinchen und Flügelsäcke der Puppe. Und falls die Fische sie möglicherweise mit ertrunkenen Eintagsfliegen, Steinfliegen oder auch ins Wasser gefallene Landinsekten verwechseln, bin ich deswegen sicher nicht böse. Auch traditionelle Nassfliegen oder Nymphen können als Weichhechelausführung gebunden werden. Zum Beispiel die »Pheasant Tail Spider«, als Variante von *Frank Sawyer's* berühmtem Muster.

Der amerikanische Autor *Sylvester Nemes* gibt in seinem Buch »Soft Hackles und How to Fish them«, auf Deutsch: »Weichhechelfliegen und wie man sie fischt«, 14 verschiedene Bindeanleitungen. Als seine Favoriten nennt er »Partridge und Yellow«, »Partridge and Green«, sowie »Partridge und Orange«, sowie die »March Brown Spider«. Man hat Mühe die positiven Eigenschaften dieser Muster einigermaßen erschöpfend aufzuzählen. Sie sind schön, elegant, universell und vor allem effektiv. Wenn an einem milden, ruhigen Abend die Fische steigen, wir aber nicht erkennen können was sie genau nehmen, stellen Soft-Hackles immer eine Option dar. Unabhängig davon, ob nun Köcherfliegen im Spiel sind oder nicht. Eine Kombimontage aus zwei unterschiedlichen Mustern in Farbe und Größe führt möglichweise am schnellsten zu einem Ergebnis.

Präsentieren und Menden Möchte man in der Tradition von *Sylvester Nemes* fischen, konzentriert man sich auf schnellere Strömungszüge mit welliger, unruhiger Oberfläche. Die Wurfrichtung ist mehr quer als schräg abwärts und die Drift wird durch ständiges Menden, unter diesen turbulenten Bedingungen stört es nicht, unter Kontrolle gehalten. So kann sich kein Zug oder Druck auf Schnur und Vorfach aufbauen. Am Ende der freien Drift folgt dann der kontrollierte Schwung, bis die Fliege in der Strömung hängend erst einmal zur Ruhe

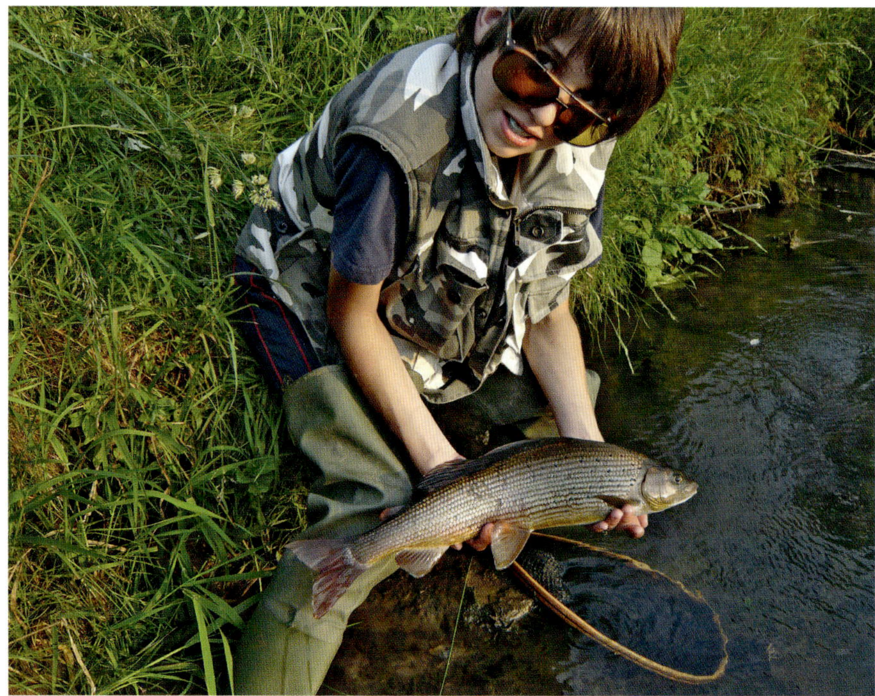

Diese 50er-Äsche nahm die nasse Ausführung einer Köcherfliege, die mit dem »Wet Fly Swing« angeboten wurde.

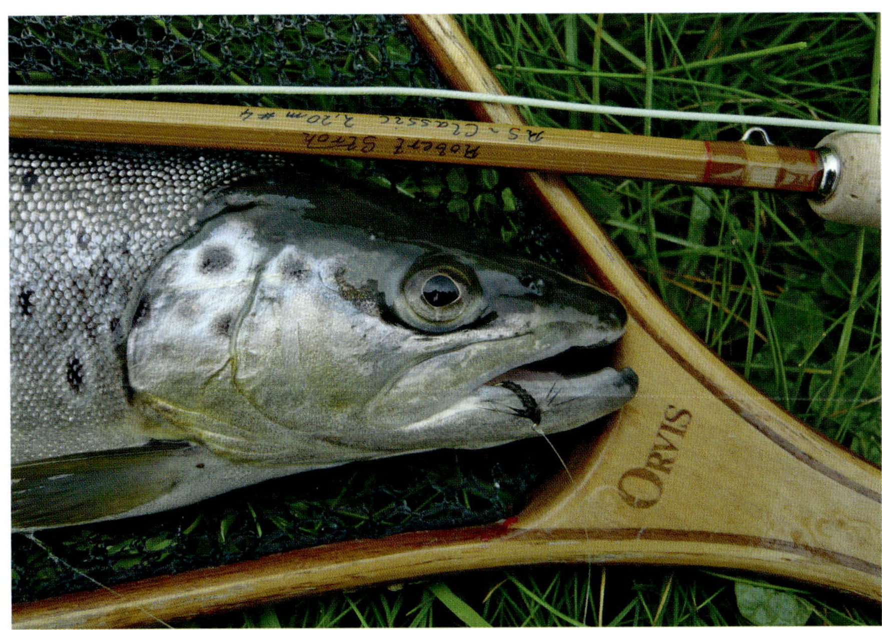

Gespließte Ruten entwickeln eine ganz eigene Aktion, die sich besonders für die Nassfliege eignet. Diese Bachforelle hat eine kleine graue »Flymph« genommen.

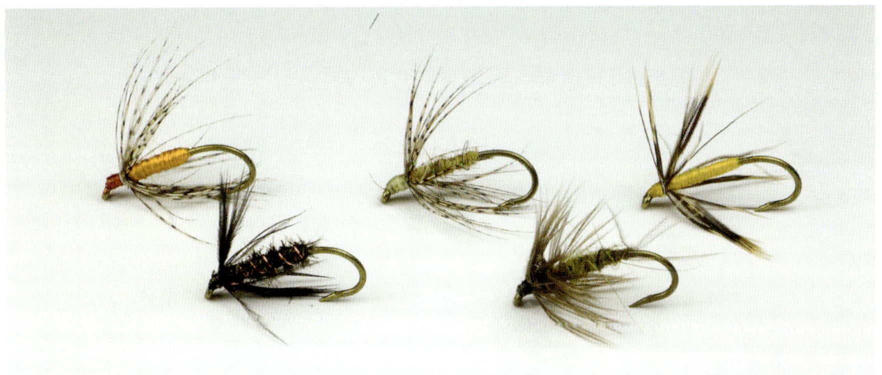

Obere Reihe: Partridge and Orange, Turton's Red Spider, Woodcock und Yellow.

Untere Reihe: Peacock and Black, Olive Flymph.

kommt. Wieder dieser magische Moment, in dem die Fische vorzugsweise mit uns Kontakt aufnehmen. Von *Sylvester Nemes* wird erzählt, er hätte in diesem Stadium auch die Funktion der Rolle erfolgreich mit eingebracht. Wenn er Schnur aufspulte, versetzte er dadurch unwillkürlich die Rutenspitze in Vibrationen, die sich über die Schnur auf die Fliege übertrugen und bekam dann noch Extrabisse. Das deckt sich ganz mit meinen Erfahrungen. Interessant!

Andere Situationen

Außer dem klassischen »Wet Fly Swing« gibt es, je nach Situation, noch andere Anbietemöglichkeiten für eine Nassfliege.

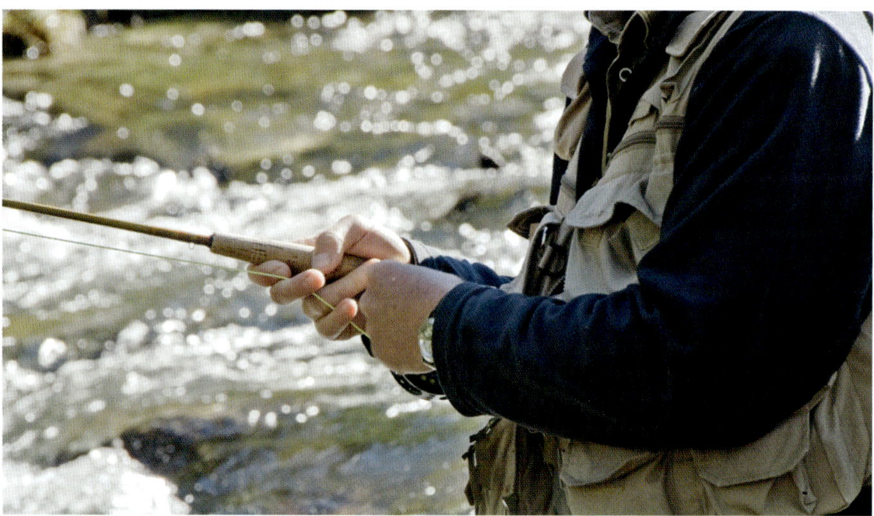

Während man die Schnur auf die Rolle spult, packt häufig noch der eine oder andere Fisch zu.

Kehrwasser An mittelgroßen bis größeren Fließgewässern findet man im Uferbereich immer wieder Rückläufe und Kehrwasser, wo sich ein Sammelsurium aus Eintags- und Köcherfliegen, Aufsteigern, Stillborns oder abgestorbene Insekten aller Art auf relativ geringem Raum konzentrieren. Dazu gehören auch ins Wasser gefallene Ameisen, Käfer usw. Die Fische greifen dann alles ab, was ihnen appetitlich und nahrhaft erscheint.

Eine Trockenfliege wäre möglich und würde sicher auch Spaß machen. Allerdings herrschen in solchen Kehrwassern oft schwierige Strömungsverhältnisse. Manchmal müssen zwei oder drei miteinander konkurrierende Strömungsbereiche überbrückt werden. Die ideale Wurfposition, von der aus eine Trockenfliege in natürlicher Drift präsentiert werden könnte, ist möglicherweise wegen der Uferverhältnisse nicht besetzbar. Waten ist auch nicht möglich. Eine kleine Nassfliege, eine »Soft Hackle«, eine »Flymph«, oder auch eine leichte Nymphe, führt hier eher zur Lösung des Problems. Ein klein wenig, aber nicht zu viel, »Dreggen« ist unter Wasser nicht schädlich, im Gegenteil es kann die Lebendigkeit der Muster unterstreichen. Vergessen Sie aber nie den Grundsatz immer so nahe wie möglich an die Fische heran zu kommen, um die Leine kurz halten und besser steuern zu können.

Am Bach Steiler abfallende Bäche, mit hoher Fließgeschwindigkeit und kleinen bis mittelgroßen Gumpen, sind oft nicht sehr nährstoffreich. Die Fische sind hungrig und interessieren sich für alles was sie vor ihr Maul bekommen. An helleren, sonnigen Tagen stürzen sie sich zwar auf die angebotenen Trockenfliegen, schlagen auch danach, verweigern aber oft im letzten Moment. Der Wechsel zu einer kleinen

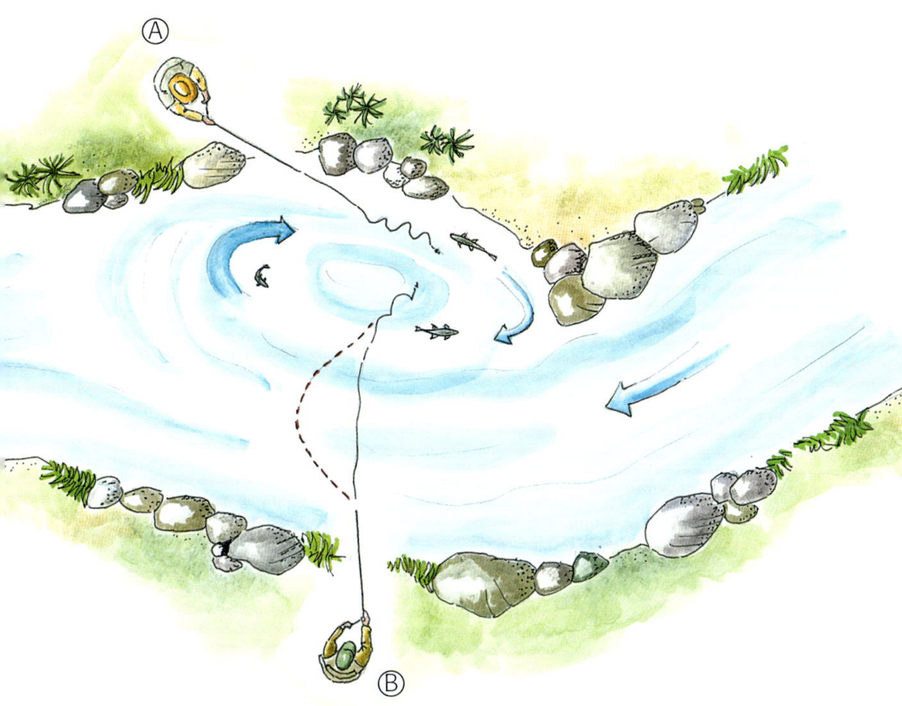

Eine kleine Nassfliege lässt sich im Kehrwasser besser anbieten als eine Trockenfliege, die unter solchen verzwickten Strömungsbedingungen schnell zu »dreggen« beginnt. Der Fischer auf Position B muss die Hauptströmung überbrücken und tut sich schwer die Fliege im Zielbereich zu halten.

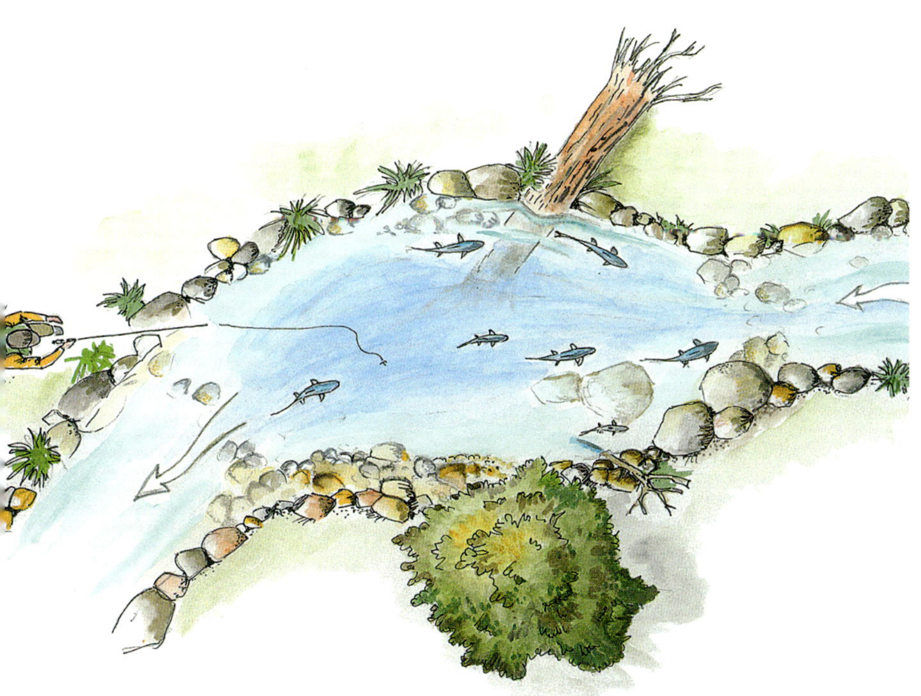

Weichhechelfliegen bzw. Spiders eignen sich auch sehr gut zum stromaufwärts fischen. Der feine Hechelkranz bewegt sich bei freier Drift sehr natürlich. Suchen Sie einen Gumpen fächerartig von unten nach oben ab oder werfen Sie gesichtete Fische gezielt an.

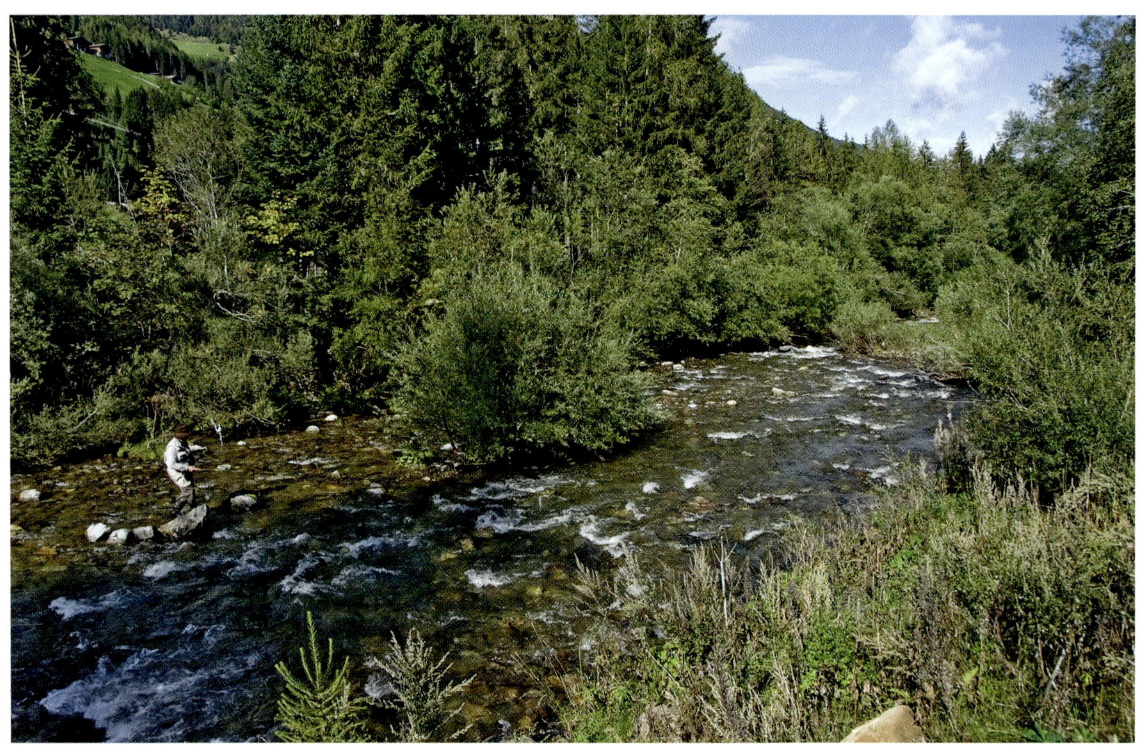

Oft kann man an klaren Gebirgsbächen mit der Trockenfliege punkten. Beim Stromabfischen tut man sich aber mit einer kleinen »Nassen« leichter. Falschauer Bach in Südtirol.

Nassfliege, kann die Situation retten. Plötzlich greifen die Fische beherzt zu und bleiben am Haken hängen. Eine gute Methode für steil abfallende Gebirgsbäche, wo das Wasser mitunter senkrecht von einem Gumpen zum anderen herabstürzt. Nicht von ungefähr wurde diese Variante an den steinig-felsigen Bächen Schottlands entwickelt.

Vielseitige Möglichkeiten

Nassfliegenfischen ist sehr universell und beinhaltet auch Nymphen- und Trockenfliegentechniken. Achten Sie auf Ihr Vorfach. Soll es auf ganzer Länge im Wasser einsinken, um unsichtbarer zu wirken und damit die Fliege auch wirklich abtaucht, müssen Sie es entfetten. Nehmen Sie etwas Uferschlamm zwischen die Finger und ziehen Sie das Vorfach hindurch. Das nimmt dem glatten Monofil etwas von dem Glanz, der auf Fische abschreckend wirken kann. Denken Sie in diesem Fall auch an den Einsatz von Fluorocarbon. Eventuell ist ein durchgehendes Nassfliegenvorfach aus diesem Material dann sinnvoll. Nicht weil es angeblich unsichtbarer ist als Nylon, an dieser Behauptung hege ich persönlich erhebliche Zweifel. Allerdings sinkt Fluorocarbon tatsächlich rund dreimal schneller als Nylon.

Mit der Nymphe

Das Fischen mit Nymphen als Teilbereich des modernen Fliegenfischen hat heute einen großen Stellenwert. Verschiedene Varianten bieten Möglichkeiten für fast jeden Geschmack und viele fischereiliche Herausforderungen.

Nymphenverhalten

Wenn wir Fliegenfischer über »Nymphen« sprechen, dann werfen wir etwas unwissenschaftlich Larven bzw. Puppen der »aquatischen« Insekten, also jene, die nur die ersten Stadien ihres Lebens im Wasser verbringen und ständig im Wasser lebende Kleinkrebse, Wasserasseln und ähnliche Tierchen in einem Topf. Alle zusammen bilden, das wissen wir, den Großteil der Nahrung der Fische. Ein Blick von einer Brücke in einen klaren Bach hinein, kann diesbezüglich sehr aufschlussreich sein. Wir können sehen, wie eine Forelle fast regungslos in der Strömung verharrt, um aber dann plötzlich nach der einen oder anderen Seite auszubrechen. Für einen kurzen Augenblick blitzt das Weiße in ihrem Maul auf, bevor sie dann sofort wieder an ihren Standplatz zurückkehrt. Mit hoher Wahrscheinlichkeit hat dieser

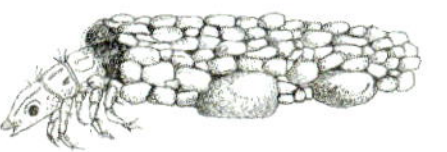

Köcherfliegenlarve mit Gehäuse

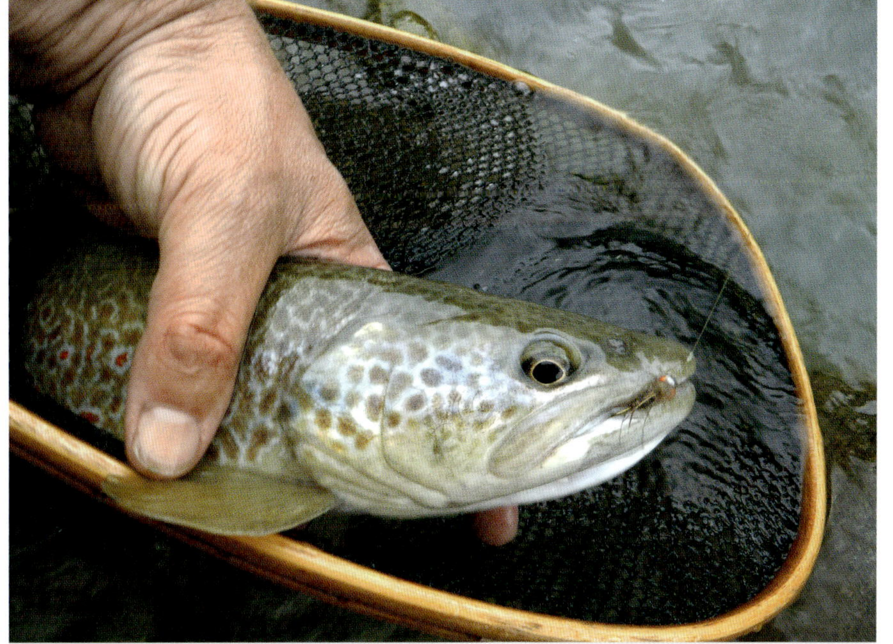

Die marmorierte Forelle mochte eine tiefgeführte Nymphe. Auffallend sind die roten Punkte auf der Flanke. Auf Hinweis, dass bei der Elterngeneration eine Bachforelle beteiligt war.

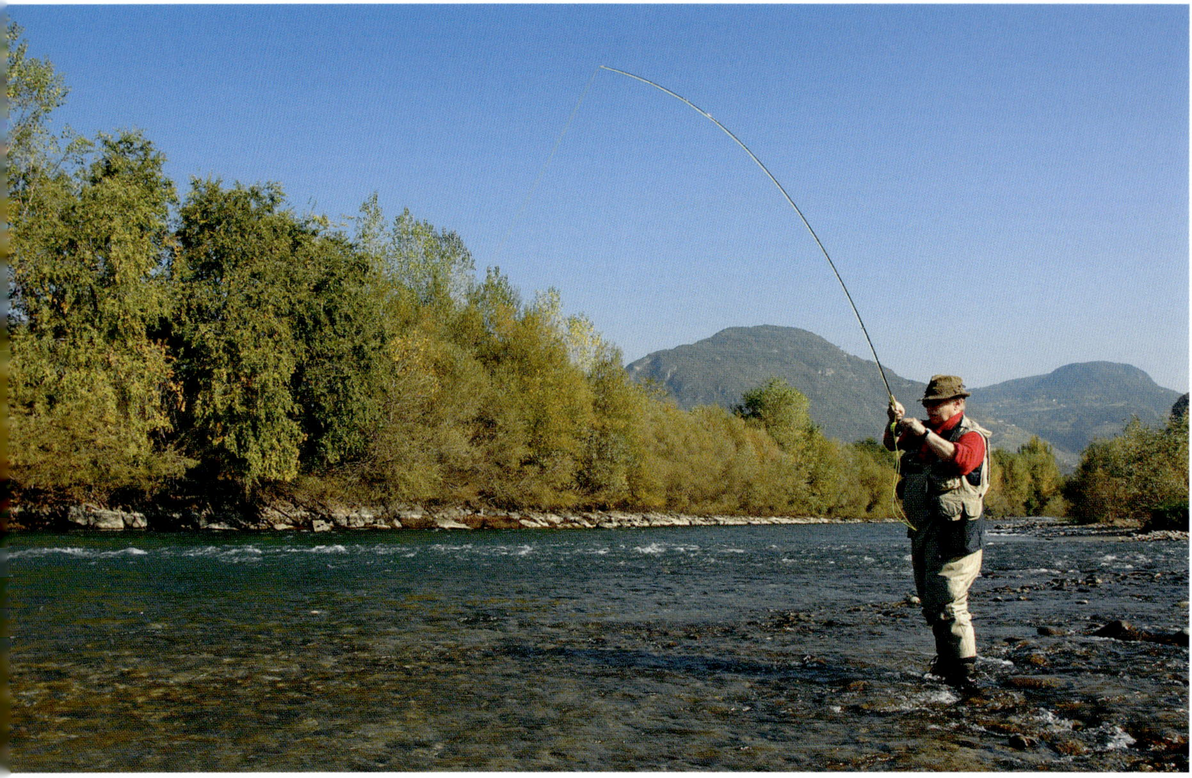

Herbst ist Äschenzeit.

Fisch gerade eine im Wasser treibende Nymphe aufgenommen. Das hätte auch unser Muster sein können, vorausgesetzt es wäre von uns mit der nötigen Raffinesse angeboten worden. Warum trieb aber diese Nymphe gerade ungeschützt mitten im Wasser, so dass der Fisch sie problemlos abfangen konnte? Führen wir uns ein paar grundlegende Fakten vor Augen, bevor wir uns näher mit diversen Anbietemethoden und Nymphenmustern beschäftigen.

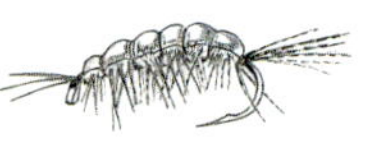

Bachflohkrebs

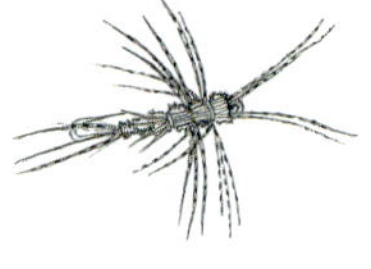

Wasserassel

Verstecktes Leben

Larven, Nymphen und Puppen leben je nach Art recht gut versteckt am Gewässergrund zwischen Steinen und Wasserpflanzen. Manche Arten sind auch im Lehm vergraben. Eigentlich nicht so einfach für einen Fisch an diese Nahrungsquelle heranzukommen. Ich habe schon oft Forellen gefangen, die eine ganze Menge kleiner harter Gehäuseschnecken im Magen hatten. Sie wurden vermutlich direkt vom Gewässergrund abgeweidet. Die grünen Algen im Magen, welche die Fische mit aufgenommen hatten, wiesen darauf hin. Hin und wieder lassen sich auch Forellen beobachten, die aktiv in Krautbetten nach Insekten und Kleinkrebschen suchen. Im flacheren Wasser erscheint dann mitunter für einen kurzen Mo-

ment die Schwanzflosse an der Wasseroberfläche (siehe »Tailing Trout« auf Seite 58).
Aber so richtig freie Bahn haben die Fische erst, wenn die Insekten und Kleinkrebse ihre sicheren Behausungen verlassen und in den Griff der Strömung geraten. Sie driften ab und werden zur leichten Beute. Wann und unter welchen Umständen geschieht dies?

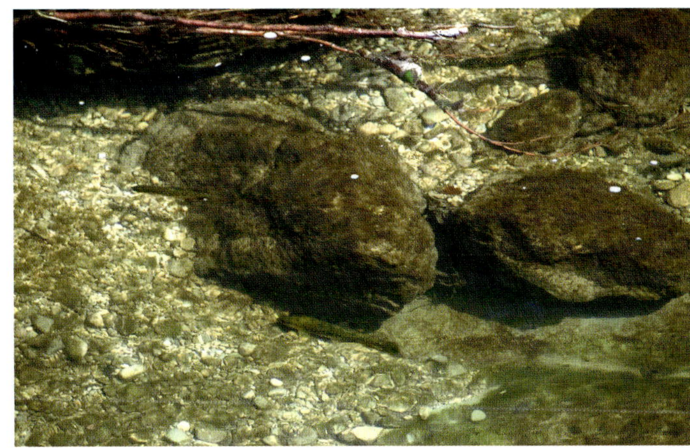

Größere Steine bzw. Steingruppen am Gewässergrund bilden immer gute Einstandsmöglichkeiten für Salmoniden. Hier haben sich drei Fische positioniert. Man beachte vor allem den tief liegenden Fisch an der Seite des Steines. Ein Fall für eine beschwerte Nymphe?

Schlüpfe

Ganz klar, natürlich bei einem Insektenschlupf, wir wissen das. Beachten sollten wir allerdings, dass bestimmte Arten eher von der Strömung eingefangen werden als andere. Die am Boden entlang krabbelnden Steinfliegen sind vermutlich weniger gefährdet als die meisten Eintags- und Köcherfliegen oder Zuckmücken, die direkt zur Wasseroberfläche streben. Sobald sie den Gewässerboden verlassen und aufsteigen, geraten sie in die gnadenlose Strömung und die Reise stromabwärts beginnt. Welche Entfernungen die kleinen Tiere dabei zurücklegen, hängt von ihrem aktiven Schwimmvermögen ab und der jeweiligen Fließgeschwindigkeit. Sie können in jeder Tiefe auf

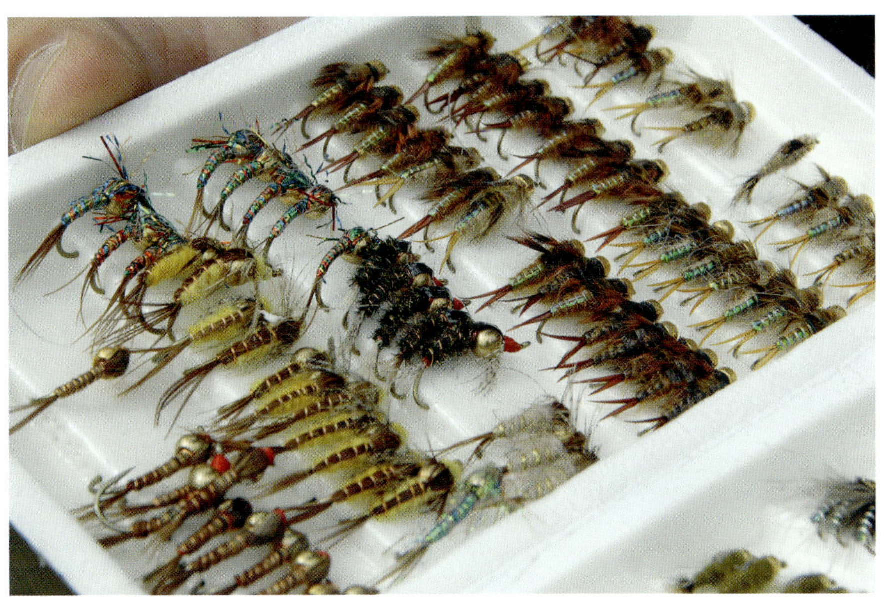

Beschwerte Nymphen für tief stehende Fische.

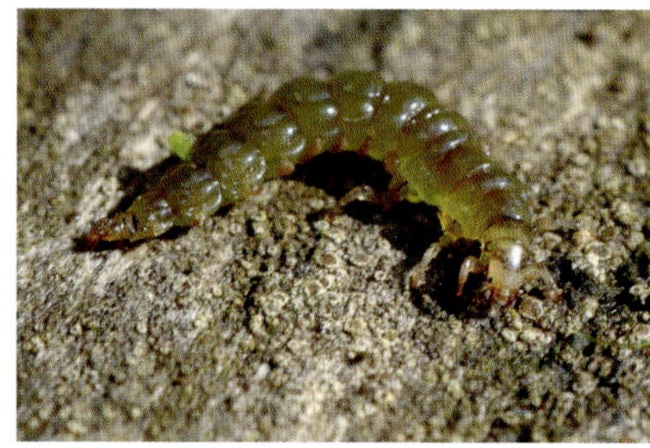

Eine freilebende Köcherfliegenlarve, wie man sie häufig in den Pflanzenbetten von Jura- und Kreidebächen findet.

einen für sie tödlichen Interessenten stoßen, ihre Verluste sind enorm. Ein Fliegenfischer, der weiß, wann sich ein Schlupf bestimmter Insektenarten andeutet, dann die richtige Nymphe wählt und korrekt anbietet, wird mehr Fische haken, als derjenige, der diese Information nicht hat. Durch genaues Hinschauen erwirbt man gewisse entomologische Grundkenntnisse und lernt an seinem Heimatgewässer die wichtigsten Schlupfaktivitäten kennen. An fremden Gewässern wäre es klug sich bei anderen Fliegenfischern oder bei der Kartenausgabe über die vorkommenden Schlüpfe vor Ort zu informieren.

Schlupfzeiten Während der kälteren Jahreszeit treten die Schlüpfe hauptsächlich um die Mittagszeit herum auf, in etwa von 11 bis 15 Uhr. In der wärmeren Jahreszeit sind sie vorwiegend abends und morgens zu erwarten. Manche Insekten schlüpfen auch in der Nacht, was die meisten unter uns wohl weniger nutzen werden. Natürlich spielt immer das Wetter eine große Rolle. Ein milder dunstiger Tag im Mai oder Juni, tiefhängende Wolken, mit etwas Nieselregen, mag wenig Ausflügler in die Natur ziehen. Der Fliegenfischer, der Zeit hätte und an einem solchen Tag zuhause bleibt, ist selbst

Am Eisack in Bozen. Bestes Äschenwasser, immer mit der Chance auf eine Marmorata.

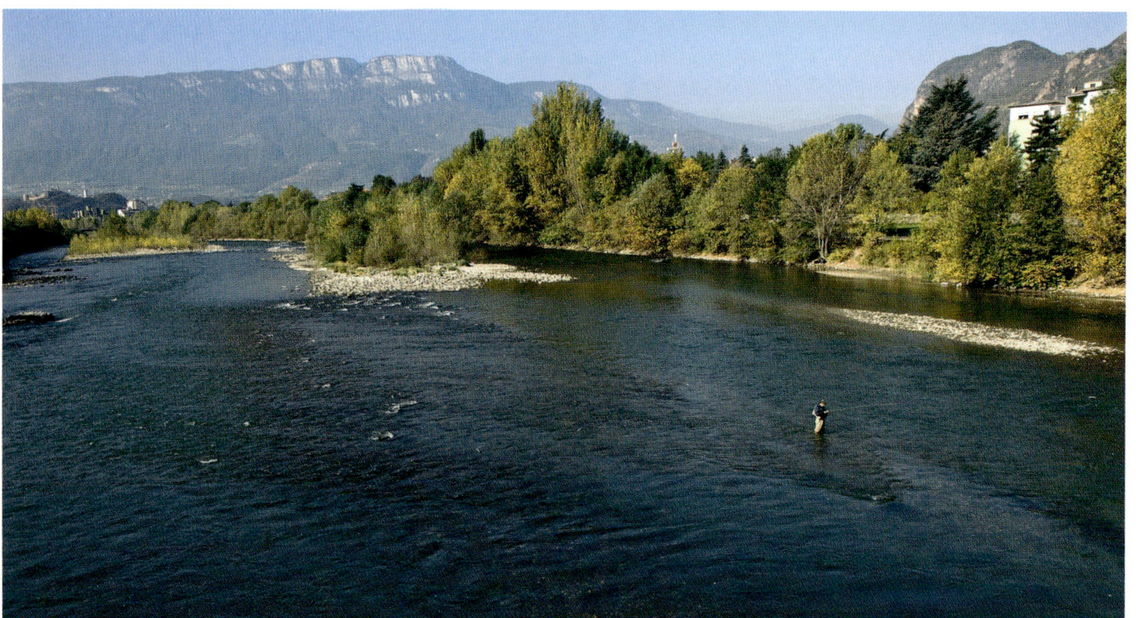

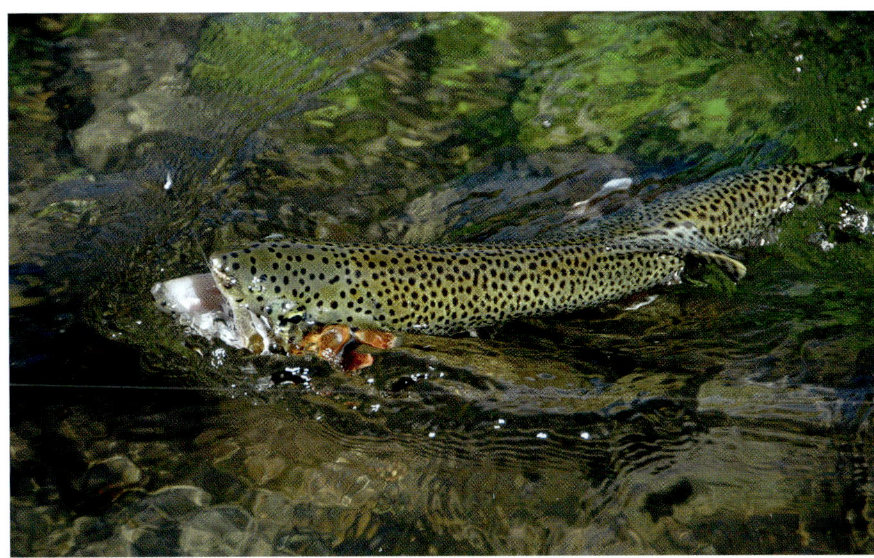

Ab dem Sommer und vor allem im Herbst finden die Fische kleinere Nymphen attraktiv.

schuld. Denn jetzt sind die Fische oft von morgens bis abends aktiv. Wenn am nächsten Tag die Sonne wieder von einem wolkenlosen Himmel scheint, beschränkt sich die Aktivität der Fische möglichweise schon wieder auf eine kurze Stunde am Morgen und Abend.

Wer sein Gewässer kennt und weiß, dass gegen Mitte Mai an frühen Nachmittag gerne ein Schlupf von kleinen grauen Eintagsfliegen auftritt, macht nicht viel falsch, wenn er ab Mittag eine leicht beschwerte »Pheasant Tail« oder »Hares Ear« zwischen die im Wasser sanft hin und her wogenden Pflanzenbetten serviert. Die Nymphen der Eintagsfliegen sind bereits unterwegs und damit auch die Fische. Und das einige Zeit, bevor die adulten Insekten an der Oberfläche erscheinen. Auch wenn bereits vereinzelt adulte Insekten auf der Wasseroberfläche driften, aber nur vereinzelte Stiege zu sehen sind, lassen Sie die Trockenfliegendose erst einmal stecken. Noch kann eine sorgfältig gewählte Nymphe, oder auch Nassfliege – siehe vorheriges Kapitel – besser punkten.

Tägliche Wanderungen

Außer den schlupfbedingten Aktivitätsphasen gibt es noch einen anderen Grund für driftende Nymphen. Die am Gewässerboden lebenden Insekten-

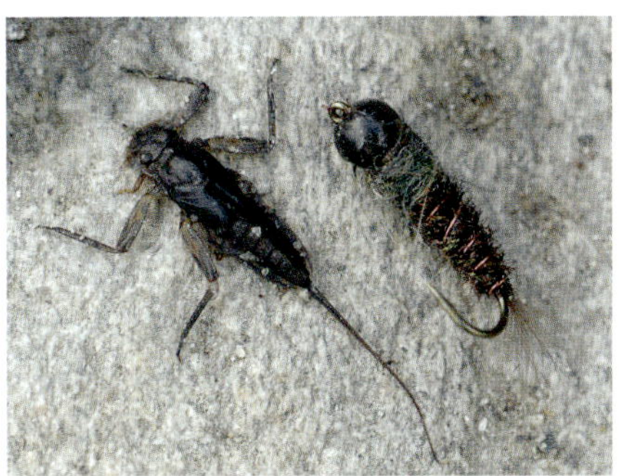

Eine leicht beschädigte Eintagsfliegennymphe vom Typ »Klammerer«. Obwohl dieser Nymphentyp einen sehr flachen Körperbau besitzt, kann er sehr gut mit einfachen, rund gebundenen und beschwerten Nymphenmustern imitiert werden.

Ein Nymphe zielgerecht vor vermuteten Einständen angeboten, bringt manchmal überraschende Ergebnisse.

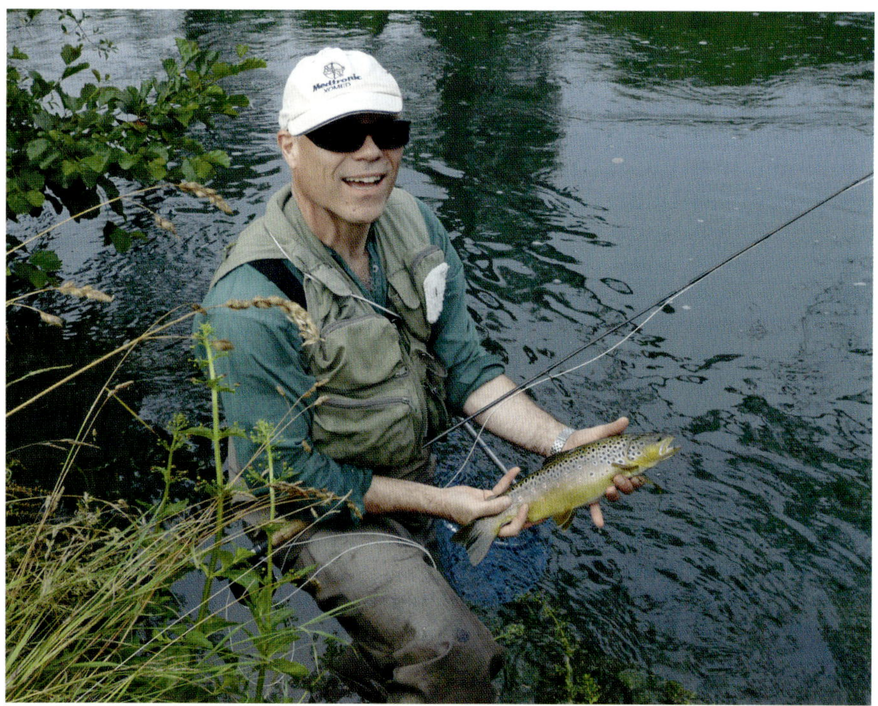

Natürlich fängt man mit Nymphen nicht nur Forellen oder Äschen. Gerade die vorsichtigen Döbel ziehen eine Nymphe oft einer auf der Wasseroberfläche schwimmenden Trockenfliege vor.

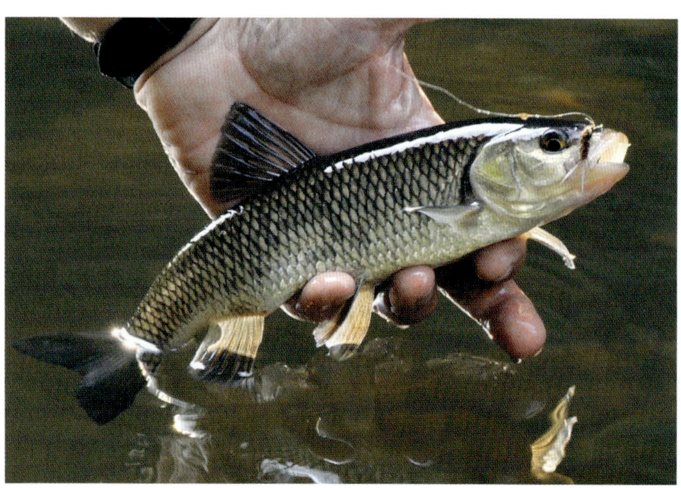

stadien führen tatsächlich tägliche Wanderungen durch, denn sie unterliegen den gleichen Grundbedürfnissen wie andere Lebewesen auch. Sie benötigen genügend Futter, wünschen sich in dieser Hinsicht möglichst wenig Konkurrenz und sie versuchen Begegnungen mit Räubern zu vermeiden. An Land können sich Insekten relativ leicht fortbewegen. Viele Arten legen dort größere Entfernungen einfach im Flug zurück. Unter Wasser ist das in dieser Schnelligkeit nicht möglich, denn Wasser ist ein ziemlich zähes und mächtiges Medium. Sich gegen eine starke Strömung durchzusetzen ist den fragilen Insektenkörpern unmöglich. In diesem Zusammenhang stellt der genaue Beobachter gerne die Frage: Wenn die Wanderbewegung nur stromabwärts erfolgt, wird sich dann der Fluss nicht langsam von oben nach unten leeren? Nein, das wird er nicht. Schon deswegen nicht, da in einer relativ dünnen Wasserschicht, direkt über dem Grund, kein Strömungsdruck vorhanden ist und dort Nymphen und Kleinkrebse ohne Probleme auch stromaufwärts wandern können. Zudem fliegen adulte Insektenweibchen zur Eiablage zumindest teilweise eine gewisse Strecke flussauf. Für Nachschub ist also gesorgt.

Biologische Studien über das Verhalten von Insekten zeigen, dass, neben den fortpflanzungsbedingten Gründen, eigentlich ständig eine gewisse Verdriftung stattfindet, vor allem nahe dem Gewässerboden. Untersuchungen zufolge fallen drei zeitliche Höhepunkte auf. Die erste Spitze liegt danach etwa im Zeitraum von einer Stunde vor und nach Sonnenuntergang. Die zweite bewegt sich von etwa Mitternacht bis zwei Uhr morgens und ist für uns weniger interessant. Die dritte Phase findet dann eine Stunde vor Sonnenaufgang statt, bis eine Stunde danach. Prinzipiell trifft dies für das ganze Jahr zu, natürlich mit Abweichungen abhängig von Temperatur, Wetter- und auch Strömungsbedingungen. Für uns ist es wichtig die Grundzüge dieser Insektenaktivität in der üblichen Fangsaison zu kennen, also überwiegend während der wärmeren Jahreszeit. Während dieser Driftzeiten steht den Fischen mehr Futter zur Verfügung und deswegen sind sie aktiver. Das ist der Grund, warum das Nymphenfischen in den Morgen- und Abendstunden oft erfolgreicher ist als tagsüber. Die Studien geben auch Hinweise darauf, dass bestimmte Insektenarten stärker verdriftet werden als andere. Wie schon erwähnt leben Steinfliegen dicht am Boden, sind schlechte Schwimmer und halten sich von der Strömung fern. Als Folge lässt man Imitationen von Steinfliegenlarven möglichst dicht am Boden entlang trudeln. Gute Schwimmer, wie etwa die Nymphen der blaugeflügelten Oliven (BWO), verhalten sich leichtsinniger und geraten öfter in die Strömungsfalle. In amerikanischen Untersuchungen wurden in der offenen Drift vor allem Eintagsfliegen und Chironomiden, bestimmte Köcherfliegenarten und Kleinkrebse nachgewiesen.

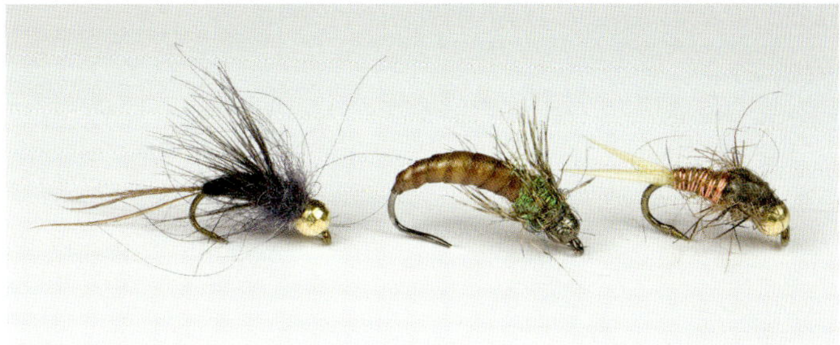

Beschwerte Nymphen zum Fischen nahe am Grund. Links: »Wupper-Nymphe«, »HG Sedge Pupa«, »John Barr Nymph«

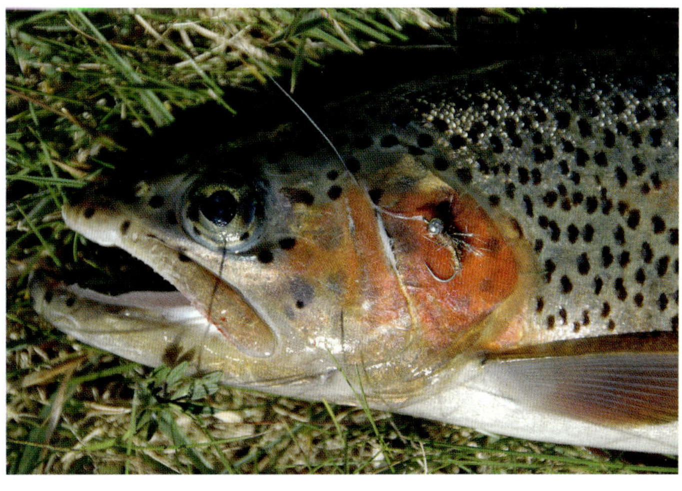

Nymphen können sehr einfach gebunden sein. Ein paar mobile Elemente genügen, um erfolgreich den Eindruck von etwas appetitlich Lebendigem zu vermitteln.

Nymphen mit System

Es ist eine sehr eigenartige Sache mit meinen Nymphendosen. Sie sind zwar meistens gut gefüllt, aber die wirklich bewährten und fängigen Muster scheinen sich immer irgendwie in der Minderzahl zu befinden. Die Mehrheit besteht aus einem bunten Sammelsurium unterschiedlichster Kreationen. Eigentlich wäre es nützlicher die wirklich relevanten Muster laufend konsequent nachzubinden und die unvermeidlichen Verluste wieder auszugleichen. Aber aus irgendeinem Grund sucht man beim Binden ständig nach immer neuen Erfolgsmustern. Dabei hätte man vermutlich mehr Zuspruch durch die Fische, würde man sich vorwiegend auf die erprobten Muster verlassen.

Vor allem an unbekannten Gewässern wäre ein systematisches Vorgehen und ein Mindestvorrat von überall einsetzbaren Standardmustern zielführender. Mit meiner »Wild-Box« kann ich dort höchstens den einen oder anderen Zufallserfolg verbuchen. Der amerikanische Fliegenfischer und Buchautor *Dave Hughes* hat dieses Problem genau beschrieben und eine verblüffend einfache Lösung präsentiert. Er empfiehlt eine zusätzliche, großzügig bemessene Nymphendose, die man durchdacht und konsequent in drei Abteilungen aufteilt und füllt. Mit Mus-

Zuerst wird der Auslauf und die Randbereiche des Fallgumpens abgesucht, dann arbeitet man sich nach und nach näher an den Absturz heran. Wenn es unter dem Weißwasser tief genug ist, können dort auch Fische stehen.

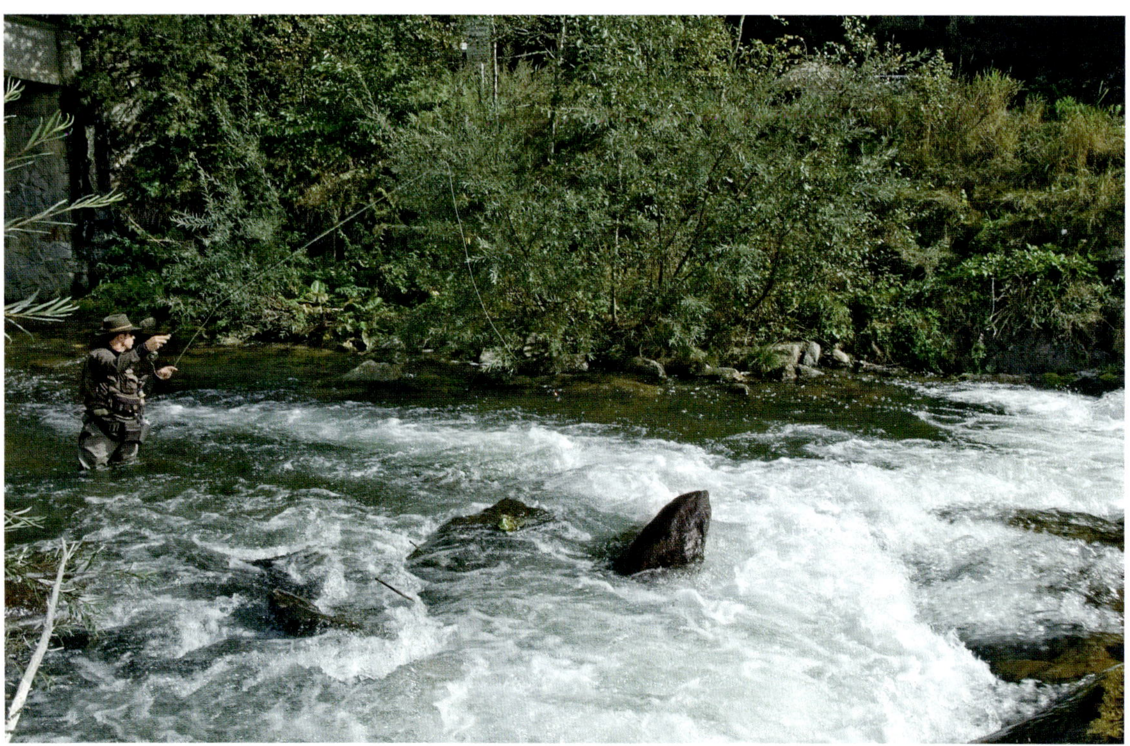

tern, die gemäß ihrer Zusammenstellung an so gut wie allen Forellen- bzw. Äschengewässern einsetzbar sind.

Das Prinzip

Abteilung 1: Vielleicht ist dafür »Vertrauensbereich« der richtige Ausdruck. Dorthin kommen die Muster, die in zurückliegenden Zeiten schon immer gute Erfolge in den unterschiedlichsten Gewässern erzielten.

Abteilung 2: Der wichtigste, weil planmäßigste Bereich. Hier wird eine Musterpalette nach unterschiedlichen Farben, Formen und Größen geordnet. Diese Auswahl imitiert ein weites Spektrum an Insektenlarven und anderen Wassertierchen wie Kleinkrebschen und Wasserasseln. Das methodische Prinzip lässt sich am besten an einem bestimmten Muster erklären. Dazu wählen wir die »Hares Ear Nymph«, die »Hasenohrnymphe«. Sie ist eine gute Imitation von vielen graubraunen Nymphen. Je nachdem, ob sie groß oder klein, schlank oder fülliger gebunden ist, kann sie eine Eintagsfliegen- oder Steinfliegennymphe, eine Köcherfliegenlarve aber auch so etwas profanes wie eine Wasserassel imitieren. Für unsere Dose schlägt *Dave Hughes* ein Dutzend Exemplare dieses Musters in drei oder auch vier Größen vor. Das wären dann vier bzw. drei Muster pro Hakengröße. Damit ist für genügend Reserve zum Ausgleich von natürlichen Abgängen am Wasser gesorgt. Die großzügige Abgabe eines Musters an einen guten Fischerfreund mit eingeschlossen. Wenn man immer eine Hakengröße überspringt, lässt sich besser feststellen, welches Format momentan von den Fischen bevorzugt wird. Eine Mustergruppe in Hakengröße 10, 14 und 18 präsentiert sich deutlicher als 12,14 und 16.

Analog verfährt man mit der Farbgebung der Nymphen. Insektenlarven und -nymphen besitzen ein gutes Tarnvermögen. Sie passen sich der Färbung des jeweiligen Gewässerbodens an. So kann bei der gleichen Art die jeweilige Grundfarbe von sehr hell bis sehr dunkel variieren. Für unsere systematisch geordneten Muster sollten wir uns ebenfalls nicht in zu vielen farblichen Zwischenstufen und Details verlieren. Der Fisch wird vermutlich nicht zwischen unserer liebevoll gebundenen schwarzen und der dunkelgrauen Variante unterscheiden, auch schon deswegen, weil das trockene dunkelgraue Dubbing im nassen Zustand schnell in fast schwarz umschlägt. Es

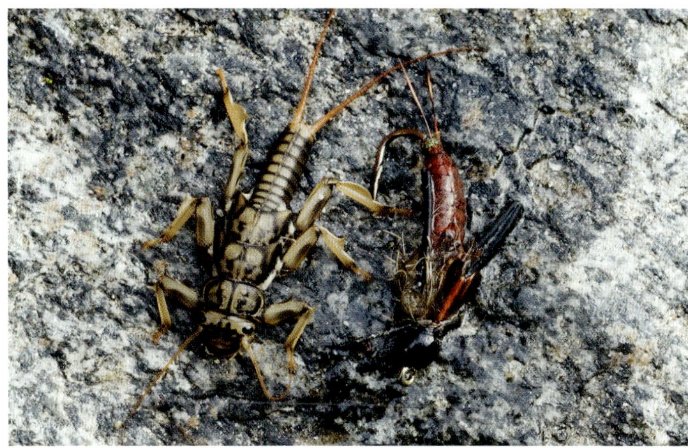

Eine Steinfliegennymphe und ihre Nachahmung. Es lohnt sich die lebenden Vorbilder genau anzuschauen, bevor man ein Muster ans Vorfach knüpft. In diesem Fall könnte das Imitat etwas heller sein.

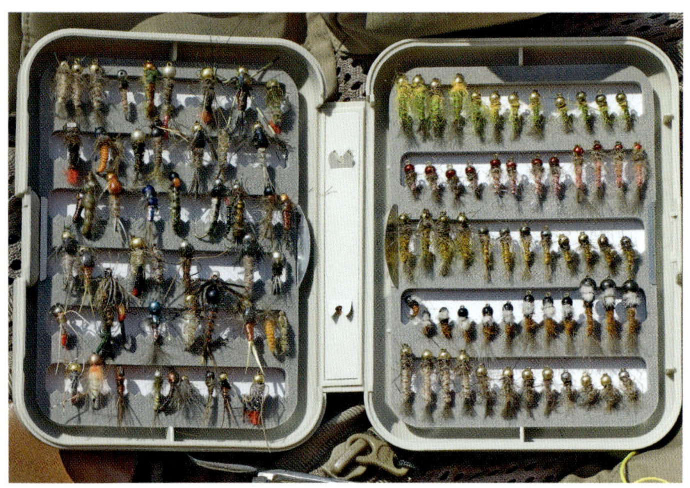

Ungeordnete und geordnete Seite einer Nymphenbox. Die Muster sind nach unterschiedlichen Größen und Farben schematisiert.

genügt, wenn wir uns auf eine bestimmte Grundfarbe konzentrieren und diese in dunkel, mittel und hell mit uns führen. Beispielsweise schwarz, mittelgrau, und hellgrau. Oder braun, hellbraun und beige. Ob wir dann für die dunkelste Variante wirklich schwarzes Körpermaterial, dunkelgraues oder dunkelbraunes verwenden, ist vermutlich relativ nebensächlich.

Abteilung 3: Das ist der Platz für Neuheiten. Lassen Sie immer ein paar Reihen frei für neu hinzu gekommene Nymphen, mit denen Sie im Laufe der Saison wiederholt gute Erfahrungen machen. Binden Sie diese dann im folgenden Winter in verschiedenen sinnvollen Größen nach, um sich einen ausreichenden Vorrat für die nächste Saison zu sichern.

Alle in dieser Dose eingeordneten Muster sollten sich durch eine relativ unkomplizierte Bindeweise auszeichnen. Das fördert unsere Bereitschaft die unvermeidlichen Verluste am Wasser während einer kurzen Bindesitzung konsequent und zügig wieder aufzufüllen.

Verschiedene Bissanzeigertypen: v. l. Garn, Faserboje, Aufrollschaumstück, Fliegenschnur, Weichschaumstoff, Knetmasse, Hartschaum.

Das Bissanzeiger-Vorfach

»Bissanzeiger«, »Sichthilfe«, oder »Indikator«. Egal wie man diese kleinen bunten Dinger auch immer nennen will, sie sind aus der modernen Nymphenfischerei nicht mehr weg zu denken. Moderne Bissanzeiger wurden angeblich zum ersten Mal in den 1970er Jahren in den wilden Flüssen der Rocky Mountains gesichtet und haben sich von dort aus relativ schnell verbreitet. Sie können das Anbieten einer Nymphe in bestimmten Situationen sehr erleichtern.

Diverse Modelle

Der Fachhandel hält eine große Auswahl in unterschiedlichen Ausführungen bereit. Was dem einen entgegenkommt, muss dem anderen nicht

unbedingt gefallen. Für eine praktikable Lösung, sollte man ein paar Aspekte der Anwendung näher diskutieren. Bissanzeiger können zwei unterschiedliche Aufgaben haben
.

Situation 1: Ich fische von einer erhöhten Position aus und kann ins Wasser hineinsehen. Jetzt muss der Anzeiger nicht zwingend schwimmen, er darf auch etwas abtauchen. Sichtkontakt genügt.
Einer meiner Lieblingsindikatoren ist für solche Gelegenheiten ein etwa drei Zentimeter langes Stückchen einer dicken, roten Fliegenschnur, aus der die Seele entfernt wurde. Das hohle Stück wird auf das Vorfach gefädelt und an der gewünschten Stelle positioniert. Am dicken Vorfachbutt klemmt es sich von selbst fest, weiter unten im dünneren Abschnitt kann man es hinter einem Knoten fixieren oder auch mit einem Tropfen Kleber befestigen. Diese kleine Sichthilfe ist so unauffällig, dass man sie auch am Vorfach belassen kann, wenn man schnell auf eine Trockenfliege oder eine Nassfliege umsteigen möchte. Damit kann auch eine passive und eine aktive Nymphenführung gut miteinander kombiniert werden.

Im Catch & Release-Abschnitt der Schildhöfer-Strecke an der Passer in Südtirol. Eine Traumstrecke für Trockenfliege und Nymphe.

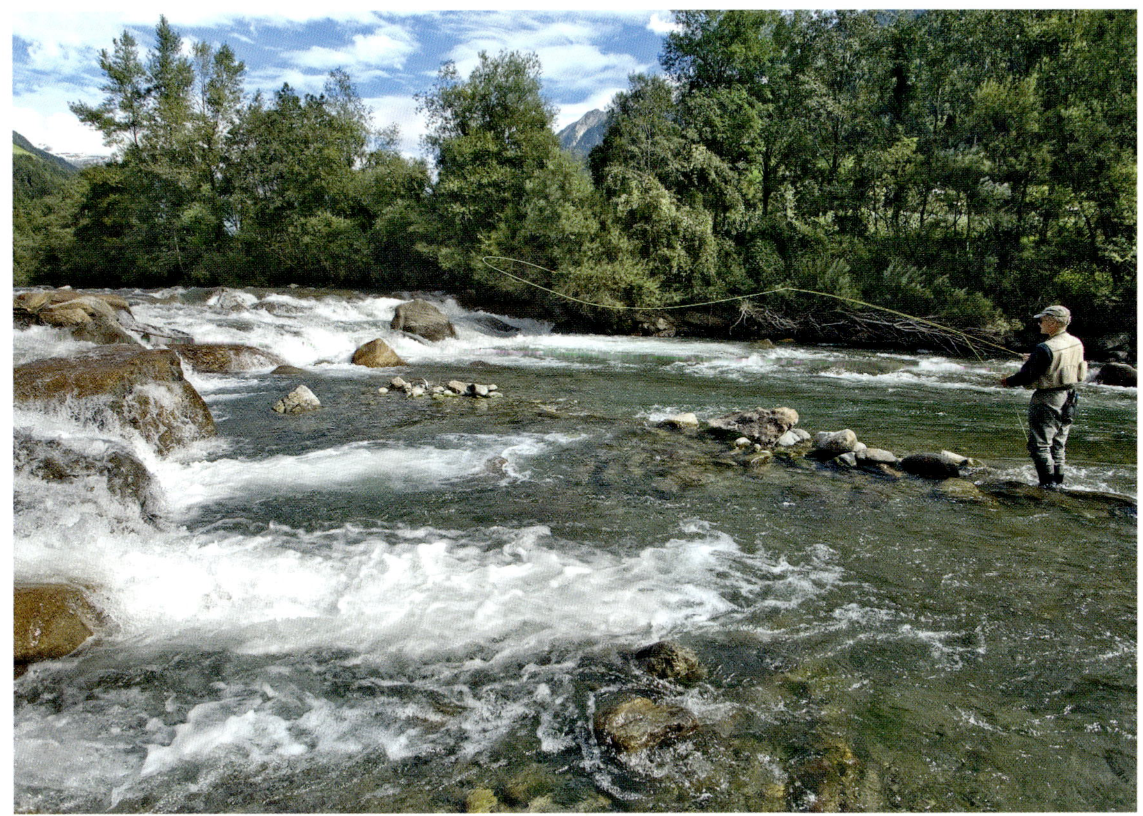

Situation 2: Wenn ich mit einer Wathose bis zur Hüfte im Wasser stehe, brauche ich einen zuverlässig auf der Wasseroberfläche schwimmenden und damit gut sichtbaren Anzeiger. Zudem kann ich mit seiner Hilfe eine nicht zu schwere Nymphe in einer bestimmten Wassertiefe schweben lassen.

Im Fachhandel gibt es eine ganze Reihe unterschiedlicher Modelle. Gute Tragkraft besitzen Anzeiger aus Schaumstoff oder Kork. Sie werden im allgemeinen mit einem kleinen Durchstecker auf dem Vorfach angebracht. Erhältlich sind auch kleine hohle Plastikbällchen, die per integriertem Kleinring in die Schnur geschlauft werden und winzigen Kugelbojen ähneln. Wenn ich schnell einen tragkräftigen Anzeiger brauche, greife ich zu einer Art schwimmenden Knetmasse, von der man ein Kügelchen in der gewünschten Größe auf das Vorfach anbringt und die unter verschiedenen Bezeichnungen, zum Beispiel »Float Putty«, im Fachhandel angeboten wird. Im kalten Wasser wird das Material sofort hart und hält gut am Monofil. Vorteil: Schnelles Anbringen beim spontanen Umstellen von Trockenfliege auf Nymphe oder rasches Abnehmen beim umgekehrten Vorgang. Das wieder verwendbare Material kommt zurück in die Dose. Auch flache Schaumstoffstückchen mit einer Klebseite, ähnlich wie Dichtungsbänder für Türen und Fenster, sind schnell am Monofil befestigt. Sie werden mit einer Kante am trockenen Vorfach fixiert und dann angerollt.

Unbeschwerte Nymphen können mit einer lose aufs Vorfach gefädelten Metallperle schnell in die Tiefe gebracht werden.

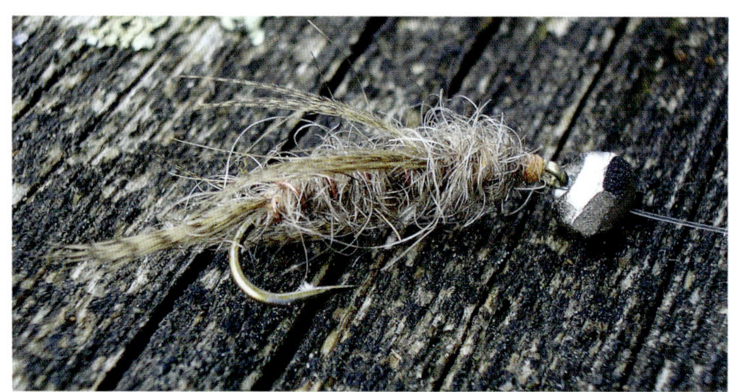

Garn ist gut

Mein persönlicher Favorit ist allerdings ein selbst hergestellter Bissanzeiger aus Garn. Gegenüber harten Anzeigern sehe ich einen wichtigen Vorteil: Ich kann einen Fisch, den ich zurücksetzen will, gleich mit der Rutenspitze abhaken. Dazu muss ich den Bissanzeiger in die Rutenringe einholen können. Das geht prinzipiell nur mit dem erwähnten schlanken, aufschiebbaren Fliegenschnurmodell oder eben mit weichem Garn.
Auch beim Landen eines Fisches mit dem Netz muss man oft den Anzeiger in die Ringe der Rute einziehen, zum Beispiel bei größerem Abstand zwischen Nymphe und Anzeiger. Um den Fisch mit stark durchgebogener Rute über den nach vorne gestreckten Watkescher führen zu können, musste ich das Stückchen Garn schon oft bis in die Nähe des Leitrings ziehen.
Welche Materialien kommen in Frage?

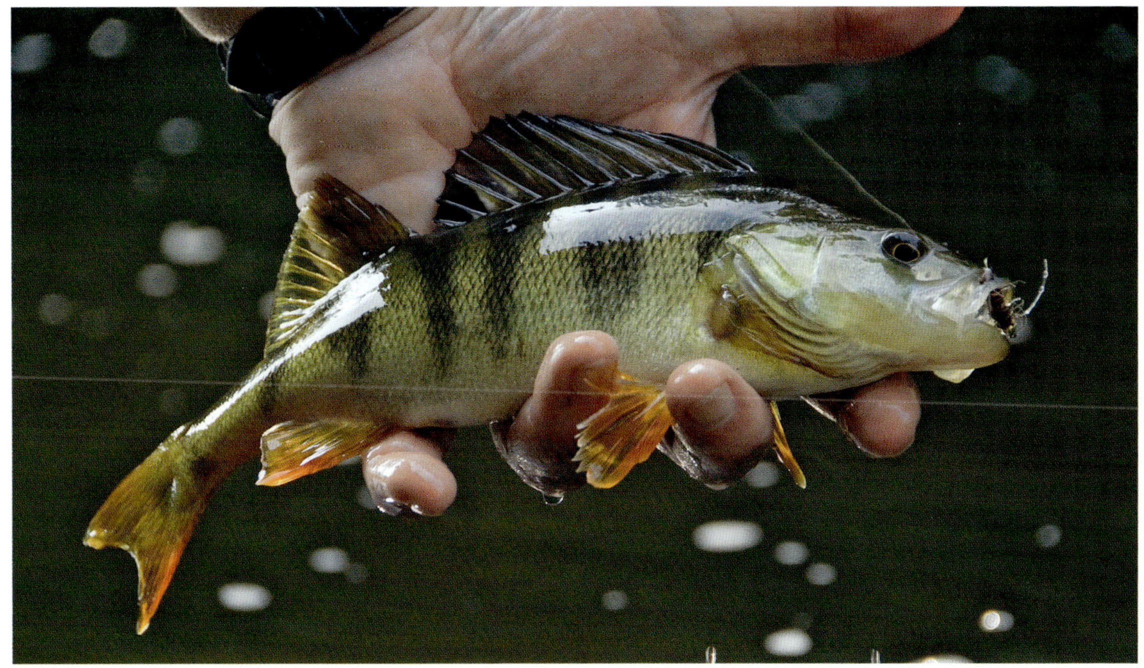

Auch dieser hübsche Barsch hielt eine 10er-Steinfliegennymphe für eine nette Zwischenmahlzeit.

Wolle oder andere Naturmaterialien würden sich, auch im imprägnierten Zustand, zu schnell mit Wasser vollsaugen. Polypropylengarn ist dagegen gut geeignet. Ich verwende auch gerne das Fliegenbindematerial »Glow Bug« weil es in sehr schönen leuchtenden Farben, Orange, Rot oder Pink angeboten wird. Eigentlich ist es für Eifliegen zum Fischen auf pazifische Lachse und Steelheads gedacht.

Das Garn sollte bereits in absolut trockenem Zustand mit einem Schwimmmittel imprägniert werden. Das geht zwar mit einem handelsüblichen Silikonfett für Fliegen, das man kurz vor dem Einsatz in das Garn einmassiert. Ich habe jedoch auch in diesem Fall sehr positive Erfahrungen mit »Watershed« gemacht, mit dem ich normalerweise Trockenfliegen bereits einen Tag vor dem Fischen behandle. Ich bereite immer einen etwa 20 Zentimeter langen Strang Polygarn vor, indem ich mit den Fingern ein paar Tropfen der Flüssigkeit darin einarbeite. Das Garn lasse ich über Nacht trocknen und stecke es dann als Vorrat in meine Fliegenweste. Entscheide ich mich am Wasser plötzlich für einen Bissanzeiger, schneide ich ein paar Zentimeter vom Strang ab, bringe sie am Vorfach an und stutze das Bündel mit der Schere auf die gewünschte Größe zurecht. Das während des Fischens oberflächlich aufgenommene Wasser schüttle ich durch ein paar schnell ausgeführte Luftwürfe wieder ab. Das so imprägnierte Garn schwimmt sehr gut und lange.

Anbringungsvarianten

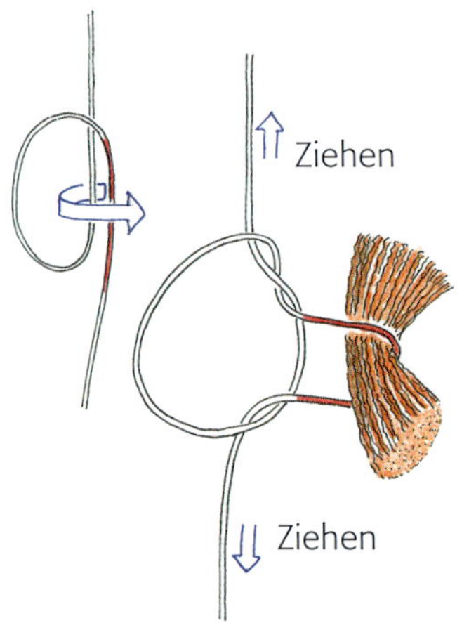

Halber Überhandknoten (Bissanzeiger-Schlaufe)

Die klassische Befestigungsmethode von Garn am Vorfach ist ein Spezialknoten, bei dem das Garn in eine halb geöffnete Schlaufe eingelegt wird. Eigentlich handelt es sich um einen halben, nicht ganz zu Ende geführten Überhandknoten. Der Anzeiger kann so an jeder Stelle des Vorfachs eingeklemmt werden.

Der Nachteil: Bei Entfernen des Anzeigers bleibt ein kleiner Knick im Vorfach zurück.

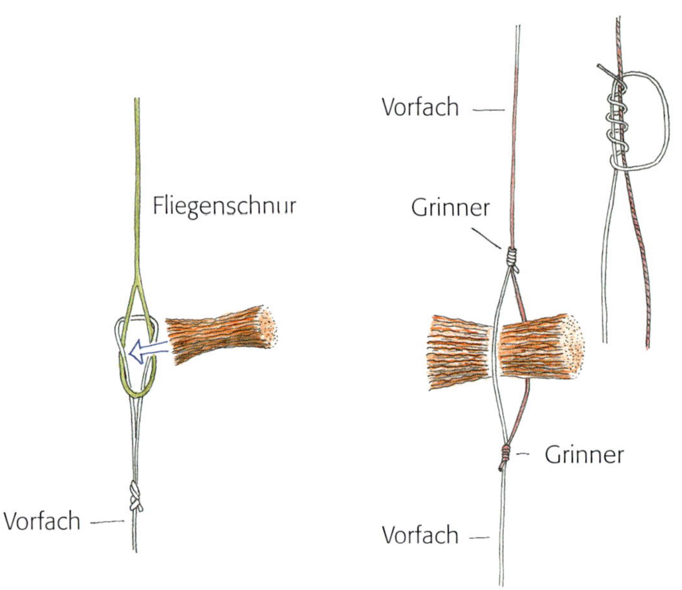

Besitzen Vorfach und Fliegenschnur an ihrem Ende einen kleinen Loop und sind beide miteinander verschlauft, kann man diese Schlaufen auseinander schieben, das Garn dazwischen legen, die Loops wieder schließen und den Garnanzeiger festklemmen. Ist das Vorfach in die Endschlaufe der Fliegenschnur eingeknotet, etwa mit einem Grinner- oder Clinchknoten, legt man den Anzeiger in das Loop des Vorfachknotens vor dem Schließen ein.

Ähnliche Variante: Werden zwei Monofilabschnitte im Vorfach mittels eines doppelten Grinnerknotens verbunden, lässt sich das Garn vor dem Schließen des Knotens dazwischen legen. Nach dem Festziehen ergibt sich ein schön aufgeplusterter Knoten, der eine breite Auflagefläche auf dem Wasser bildet. Der Anzeiger lässt sich wieder entnehmen, indem man die beiden Knoten mit spitzen Fingern wieder auseinander zieht. Nachteil: Das ist nur im stärkeren Teil des Vorfachs praktikabel und gelingt nicht immer.

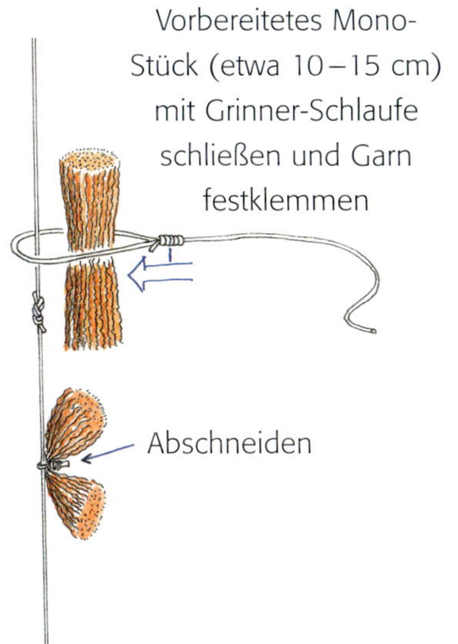

Eine vorbereitete Grinnerschlaufe wird über das Vorfach gefädelt und das Garn an beliebiger Stelle damit festgeklemmt.

Nachteil: Eine nicht ganz rutschsichere Angelegenheit. Am besten hinter einem Vorfachknoten zur Arretierung anbringen. Ein zusätzlicher Stopperknoten hilft ebenfalls.

Vorteil: Das Vorfach selbst wird durch keinen Knoten geschwächt. Schnelle Abnahme ist möglich.

Farbe

Damit der Anzeiger im Wasser gut zu sehen und für das Auge beim Abtreiben leicht zu verfolgen ist, sollte ein deutlicher Kontrast zum Hintergrund vorhanden sein. Die Farbe Weiß ist nur zweite Wahl, sie ist schlecht von den häufig auf dem Wasser treibenden Schaumbläschen zu unterscheiden. Gelb ist recht passabel, Orange oder Pink ist nach meiner Ansicht am besten zu erkennen. Wenn bei entsprechendem Gegenlicht die Wasseroberfläche teilweise gleißend hell erscheint, dann bieten dunklere Anzeiger in Rot oder sogar Schwarz den klarsten Kontrast. Bei ständig wechselnden Lichtverhältnissen kann man sich einen Anzeiger aus einer hellen und einer dunklen Partie Garn selbst maßschneidern.

Werfen mit dem Bissanzeiger

Die Nymphe wird grundsätzlich direkt stromauf- oder zumindest schräg stromaufwärts eingeworfen. Ich bevorzuge den »Tuck Cast«, um die Nymphe am lockeren Vorfach eintauchen und absinken zu lassen. Während die Fliegenschnur mit der Strömung wieder

Diese starke Bachforelle nahm eine Steinfliegennymphe, die ich an kurzer Leine durch einen tiefen Zug, entlang eines steil abfallenden Prallufers, trudeln ließ.

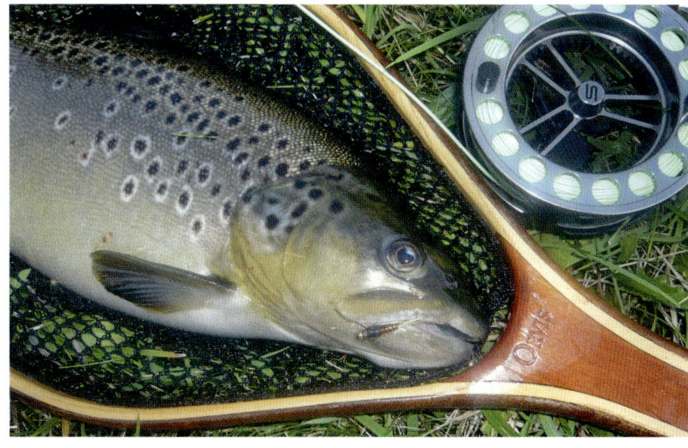

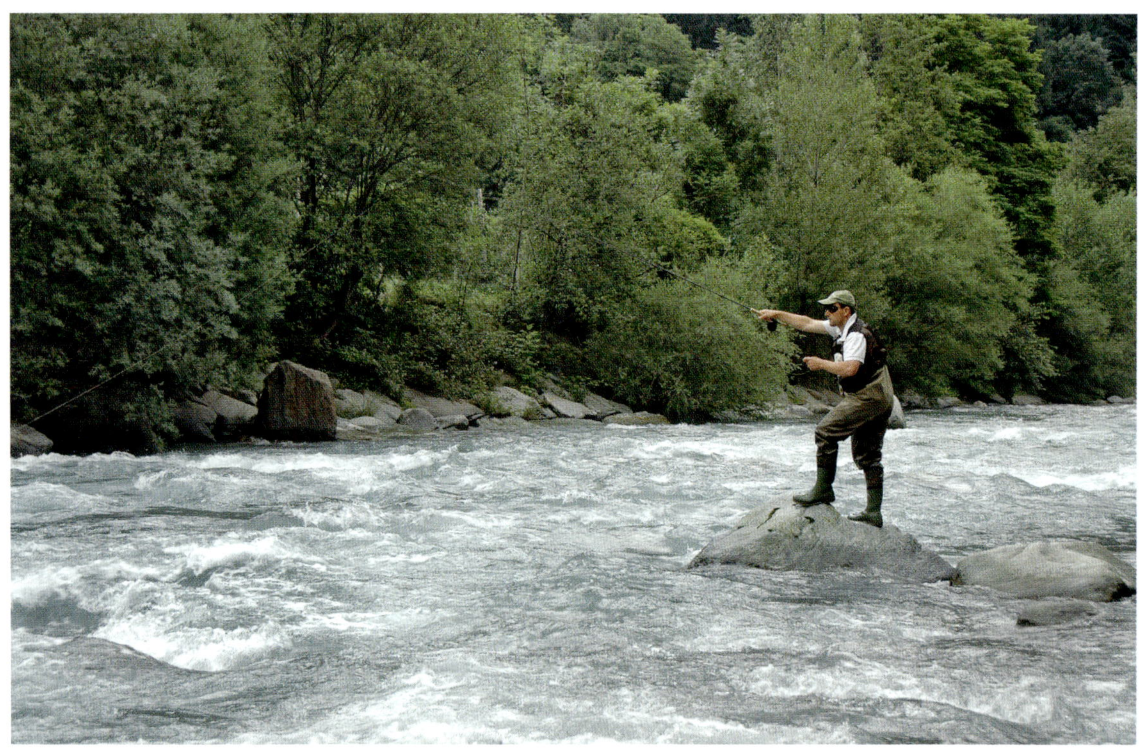

Wer sagt, dass Fliegenfischen nicht auch besondere Herausforderungen bereit hält. In diesem Fall muss man schon fast ein wenig schwindelfrei sein. Bei genauerem Hinsehen erkennt man am linken Rand des Bildes eine glasige Wasserfläche. Hier könnte ein Fisch stehen.

auf uns zu treibt, muss sie ständig aufgenommen werden. Entweder wir lassen sie zu Boden fallen, halten sie in Klängen in unseren Händen oder geben sie in einen Schnurkorb an unsere Seite. Nur so können wir den Kontakt zum Vorfach halten, damit ein Anhieb wegen zu viel loser Leine nicht in die Leere geht. Bleibt der Bissanzeiger plötzlich stehen, ruckelt er oder weicht zur Seite aus, hebt man die Rute. Manchmal ist es nur Bodenkontakt, aber ich staune immer wieder, wie oft ein Fisch im Spiel ist. Zwischendurch steigt plötzlich der eine oder andere Fisch tatsächlich nach dem Bissanzeiger. Ich weiß zwar nicht, was er in dem bunten Knäuel zu erkennen glaubt, aber es passiert mir häufig an den verschiedensten Gewässern. Manchmal habe ich dann einen Fisch gefangen, wenn ich auf eine große, auffällige Trockenfliege, zum Beispiel eine gelbe Maifliege oder einen farbenfrohen »Royal Coachman« umgestiegen bin.

Auch Trocken

Eine Sichthilfe ist nicht nur zum Nymphenfischen nützlich. Er erleichtert auch die Verfolgung eines auffallend kleinen schwimmenden Musters im unruhigen Wasser, an Strömungsrändern mit allerlei Treibgut, oder überhaupt bei schlechten Sichtverhältnissen. Auch wenn viele Ringe auf dem Wasser sind, kann oft schwer festgestellt werden, ob der Fisch nun die Fliege oder das echte Insekt wenige Zentimeter daneben genommen hat. Ich bringe dann ein kleines Garnstück oder ein kleines Kügelchen »Float Putty« am Verbindungsknoten der zwischen 60 und 100 Zentimeter langen Vorfachspitze an. Außer den Anbiss eines Fisch zeigt es mir auch, ob die Fliege natürlich abtreibt. Dreggt der Anzeiger, dreggt auch die Fliege.

Im rechten Winkel

Das so genannte 90-Grad-Vorfach ist ein Spezialfall und wert näher besprochen zu werden. Denn trotz Bissanzeiger habe ich manchmal das Gefühl, dass bei einem »normalen« Vorfach der direkte Kontakt zur Nymphe fehlt. Die bewusste Fliegenführung ging verloren, man fischt buchstäblich blind. Bleibt ein Fisch hängen, ist es eher Zufall.

Methode mit Schwächen

Was ist der Grund für diese Ungenauigkeiten? Bei der üblichen Bissanzeiger-Montage wird die Leine schräg stromaufwärts geworfen und abgelegt. Die Nymphe treibt mit der Strömung zurück und sinkt dabei ab. Der Anzeiger muss sich dabei immer etwas stromabwärts vor der Nymphe befinden, damit sich der Kontakt mit einem Fisch auf ihn überträgt. Bei dieser Anbieteart taucht das Vorfach, in einem

Der Unterschied zwischen normalem schräg eintauchendem Vorfach und einem 90 Grad Vorfach ist gut zu sehen. Die Senkrecht-Montage bietet eine bessere Kontaktanzeige, egal aus welcher Richtung der Anbiss kommt. Zudem kann man die Nymphe in jeder Wassertiefe schweben lassen. Unterschiedliche Strömungsverhältnisse können kontrollierter befischt werden.

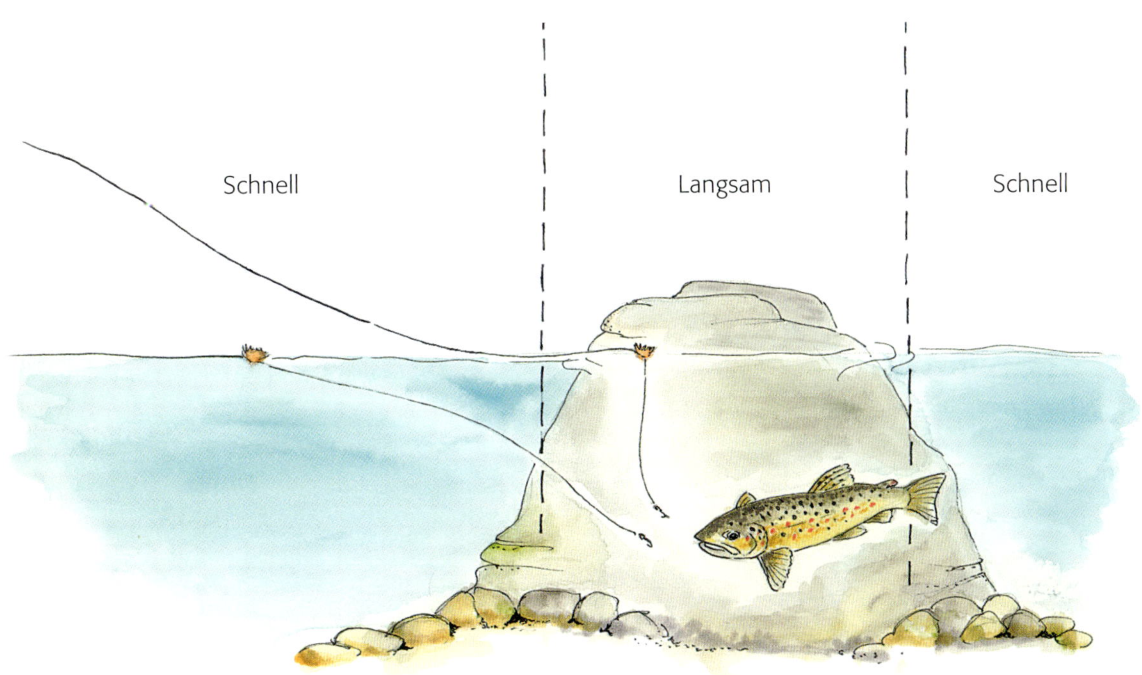

Äschenfischen bei Minusgraden. Jetzt kommt es auf eine langsame, sorgfältige Führung der kleinen Nymphen an. Die Kormoranscheuche schaut zu, stellt aber wenigstens keine dummen Fragen.

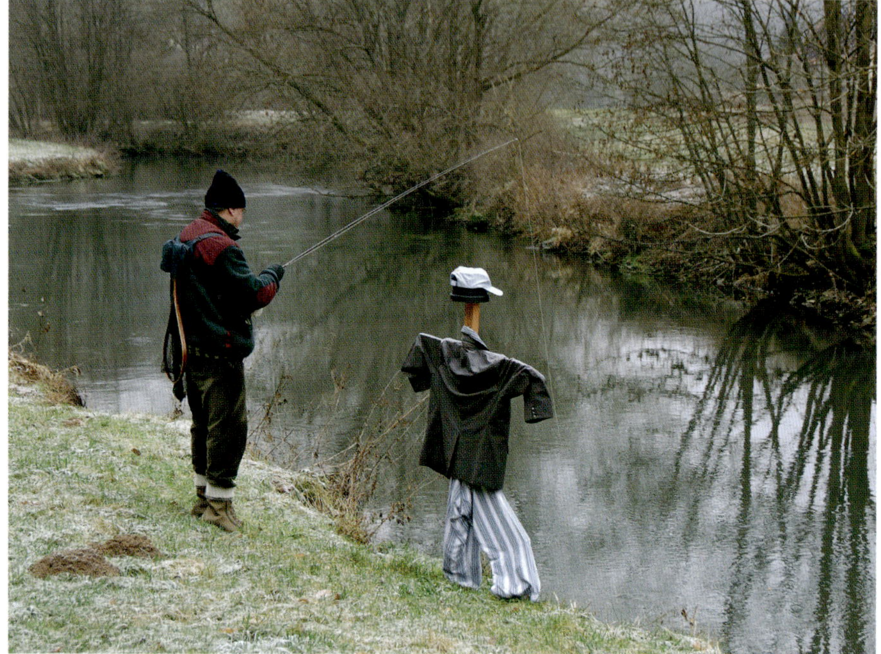

mehr oder weniger schrägen Bogen, vom Bissanzeiger bis zur Nymphe, nach unten ab. Die Nymphe befindet sich somit im Schlepptau des an der Wasseroberfläche voraustreibenden Indikators. Aus diesem Grund muss die Vorfachlänge, je nach Strömungsgeschwindigkeit, etwa das 1,5 bis 2-fache der Wassertiefe betragen. In unruhiger, zügiger Strömung funktioniert diese Montage recht zuverlässig. Die Fische sind gezwungen schnell zuzugreifen, sonst ist die Beute an ihnen vorbei und außer Reichweite. Der Bissanzeiger reagiert deutlich. In ruhigeren Bereichen, zum Beispiel in tiefen Gumpen mit mäßiger Strömung, haben die Fische dagegen genügend Zeit, die sehr langsam driftende Nymphe genau zu prüfen. Viele nehmen sie kurz ins Maul und spucken sie sofort wieder aus, sobald ihnen etwas verdächtig erscheint. An solchen Stellen zeigen sich die Schwächen eines schräg eintauchenden Vorfachs. Oft wird der sanfte Biss durch den Bogen im Vorfach schwer erkennbar oder überhaupt

Winteräsche

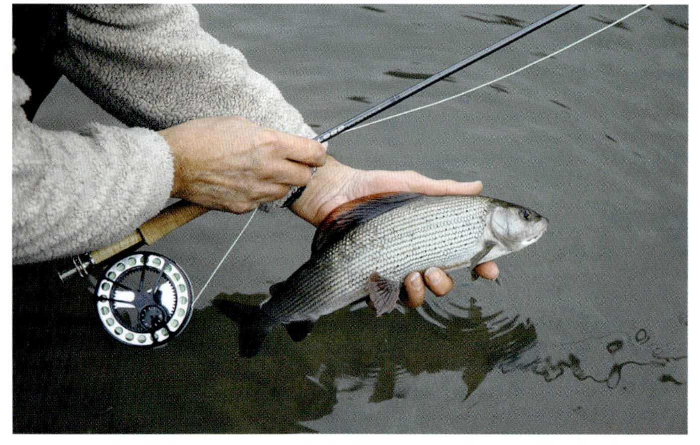

nicht auf den Anzeiger übertragen. Wir merken nichts vom Interessenten am Vorfachende.

90-Grad

Eine verblüffende Alternative bietet hier die Idee der beiden kalifornischen Fly-Fishing-Guides *Dean Hickson* und *David Schubert*. Bei der von ihnen ausgeknobelten Variante verläuft die Linie des Vorfachs nicht geradlinig sondern knickt auf Höhe des Bissanzeigers rechtwinklig nach unten ab. Vorausgesetzt, die auf dem Wasser liegende Schnur wird entsprechend gesteuert, treibt der Bissanzeiger dann verhältnismäßig lotrecht über der Nymphe. Selbst bei einem vorsichtigen Biss reagiert er sofort. Schwer vorzustellen? Sehen wir uns die Konstruktion so eines Vorfachs genauer an, dann wird die Sache gleich verständlicher.

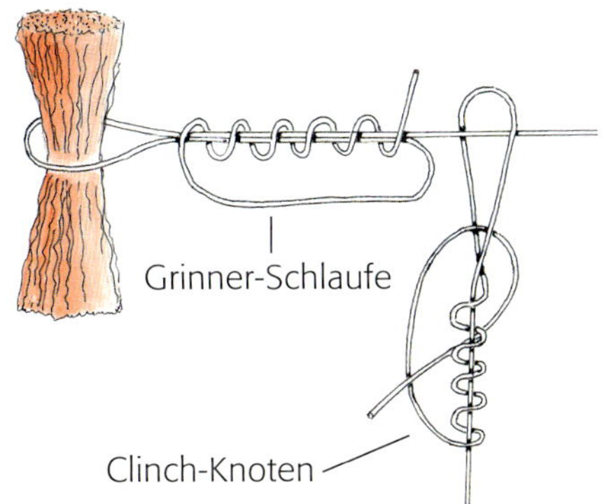

Konstruktion eines 90-Grad-Vorfachs.

Als Basisteil dieses Spezialvorfachs eignet sich sehr gut ein knapp 1,5 Meter langer oberer Abschnitt eines in der Spitze »abgefischten« und damit ausgedienten, verjüngten Trockenfliegenvorfachs. In das noch rund 0,30 bis 0,35 Millimeter starke Ende knüpfe ich mithilfe eines Grinner-Knotens eine schließbare Schlaufe. In diese Schlaufe lege ich dann ein etwa 5 Zentimeter langes Stückchen Polypropylengarn als Bissanzeiger ein und ziehe die

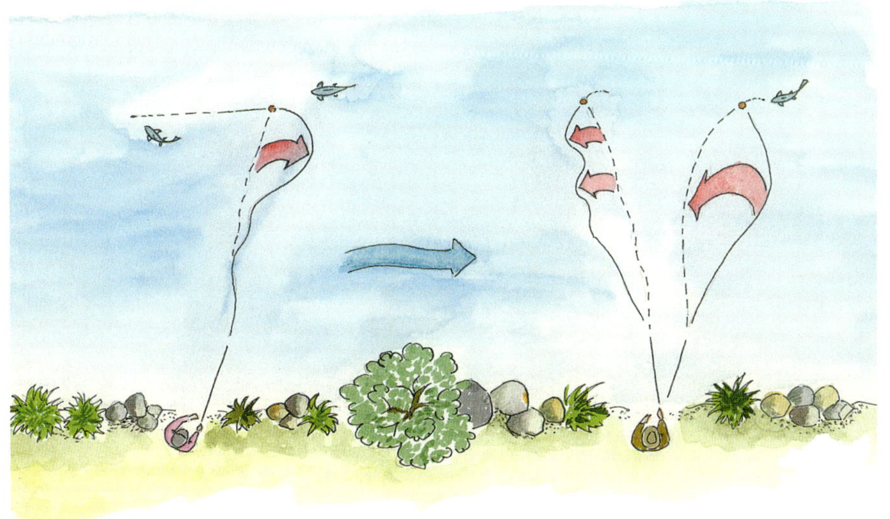

Wer ein 90 Grad-Vorfach verwendet, darf das Menden nicht vergessen. Im Gegensatz zum gewöhnlichen Bissanzeigervorfach (links) soll in diesem Fall die Sichthilfe vor dem Vorfach driften. Dazu ist gleich nach dem Einfall des Vorfachs ein kleiner »Mendeschwipp« stromaufwärts hilfreich (rechts).

Schlaufe anschließend stramm zu. Das bereits vorher imprägnierte Material wird auf die gewünschte Größe zurecht geschnitten. Auch der dicke Vorfachteil, der später auf der Wasseroberfläche schwimmen soll, wird imprägniert. Anschließend folgt der Trick mit dem 90-Grad-Winkel. Ein langes dünnes Vorfachstück von etwa 0,18 bis 0,16 mm, je nach Bedingungen auch stärker oder schwächer, wird ebenfalls mit einem Grinner- oder Clinch-Knoten gleich oberhalb des Bissanzeigers am Basisteil angebracht und zweigt somit senkrecht ab. Wer will kann für dieses Endstück wegen seiner guten Sinkeigenschaften Fluorocarbon verwenden. Ergänzt wird das Vorfach noch durch eine kurze etwa 20 bis 30 Zentimeter lange Spitze aus etwas dünnerem Monofil. Bei einem zähen, unlösbaren Grundhänger geht in der Regel dann nur diese kurze Spitze verloren und eben nicht das ganze Vorfachteil unterhalb des Anzeigers. Um die Sinkgeschwindigkeit der Nymphe zu erhöhen, kann man dieses dünne Vorfachteil vom Bissanzeiger bis zur Nymphe mit etwas Schlamm entfetten.

Menden nicht vergessen

Auch mit einem 90-Grad-Vorfach serviert man schräg stromaufwärts. Der plötzliche Durchmesserabfall des Nylons ab dem Bissanzeiger erleichtert dabei das lockere Einfallen der Nym-

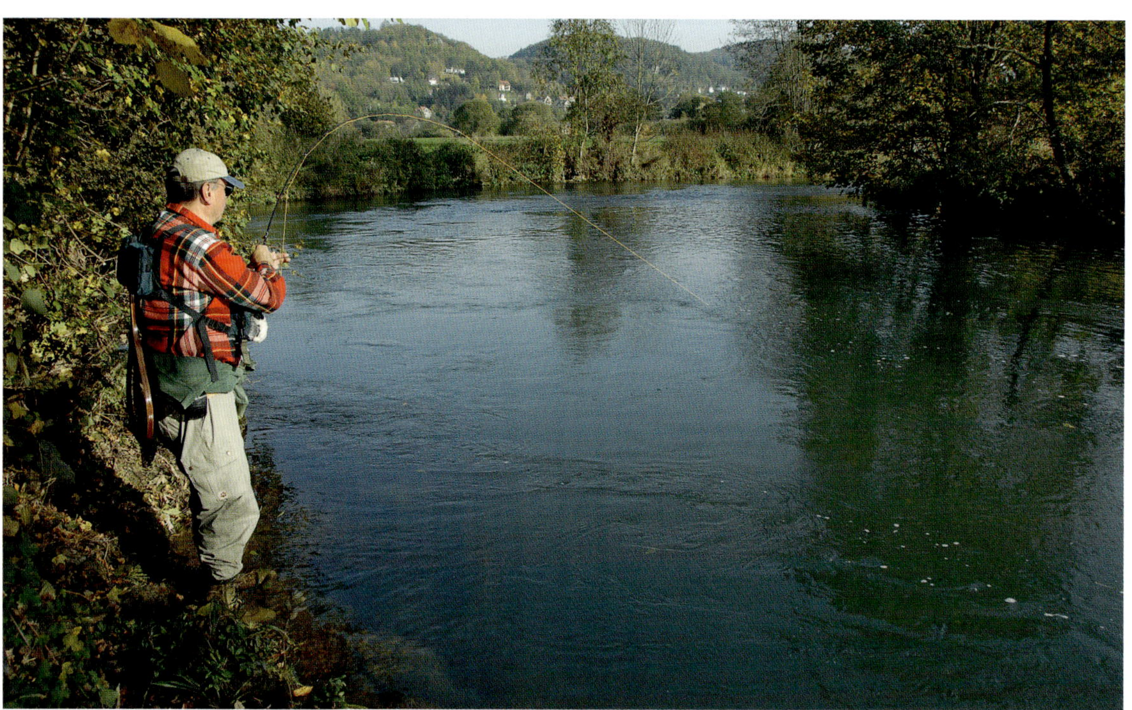

Mitten im Drill. Die Flusskurve geht an dieser Stelle in einen munter strömenden Zug über. Ein sehr guter Platz für Äschen.

phe. Auch jetzt rate ich zu einem »Tuck Cast«, damit die Nymphe auch wirklich direkt unter dem Anzeiger eintaucht und absinkt. Im Unterschied zur traditionellen Methode, muss der Bissanzeiger während der gesamten Drift, möglichst lotrecht über der Nymphe gehalten werden. Dazu kann ständiges Menden notwendig sein.

Falls wir die Fische am Grund suchen, entspricht die Länge des Vorfachs, wie anfangs erwähnt, in etwa der Wassertiefe, zuzüglich rund 10 bis 20 Zentimeter, wenn es sich um hindernisfreien Boden, zum Beispiel Kiesgrund handelt. Hier kann und soll die Nymphe durchaus hin und wieder über den Boden schleifen. Birgt der Gewässerboden besondere Hängergefahr, durch Steine, Pflanzen oder Holz, muss man das Vorfach entsprechend einkürzen. Ein kürzeres Vorfach wird auch verwendet, wenn die Fische überwiegend zum Mittelwasser hin nach aufsteigenden Nymphen suchen. Die Größe des Bissanzeigers richtet sich nach dem Gewicht der Nymphe und den Gewässerverhältnissen und kann erbsen- bis kirschgroß sein. Er muss die Nymphe jedenfalls problemlos tragen und darf nicht von ihrem Gewicht unter Wasser gezogen werden. Die Nymphen können grundsätzlich etwas leichter gewählt werden, als bei der traditionellen »schrägen« Montage, da das Vorfach, richtige Führung vorausgesetzt, keinen Zug auf die Nymphe ausübt und diese in der vorgesehenen Tiefe bleibt.

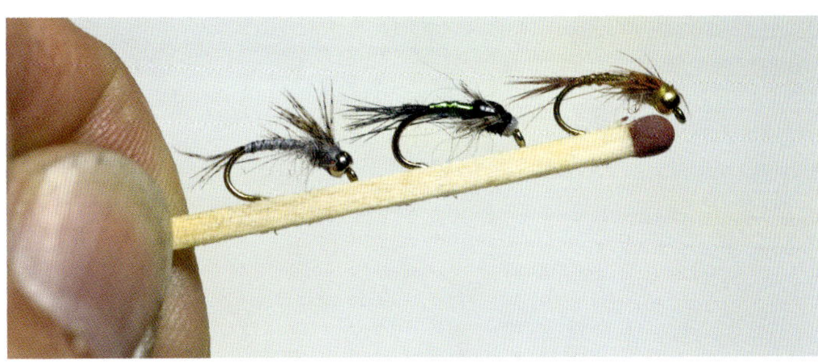

Nymphen für die herbstliche Äschenfischerei. Um sie in tiefen Zügen zum Grund zu bringen ist eine größere, beschwerte Nymphe als Tauchhilfe geeignet.

Ich versuche meinen 90-Grad-Bissanzeiger wie eine Trockenfliege zu behandeln, und durch wiederholtes Korrigieren der Leine vor dem verräterischen Furchen zu bewahren. Die Anbisse kommen in der Regel nicht spektakulär und aggressiv sondern manchmal sehr sanft und oft geradezu verstohlen, vor allem wenn es sich bei den Urhebern um Äschen handelt. Manchmal versinkt der Anzeiger ganz langsam in der Oberfläche, so als hätte er sich gerade mit Wasser vollgesogen. Heben Sie dann die Rute ebenso sanft aber zügig an.

Andere Verhältnisse

Obwohl die 90-Grad-Methode für eher gleichmäßig fließende Strömungen und gleichförmige Grundverhältnisse entwickelt wurde, habe ich auch gute Erfahrungen im »Pocket-Water« steiniger Gebirgsbäche gemacht. Hier, wo auf kurzem Raum sehr unterschiedliche Strömungsverhältnisse vorherrschen, kann die senkrecht fischende Nymphe-Bissanzeiger-Montage recht passabel in der gleichen Driftlinie gehalten werden. Ein schräg eintauchen-

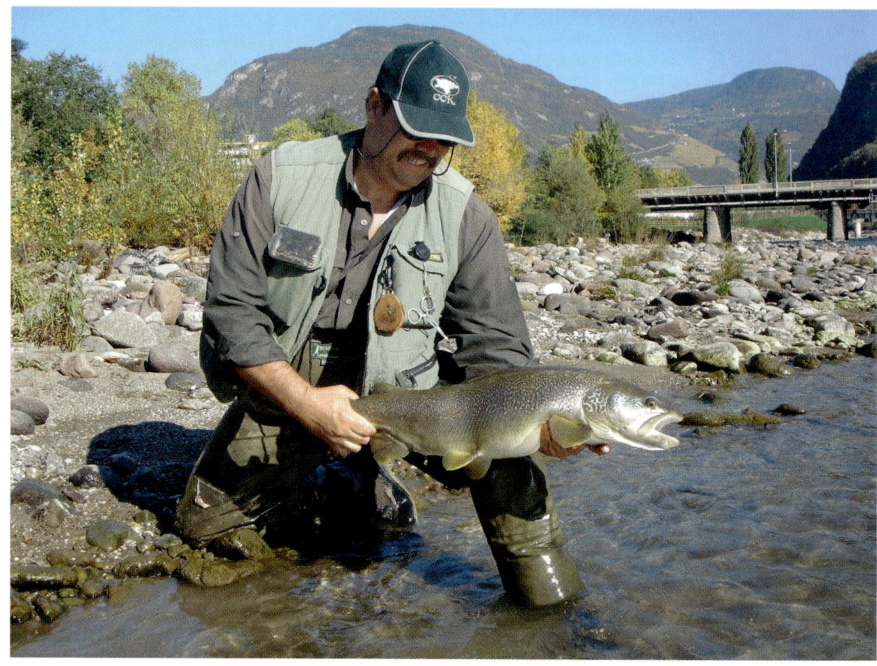

Wunderschöne kapitale Marmorata aus dem Eisack bei Bozen. Dieser Fisch ging auf eine Nymphe, die eigentlich für Äschen gedacht war.

des Vorfach kreuzt dagegen bald einen Strömungssaum und wird vom schnellen Wasser erfasst und dann weggezogen. Über kurze Distanz lassen sich so bequem die strömungsberuhigten Bereiche hinter aus dem Wasser ragenden Steinen und Felsen absuchen. Das bedeutet die Rutenspitze hochhalten und möglichst wenig Fliegenschnur, am besten nur das Vorfach, auf der Wasseroberfläche ablegen. Der Bissanzeiger wirkt dann wie eine kleine Boje und die unter ihm hängende Nymphe verharrt über längere Zeit im gewünschten Bereich. Eventuell muss man durch ständige kleine Mendeschwipps mit der Rutenspitze, in unserer Fachsprache »Stack-Mending« genannt, nachhelfen. Wenn der Anzeiger etwas abtaucht, kann man ihn aus der erhöhten Position, trotzdem gut im Auge behalten. Bleiben Sie immer variabel, was die Vorfachlänge betrifft. Beißen keine Fische, liegt es öfters an der Tiefeneinstellung, als am Muster.

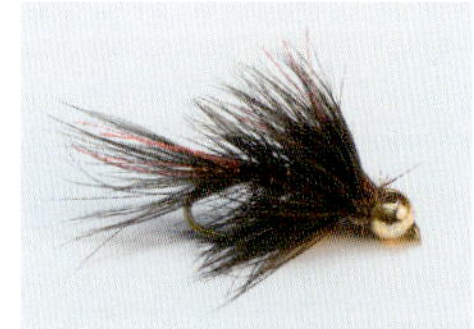

»Mini-Woolly-Bugger«

Die »aktive« Nymphe

Unter »aktivem« bzw. »bewegtem« Nymphenfischen verstehe ich, die Nymphe bewusst durch eine bestimmte Driftstrecke zu steuern und ihr dabei etwas Leben einzuhauchen. Ich bin damit auf der Suche nach einem Fisch, den ich vorher in der Regel nicht gesehen habe und den ich durch die bewegte Nymphe zum Anbiss verführen möchte.
Es kommt immer wieder vor, dass die Fische besser oder sogar ausschließlich

auf Nymphenmuster reagieren, die dieses Eigenleben mitbringen. Eine klassische Situation ist zum Beispiel der bekannte »Leisenring-Lift« am Ende einer passiven Drift, wenn die Nymphe nach oben steigt. Sobald ich den Eindruck habe, dass die Bisse überwiegend in diesem Stadium kommen oder die passiv driftende Nymphe keine Resonanz erfährt, entferne ich den Bissanzeiger und beginne das Muster konzentriert aktiv zu führen.

Warum bewegen?

Warum reagieren die Fische nicht mehr auf passiv abtreibenden Nymphen? Ein Grund könnte sein, dass ein Insektenschlupf bevorsteht. Bevor die ersten Insekten an der Wasseroberfläche erscheinen, sind ihre Nymphen unter Wasser schon eine gewisse Zeit aktiv. Sie verlassen den Boden und schwimmen Richtung Oberfläche. Dann ändern sie plötzlich ihre Absicht und schwimmen wieder zurück. Das kann sich mehrere Male wiederholen, bevor sie endgültig zur Wasseroberfläche aufbrechen, um dort ihre Nymphenhülle abzuwerfen. In diesem Stadium, und selbst dann noch, wenn der Schlupf schon in vollem Gange ist, konzentrieren sich viele Fische auf das aufsteigende Insekt und lassen sich besser mit einer bewegten Nymphe ansprechen.

Inaktive, tiefstehende Fische lassen sich gerne durch eine bewegte Nymphe provozieren. Eigentlich nichts anderes als der »Induced Take« von *Frank Sawyer*. Die Technik ist nicht nur am Kreidebach erfolgreich.

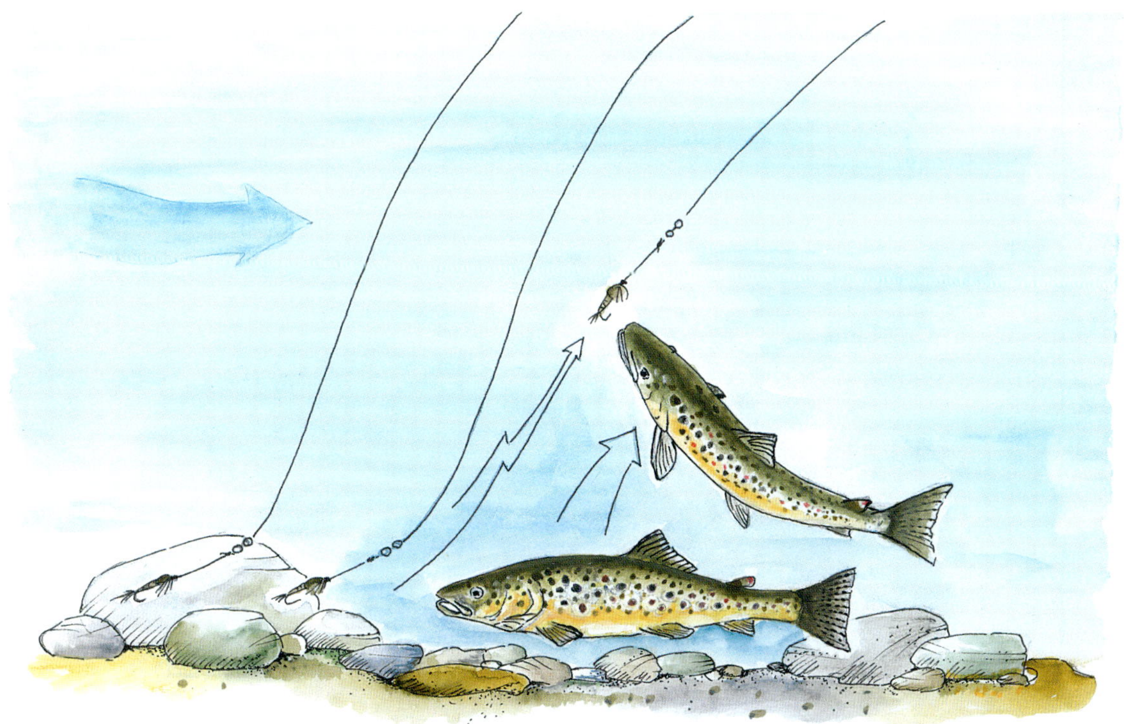

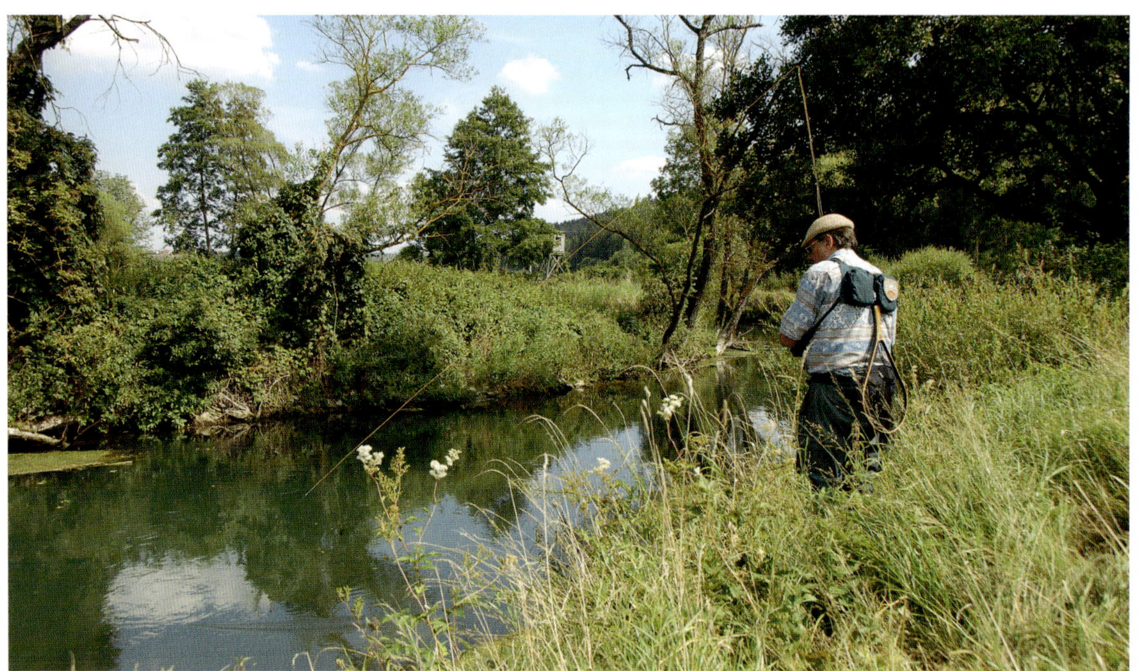

Gerade im Hochsommer an heißen Tagen ist die »bewegte« Nymphe eine der wenigen Methoden, mit der sich die Fische ansprechen lassen.

Liegen keine genaueren Anhaltspunkte vor, ist eine entsprechend beschwerte »Hares Ear« oder ein ähnliches Muster keine schlechte Wahl. Eine interessante Option ist auch ein mobil agierender »Mini-Woolly-Bugger« in Größe 10 bis 14. Alle Nymphen können auch mit einer Messing- oder Tungstenperle ausgestattet sein.

Der Service

Nehmen Sie eine Position am Ufer ein, von der Sie einen gewählten Abschnitt, mit nicht zu weiten Würfen erreichen können. Schnurkontrolle hat höchste Priorität. Die Nymphe wird mit der Rutenspitze gesteuert, dafür sind längere Ruten von neun bis zehn Fuß ideal. Gerade an ruhigen, langsam fließenden, tiefen Partien, bietet eine aktiv geführte Nymphe gute Fangchancen. Mit einem schräg stromaufwärts gerichteten Tuck-Cast bringen Sie Ihr Muster schnell in die Tiefe. Dann nehmen Sie Fühlung auf und heben sanft die Rutenspitze und damit auch die Nymphe. Einen Biss würden sie jetzt fühlen. Wenn nichts passiert, senken Sie die Rute langsam ab und lassen die Nymphe erneut nach unten sinken. Wiederholen Sie das Ganze. Die Nymphe wird während dieses Auf und Ab an Ihnen vorbei stromabwärts treiben. Manchmal gelingen drei aktive Intervalle, manchmal auch nur zwei. Der nächste Wurf geht weiter hinaus. Meistens wird man vermutete Standplätze blind anfischen, ohne einen Fisch zu sehen. Falls Sie einen bestimmten

Fisch ausmachen, dann werfen Sie ihn gezielt an. Jetzt dürfen Sie zeigen, wie gefühlvoll und verführerisch Sie die Nymphe führen können.

Hundstage

An heißen Sommertagen, wenn die Fische nicht besonders lebhaft erscheinen, kann die bewegte Nymphe der letzte Trumpf im Ärmel sein. Ich erinnere mich an einen dieser Hundstage im späten Juli an der Lauterach. *Wolfgang Ebert* gehört zu den besten Nymphenfischer, die ich kenne. Er ist ein Experte darin, Fische aus ihren Einständen herauszukitzeln und an die Nymphe zu bringen. Seine Wildschweinnymphen mit schwerem Tungstenköpfchen und ein paar längeren Borstenhaaren als bewegliche Elemente sind geradezu legendäre Verführer. Wolfgang lässt diese Muster in tiefe Gumpen und Rinnen absinken und zupft sie dann sorgfältig und kontrolliert wieder nach oben. Auch an diesem Tag konnte eine unter dem Wurzelstock einer Erle stehende 45er-Bachforelle dieser Aktiv-Technik nicht widerstehen. Selbst in scheinbar aussichtslosen Situationen, zum Beispiel bei heller Sonne und hohen Temperaturen funktioniert die Technik verblüffend gut. Allgemein gesehen hat die Technik gegenüber der Bissanzeigermethode den Vorteil, dass die Leine bei längeren Würfen und aktiver Bewegung der Nymphe gestreckt bleibt. Somit fühlen wir einen Biss bis in die Finger der Schnurhand.

Während einer längeren Drift kann man die Nymphe wiederholt aufsteigen und wieder absinken zu lassen. Meistens gelingen zwei bis drei Intervalle.

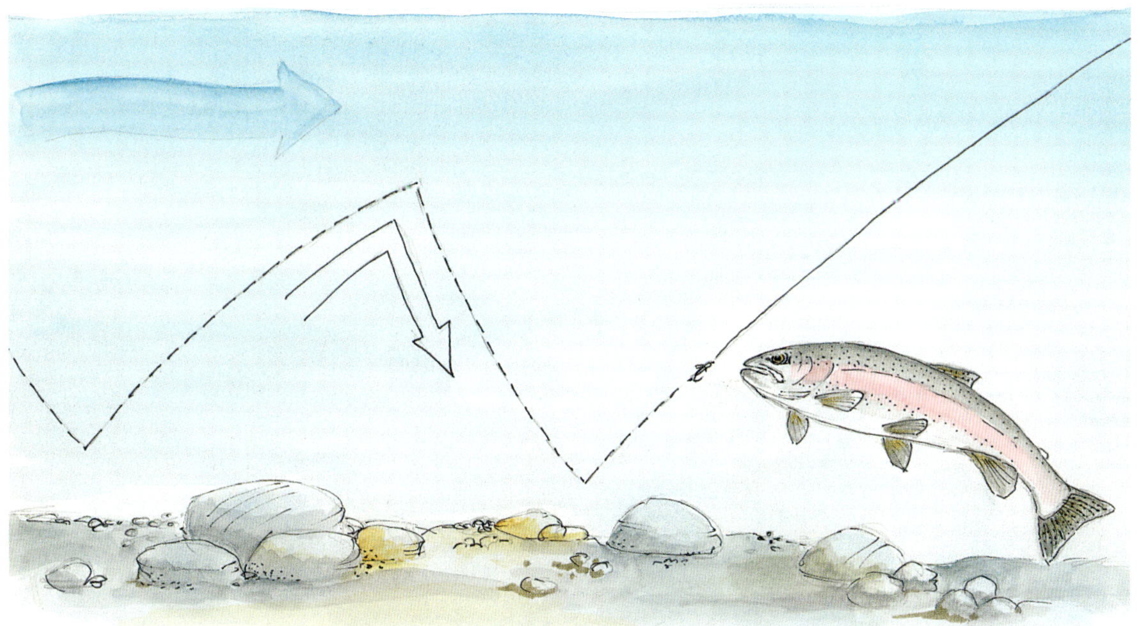

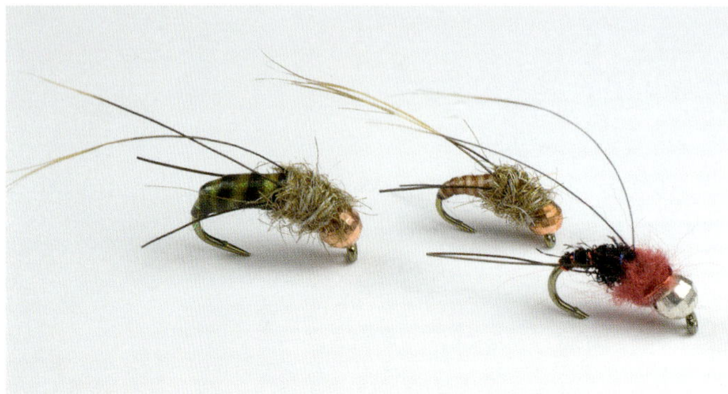

Nymphen mit einzeln eingebundenen Wildschweinborsten sind hochmobil und teuflisch fängig. Schwarzwild ist in vielen Gegenden Mitteleuropas inzwischen sehr häufig geworden. Es sollte nicht schwierig sein sich bei einem Jäger ein Stückchen Sauschwarte zu besorgen.

Hartnäckig bleiben

Vom Ufer, aus erhöhter Position, lässt sich das Verhalten der Fische gut studieren. Sehr oft folgt ein Fisch der Nymphe und führt ein, zwei, vielleicht auch drei Scheinattacken durch, ohne wirklich zuzupacken. Deshalb probiere ich es an einer vielversprechenden Stelle auch öfter. Sinkt die Nymphe, wendet der Fisch sich oft ab, schießt aber oft wieder herbei, sobald das Muster wieder aufsteigt. Eine sehr spannende Angelegenheit.

Stimulierende Wirkung

Wenn eine Nymphe passiv abtreibt, reagieren meist nur Fische, die sich ziemlich genau in der Drift-Linie befinden. Eine bewegte Nymphe wirkt dagegen stimulierender, sie zieht die Fische regelrecht an.

Die »Tschechische Nymphe«

Wer die Wurzeln des Begriffs »Tschechische Nymphe« sucht, wird im Jahr 1984 fündig. Damals fand in Polen ein Fliegenfischerwettbewerb zwischen der DDR, Polen und Tschechoslowakien statt. Da sich die Teilnehmer des polni-

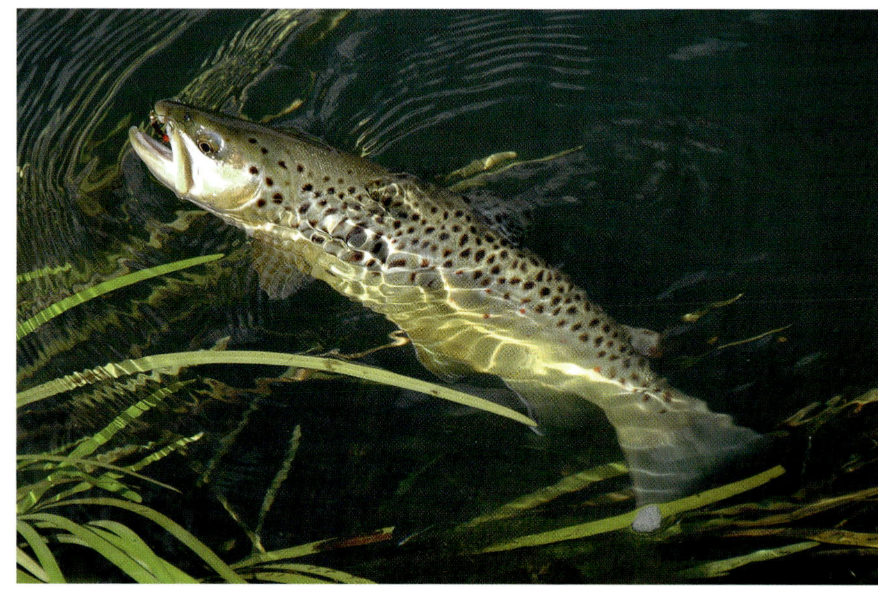

Diese kräftige Bachforelle wurde in etwa zwei Meter Tiefe in einem langsam strömenden Staubereich vor einer Sohlschwelle gehakt.

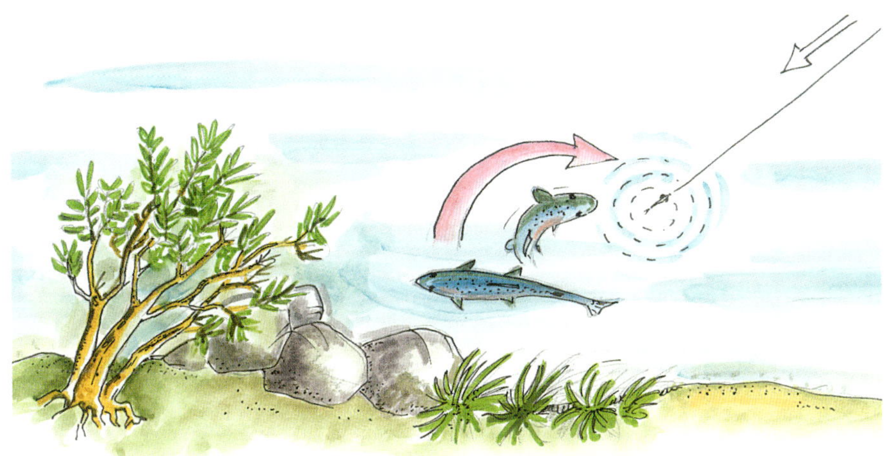

Eine dicht vor das Ufer geworfene und schnell weg gezogene Nymphe bringt mitunter eine ebenso schnelle Reaktion.

schen Teams zu dieser Zeit keine Fliegenschnur leisten konnten, hatten sie ein Stück Nylon-Schnur einfach an die Spitze gebunden und boten ihre recht einfach gebundenen Nymphen direkt unter der Rutenspitze an. Das war natürlich keine neue Idee. Diese Art zu fischen ist uralt und kann zweifellos auch ohne Fliegenrute ausgeführt werden. Jedenfalls wurde diese Variante der »kurzen Leine« von den anwesenden tschechischen Wettkampffischern sehr interessiert aufgenommen. Sie experimentierten damit und entwickelten die Methode in den darauf folgenden Jahren weiter. So entstand der Name. Heute verwendet man selbstredend nicht nur die Rute und ein Stück angebundenes Nylon sondern auch Rolle und Fliegenschnur. Die Leine ragt aber in den meisten Fällen, wenn überhaupt, allenfalls ein sehr kurzes Stück aus der Rutenspitze heraus. In den wenigsten Fällen berührt sie überhaupt die Wasseroberfläche. Nur das unauffällige Vorfach dringt ins Wasser ein. Da der Fischer nicht weit von den Fischen entfernt ist, eignet sich die Methode besonders für Gewässerstrecken mit eher turbulenter Wasseroberfläche. Mit einer langen Rute, mindestens 9, besser 10 oder sogar 11 Fuß, in der Schnurklasse 4 bis 5 lassen sich die Nymphen dann optimal am Gewässerboden entlang steuern. In sehr kraftvoller Strömung und in Erwartung großer Fische ist auch eine Klasse 6 oder 7 sinnvoll. Ob es sich bei dieser Methode noch um Fliegenfischen im eigentlichen Sinn handelt oder nicht, wird durchaus kontrovers diskutiert. Ich halte es jedenfalls für sehr hilfreich, wenn man das Wasser richtig lesen und dazu passend unterschiedliche Varianten anwenden kann. Zum Beispiel, wenn man gerade noch über 15 Meter Distanz in einen breiten Gumpen serviert hat und kurz darauf mit extrem kurzer Schnur eine oder zwei Nymphen durch eine unter der

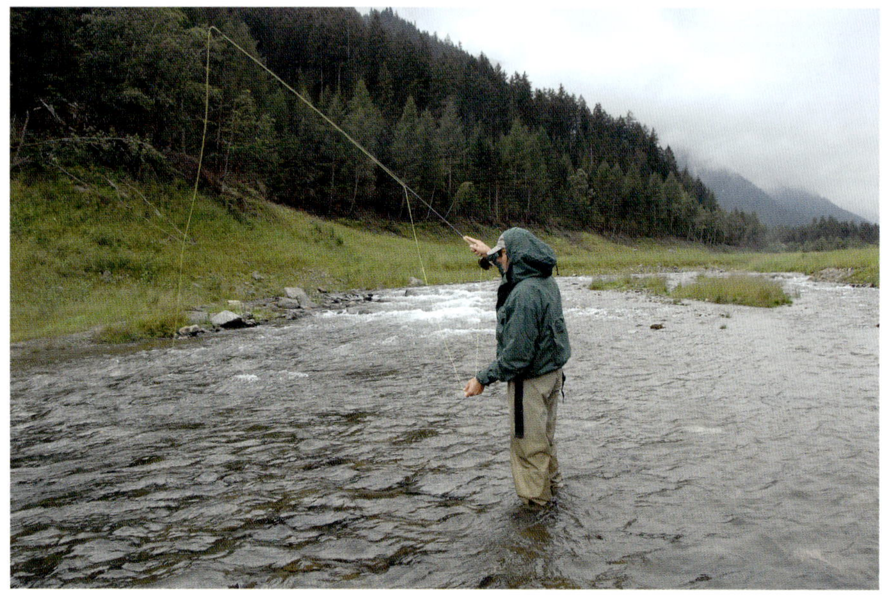

»Czech-Nymphing« ist besonders für nicht zu tiefe, rasch und turbulent fließende Züge geeignet aus. Hier kommt man nahe an die Fische heran.

Rutenspitze liegende Rinne trudeln lässt. Zwei Merkmale zeichnen meiner Ansicht nach einen guten Fliegenfischer aus: Er besitzt erstens die Fähigkeit sich auf verschiedene Situationen einstellen zu können und er kann verschiedene Methoden und Varianten sicher anwenden, ohne eine davon zum alles beherrschenden Dogma zu erheben.

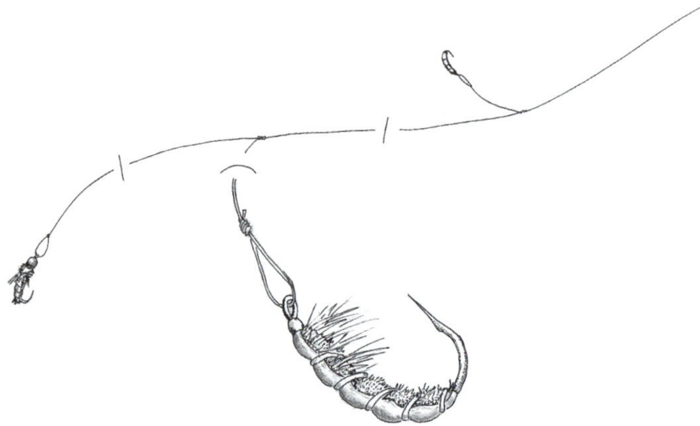

Das Standard-Vorfach: drei Nymphen im Abstand von rund 70 bis 100 Zentimeter. Die schwerste Nymphe befindet sich oft in der Mitte.

In der Praxis

Eines der wichtigsten Bestandteile des Geräts ist neben der Rute das Vorfach. Für dessen Aufbau hat vermutlich jeder Experte für die tschechische Variante ein eigenes Rezept. Hier nur eine paar grundsätzliche Punkte: Das Vorfach ist in der Regel etwa rutenlang. Charakteristisch ist ein sehr gut sichtbares Stück farbiges Nylon, zum Beispiel gelbes Stren, direkt im Anschluss an die Fliegenschnur oder auch als Zwischenstück im Vorfach selbst. Es übernimmt die Funktion des Bissanzeigers, um jede verräterische Bewegung des Vorfachs, jedes Zögern oder Stoppen zu signalisieren. Der Anzeiger selbst taucht nicht ins Wasser ein. Unterhalb dieses Anzeigerstücks, das auch aus anderen Materialien konstruiert sein kann, schließen sich noch 1,20 bis 150 Zentimeter paralleles, also sich nicht verjüngendes Vorfach an. Bevorzugt wird Fluorocarbon, vor allem wegen seiner Abriebresistenz. Die Vorfachspitze kann 0,18 Millimeter, bei entsprechend kleinen Mustern auch nur 0,14 Millimeter betragen und muss mit den Fliegengrößen und deren Gewichten zusammenpassen. In der Regel werden drei beschwerte Nymphen im Abstand von etwa 50 Zentimeter an kurzen Seitenarmen angebracht. Die schwerste ist meistens in der Mitte platziert.

Spezielle Anbietetechnik

Es leuchtet ein, dass dieses Mehrfliegenvorfach nicht besonders bequem über Kopf zu werfen ist. Das ist wegen der kurzen Distanz auch nicht nötig. Die Montage wird deswegen in den meisten Fällen einfach mit einem so genannten »Lob-Cast«, also einem kombinierten Unterarm- und Handgelenksschwung stromauf abgelegt, nachdem die stromabwärts gespannte Schnur ausgefischt ist. Im Anschluss daran lässt man die Fliegen bis zum Grund absinken und führt die Fliegen mit der Strömung und der Rutenspitze am leicht gestreckten Vorfach an sich vorbei. Man muss lernen zu fühlen, wie die Nymphen über den Boden hüpfen. Ein Biss wird einerseits durch eine verräterische Bewegung des Vorfachs wahrgenommen, aber auch über das sensible Gespür in den Fingern. Mit der Zeit lernt man Boden und

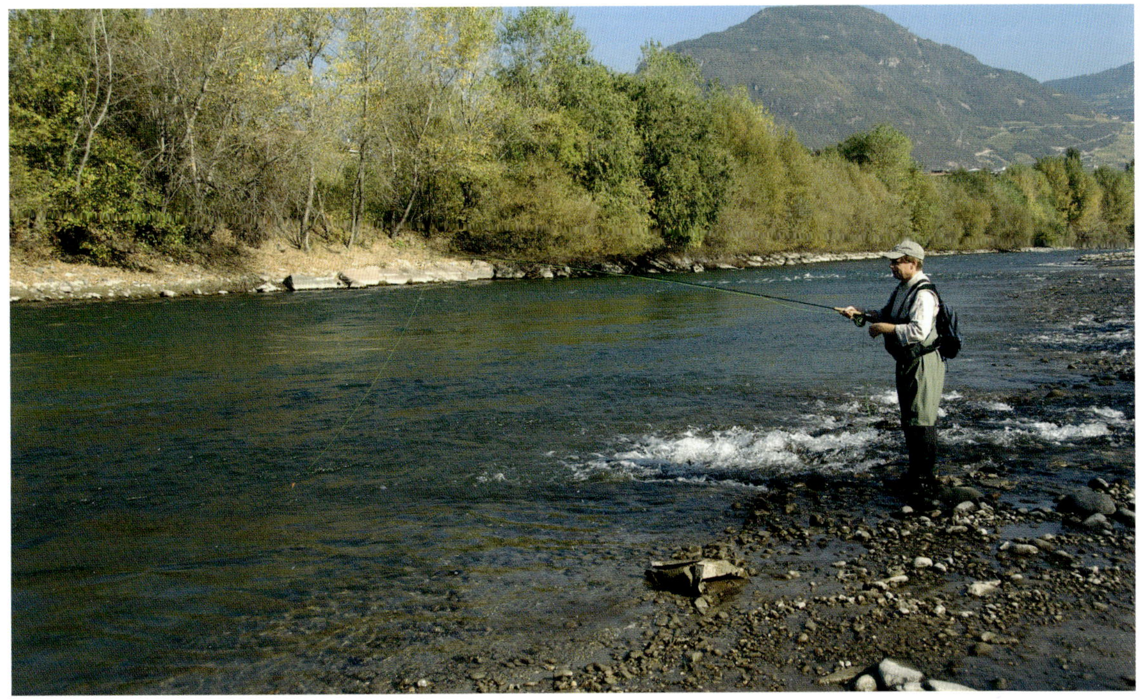

Seitliche Wassereinläufe weisen meistens auf einen guten Standplatz hin. Die Fische können hier direkt unter der Rutenspitze stehen. Ideal für eine kurz gefischte Leine.

Fisch zu unterscheiden. Zudem muss man in der Lage sein, die Fliegen mit der Rutenspitze und viel Gefühl in den Fingerspitzen durch die Strömung zu führen und mit deren Geschwindigkeit abzustimmen. Dabei sollte man nicht vergessen, dass dicht über dem Grund, die Strömung erheblich langsamer ist, als an der Wasseroberfläche. Es kommt vor allem auf das passende Gewicht der Nymphen an. Mit besonders stark beschwerten Mustern hält man besser Kontakt, leichtere bewegen sich dagegen natürlicher. Es bedarf genauer Abwägung mit welchen Mustern und mit wie viel Beschwerung man im Einzelfall effektiv arbeiten kann.

Am Ende der Drift steigen die Fliegen nach oben. Wir sind wieder beim »Leisenring-Lift« angelangt. Also heißt es aufpassen, jetzt kann noch ein Biss erfolgen. Wenn nicht, legt man erneut mit einem »Lob-Cast«, aus dem Unterarm heraus gegen die Strömung ab. Übereilen Sie dabei nichts, das würde nur zu Schnursalat führen. Heben Sie das Vorfach langsam aus dem Wasser heraus und beschleunigen Sie dann die Rute.

Geeignete Stellen

Unter welchen Bedingungen ist die »tschechische Nymphe« besonders erfolgsversprechend? Entwickelt wurde sie

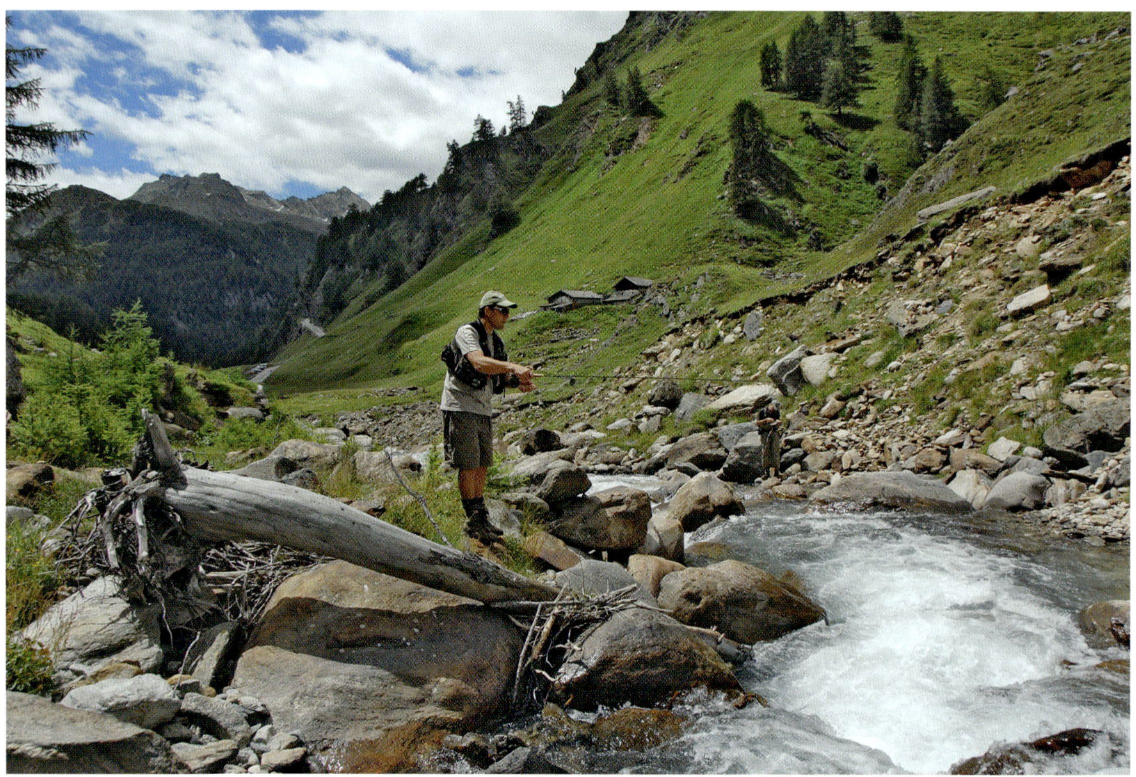

In schnellen, kleineren Gebirgsbächen fischt man oft unmittelbar unter der Rutenspitze.

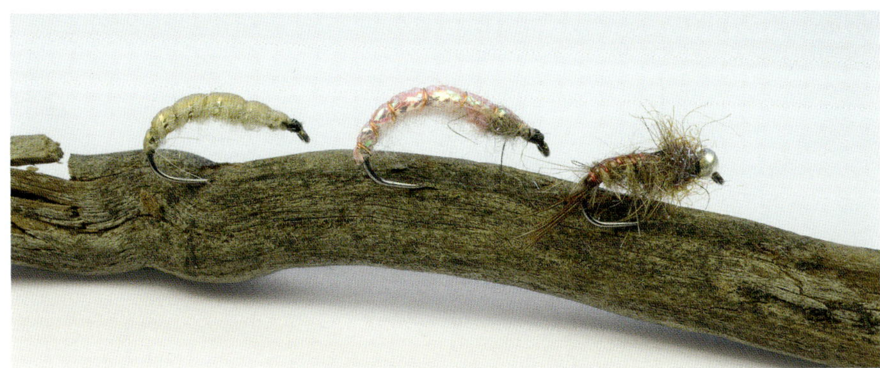

Die typischen tschechischen Nymphen treiben im Wasser mit dem Hakenbogen nach oben. Das Perlkopf-Muster kommt ebenfalls aus unserem östlichen Nachbarland.

für turbulentere, nicht zu tiefe Abschnitte, wo man sich problemlos bis auf Rutenlänge den Fischen nähern kann. Wer ein wenig experimentierfreudig ist, wird es auch an anderen Stellen versuchen. »Pocket Water« ist ebenfalls geeignet. Man kann auch nicht allzu tiefe Gumpen damit absuchen, vorausgesetzt man kommt mit der kurzen Leine nahe genug heran. Um den Grund zu erreichen, muss das Vorfach dann eventuell verlängert und möglicherweise zusätzlich beschwert werden. Grundsätzlich funktioniert die Variante das ganze Jahr über. Besonders geeignet ist sie für Äschen, die in den geeigneten typischen Flussrinnen stehen. Der große Vorteil der Methode liegt vor allem darin, dass mit den kurzen Services unter der Rutenspitze sehr schnell ein bestimmtes Areal gründlich abgefischt werden kann. Wie schon erwähnt sind drei Muster am Vorfach die Regel. Vor allem bei den in manchen Ländern beliebten Wettbewerben. Ich selbst verwende höchstens zwei Muster. Aber ich nehme auch an keinem Wettbewerb teil.

Die Muster

Noch ein paar Anmerkungen zu den typischen »tschechischen« Nymphen. Sie werden auf einen gebogenen Haken gebunden und imitieren vor allem freilebende Köcherfliegen oder Bachflohkrebse in der Hakengröße von 8 bis 16. Für das entsprechende Gewicht sorgt eine mehr oder weniger dichte Wicklung aus Bleidraht auf dem Hakenschenkel. Sie schwimmen auf dem Rücken, der Haken weist nach oben und bleibt dadurch weniger am Grund hängen. Der gänzlich über einen Dubbing-Körper reichende Rückenschild besteht aus Latex oder ähnlichem Material. Früher wurde dafür auch Wurst-, Aal- oder Welshaut verwendet. Die ersten Nymphen fielen zudem relativ dick aus und hießen »Bobesch«. Mit den heute verwendeten modernen Materialien können die Nymphen trotz Bleiwicklung relativ dünn gebunden werden, dadurch wird ihre Sinkgeschwindigkeit erhöht. Als Rippung dient Monofil oder dünner Draht in verschiedenen Farben. Manche Muster werden auch mit einem Tungsten-Köpfchen versehen.

Mit der Nymphe auf Sicht

Der inzwischen verstorbene, legendäre amerikanische Wurfinstruktor *Mel Krieger* hat einmal gesagt, Fliegenfischen wäre wie Treppensteigen. Sobald man sich auf einer Stufe befindet, würde man schon die nächste sehen und dort hinauf wollen. Die nächsthöhere Stufe wäre in unserem Fall das Nymphenfischen auf vorher gesichtete und bestätigte Fische. Es sind spannende und aufregende Momente, wenn ich einem Fisch gezielt eine Nymphe vorsetze und ich diesen Fisch unter der Wasseroberfläche tatsächlich auch haken kann. Dazu braucht es ein passendes Gewässer. Es sollte nicht zu tief sein mit guten Sichtverhältnissen. Eigentlich kein Wunder, dass das Nymphenfischen auf Sicht in der ersten Hälfte des letzten Jahrhunderts an den »ginklaren« südenglischen Kreideflüssen entstanden ist, wo als erster der Riverkeeper am Wiltshire Avon *Frank Sawyer*, der Vater der »Fasanenschwanznymphe« oder »Pheasant Tail Nymph« diese Variante praktizierte. Akzeptierte der Fisch die Nymphe nicht während der freien, unbewegten Drift, ließ Sawyer sie durch kurzes Anheben der Rutenspitze, dem »Induced Take«, seitlich vom Fisch weg aufsteigen. Sichtfischen mit einer kleinen Nymphe ist eine faszinierende, sehr anspruchsvolle Methode. Solange eine Trockenfliege auf der Wasseroberfläche schwimmt, könnte man das als zwei-

So stellt man sich einen typischen Kreidefluss im Herbst vor. Die Fische stehen unter den Krautbänken und man benötigt die Geduld und das Pirschvermögen eines Graureihers, um hier zum Erfolg zu kommen.

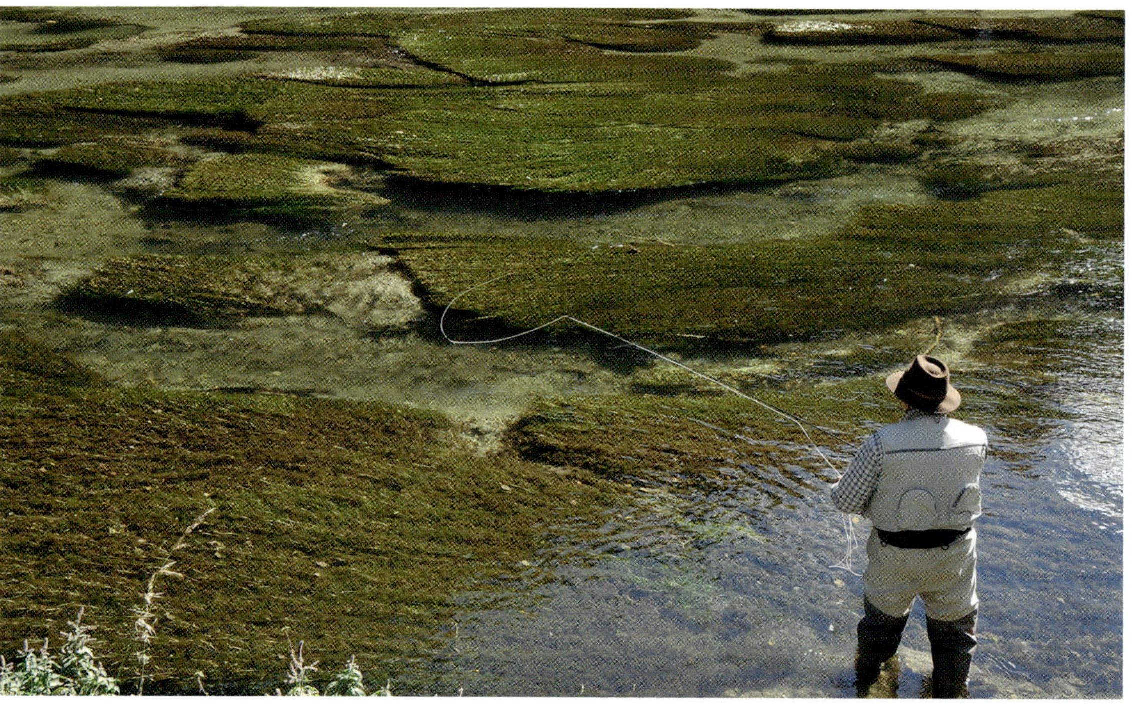

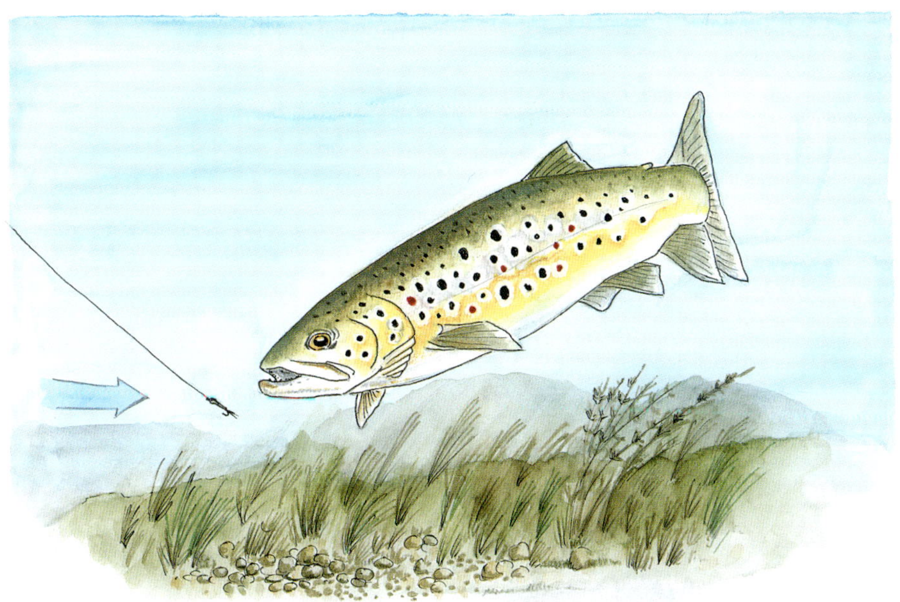

Die leicht beschwerte Nymphe sollte möglichst genau auf den von uns gesichteten Fisch zutreiben.

dimensionales Fischen bezeichnen, eine Nymphe auf Sicht gefischt ist dagegen reines »3 D« unter erschwerten Bedingungen, da es zusätzlich unter einer mehr oder weniger spiegelnden Wasseroberfläche stattfindet.

Den Fisch erkennen

Jetzt sind hohe Aufmerksamkeit, sorgfältige Beobachtung und umsichtiges Vorgehen gefordert. Es ist nicht immer einfach, die Fische zu entdecken. Man muss das Wasser schon über einige Zeit im Auge haben. Mäßig schnell fließende, etwa einen halben bis einen Meter tiefe Abschnitte, der Grund mit schütteren Krautbetten bewachsen, sind günstig. Hier finden die Fische immer wieder Nymphen, die sich aus den Pflanzen gelöst haben und im Sog der Strömung abdriften.

Aktive Fische erkennt man daran, dass sie vom Grund abgehoben im Wasser schweben. Die Fische sind gut getarnt, bei Sonne können wir über hellem Kies eher den dunklen Schatten auf dem Gewässergrund erkennen, als den Fisch selbst. Ist der Fisch bestätigt, kommt der schwierigste Teil: Die korrekte Präsentation der kleinen Nymphe. Vor allem auf Größe und Form kommt es an, zuletzt kommt die Farbe. Meist sind die natürlichen Vorlagen braun, oliv oder grau. Bewährte Imitationen sind klassische Muster wie eben eine »Pheasant Tail«, eine »Hares Ear«, auch eine kleine Mückenpuppe oder ein Bachflohkrebs.

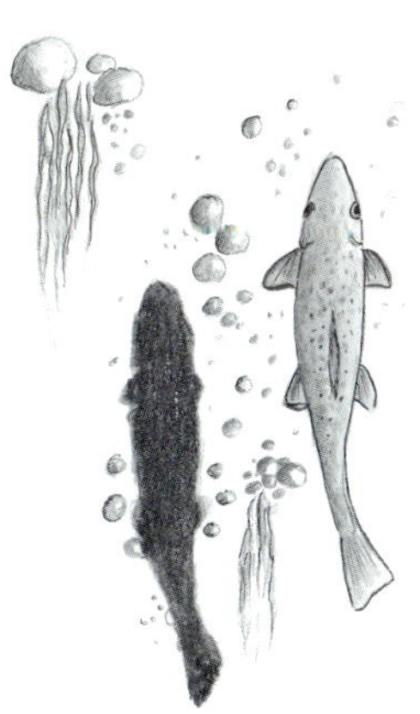

Deutlich erkennbarer Schatten eines Fisches über hellem Grund.

Der Service

Man muss die günstigste Wurfposition wählen, ohne von der erhofften Beute

Die »Arbeitspferde« des Fliegenfischers: »Pheasant Tail« und »Hares Ear-Nymphen« in der klassischen und in einer Goldkopfversion.

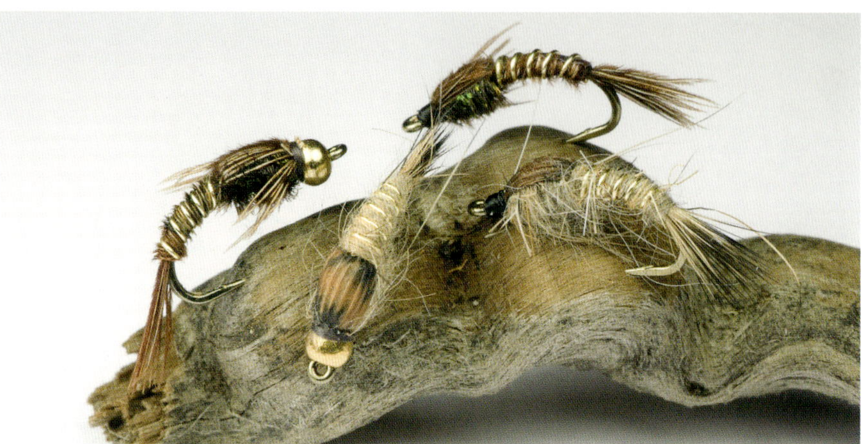

wahrgenommen zu werden. Dann stellt sich die nicht einfache Aufgabe, die Nymphe mit so wenigen Leerwürfen wie möglich, genau in die Driftlinie hinein zu präsentieren.
Abgesehen von einigen Situationen, wenn auch eine stromabwärts gefischte Nymphe sinnvoll sein kann, wirft man den Fisch schräg von unterhalb oder auch direkt von der Seite aus an. Das Vorfach sollte nicht über ihn fallen. Das Vorhaltemaß hängt von der Wassertiefe, dem Gewicht der Nymphe und der Strömungsgeschwindigkeit ab. Normal sind etwa ein bis eineinhalb Meter. Die Nymphe soll bis auf das Level des Fisches sinken. Viele Nymphen sind jedoch zu leicht. Wer selbst bindet, integriert ein wenig Bleidraht. Dazu gehört auch die Vorbereitung des Vorfachs. Ich entfette sorgfältig den vorderen Teil mit einem entsprechenden Mittel oder ziehe ihn zumindest durch ein paar zusammengelegte frische Blätter. Beides entfernt auch den Glanz aus dem Monofil. Ich verwende gerne Fluorocarbon für die Spitze, weil es eben deutlich schneller sinkt als Nylon. Ein Pitzenbauer-Ringerl ist, wie schon erwähnt, an dieser Stelle ideal für die Verbindung von Nylon und Fluorocarbon.

Mit einem »Pitzenbauer-Ringerl« am Vorfach lässt sich Nylon und Flourocarbon sicher verbinden.

Konzentration auf den Fisch

In den meisten Fällen ist es unmöglich die Nymphe im Auge zu behalten, man muss auf den Fisch achten. Sobald sich die auf dem Wasser schwimmende Vorfachlinie dem Fisch nähert und dieser sich in irgendeiner Weise bewegt,

gehe ich davon aus, dass er meine Nymphe entdeckt hat. Es ist ein gutes Zeichen, wenn kurz das Weiße im Maul des Fisches aufblitzt. Jetzt nur nicht zu früh die Rute anheben. Sicheren Kontakt gibt es erst, wenn der weiße Fleck wieder verschwindet oder der Fisch wendet und zum Ausgangspunkt zurückschwimmt. Das kurze Anheben der Rutenspitze reicht meist aus, um den Fisch zu haken. Fühle ich Widerstand, hat es geklappt. Hängt der Fisch nicht, hat er möglicherweise zufällig in diesem Moment etwas anderes genommen und mich dadurch getäuscht. Möglicherweise hat er die Nymphe auch schon wieder ausgespuckt.
Eine sichtbare Bewegung des Fisches zur Seite hin ist allerdings nicht immer ein Zeichen von Interesse. Möglicherweise ist der Fisch der Nymphe oder auch dem Schatten des Vorfachs ausgewichen. Vermuten wir das als Grund, können wir das Vorfach verlängern oder die Nymphe wechseln. Es darf dann das gleiche Muster sein, aber eine Stufe kleiner. Vielleicht sollten wir auch eine andere, günstigere Wurfposition einnehmen.
Soll bei dieser feinen Fischerei ein Bissanzeiger eingesetzt werden? Eine kleine, relativ unauffällige Sichthilfe aus dünnem Garn, etwa 0,5 bis 1 Meter oberhalb der Fliege, kann recht hilfreich sein und beunruhigt beim Einfallen die Wasseroberfläche nicht beson-

Forellenpirsch an der Lauterach. *Robert Stroh* prüft eine seiner Gespließten.

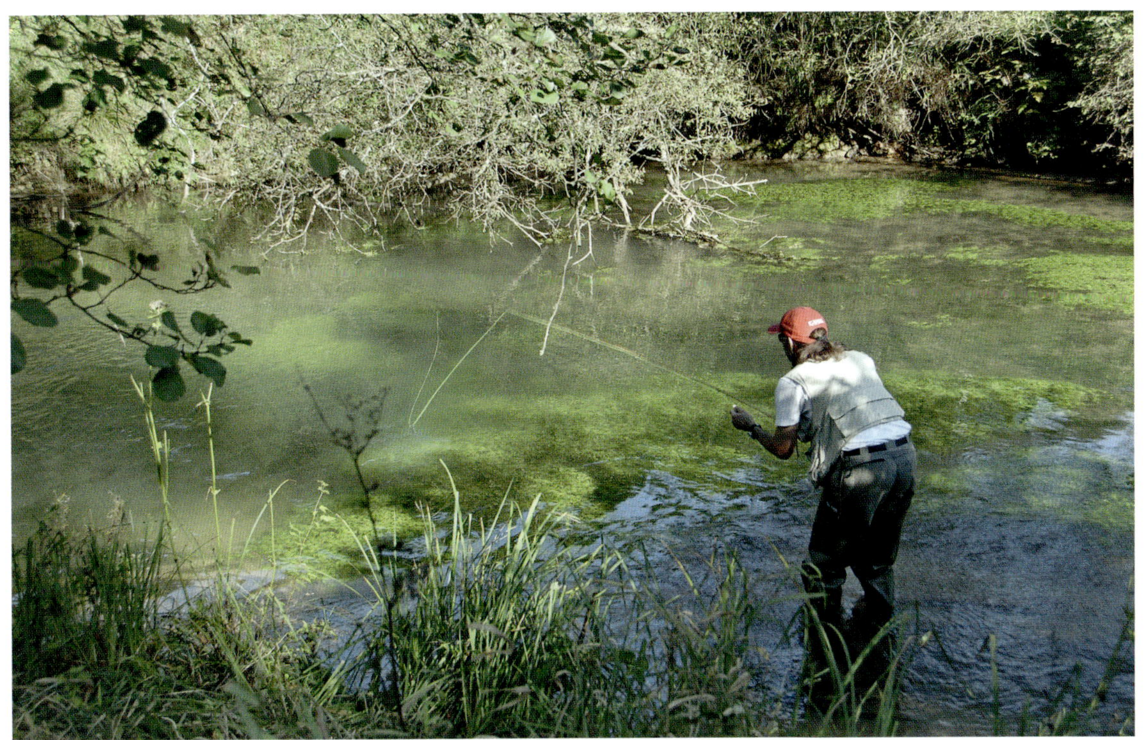

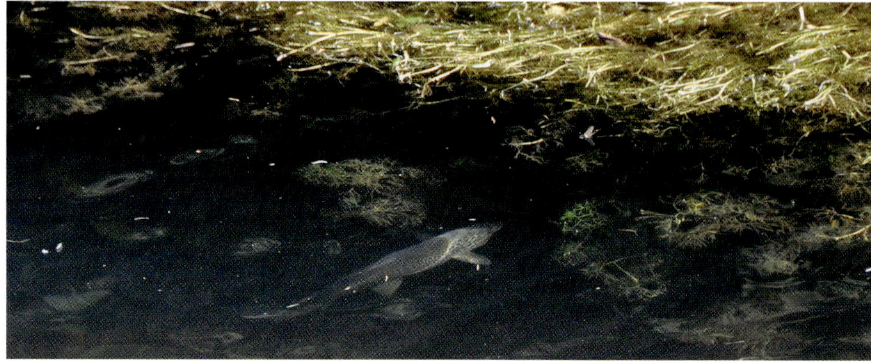

Ich beobachtete diesen an einem Krautbett entlang patrouillierenden Fisch über eine Viertelstunde lang. Die über ihm treibenden adulten Eintagsfliegen-Duns interessierten in nur hin und wieder. Aber es war deutlich zu erkennen, wie er unter Wasser öfters sein Maul öffnete und im Freiwasser schwimmende Nymphen einsammelte. Eine präzise angebotene »Pheasant Tail« hätte er vielleicht nicht verschmäht.

ders. Manchmal nehmen die Fische aber so geschickt und spucken die Nymphe so schnell wieder aus, dass kein Signal vom Anzeiger zu erkennen ist. Es ist jetzt immer noch besser auf den Fisch zu achten, als auf den Anzeiger. Den beobachte ich eher aus den Augenwinkeln heraus und betrachte ihn als ungefähren Standortsanzeiger für meine Nymphe.

Möchten Sie in etwas tieferem Wasser fischen, könnte ihnen folgender Montagetyp helfen. Um die Nymphe zum Fisch zu bringen, beschweren Sie das Vorfach etwa 20 Zentimeter oberhalb der Nymphe und befestigen dann zusätzlich zwei kleine Bissanzeiger im Abstand von etwa 50 Zentimeter am Vorfach. Weicht der untere Anzeiger plötzlich seitlich aus, gehen Sie auf Fühlung. Probieren Sie aus, womit Sie am meisten Erfolg haben. Jedes Gewässer benötigt eine eigene Vorgehensweise.

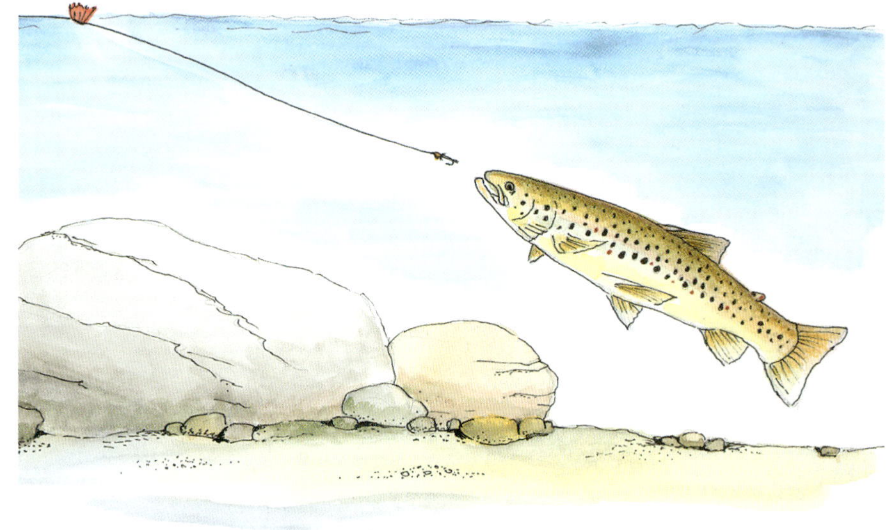

Ein Bissanzeiger lässt eine leicht beschwerte Nymphe in der oberen Wasserschicht schweben und dient als Standortweiser für die Nymphe.

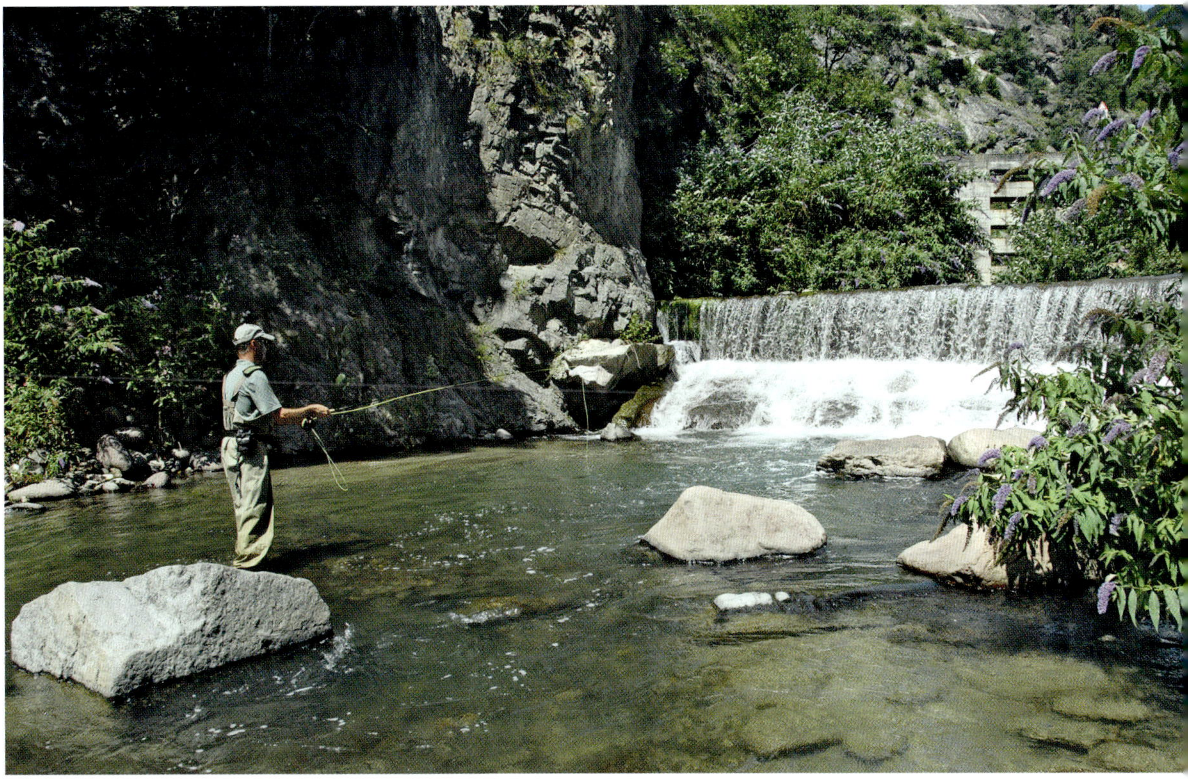

Hier muss doch etwas anbeißen, oder?

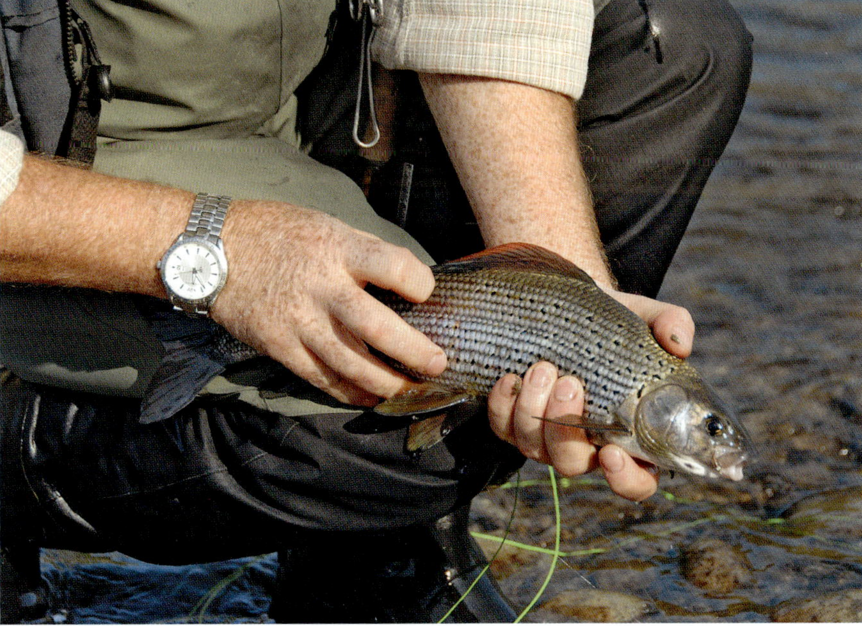

Äsche aus einem flachen Randwasser des Eisack bei Bozen. Sie wurde mit einer kleinen Nymphe auf Sicht überlistet.

Streamerfischen

Mit dem Streamer werden relativ gesehen, mehr große Forellen gefangen als mit Trockenfliege oder Nymphe. Kein Wunder, denn größere Forellen ernähren sich hauptsächlich von kleinen Fischen. Erkundigt man sich aber unter Fliegenfischern, dann verwenden trotzdem nur relativ wenige regelmäßig einen Streamer. Warum ist das so, wenn die Chancen auf einen großen Fisch doch so gut sind? Ein Grund könnte sein, weil wir Fliegenfischer immer gerne sehen möchten, was passiert. Deswegen mögen wir die Trockenfliege. Wir können beobachten, wenn der Fisch sie nimmt. Auch das Nymphenfischen hat erst entscheidend an Popularität gewonnen, seitdem wir an der Oberfläche schwimmende Bissanzeiger verwenden. Diese optischen Reize und Signale stehen beim Streamerfischen im Allgemeinen nicht zur Verfügung. Ein Streamer bewegt sich mehr oder weniger tief und für uns meist unsichtbar unter der Wasseroberfläche. Dann habe ich noch die Äußerung eines guten Bekannten und Fliegenfischers im Ohr: » Streamer? Ich will Fliegenfischen, da könnte ich ja gleich wieder einen Blinker verwenden«. Nun,

Streamer eignen sich zum großräumigen Absuchen von potenziellen Standplätzen in größeren Flüssen. *Robert Pegoretti* probiert es in einem Kehrwasser der Etsch.

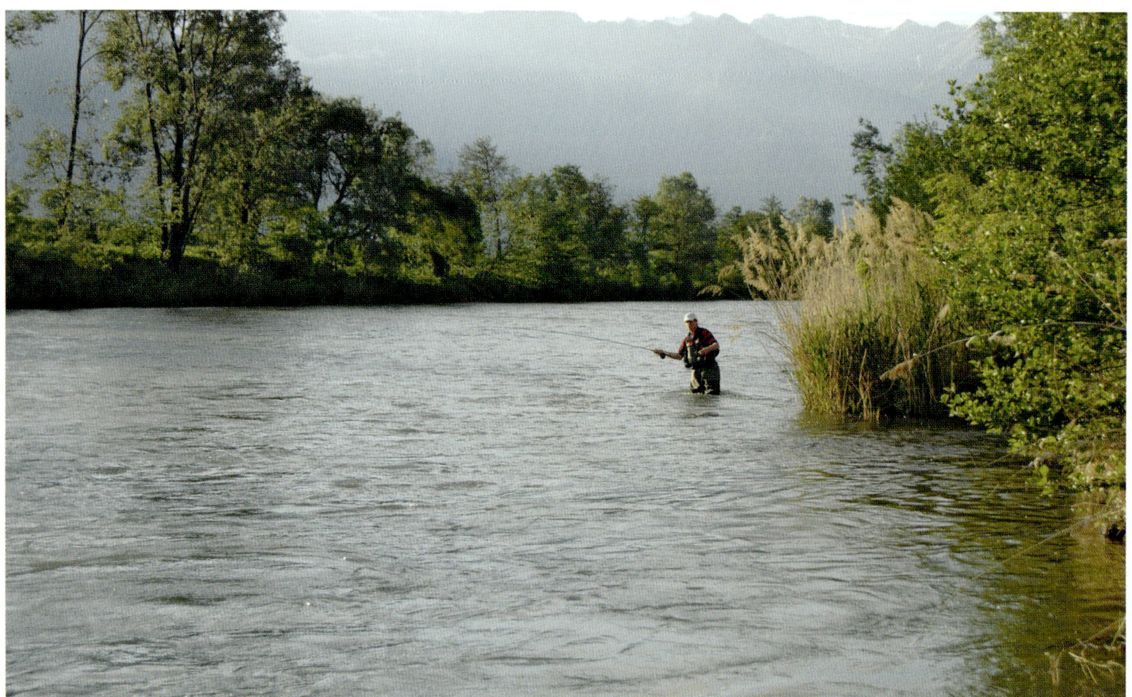

da kann ich mich nicht anschließen. Wer einen Streamer anwendet, muss ihn so lebensecht wie möglich erscheinen lassen. Damit ist er zwar jeden Moment intensiv gefordert, er wird aber auch jede Menge Spaß haben. Auf einen Streamer sprechen viele Raubfische an. Dazu gehören auch Barsch, Hecht und der Zander. Sogar Meldungen über den Fang eines Welses hört man ab und an, aber das ist sicher nicht die Regel. Hier konzentrieren wir uns vor allem auf Forellen und die Fragen: Welches Gerät verwende ich, wie biete ich einen Streamer an, welche Stellen versprechen Erfolg und zu welcher Zeit sind die Fangaussichten günstig?

Gerät für den Streamer

Fliegenrute Der Zuschnitt der Rute richtet sich zunächst nach der Größe und dem Gewicht des Streamers. Auch die Stärke der zu erwartenden Fische spielt eine Rolle. Die ideale Streamerrute besitzt eine mittelschnelle bis schnelle Aktion, ein kräftiges Rückgrat und sie ist lang genug, um auch Sinkschnüre im Wasser gut steuern zu können. Die Rute muss eine enge Schlaufe werfen können, damit die Schnur präzise abgelegt, der Streamer zielgenau serviert werden kann. Wer beabsichtigt an einem großen Wasser, egal ob Fluss oder See, voluminösere, auch vorbeschwerte Streamer in Hakengröße 2 bis 1/0 einzusetzen, sollte nicht unter Schnurklasse 7 oder 8 gehen. In diesem Fall mag ich Rutenlängen von 9 bis 9,6 Fuß. Für unbeschwerte oder leicht beschwerte Streamer von Hakengröße 4 bis 10 reicht an einem durchschnittlich breiten und tiefen Fließgewässer die Klasse 5 oder 6 in der Länge 8,6 bis 9 Fuß.

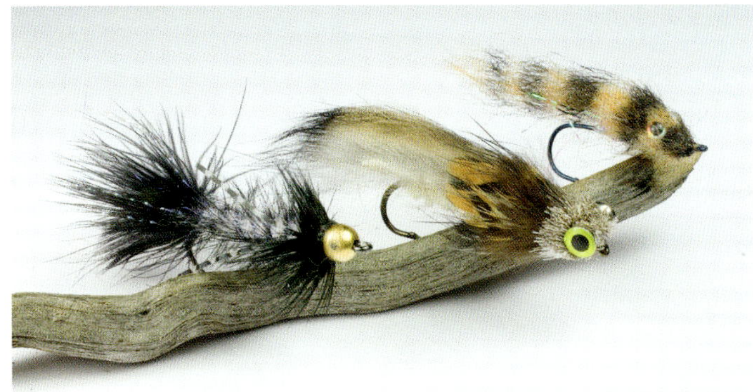

Mühlkoppen kommen in vielen Salmonidengewässern vor und sind die Nummer 1 im Beutespektrum der Fische. Der schwarze »Woolly Bugger« ist eine sehr generelle Nachbildung, die beiden anderen Muster orientieren sich nahe am echten Vorbild.

Schnüre Eine Schwimmschnur ist für nicht allzu tiefes Wasser geeignet, wenn man beschwerte Streamer verwendet. Mehr Möglichkeiten erschließt eine »Sink-Tip« Leine. Ich bevorzuge eine schnellsinkende Spitze. Der Vorteil einer Sink-Tip liegt darin, dass der Rest der Schnur schwimmt und bei Bedarf gemendet werden kann. Für größere Tiefen, breitere Fließgewässer und Stillwasser ist eine überlange Sink-Tip geeigneter, man spricht dann im Fachjargon von einem »Sinking-Head«. Der ist für Einhand-Ruten meist 7 bis 8 Meter lang. Diese Spezialschnüre sind wie die kurzen »Sink-Tips« entweder fertig erhältlich, können aber auch als Teil eines losen Schusskopfsystems schnell in eine Runningline eingeschlauft werden. Durch ein solches

Tipp: Tauchen Sie kurz vor dem Einsatz einen eben ans Vorfach angeknüpften, neuen Streamer ins Wasser und kneten Sie ihn darauf mit einer Handvoll Uferschlamm gut durch. Die gründliche Durchfeuchtung fördert die Sinkgeschwindigkeit ungemein und entfernt zudem alle am Muster anhaftenden unnatürlichen Aromen.

Eine schwimmende Fliegenschnur reicht an vielen Gewässern aus, um einen Streamer effektiv anbieten zu können. Bei Bedarf kann sie mit einer eingeschlauften Sinkspitze oder einem sinkenden Vorfach kombiniert werden.

System kann man schnell verschiedene Sinkvarianten wechseln. Beim Streamerfischen in Fließgewässern verwende ich allerdings meist nur eine relativ schnellsinkende Kopf-Variante, weil ich mein Muster rasch in Grundnähe dirigieren möchte. Durchgehend sinkende Schnüre halte ich für Fließgewässer nur in bestimmten Ausnahmefällen für geeignet.

Das Streamervorfach Nach der Auswahl der geeigneten Schnur wird auch das Vorfach der vorhandenen Situation angepasst. Die Grundregel lautet: Nahe an der Oberfläche ist ein langes Vorfach von etwa zwei Metern Länge in Ordnung. Bringt man den Streamer mit einer sinkenden Schnur in die Tiefe, ist ein kürzeres Vorfach vorteilhafter. Ein zu langes Vorfach würde

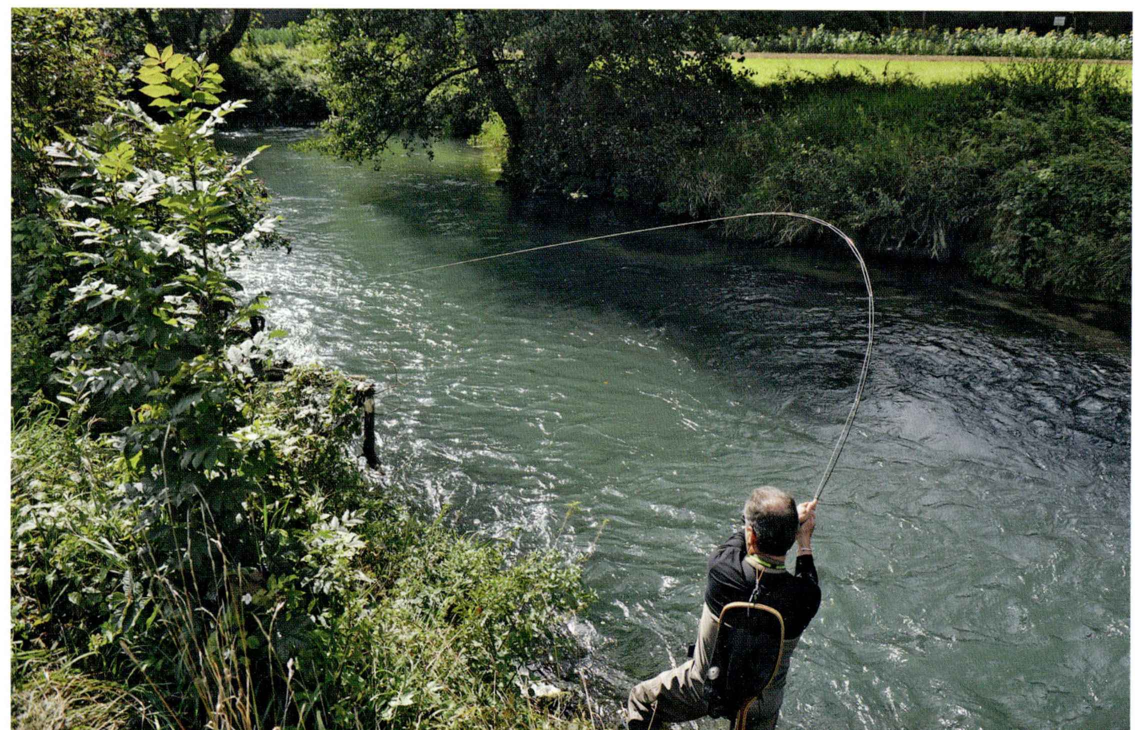

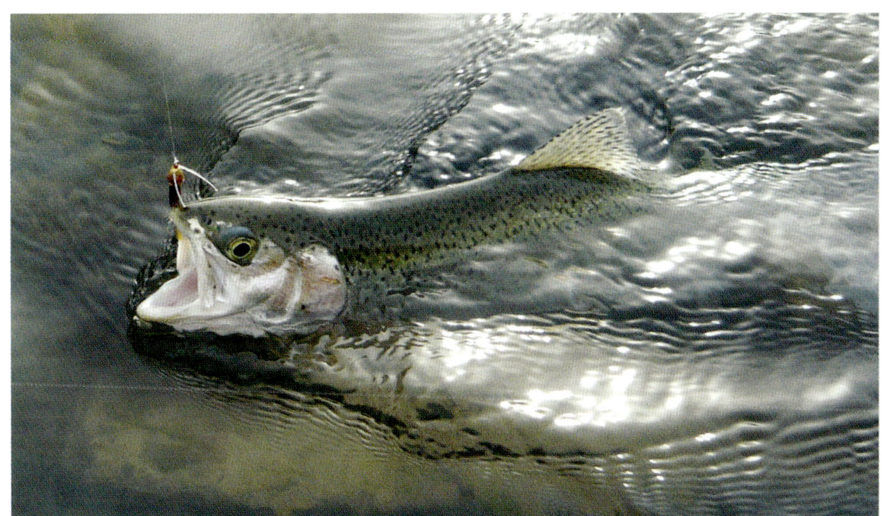

Diese Regenbogenforelle entschied sich im Frühjahr für den Streamer in einer Tandem-Kombination aus Streamer (mit Hakenschutz) und Nymphe.

nun recht willkürlich in der Strömung flattern, der Kontakt mit einem Fisch möglicherweise verschleiert, da der Biss nicht deutlich auf die Schnur und damit zur Rute übertragen wird. Eine Vorfachlänge von rund einem Meter reicht dann völlig aus. Manche Streamerfischer verwenden nur ein Stück paralleles Nylon, andere wollen auf eine gewisse Verjüngung nicht verzichten.

Der Streamer Swing

Die klassische Methode für einen Streamer im Fließwasser ist der Nassfliegenschwung. Wir sprechen jetzt eben vom »Streamer Swing«.
Im Gegensatz zur Nassfliege führe ich den Streamer aber die meiste Zeit nicht an einer schräg nach oben gehaltenen sondern an einer gesenkten Rute. Nur an einer gestreckten Leine kann ich ihn entsprechend aktiv bewegen. Außerdem habe ich das Gefühl, die Fische attackieren einen Streamer etwas anders als eine Nassfliege.
Ich möchte jedenfalls jeden Kontakt sofort spüren.
Lange gleichförmige Strömungszüge, die **»Runs«** sind ideal für den Streamer. Mit einem Ablegen der Leine querüber oder leicht schräg abwärts, lässt sich sehr viel Wasserfläche abfischen. Nützen Sie die Strömung und lassen Sie den Streamer systematisch über alle Einstände schwingen. Verleihen Sie ihm mit entsprechenden Zupfbewegungen der Rutenspitze zwischendurch etwas Eigenleben. Wenn der Schwung beendet ist und die Schnur geradeaus stromab zeigt, wird wie beim Nassfliegenfischen ein kritischer Punkt erreicht, sobald der Streamer zur Ruhe kommt. Holen sie nicht gleich ein sondern lassen Sie ihn erst einmal passiv hängen. Er wird von der Strömung ohnehin aktiviert. Ein Fisch kann dem Streamer gefolgt sein, er be-

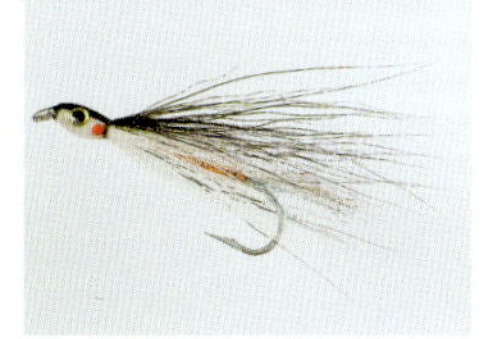

Thunder Creek Streamer

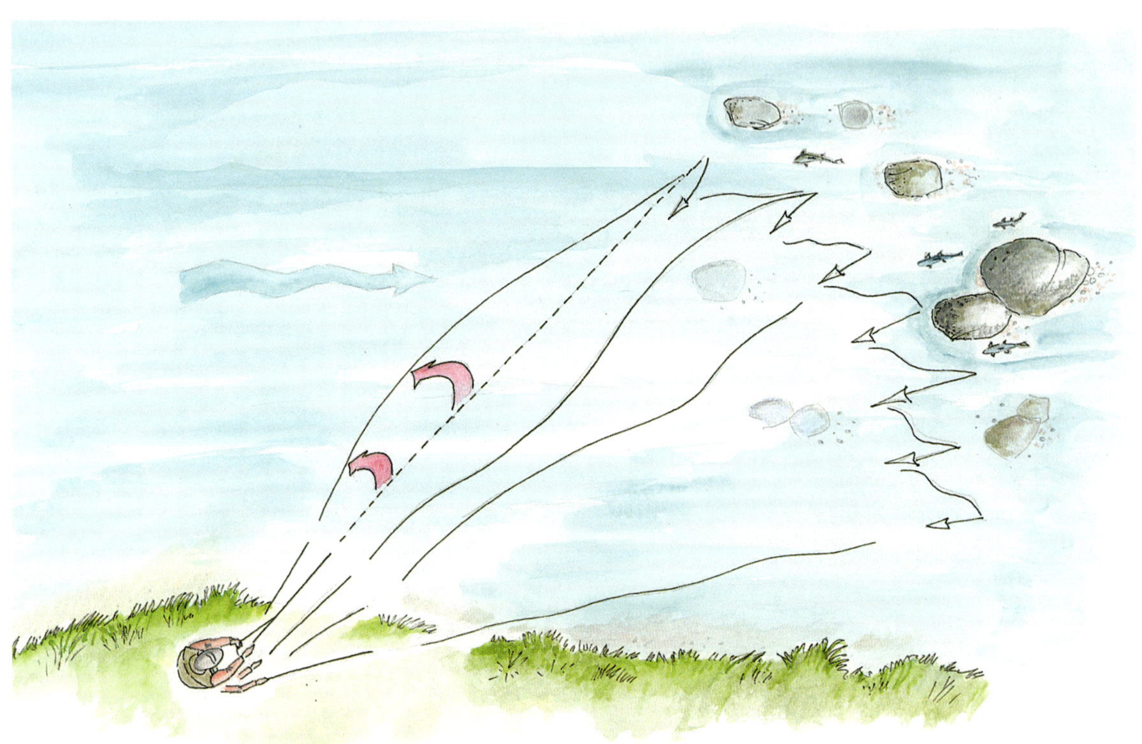

Der »Staccato« Streamer-Swing. In zügiger Strömung wird die Schnur nach dem Ablegen sofort stromaufwärts umgelegt, um die Drift zu verzögern. Während der Streamer herum schwingt, zupft man in akzentuierten Intervallen an der Leine, lässt dadurch den Streamer in der Strömung vor und zurück hüpfen.

obachtet ihn nun aufmerksam, ist aber noch unentschlossen. Warten Sie ein bisschen, dann beginnen Sie an der Schnur zu zupfen. Die Fische brauchen oft etwas Aufmunterung und greifen jetzt zu. Das passiert oft, wenn der Fischer zum nächsten Wurf ansetzen möchte und den Streamer zu sich heranzieht. Für den Fisch sieht es wie eine Flucht aus, deswegen greift er an. Auch hier funktioniert das Spiel mit der Rolle. Beim Einkurbeln der Schnur und den entsprechenden Vibrationen der Rutenspitze gibt es oft noch einen Biss als Dreingabe.

Größere, langestreckte, tiefe Gumpen, **»Pools«,** beheimaten oft sehr gute Fische. Ihre Standplätze lassen sich nicht genau bestimmen. Eine tief gefischte Nymphe Hakengröße 10 oder 12 nehmen diese größeren Exemplare manchmal für den kleinen Hunger zwischendurch. Sie wird nicht abgelehnt, soweit sie mundgerecht serviert wird. Aber große Fische schwimmen dafür meist keinen halben Meter weit. Ein kleiner Fisch ist für sie schon eher die richtige Mahlzeit und deswegen ein tief gefischter Streamer der richtige Köder und ein gutes Rezept solche Fische aus der Reserve zu locken.

Eine gute Ausgangsposition findet man oberhalb des Pool-Einlaufs. Von hier aus lässt sich der Streamer sehr schön in den Pool einschwingen. In größeren Fließgewässern sucht man sich eine entsprechende Watposition. Der Anbietewinkel ist dann weniger schräg zur Strömung und der Streamer kann länger in der gewünschten Position gehalten werden. Auch hier ist eine Sinkschnur bzw. zumindest eine schnellsinkende Sink-Tip von Vorteil, wenn man den Streamer in Grundnähe bringen möchte. Hat man für Trockenfliege oder Nymphe eine Schwimmschnur montiert, sollte sie am Ende eine Schlaufe besitzen. Will man zwischendurch auf Streamer umsteigen, muss man nicht gleich die Rolle wechseln. Ein in der Weste mitgeführtes Sinkvorfach oder ein Mini-Sinking-Head, lässt sich dann schnell einschlaufen und verleiht der Leine ebenfalls Sink-Tip Eigenschaften. Die ersten Reaktionen auf unser Angebot können direkt im Einlauf in den Gumpen erfolgen, an der Stelle wo oft der Boden nach unten wegbricht. Beim Waten stehe ich oberhalb im Flussbett und führe den Streamer mit der Rutenspitze zu dieser Abbruchkante. Ich lasse das Muster dann etwas zurückfallen und lasse es über der Kante spielen. Oft erfolgt genau jetzt ein Ruck in der Rute. Ein Fisch hatte den Streamer lange genug von unten beobachtet und zugeschnappt, bevor er aus seinem Gesichtsfeld verschwindet. In der Mitte des Gumpens kann an der tiefsten Stelle ebenfalls der eine oder andere gute Fisch seinen Einstand

Für die optimale Führung des Streamers muss man mitunter selbst ins Wasser.

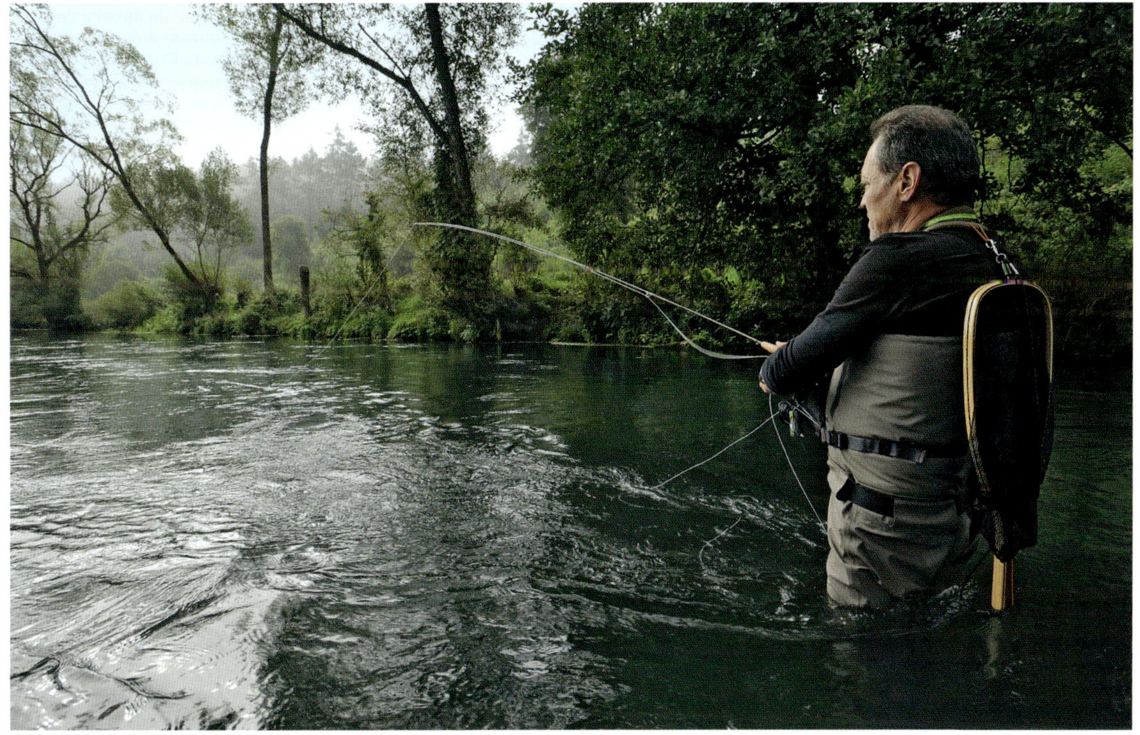

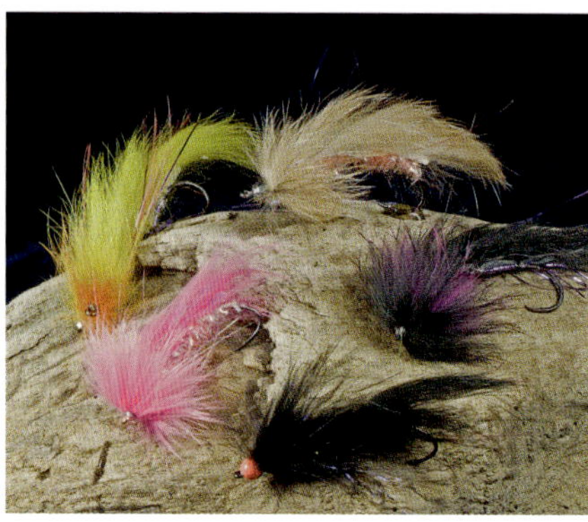

Eine Reihe »Luckies« in unterschiedlichen Ausführungen. Der Clou: Die hier gezeigten Muster sind alle zweiteilig und besitzen einen am Vorderteil beweglich angebrachten, kurzschenkligen Haken. Das fördert insgesamt die Mobilität und vermeidet das Ausheben eines gehakten Fisches. Die farbfrohen Muster kommen vor allem bei trübem Wasser zum Einsatz.

haben. Um dort hinunter zu kommen, braucht es einen schweren Streamer und ein langes Vorfach an der Schwimmschnur. Eine sehr gute Stelle ist der Auslauf, der »Tail« des Pools. Das ist dort, wo der Grund wieder ansteigt und in die nächste Rieselstrecke übergeht. Vor allem am Morgen und am Abend halten sich hier bessere Fische auf, sind aber sehr, sehr vorsichtig. Ein Streamer bietet die Möglichkeit, diesen Platz aus einiger Distanz zu befischen.

Andere Anbieteweisen

Probieren Sie außer dem klassischen Streamer-Swing auch noch andere Techniken.

Streamer stromauf Servieren Sie den Streamer im Pocket-Water oder in nicht zu tiefen Bächen auch einmal stromauf. Führen Sie ihn dann mit der Strömung auf sich zu und vorbei. Kleine, aus ihrem Versteck aufgescheuchte, Beutefische flüchten besonders gerne stromabwärts. Auch verletzte Fischchen werden von der Strömung kraft- und hilflos mitgerissen. Eine passive Drift imitiert ein geschwächtes Fischchen, das dem Wasserdruck keinen Widerstand mehr leisten kann. Während der Streamer auf Sie zutreibt, vergessen Sie nicht, ständig die lose auf dem Wasser treibende Schnur einzuholen, sonst geht bei einem Anbiss der Anhieb ins Leere. Das ist nichts anderes als »High Sticking«

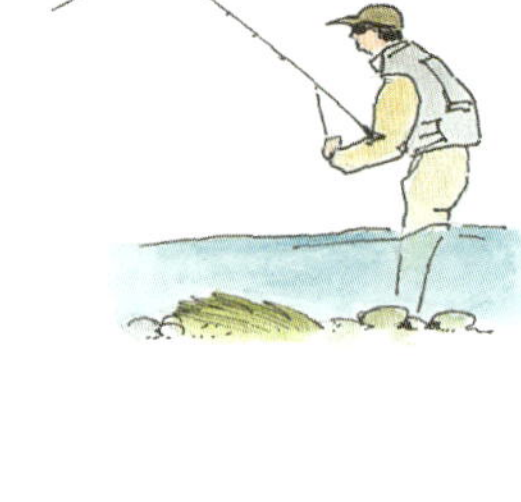

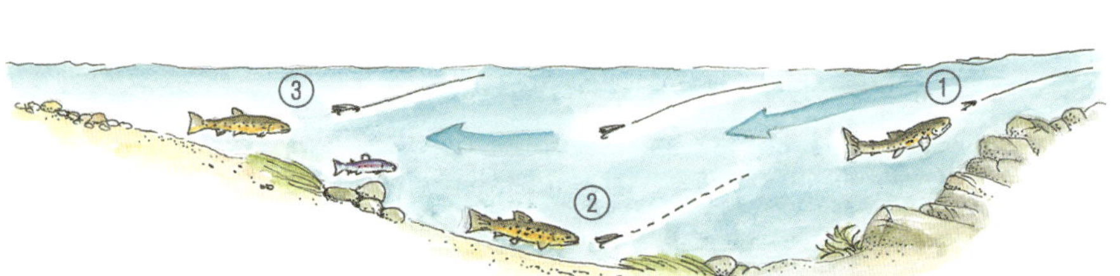

Befischen eines Pools in stromabwärtiger Richtung. ①: Gleich hinter dem Abbruch am Einlauf lauert oft ein guter Fisch. ②: Mitte des Gumpens. Hier müsste der Streamer in die Tiefe. Die Fische kommen nicht so gerne zur Oberfläche ③: Der Auslauf oder »Tail« des Pools. Guter Standplatz, auch für größere Fische, vor allem in der Dämmerung. Hier sollte man vorsichtig aus größerer Distanz fischen.

mit einem Streamer am Vorfachende. Und prinzipiell sehr ähnlich, wie es Angler machen, die mit einer natürlichen Mühlkoppe auf große Forellen angeln. Achten Sie auf das eintauchende Schnurende. Verhält es sich irgendwie ungewöhnlich oder fühlen Sie mit den Fingern der Schnurhand Widerstand, heben sie die Rute.
Ein heller, sogar weißer Koppenstreamer ist mitunter eine gute Nachahmung einer sterbenden oder toten Mühlkoppe. Die Farbe Weiß signalisiert eine leichte Beute für einen hungrigen Fisch. Es genügt eine Schwimmschnur mit einem etwa rutenlangen Vorfach und einem eigenschweren Streamer oder alternativ mit einer Beschwerung

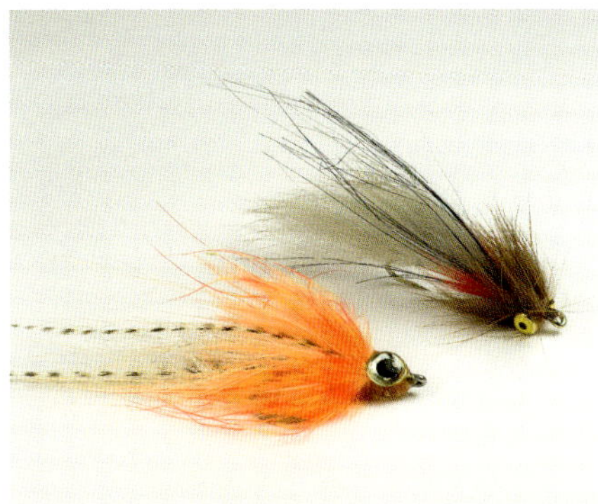

Streamer sollen sich verführerisch bewegen. Gute Bindematerialien sind weiche Tierhaare z.B. Hase oder Fuchs und flaumiges Federmaterial wie Marabu.

kurz vor dem Streamer am Vorfach. Die Würfe sind kurz, in dem turbulenten Wasser würde man sonst die Kontrolle über die Schnur und damit auch den Streamer verlieren.
Man kann einen Streamer auch schneller als die Strömung führen. Nicht im-

Werfen Sie potenzielle Standplätze gezielt an, lassen Sie den Streamer kurz sinken, dann ziehen Sie ihn zügig weg. Die Fische greifen spontan zu.

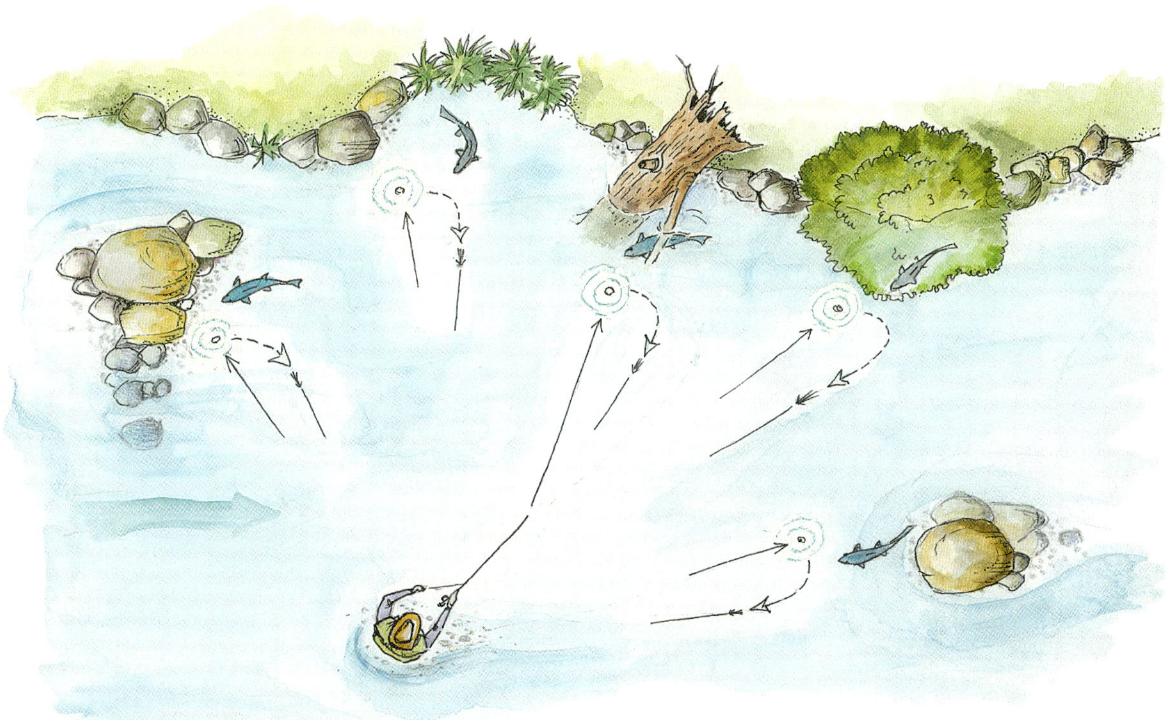

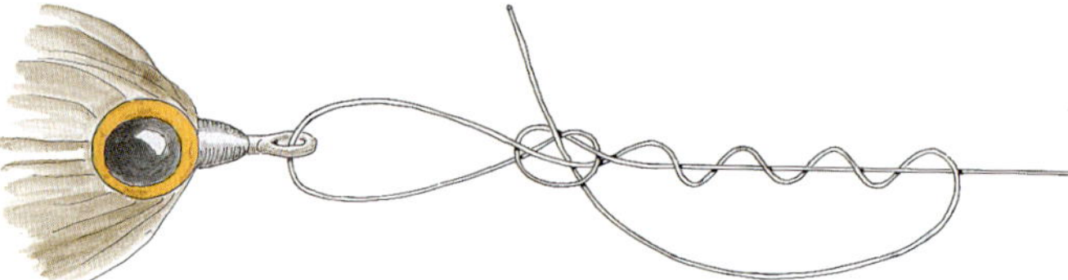

Mit dem »Non-Slip-Mono Loop« hängt ein Streamer oder eine Nymphe locker in einer feststehenden Schlaufe. Das fördert eine lebhafte Aktion.

mer ganz einfach, aber ein deutliches Signal für jeden Räuber, dass sich hier potenzielle Beute schnellstmöglich stromabwärts in Sicherheit bringen will. Was im Einzelfall möglich oder besser ist, probiert man einfach aus.

Zielfischen Streamer eignen sich wunderbar, um vermutete Standplätze direkt anzufischen, zum Beispiel auffällige Steingruppen, Ufereinbuchtungen, Baumleichen oder überhängende Ufervegetation. Werfen Sie diese Strukturen gezielt an. Lassen Sie den Streamer kurz sinken, dann ziehen Sie ihn zügig weg. Hält sich ein Fisch an Ihrem Ziel auf, wird er oft durch diese »Flucht« so animiert, dass er reflexartig hinterher schießt und zupackt. Eine Trockenfliege in den Rücklauf hinter einen Stein zu servieren ist immer eine spannende, aber auch komplizierte Angelegenheit. Aufgrund der diffizilen Strömungsverhältnisse würden Vorfach und Fliege schnell »dreggen« und letztlich einfach weggerissen. Die Präsentation eines Streamers ist da unverdächtiger. Er darf sich bewegen, er soll es sogar. Fischen sie konzentriert die Ufer ab, auch die flacheren Ränder. Suchen Sie nach Standplätzen, nach Verstecken am Rande der Strömung. Dazu zählen versunkene Baumleichen, ein aus dem Ufer hervorspringender Wurzelstock, übereinander getürmtes Treibholz, die Reste einer alten Steinmauer, die Einmündung eines kleinen Nebenbaches oder auch nur eine dichte Krautbank am Gewässergrund. Hier liegen die großen Fische auf Lauer.

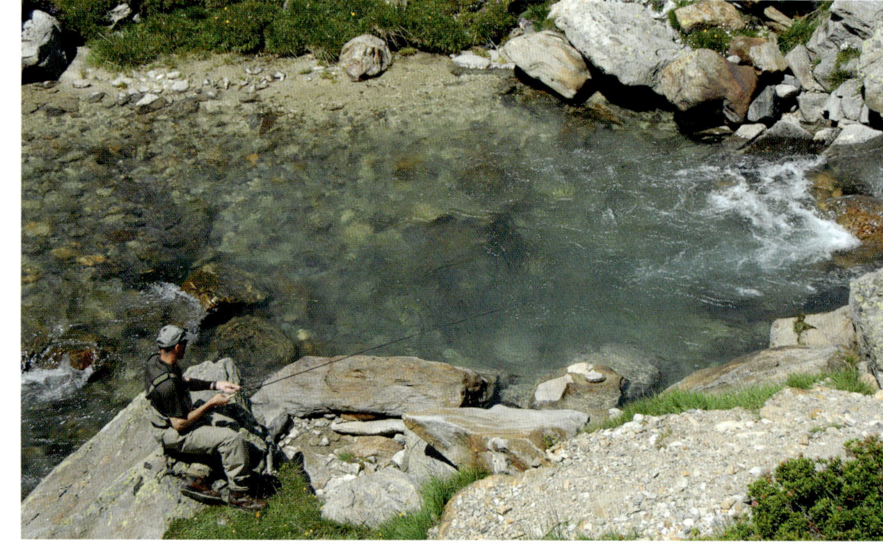

Zuerst wird der Streamer im Auslauf des Gumpens angeboten, dann schrittweise in Richtung Weißwasser präsentiert. Gut absinken lassen und mit der Strömung dicht über den Grund zurückführen.

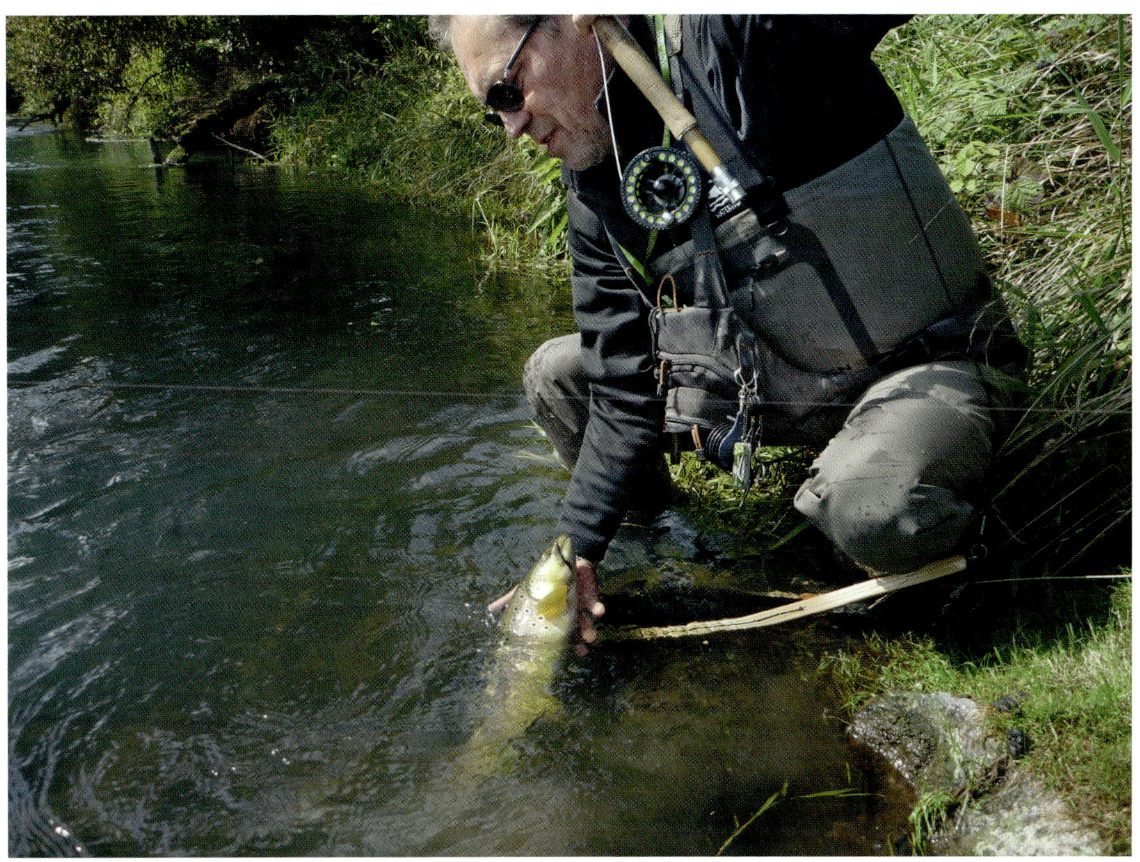

Sonnige Tage bieten eigentlich keine günstigen Voraussetzungen zum Streamer-Fischen. Dieser Fisch biss, nachdem Hartmut den Pool rund zwanzig Minuten lang »bearbeitet« hatte.

Zeit für Streamer

Man hört immer wieder, ein Streamer wäre vor allem im Frühjahr erfolgreich, bevor die ersten Insekten beginnen richtig zu schlüpfen. Und dann erst wieder im Spätherbst, sobald die Insektendichte wieder abnimmt. Das ist teilweise richtig, aber nicht die ganze Wahrheit. Streamer sind während der ganzen Saison einsetzbar. Große Fische fressen Kleinere und das an jedem Tag im Jahr. Allerdings kann es auf die Stunde ankommen.

Denken Sie immer daran, Forellen sind Opportunisten. Haben sie Hunger nehmen sie alles, das ihnen vors Maul treibt, in näheren Augenschein. Erscheint es ihnen fressbar, greifen sie zu. Streamer sollten entweder eine verletzte, hilflos erscheinende Beute repräsentieren oder dem Fisch als Eindringling in seinem Revier erscheinen. Aggression ist neben Hunger einer der Hauptgründe, warum Streamer attackiert werden.

Tageszeiten Wer zu den Frühaufstehern zählt, ist im Vorteil. Die ersten zwei Stunden Dämmerlicht, noch bevor die Sonne aufgeht, sind gerade im Sommer

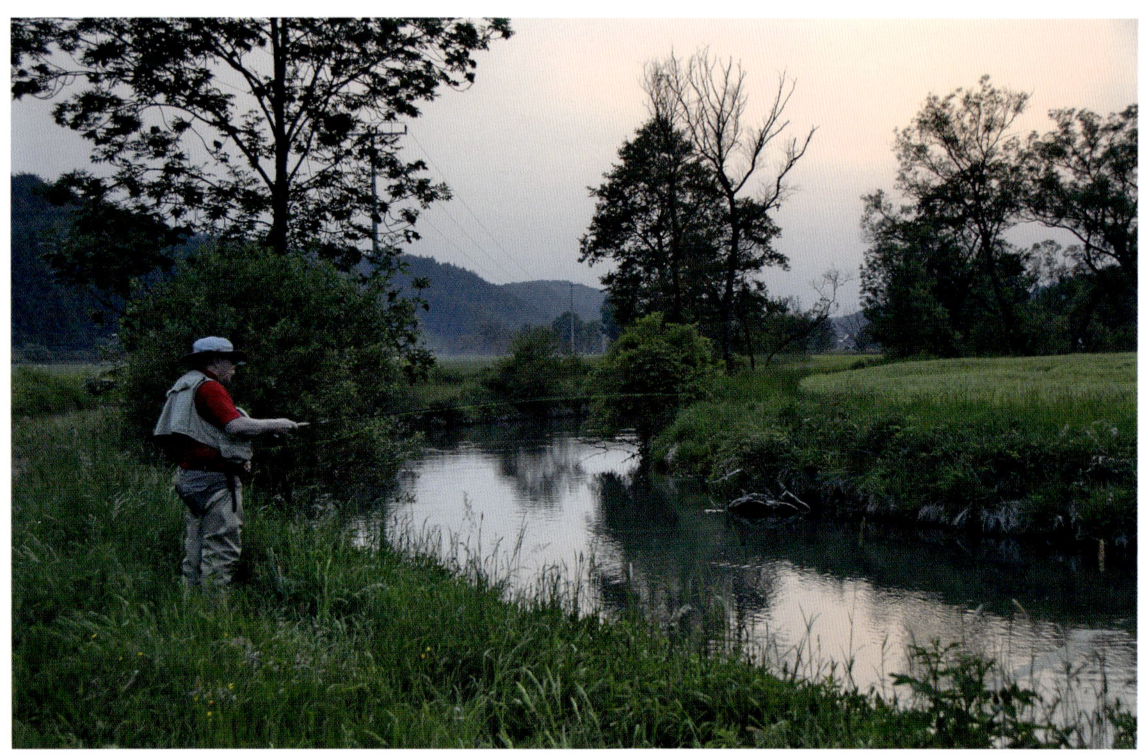

Bei fortgeschrittener Abenddämmerung werden die großen Bachforellen aktiv.

eine sehr gute Zeitperiode. Große Bachforellen jagen mit Vorliebe in der Nacht, aber im Zwielicht des anbrechenden Tages nehmen sie gerne noch den einen oder andern Happen auf, bevor sie sich für den Tag wieder in ihre gewohnten Unterstände begeben.

Einen lebhaften Abendsprung, verursacht durch einen letzten intensiven Insektenschlupf in der Dämmerung, wünscht sich jeder Fliegenfischer. Allerdings dauert er oft nicht lange und hört häufig fast schlagartig wieder auf. Ein schneller Wechsel zu einem Streamer kann jetzt einen oder zwei extra Fische bringen. Einige der Fische sind noch nicht satt und sprechen vielleicht auf einen Streamer an. Denn der Schlupf bringt nicht nur große Fische nach oben, sondern auch kleine. Die größeren Räuber wissen das.

Farben und Modelle

Bei allen Fliegen geht es immer um Muster, Größen und Farben. Das ist bei Streamern nicht anders. Aber um zu wissen welche Kleinfische vorkommen, müssen wir das Gewässer gut kennen, entsprechende Beobachtungen gemacht oder uns genau erkundigt haben. Ich habe weiter oben zwar einen weißen Streamer angesprochen, als Sonderfall der toten Mühlkoppe. Aber generell ist ein eher dunkler, ja schwarzer Streamer immer eine gute Option, gerade bei schlechtem Licht in der Dämmerung, nachts oder auch nur bei Regenwetter mit dunkel verhangenem Himmel. In diffusem Licht fühlen sich die Fische sicherer und jagen im offenen Wasser. Bei einbrechender Dunkelheit kann über tiefem Wasser ein knapp unter der Oberfläche schwimmender dunkler Streamer ein absoluter Killer sein. Der Fisch nimmt ihn von unten gegen das vage Licht des Nachthimmels wahr.

Ein guter Allround-Streamer für trübes Wasser ist schwarz mit einigen goldfarbenen Glitzerfäden. Servieren Sie den Streamer in jede Einbuchtung, Tasche und Kehrwasser am Ufer. Wenn trübe Fluten die Mitte des Flusses schnell machen, punktet man überwiegend in kleinen ruhigen Ufertaschen in der Größe zwischen Kaffeetablett und Wohnzimmertisch.

Ich halte zwei Streamertypen für relevant. Die allgemeinen Muster und genauere Imitationen von Kleinfischen. Hier ein paar Beispiele, mit denen ich gute Erfahrungen auf Salmoniden und Nichtsalmoniden gemacht habe.

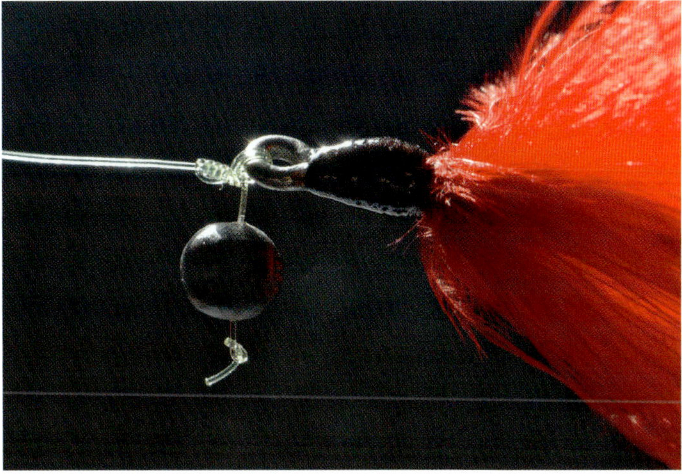

Auf diese Weise lässt sich mit einem Bleischrot ein Streamer direkt beschweren. Das Vorfach wird nicht beschädigt.

Allgemeine Muster Die kleinen Flaschenbürsten ähnelnden »Woolly-Buggers« sind Klassiker und Arbeitspferde zugleich. Mit ihrem aus einer langfibrigen Hechel »gepalmerten« Körper sind

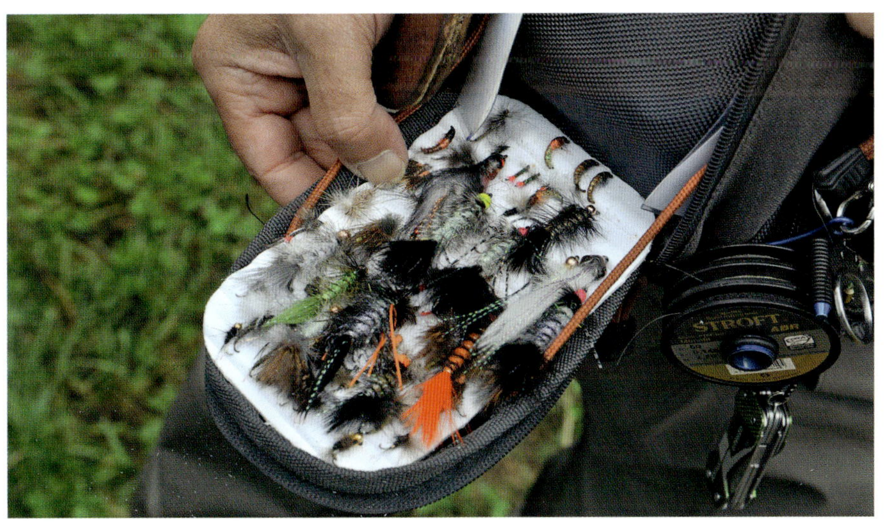

Schneller Zugriff auf den Erfolgsstreamer über die praktische Klapptasche an der Fliegenweste.

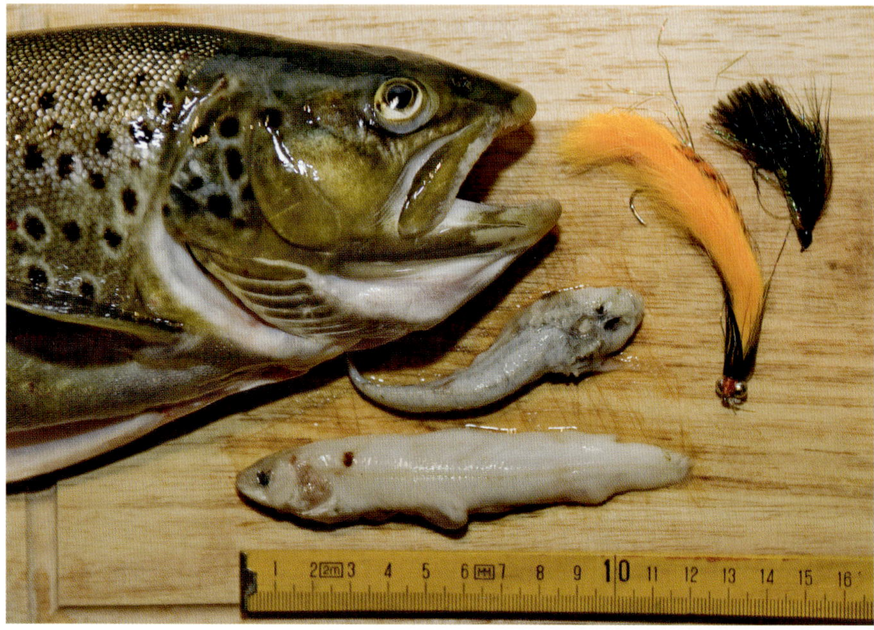

Die Bachforelle maß 45 Zentimeter und hatte eine Jungforelle mit 12 Zentimeter und eine Mühlkoppe mit 8 Zentimeter im Magen. Vielleicht ein Hinweis darauf, dass man öfters einfach größere Streamer verwenden sollte.

sie äußerst vielseitig einsetzbar und recht einfach zu binden. Ihre Erfolgsquote ist legendär. Je nach Führung durch den Fliegenfischer ähneln sie Fischchen, Egeln oder auch kleinen Krebsen. Sie verhalten sich einfach sehr lebendig und sind deshalb große Verführer. Auch die bekannten »Zonker« mit dem charakteristischen Fellstreifen auf dem Rücken bewegen sich in allen Tiefen sehr attraktiv und sehen immer nach etwas Fressbarem aus.

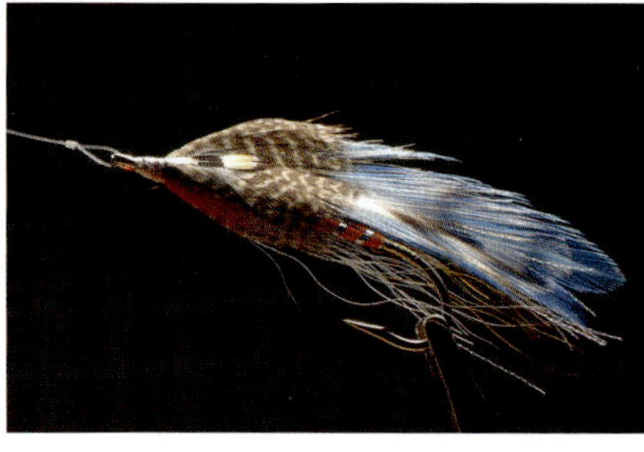

»New England Streamer«. Eine klassische, schöne Bindweise, die sich im praktischen Einsatz auch heute noch bewährt.

Genauere Imitationen Dagegen repräsentieren schmale, grazil erscheinende Streamer mit Feder- oder Haarschwinge schlanke Kleinfische wie zum Beispiel Elritze, Moderlieschen, Stichling oder auch die Jungfischstadien von Salmoniden und vielen anderen Arten. Die passenden Hakengrößen reichen von 1 bis 10. Letztere, um kleinste Brutfischchen zu imitieren.
Zu den Klassikern gehören die »Thundercreek-Streamer« sowie die charakteristichen »Clouser's Deep Minnows«. Ihr Schwerpunkt liegt durch die charakteristischen Metallaugen im Vorderteil. Das ermöglicht eine verführerische Sägezahn-Führung, ähnliche wie bei einem Jig.
Wer ein bisschen Bindeherausforderung sucht, kann sich mit den herrlichen »New England Streamern« befas-

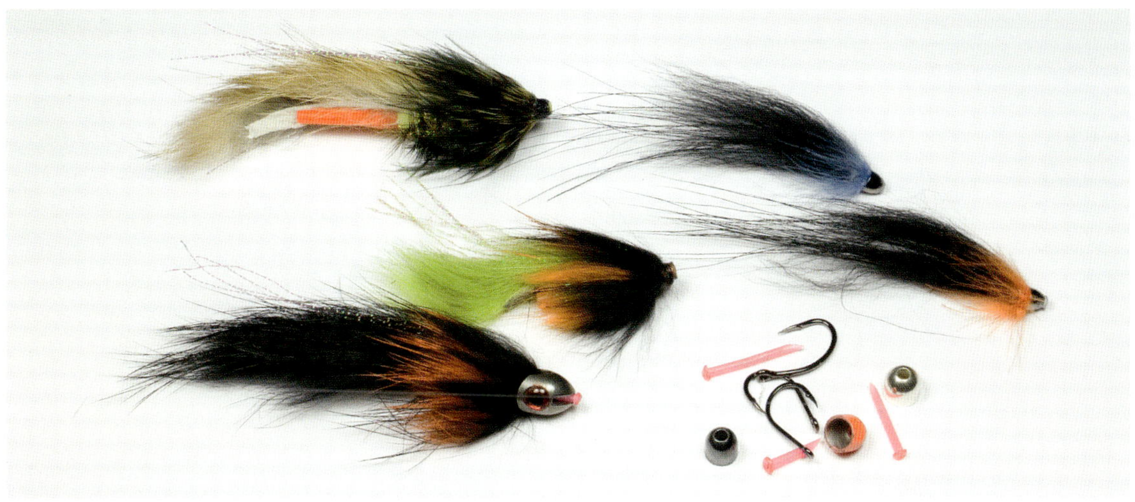

Moderne Tubenfliegen. Auch hier gilt: Im Gegensatz zu den langschenkligen Streamerhaken, kann sich ein Fisch an einem Kurzhaken nicht so einfach aushebeln. Die Tube trennt sich im Drill vom Haken.

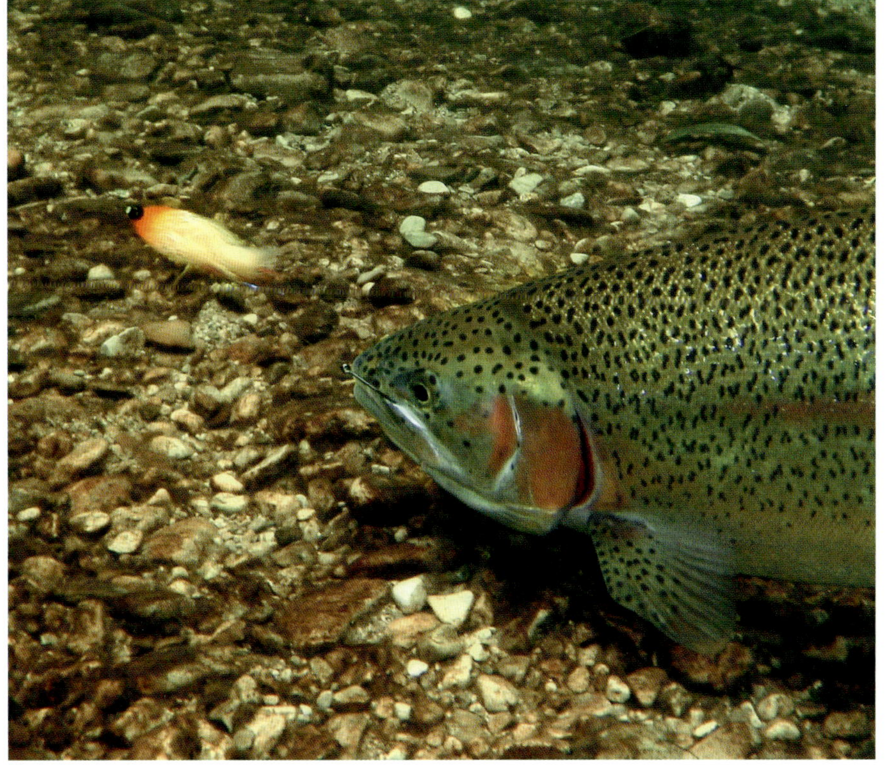

Die Unterwasseraufnahme zeigt, wie sich im Drill die Tube von einem kurzschenkligen Haken absetzt.

sen. Hin und wieder mache ich das gerne, ihre Schönheit steht klassischen »Featherwing Salmon Flies« in nichts nach. Es gab eine Zeit, in der ich am irischen Lough Mask diese Streamer an einer »Lead-Core«-Leine langsam hinter dem Boot hergeschleppt habe. Das beste Ergebnis war eine drei Kilo schwere Brown Trout, die sich meine »Grey-Ghost« Variante etwa 30 Meter hinter dem Boot schnappte.

Für diesen Streamertyp werden auffallend langschenklige Haken verwendet, um den Hakenbogen am gestreckten Körperende zu positionieren. Zu lange Haken können aber die Quote der Aussteiger im Drill erhöhen. Aus diesem Grund haben innovative Fliegenbinder die Erfahrungen aus der Lachsfischerei übernommen und binden nun auch Streamer auf kleine Tuben. Jetzt können kurze Haken eingesetzt werden, die sich beim Anbiss von der Tube lösen. Somit wird das Risiko des Aushebelns aus dem Fischmaul drastisch reduziert. Gebunden mit entsprechenden weichen Materialien, wie Polarfuchs, Marabu u. ä., der Tubenkopf mit einer Perle oder besser einer »Cone« aus Messing oder Tungsten beschwert, sind diese Fliegen hochmobil und bewegen sich äußerst verführerisch im Wasser.

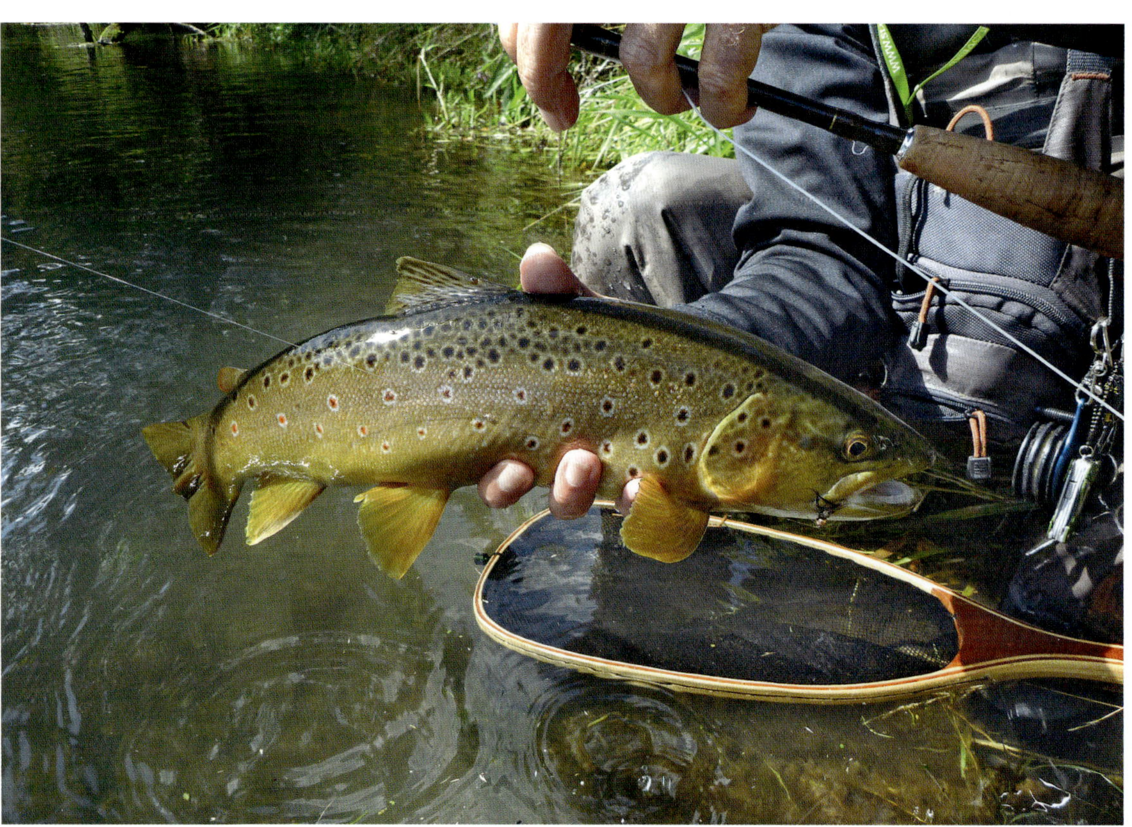

Diese Bachforellen-Schönheit konnte einem dunklen »Woolly-Bugger« in Größe 6 nicht widerstehen.

Hakenschutz

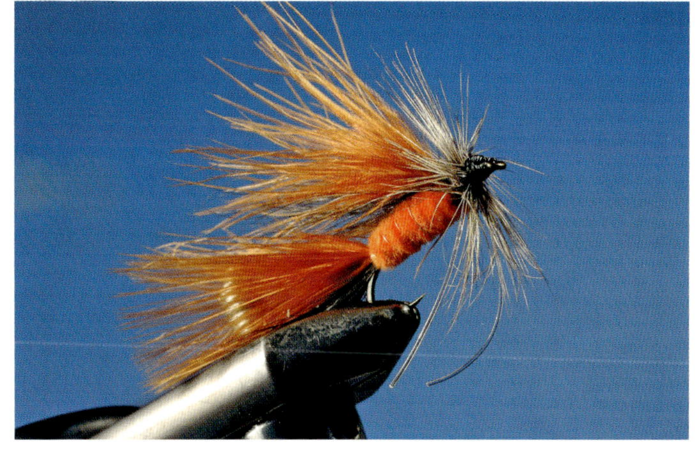

Selbstverständlich wollen wir unsere liebevoll gebundenen Streamer nicht in Wurzelstöcken, im zähen Kraut oder in den hinterhältig lauernden Ästen eines im Wasser liegenden alten Baumes verlieren. Allerdings haben dort die besten Fische ihre Einstände.
Als Hakenschutz bringe ich für solche Fälle zwei relativ steife Fühler aus Hard-Mono im Kopfbereich von Streamern und selbst größeren Nymphen an. Dazu schneide ich ein etwa 10 cm langes Stück des passenden Monos ab, doppele es in der Mitte und drücke es mit einer gezähnten Flachzange zu einem dauerhaften »V«. Der Streamer wird nun zuerst individuell weitgehend fertig gestellt. Erst vor dem Formen der Kopfregion stecke ich das V-förmige Monostück kurz hinter dem Öhr von oben über den Hakenschenkel und fixiere es durch stramme Achterschlingen mit dem Bindefaden. Mit dem Daumennagel streife ich eine zur Hakenspitze zeigende Kurve ins Mono, um Fehlbisse zu vermeiden. Seitdem ich diesen Hakenschutz anwende, verliere ich fast keine Muster mehr durch Hänger, der Fangerfolg hat sich dagegen deutlich erhöht.

Abwechslungsreiches Fischen

Streamer werden von vielen Fliegenfischern immer noch in ihrem Potenzial unterschätzt. Die Wahl des richtigen Musters nach den vorliegenden Gegebenheiten, die korrekte Führung im Wasser erfordern gewiss einige spezielle Kenntnisse. Für ambitionierte Fliegenfischer ein geradezu unendliches Feld für spannende Experimente. Streamerfischen kann, mit Phantasie ausgeführt, sehr erfolgreich sein. Technik und Taktik richten sich nach den jeweiligen Bedingungen. Ein Streamer erleichtert es uns auch mit außergewöhnlich schwierigen Strömungssituationen zurecht zu kommen. Dort wo eine Trockenfliege schon längst unnatürlich dreggt, darf der Streamer sich aktiv bewegen. Zudem kann man mit ihm schnell ein größeres Areal abfischen.

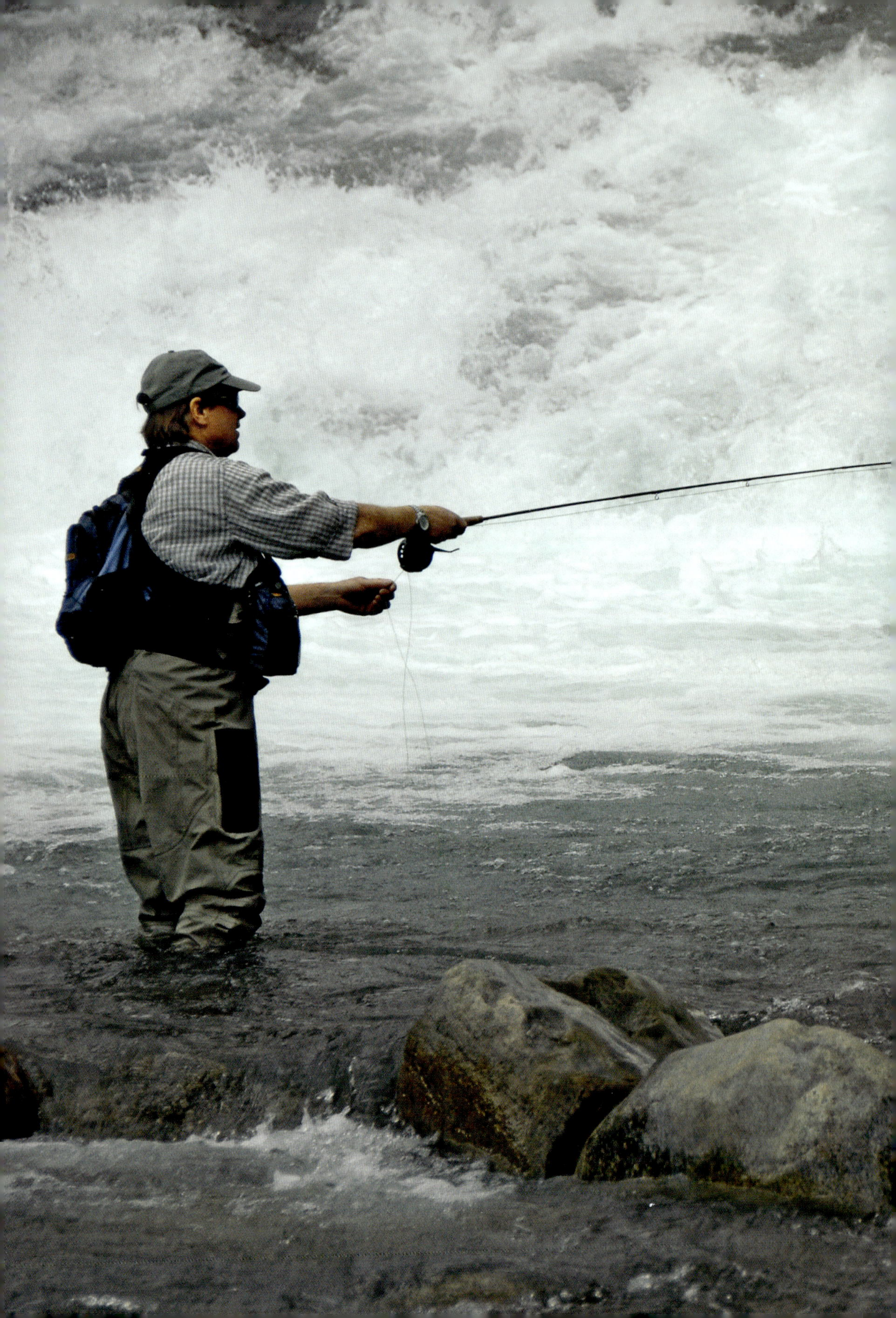

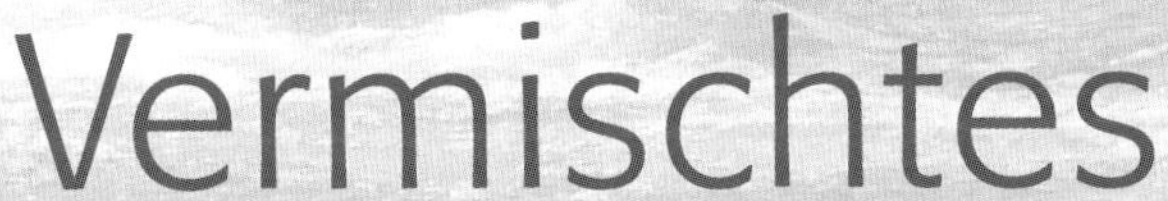

Vermischtes

In das folgende Kapitel habe ich alles eingepackt, was mir für dieses Buch noch besonders interessant erschien. Es ist ein bisschen »Sammelsurium«, »Allerlei« oder eben »Vermischtes«, das ich hier zusammenfasse.

»Mögen die Löcher in Deinem Netz nicht größer sein als die Fische darin«
Irischer Spruch

Haken, Drillen, Landen

Natürlich möchte jeder Fliegenfischer möglichst große Fische fangen. Die meiste Zeit müssen wir uns aber mit »Durchschnittsfischen« begnügen. Sie bereiten bei Drill und Landung keine größeren Probleme. Und kommt tatsächlich hin und wieder ein Fisch vorzeitig ab, empfinden wir es nicht als besonders großen Verlust. Wartet doch in der nächsten Flusskurve bereits der nächste »Durchschnittsfisch«. Wenn es aber dann passiert und urplötzlich ein Kapitaler am anderen Ende der Schnur tobt, sind wir möglicherweise komplett überrascht und überfordert.

Oft reagieren wir jetzt falsch und der Fisch ist so schnell wieder weg, wie er plötzlich erschienen ist. Es gibt so viele Gründe. Der Haken kann ausschlitzen, auch das Vorfach brechen. Ein typischer Anfängerfehler besteht darin, den Fisch einfach festhalten zu wollen. In diesem Fall wird die Schnurhand schnell zum Schraubstock – mit den entsprechenden Folgen. Unsere feinen Vorfächer sind dieser Belastung verständlicherweise nicht gewachsen. Aber auch mit einigen Jahren Erfahrung läuft noch genügend schief, das stelle ich zumindest bei mir selbst fest. Manchmal eine Folge von Fehlern am Gerät, aber meistens vor allem wegen technisch-taktischem Falschverhalten. Hier ein Beispiel: Eine sehr schöne 50er-Regenbogenforelle schlürfte in einem langsamen Rücklauf auf der anderen Seite des Flusses gemächlich Maifliegen ein. Solche Fische sieht man bei uns üblicherweise nur Anfang Juni so dicht unter der Oberfläche. Eine der

Ein entscheidender Moment. Bleibt er am Haken oder nicht?

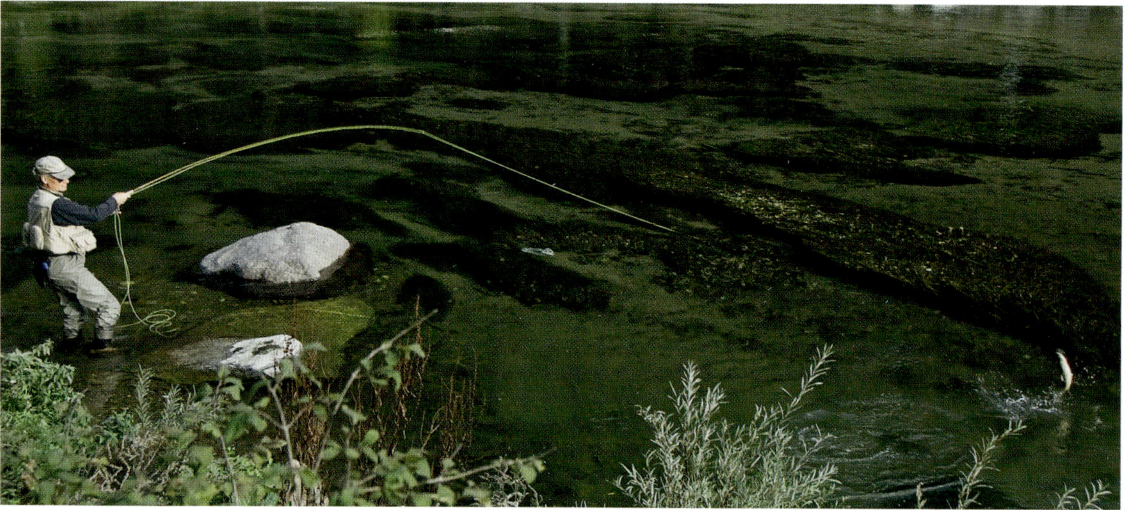

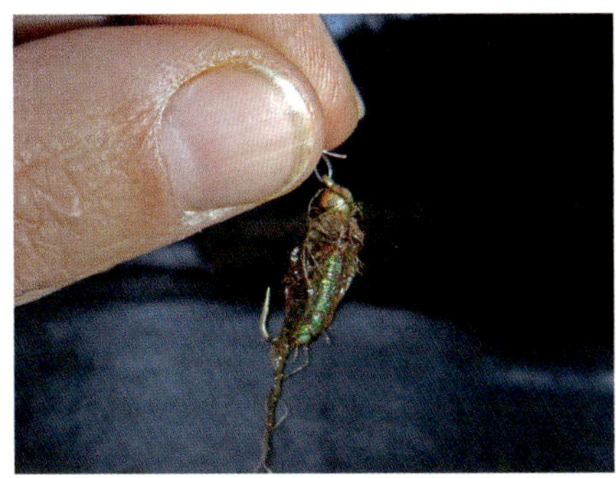

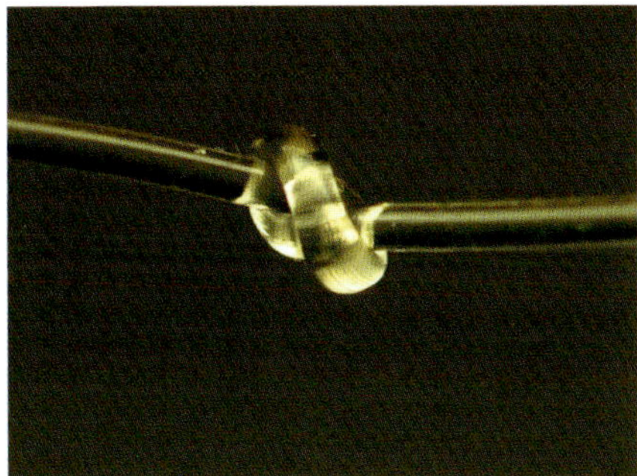

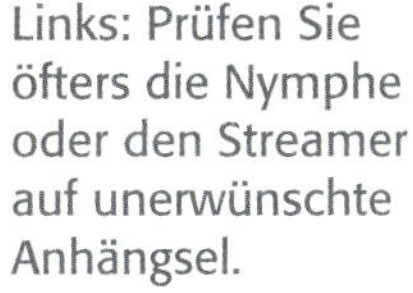

Links: Prüfen Sie öfters die Nymphe oder den Streamer auf unerwünschte Anhängsel.

Rechts: »Windknoten«, die durch unsauberes Werfen im feinen Spitzenteil entstehen, können das Vorfach entscheidend schwächen.

wenigen Gelegenheiten sie mit einer Trockenfliege zu überlisten. Ohne viel nachzudenken servierte ich sofort das Danica-Muster, das ich gerade am Vorfach hatte, aber mein Gerät überprüfte ich nicht mehr. In solchen Augenblicken werde ich manchmal etwas hektisch. Es geht mir alles nicht schnell genug, immer befürchte ich, der Fisch würde verschwinden, wenn ich zu lange brauchen würde. Naja, der Service gelang tatsächlich beim ersten Versuch, der Fisch nahm sofort die Fliege, aber das Vorfach brach bei der ersten Flucht. Nicht einmal am Knoten zur feinen Vorfachspitze, wie das meistens der Fall ist sondern weiter oben im stärkeren Teil des Vorfachs. Ich hatte es länger nicht überprüft und deshalb nicht bemerkt, dass es an dieser Stelle offenbar beschädigt gewesen war. Drei oder vier »Durchschnittsfische« hatte ich in der letzten Stunde jedenfalls problemlos damit gelandet.
Bestimmte Prüfmaßnahmen sollten wir regelmäßig während eines Fischgangs durchführen. Nennen wir es den »Terminalcheck«.

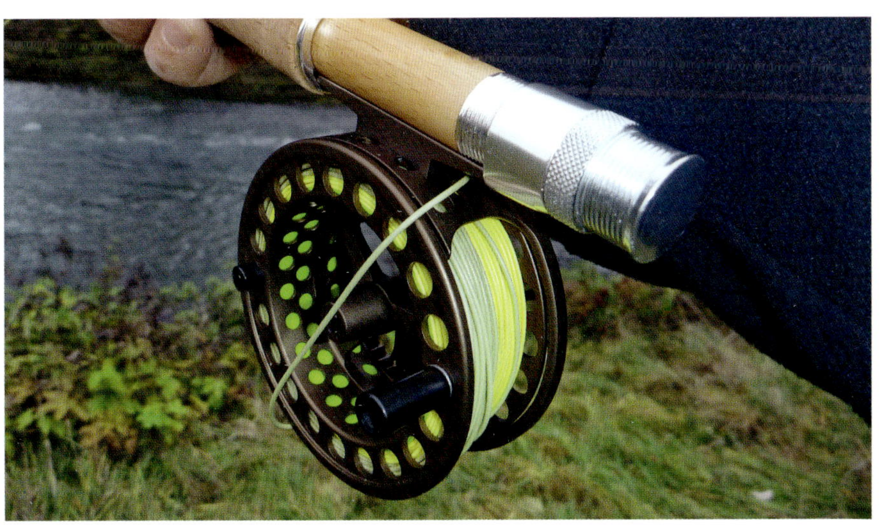

Es kommt vor, dass sich die Schnur beim Werfen, von uns unbemerkt, um den Rollenfuß legt. Es wäre fatal, wenn wir dann unmittelbar mit einem starken Fisch in Kontakt kommen würden.

Der Terminalcheck

1. Sehen Sie immer wieder nach Ihrer Fliege, spätestens dann sobald Sie das Gefühl haben, einen Fisch nicht mehr zu haken zu können. In manchen Fällen ist tatsächlich der Haken gebrochen oder seine Spitze zumindest verbogen. Eine mögliche Folge davon, wenn bei einem schlampigen Rückwurf ein Stein touchiert wurde. Manchmal wickelt sich auch das Monofil seitlich um den Fliegenkörper und den Hakenbogen, dann geht der Anschlag ebenfalls einfach ins Leere. Es reicht aber auch schon, wenn sich ein paar Algenfäden eingehängt haben, der Fisch sieht das sofort, denkt sich seinen Teil und verweigert dann.

2. Direkt an der Fliege oder an der Verbindung von Vorfachspitze zum restlichen Vorfach befinden sich die empfindlichsten Schwachstellen. Überprüfen Sie immer wieder alle Knoten. Das gilt vor allem, nachdem Sie einige Fische oder einen besonders großen Fisch gefangen haben. Auch wenn es Ihnen gerade gelungen ist einen zähen Grundhänger zu lösen. Jetzt sollten Sie zumindest die feineren Knoten erneuern.

3. Prüfen Sie das Vorfach auf möglichen Abrieb, Knicke oder Windknoten, letztere vor allem wieder im Bereich der Vorfachspitze.

4. Überprüfen Sie Ihr Vorfach auf Verdrehungen. Verwenden Sie aber

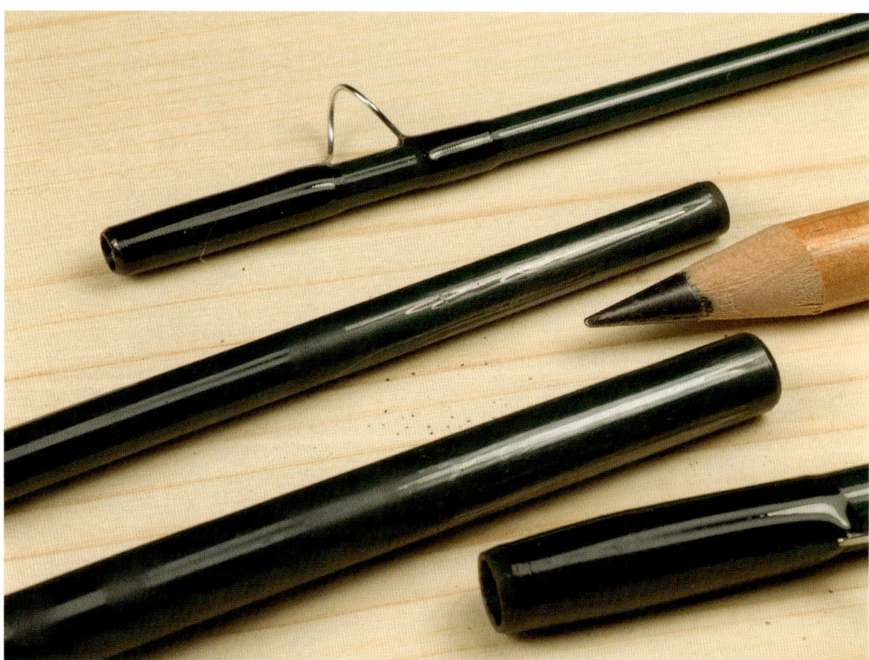

Etwas Graphit auf den Steckverbindungen vermeidet Festsetzen der Hülsen.

möglichst keine so genannten »Vorfachglätter« aus gummiertem Material. Meist zieht man das Monofil zu schnell hindurch, dann wird es heiß und kann beschädigt werden. Glätten Sie Ihr Vorfach, indem Sie es mehrmals zwischen Daumen und Zeigefinger langsam hindurch ziehen. Sie merken wie es an Ihren Fingern warm wird. Lässt sich das Vorfach nicht mehr glatt streifen, erneuern Sie es ohne Wenn und Aber.

5. Achten sie während des Fischens ständig darauf, dass sich die Fliegenschnur nicht um die Rolle oder den Rutenfuß herum legt. Das geschieht relativ häufig. Nimmt dann ein starker Fisch, der sofort Schnur abziehen will, ist die Spule blockiert.

6. Sorgen Sie immer für einen festen Halt aller Teile. Die Rolle soll fest sitzen, die Rutenverhülsungen ebenfalls. Die Ringe müssen in einer Linie liegen. Gefährlich wird es, wenn sich die Steckverbindungen lockern. Beim Werfen kommt es dann zu punktuellem Überdruck, dem das Blankmaterial oft nicht mehr standhält. Die Verbindungen lockern sich besonders gerne bei der Ausführung von Rollwürfen oder durch häufiges Menden. Dünn im Hülsenbereich aufgetragenes Kerzenwachs oder Graphit von einer Bleistiftmine hilft.

In den meisten Fällen unterlaufen uns ganz profane Fehler. Ich nehme mir zwar immer vor, bei jedem Wurf an einer neuen Stelle das Umfeld hinter und über mir einzuschätzen. Aber in Wirklichkeit läuft es leider allzu oft so ab: Ich entdecke einen Fisch und vergesse vor lauter Aufregung nach hinten zu blicken. Gleich darauf hängt meine Fliege im hohen Gras oder in den Zweigen von Bäumen. In letzterem Fall hilft der »Fliegenretter« (Foto S. 142), den man leicht selbst bauen kann. Die Rutenspitze wird in das Röhrchen gesteckt und dann der Fanghaken über den Zweig gehoben, auf dem wir die Fliege unfreiwillig verankert haben. Mit der vorher ausgerollten Schnur ziehen wir dann den Zweig zu uns herab.

Haken setzen

»Schnelle« Ruten mit härterem Blank und steiferer Spitze können bei feiner Vorfachspitze mitunter ein Problem darstellen. Je steifer die Rutenspitze ist, desto ruppiger wirkt sie auf ein feines Vorfach. Außer dem Vorfach muss man auch Rücksicht auf den Haken nehmen. Trockenfliegenhaken sind oft sehr dünn. Bei zu starkem, ruckartigem Zug kann der Draht sich aufbiegen. Das ist umso mehr der Fall, wenn die Hakenspitze nur den harten Kiefer zu fassen bekommt und sich nicht tief einbettet. Die sicherste Stelle für den Haken ist immer der Maulwinkel. Wenn der Fisch von hinten angeworfen wurde, wird die Hakenspitze von selbst in Richtung Maul-

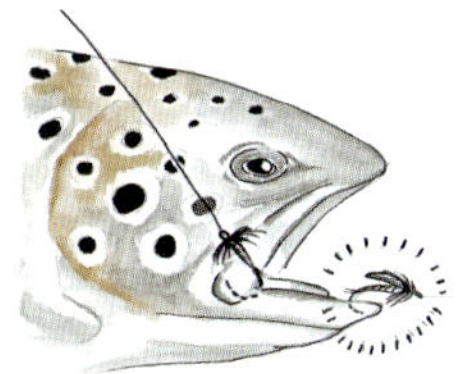

Im Maulwinkel hält der Haken sicher, im harten Kiefer nicht.

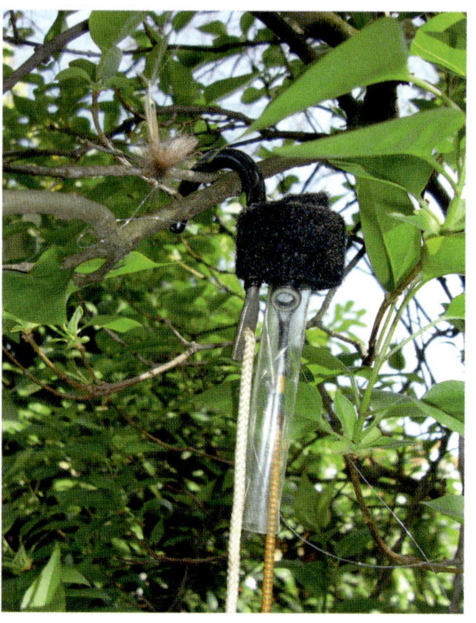

Mit dem »Fliegenretter« lassen sich die wertvollen Muster auch aus höheren Ästen zurück holen.

schere gezogen. Hat ein Fisch dagegen eine stromab servierte Fliege genommen, sollte man diszipliniert warten, bis er sein Maul wieder geschlossen hat und abtaucht. Um den Haken zu setzen, müssen wir es möglichst vermeiden nur mit einem lässigen Schwipp des Handgelenks die Rutenspitze nach hinten zu reißen. Besser wir bewegen konzentriert den gesamten Arm und die volle Rutenlänge.
Nur so wirkt die volle Flexibiltät der Rute über ihre gesamte Länge (s. Abb. auf Seite 144) und sie befindet sich schneller in der für den Drill günstigen Position.

Drillen

Sobald ein Fisch am Haken hängt, möchten wir alles richtig machen, um ihn nicht wieder zu verlieren. Natürlich kommt es auch vor, dass man einen Fisch einige Zeit führt, um ihn dann mitten im Drill wieder zu verlieren. Zum Beispiel, wenn der Fisch plötzlich in ein Hindernis schwimmt. Oder der Haken schlecht gefasst hat und sich mit der Zeit herausgearbeitet hat. Ich verliere die meisten Fische allerdings immer kurz nach dem Setzen des Hakens, in den ersten zwei Minuten des Drills, oder später kurz vor der Landung. Freunde haben mir bestätigt, dass es ihnen auch so geht. Was sind die Gründe dafür?

Rolle oder Hand

Der richtige Einsatz von Rute und Rolle beim Drillen muss gelernt werden. Das geht meist nicht ohne Lehrgeld. Wie ich schon am Anfang dieses Buches gesagt habe, ist Fliegenfischen mehr Handwerk und weniger Kunst. Die Fliegenschnur wird mit der Hand geführt, eingeholt und wieder losgelassen. Und damit sind wir direkt bei einem interessanten Thema. Oft wird darüber diskutiert, ob man einen Fisch mit der Hand oder von der Rolle drillen soll. Ich war bis vor einiger Zeit der grundsätzlichen Überzeugung, dass man, zumindest bei einem größeren Fisch, die lose Schnur so schnell wie möglich auf die Rolle zurückbringen soll. In meinem Buch »Das ist Fliegenfischen« habe ich das auch so ähnlich beschrieben. Auch deswegen, weil die Schnur schneller verschlissen wird, wenn sie häufig auf dem Boden liegt und man darauf he-

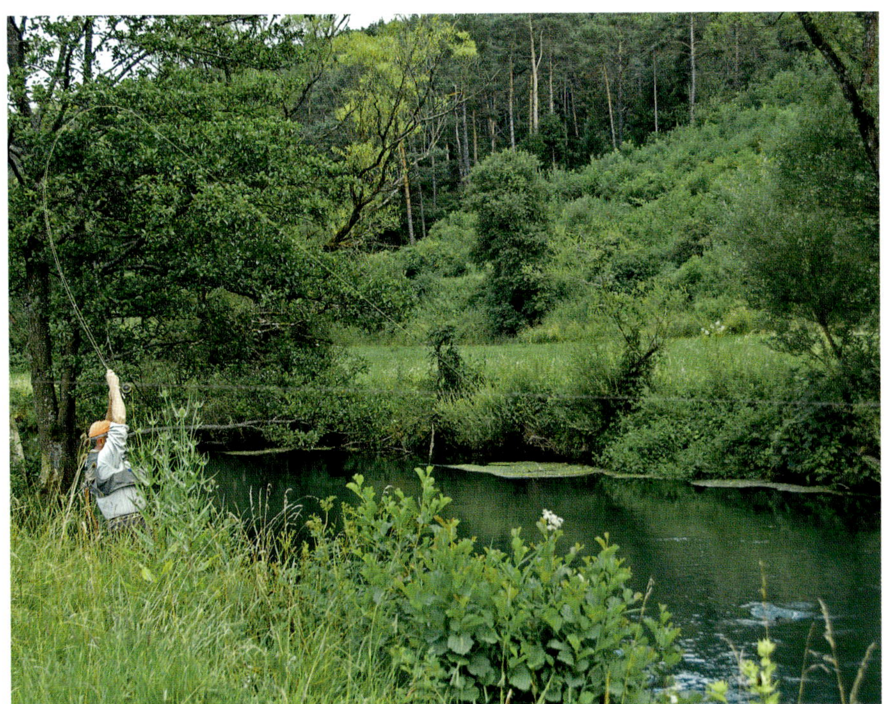

Über-Kopf: Eine ungünstige Rutenposition , die oft unmittelbar nach dem Hakensetzen zustande kommt. Die Rute sollte so schnell wie möglich in eine bessere, niedrigere Stellung gebracht werden.

Das sichere Setzen des Hakens auf größere Distanz gelingt nur, wenn die Leine einigermaßen gestreckt auf dem Wasser aufliegt.

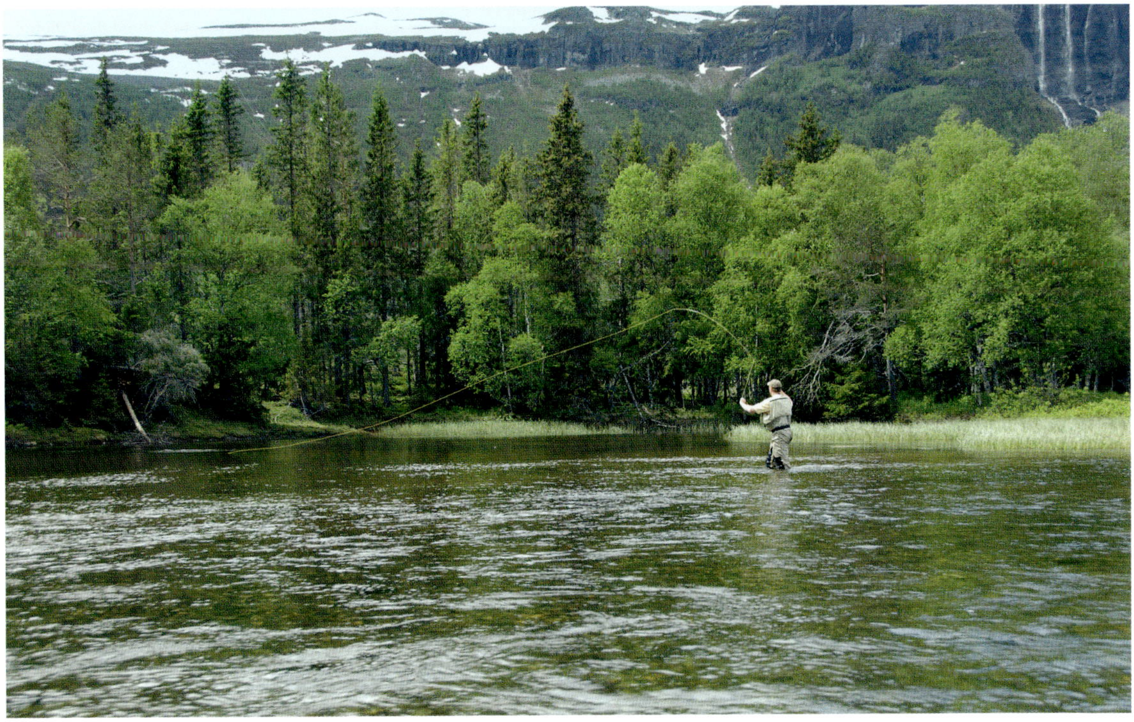

Beim Haken setzen sollte die Rute, wenn möglich, nicht über die Schulterlinie hinaus bewegt werden. Nur so kann der Rutenblank seine volle Elastizität ausspielen. Diese Position sollte man auch während des Drills beibehalten.

rum trampelt. Der Hauptgedanke war allerdings, dass eine auf dem Boden liegende Schnur sich bei der schnellen Flucht eines großen Fisches in einem Hindernis verhängen kann.
Ich möchte das ein wenig relativieren. Warum? Weil es oft schiefging! Gerade, wenn ich versucht habe, die Schnur nach dem Anhieb so schnell wie möglich auf die Rolle zurückzubringen, hat sich der Fisch mitunter ebenso schnell wieder verabschiedet.
Den Grund sehe ich inzwischen darin: Kurz nach dem »Anhieb« ist der Fisch noch nicht unter Kontrolle. Wenn wir uns jetzt auf Rolle und Schnur konzentrieren und beginnen einfach an der Spule zu kurbeln, gerät der Fisch aus unserem Fokus. Dabei ist es zu diesem frühen Zeitpunkt viel wichtiger die Schnur zu straffen und die Rute in die richtige Drillposition zu bringen. Sollte

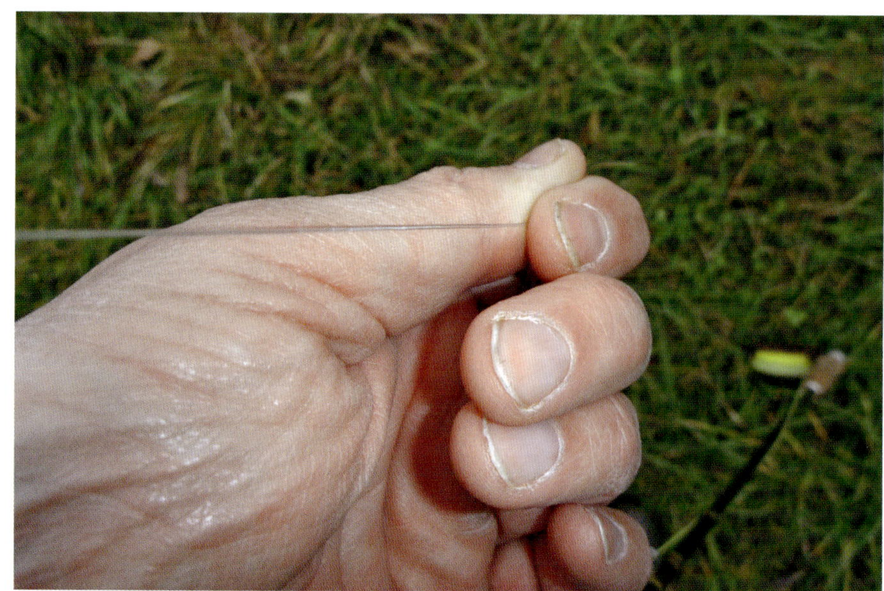

Ein kringelndes Vorfach glättet man am besten nur mit Daumen und Zeigefinger.

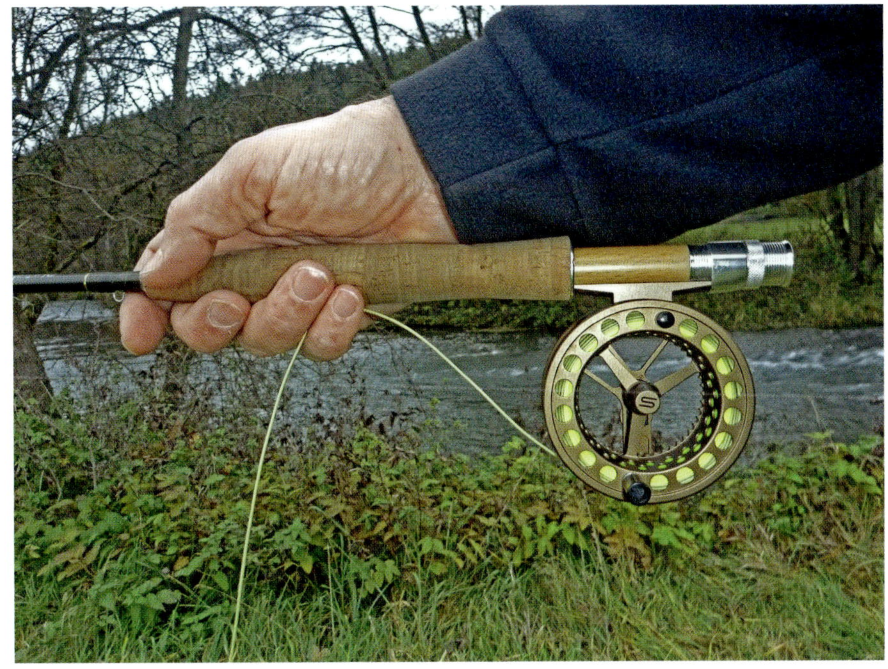

Beim Zurückholen loser Schnur auf die Spule führt man diese über den kleinen Finger. Sonst würde die Schnur einfach nach unten hängen, käme nur sehr unkontrolliert auf die Spule und könnte sich letztlich auch einklemmen.

sich der Fisch schnell auf uns zu schwimmen, müssen wir ebenso schnell Schnur einholen. Das geht nur mit der Hand, nicht mit der Rolle. Vor allem habe ich bemerkt, dass ich durch hektisches Aufkurbeln die Rutenspitze in Vibrationen versetze, die sich auf den Halt des Hakens negativ auswirken können. Deswegen konzentriere ich mich nun zuerst auf die richtige Rutenposition und ihren richtigen Anstellwinkel, damit ich den erforderlichen Druck auf den Fisch ausüben und ihn unter Kontrolle bringen kann. Die Schnur hole ich dazu mit der Hand ein und lasse sie aber möglichst nicht einfach neben mich fallen, sondern sammle sie in meinem »Flexi-Stripper«. Damit hat sie keinen Bodenkontakt und bei Bedarf kann ich sie schnell wieder ausspielen. Meistens bekommt man die Schnur auch ganz einfach auf die Rolle zurück. Setzt ein größerer Fisch zu einer ersten, größeren Flucht an, nimmt er die gesamte lose Leine ohnehin mit nach draußen. Danach könnten wir, wenn wir es wollten, wieder von der Rolle drillen. Schießt der Fisch abermals auf uns zu, sollten wir schnell erneut auf Handeinzug umstellen. Mit der Rolle wären wir vermutlich wieder viel zu langsam.

Rutenposition

Wie wichtig eine korrekte Rutenposition ist wurde schon beim Thema »Haken setzen« angesprochen. Den größten Widerstand gegen den Zug eines Fisches kann ein Rutenblank nur ausüben, wenn sich der Griff der Rute etwa im 90 Grad Winkel zur Schnur befindet. Das ist ein Viertel- und kein Halbkreis. So kann sich die Kraft des Handteils am besten entwickeln und das Spitzenteil seine Pufferwirkung entfalten. Auch sehr dünne Monofilspitzen geraten dann nicht gleich in Gefahr. Zwar kennt jeder diverse spannende Beschreibungen von zum »Halbkreis« gebogenen Ruten während dramatischer Drills. Ich bezweifle sehr, dass eine zum vollen Halbkreis gebogene Rute irgendwie nützt. Gut gemeinte Ermunterungssprüche von Zuschauern während eines harten Drills, à la »Show him the Butt!« mögen ja ganz markig klingen. Ich sehe allerdings keinen Vorteil darin, den Rutenknopf in Richtung Fisch zu biegen. Verformt sich eine Rute derart, wandert der gesamte Druck zur Mitte des Blanks. Das Handteil verliert seine Kraft, die Spitze ihre Pufferwirkung und wir an Kontrolle über den Fisch.

Zieht ein großer Fisch die Rutenspitze zur Wasseroberfläche hinab, ist man geneigt mit der anderen Hand den

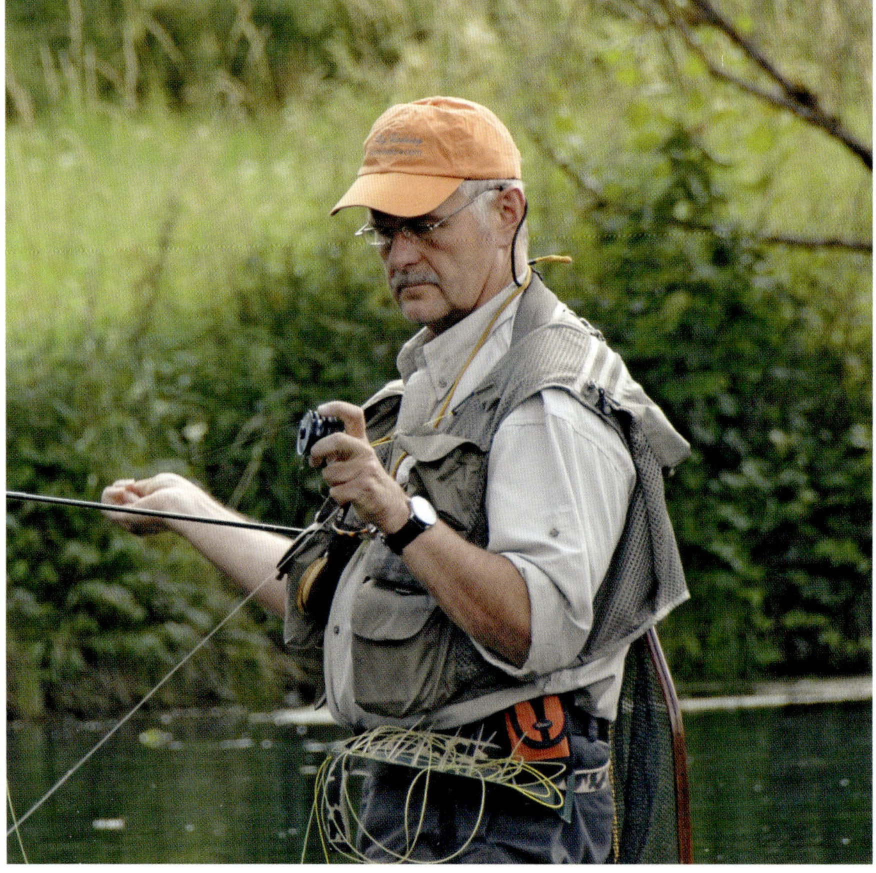

Der »Flexi-Stripper«: Eine Art »Schnurkorb«, der ein bisschen einem Nagelbrett ähnelt und das Einholen und Aufbewahren der Fliegenschnur sehr erleichtert. Ich trage ihn eigentlich beim Fischen immer an der Hüfte, egal ob ich am Ufer stehe oder wate. Vorteil: Kein Verhängen der Leine am Boden, kein Wegtreiben im Wasser mehr. Das Wiederauslegen der Leine ist kein Problem.

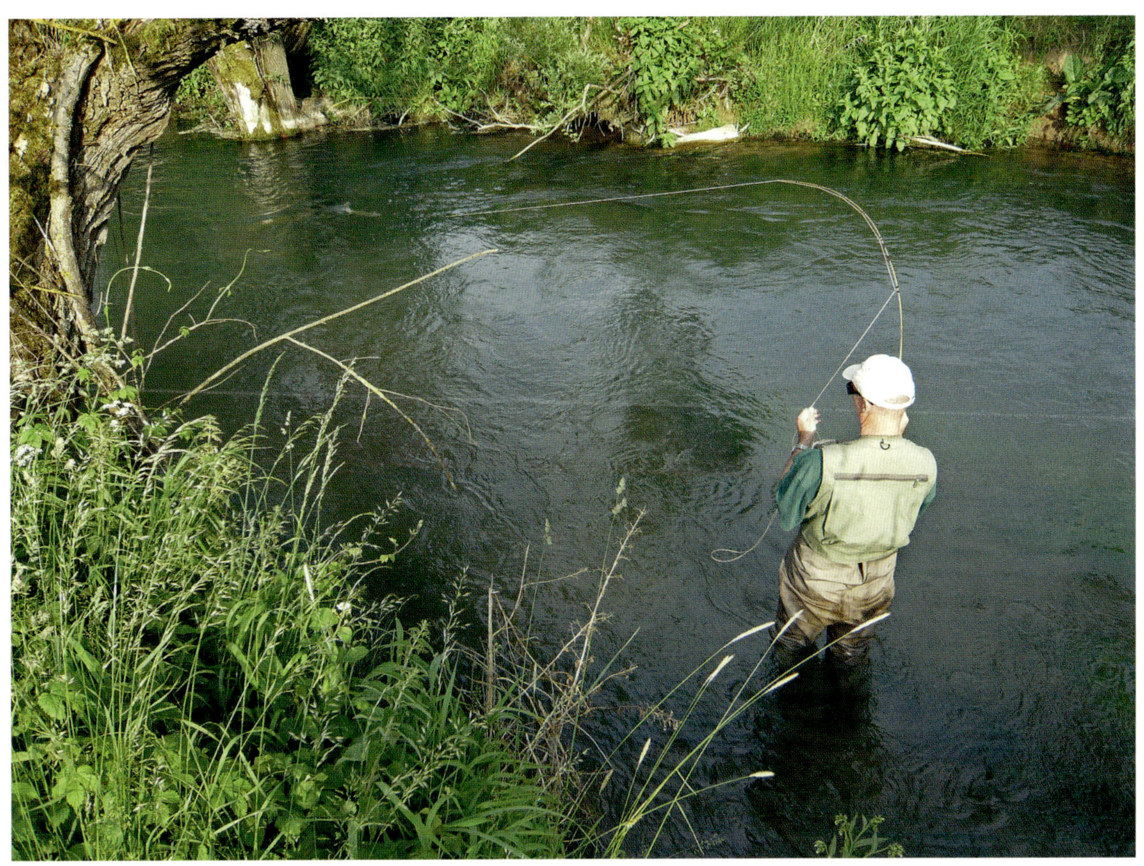

Guter Drillwinkel. Der Rutenblank wird optimal belastet, der Druck liegt auf dem starken Unterteil.

Blank stützen. Manche sagen, das wäre gefährlich, denn bei starken Vorfachspitzen könnte die Rute brechen. Ich greife nicht höher als eine Handbreit über den Griff. Das hilft die Rutenhand zu entlasten und erhält trotzdem die volle Elastizität der Rute.

Seitendruck Eine seitwärts abgesenkte Rute zwingt auch einen stärkeren Fisch noch am schnellsten zur Richtungsänderung. Schwimmt ein Fisch stromaufwärts und man zieht mit der Rute in Richtung des Ufers, ist das besonders wirkungsvoll, da der Fischkörper mit dem Kopf in Richtung Ufer weist. Die Strömung trifft nun seine Flanke und druckt ihn damit flussabwärts zum Ufer. Lässt sich der Fisch unterhalb von uns in die Strömung fallen, was öfters der Fall sein wird, ist es nicht ganz so einfach, grundsätzlich gilt aber das gleiche.

Beschäftigung Gönnen Sie einem gehakten Fisch keine Pause. Stellt er sich regungslos in die Strömung oder auf den Grund, versuchen Sie ihn durch seitlichen Zug zu bewegen. Gelingt das nicht, helfen oft leichte Schläge auf

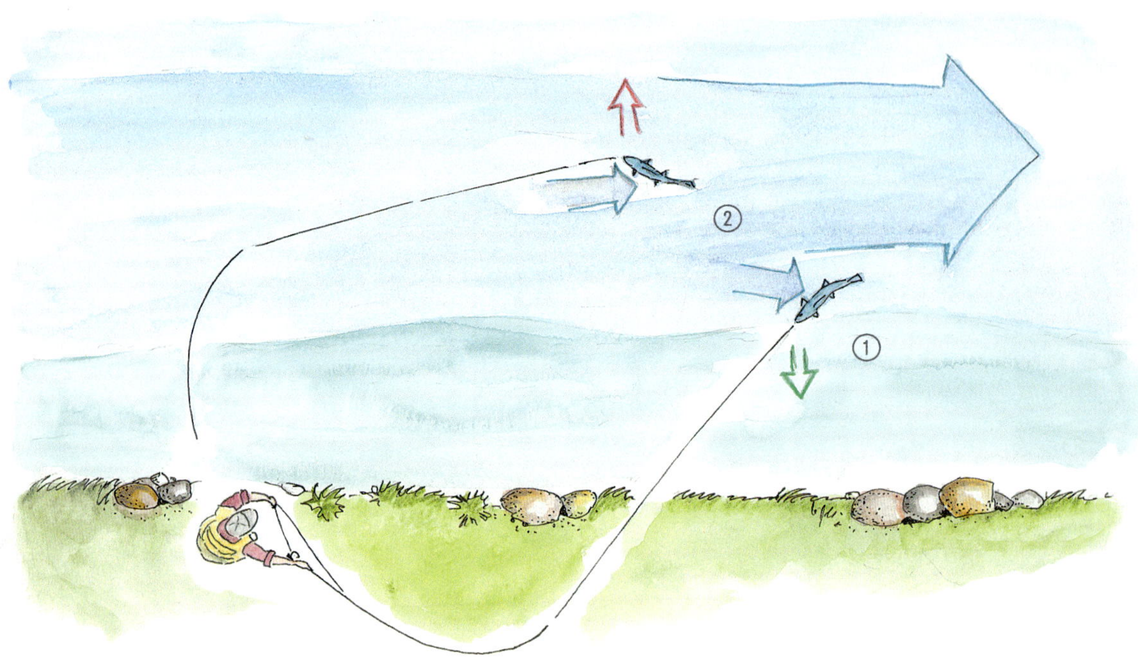

① Ziehen Sie einen Fisch in ruhigeres Randwasser, indem Sie die Rute seitlich zum Land hin abkippen. Weist auch der Kopf des Fisches in Richtung Land, trifft die Strömung auf seine Flanke und treibt ihn in unsere Richtung.

② Bei senkrecht gehaltener oder zum Wasser hin abgesenkter Rute kann es umgekehrt sein, dann wird der Fisch von uns weg zur Flussmitte gedrückt. Sehr ungünstig!

den Rutenknopf, die Vibrationen übertragen sich auf den Fisch. Halten Sie die grundsätzlichen Drillregeln ein. Einen großen, schon ermüdeten Fisch »pumpt« man zu sich her. Beim Heben der Rute – aber nicht nach hinten über unseren Kopf hinaus – wird die Schnur festgehalten. Beim Senken wird sie eingeholt. Wenn der Fisch zu einer kraftvollen, schnellen Flucht ansetzt, dann senken wir die Rute ein wenig und lassen ihn erst einmal wieder ziehen, bis wir wieder effektiv Druck auf ihn ausüben können.

Landen

Grundsätzlich wird der Fisch erst gelandet, sobald er dafür »reif« ist. Folgt er dem Zug der Rute, ziehen Sie ihn zügig zu sich her. Heben Sie möglichst seinen Kopf über die Wasserlinie und halten Sie ihn dort, bis er im Netz oder in Ihrer Hand liegt. Gelingt es ihm seinen Kopf zurück unter die Wasserlinie zu bringen, gewinnt er Oberhand. Falls Sie spüren, dass der Fisch noch nicht aufgibt, müssen eben Sie noch ein Mal nachgeben.

Ein besonders heikler Punkt ist erreicht, sobald die Verbindung zwischen Fliegenschnur und Vorfach auf den Spitzenring stößt. Bei einem langen Vorfach ist es aber oft unerlässlich, ein Stück davon bis in die Ringe einzuziehen, um den Fisch mit der Hand oder dem Kescher erreichen zu können. Bleibt eine unebene Verbindung dann an einem Ring hängen, kann das böse

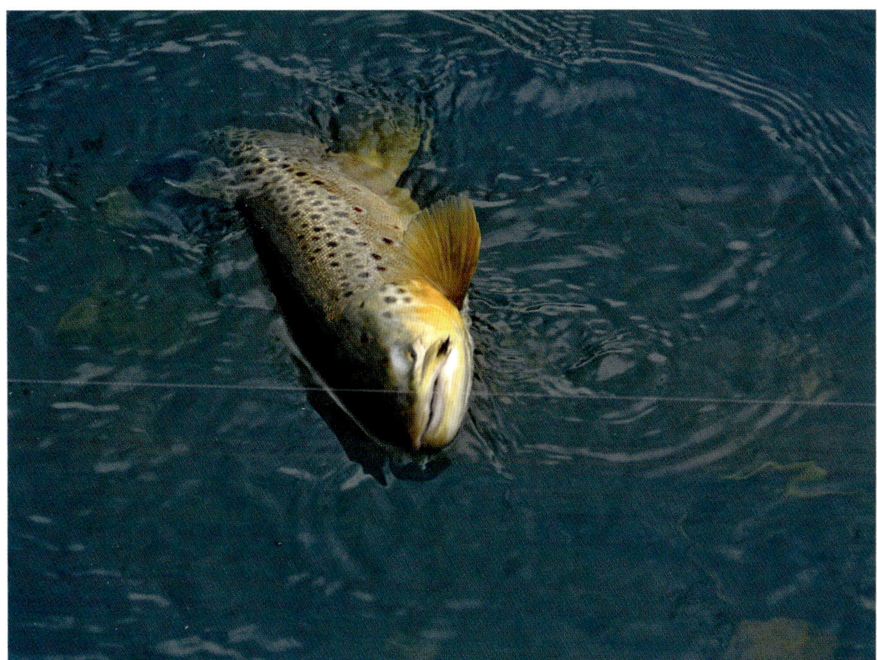

Drillen Sie zügig, damit der Fisch, wenn er zurückgesetzt werden soll, nicht zu erschöpft ist. Verwenden Sie deswegen auch keine zu dünnen Vorfächer.

Versuchen Sie den Kopf eines ausreichend müde gedrillten Fisches beim Heranziehen über Wasser zu halten. Wenn er jetzt mit dem Schwanz schlägt, treibt er sich selbst nach vorne – in Richtung Netz.

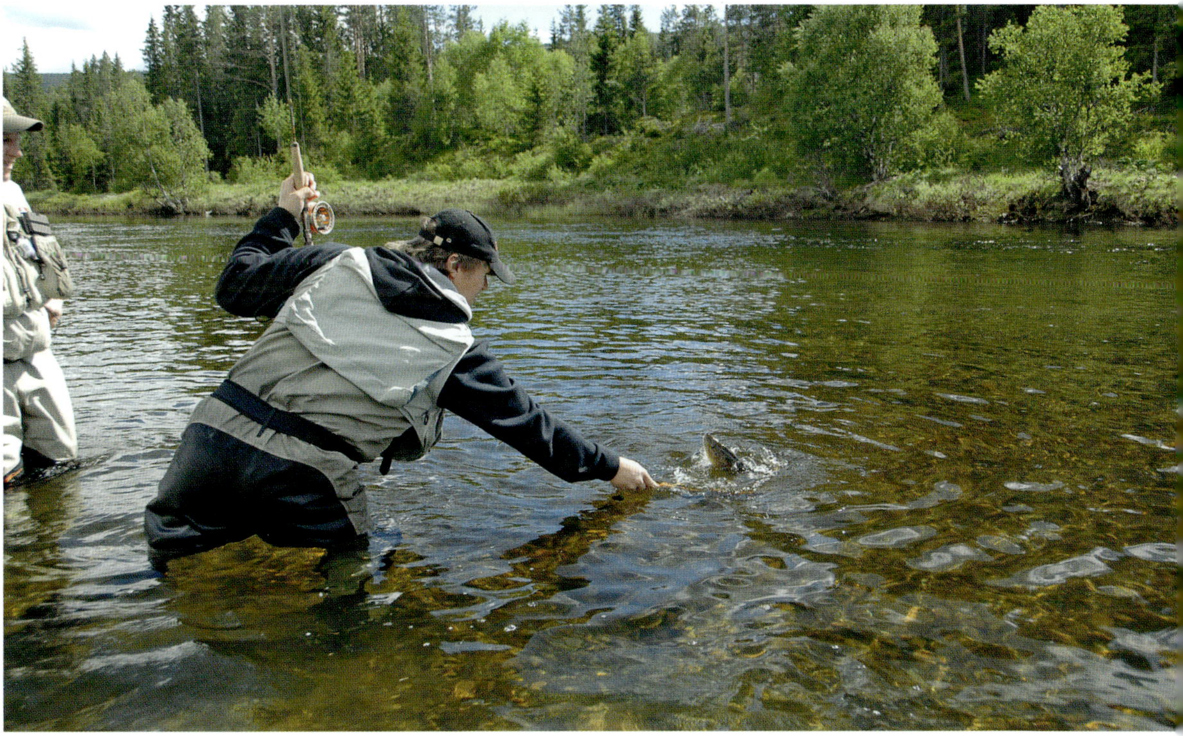

ausgehen. Ich versuche immer diese Verbindung so glatt wie möglich zu gestalten.

Landen und Hakenlösen

Wie löse ich den, selbstverständlich widerhakenlosen, Haken aus dem Fischmaul? Nicht zu große Fische, die zurückgesetzt werden sollen, versuche ich mit der Rutenspitze auszuhaken, indem ich den Spitzenring bis unter den Hakenbogen führe und mit der Schnurhand das Vorfach kurz anspanne. Meist genügt ein kurzer Stupps und der Fisch ist wieder frei. Das finde ich immer dann sehr praktisch, wenn ich von einem erhöhten Ufer aus fische. Sitzt die Fliege im Inneren des Mauls sollte man diese Methode besser vermeiden, die Rutenspitze wäre in Gefahr. Am niedrigen Ufer oder beim Waten, gleite ich alternativ mit der Hand am Vorfach entlang bis zum Fisch und hänge den Haken aus. Steckt die Fliege tiefer, nehme ich meine abgewinkelte Arterienklemme zu Hilfe.

Die Handlandung von Fischen bis zu rund 35 Zentimeter Länge stellt dann kein Problem dar, wenn man weiß, wie es geht. Der Fisch gleitet in die nasse Hand und wird sofort auf den Rücken gedreht. Gleichzeitig nehmen wir jede Spannung aus der Schnur. Wenn das klappt, hält der Fisch ruhig

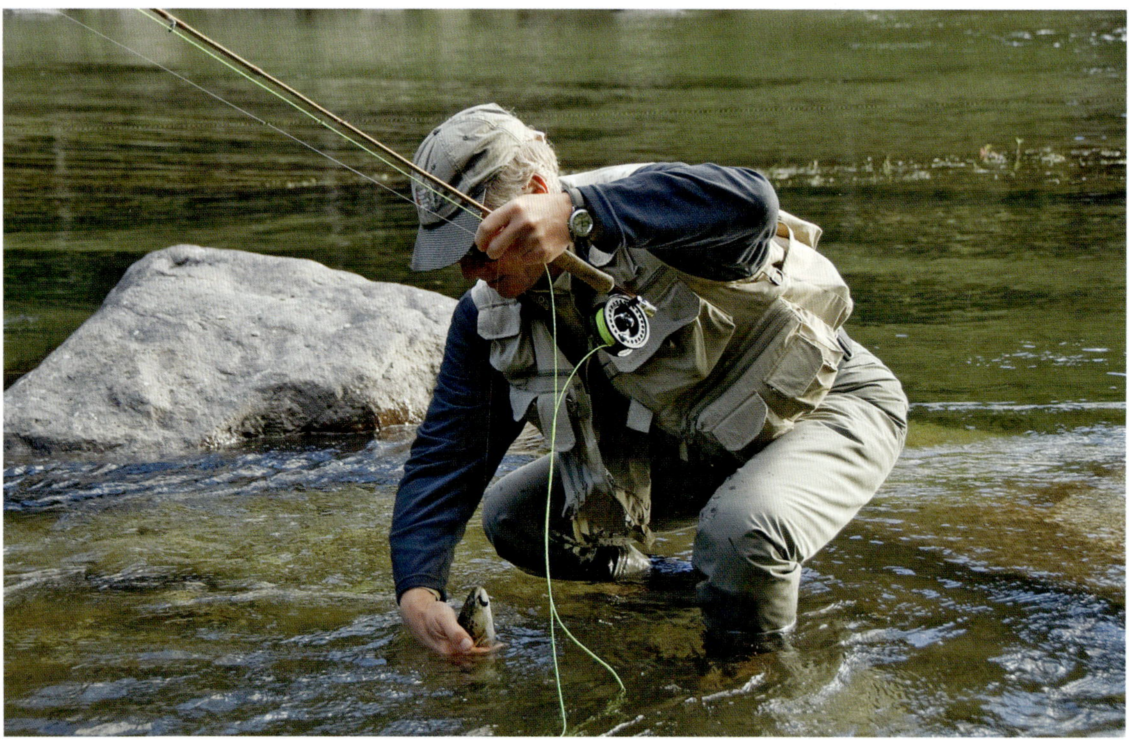

Mit etwas Übung und Gefühl gleitet der Fisch problemlos in die Hand.

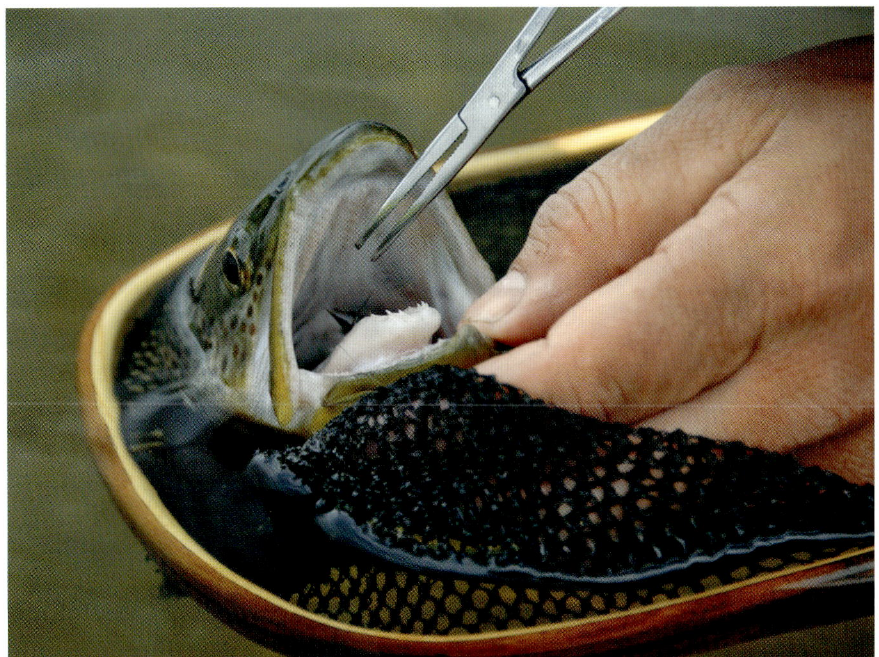

Mittels eines Schonkeschers lässt sich ein Fisch schnell unter Kontrolle bringen und wenn gewünscht auch wieder zurücksetzen. Auf diese Weise nimmt er weniger Schaden als durch eine ungeschickte Handlandung. Eine Arterienklemme, möglichst mit gebogenen Backen, gehört ebenfalls zum unverzichtbaren Handwerkszeug des Fliegenfischers.

und kann rasch vom Haken befreit werden. Klappt es nicht, wird der Fisch sich entsprechend wehren und dann stellt sich die Frage ob das Aushaken tatsächlich besonders »schonend« verläuft. Vor allem im Umgang mit größeren Fischen kann man in dieser Hinsicht an so manchen Gewässern mitunter entsprechende unschöne Schauspiele beobachten.

Netzlandung

Ich führe grundsätzlich immer einen Watkescher mit, trage ihn aber nicht am Gürtel, wo er ständig droht in irgendwelcher Ufervegetation hängenzubleiben oder sonst irgendwie behindert. Ich habe ihn lieber auf dem Rücken, an einem magnetischen Clip, gesichert mit einer lang ausziehbaren Spiralleine. Mit einem Griff nach hinten ist dieser handliche Kescher leicht zu lösen und auch wieder anzuhängen. Ich mag es eine Landehilfe dabei zu haben. Es gibt mir das sichere Gefühl, wenn es darauf ankommt auch eine erfolgreiche Landung durchführen zu können. Selbstverständlich handelt es sich dabei um ein Netz mit knotenlosen Maschen. Ich will die Schleimhaut des Fisches weitgehend schonen, wenn er wieder freigelassen werden soll. Ich weiß aber auch, dass die Haut trotzdem nicht ganz unbehelligt bleibt, vor allem wenn ich den Fisch ganz aus dem Wasser hebe. Die zurückbleibenden Schleimreste im Netz zeigen es. Damit auch ein größerer Fisch wieder

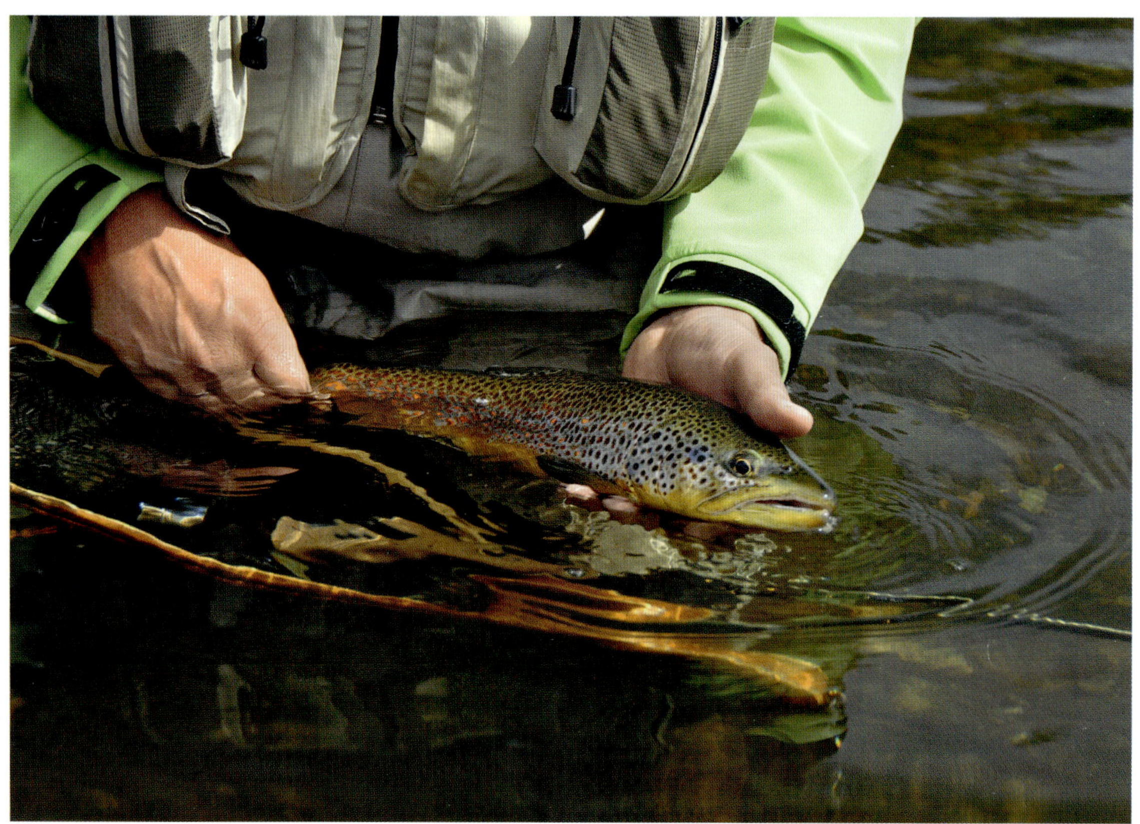

Eine schöne Bachforelle geht in ihr Element zurück. Sie soll sich in der nächsten Laichzeit weiter fortpflanzen.

möglichst unbeschadet zurückgehen kann, lasse ich das Netz beim Hakenlösen einfach halb im Wasser liegen. Die Grundsätze, wie man einen Fisch mit einem Netz landet, sind klar. Nie wird mit dem Netz aktiv nach dem Fisch gegriffen. Es liegt ruhig im Wasser, der Fisch wird darüber gezogen. Wenn möglich, steuert man den Fisch stromauf an sich vorbei und lässt ihn dann mit der Strömung ins Netz fallen.
An reinen Catch & Release Gewässern trifft man heute sehr viele Fliegenfischer ohne Kescher an. Ihre Begründung: Sie wollen ja keinen Fisch entnehmen sondern ihre Beute ohnehin immer wieder zurück setzen. Jeder muss für sich selbst entscheiden ob er in der Lage ist, eine für den Fisch weitgehend schonende Handlandung durchzuführen. Gelingt es nicht so gut, kann der Fisch größere Schäden erleiden, als wenn er vorsichtig genetzt werden würde. Dazu kommt, dass schon die Vorbereitung eines Fisches für eine Handlandung meistens länger dauert, als wenn ich ihn zügig über das Netz führen kann.
Die Wahlmöglichkeit ein Landenetz mit ans Wasser zu nehmen, bleibt jedem von uns selbst überlassen. Ich fühle mich »ohne« nicht besonders wohl.

Stranden

Sollte man vorhaben einen Fisch zu entnehmen und es steht aus irgendeinem Grund tatsächlich kein Netz zur Verfügung, lässt er sich auch an einem geeigneten Stück flachen Landes stranden. In diesem Fall ist es letztlich egal, ob seine Schleimschicht bei dieser Aktion noch verletzt wird oder nicht. Allerdings verlieren nicht wenige Fliegenfischer ihren Fisch beim Versuch ihn an Land zu ziehen. Sie machen nämlich einen entscheidenden Fehler. Wenn es sich um einen größeren Fisch handelt, und das ist bei Anwendung dieser Variante in aller Regel der Fall, sollte man keinesfalls direkt an der Uferlinie stehen bleiben und versuchen seine Beute bis unter die Rutenspitze zu zerren. Durch die steile Rutenstellung und die verkürzte Leine geht die Pufferwirkung des Rutenblanks und die ausgleichende Schnurdehnung verloren. Wie man es richtig macht, kann man sich bei erfahrenen Lachsanglern abschauen. Sie gehen rückwärts und ziehen den Fisch an relativ langer Leine und schräg aufwärts gerichteter Rute Richtung Ufer. Auf diese Weise halten sie die 90-Grad-Regel bezüglich Rute und Schnur ein, die Pufferwirkung der Leine und vor allem der Rute bleiben erhalten.

Landung eines Lachses an einem irischen Fluss. Entsprechender Abstand zum Fisch, korrekter Rutenwinkel und eine längere Leine sorgen für einen weichen Puffer. Der Fisch wird durch einen Helfer gekeschert, könnte aber auch gestrandet werden.

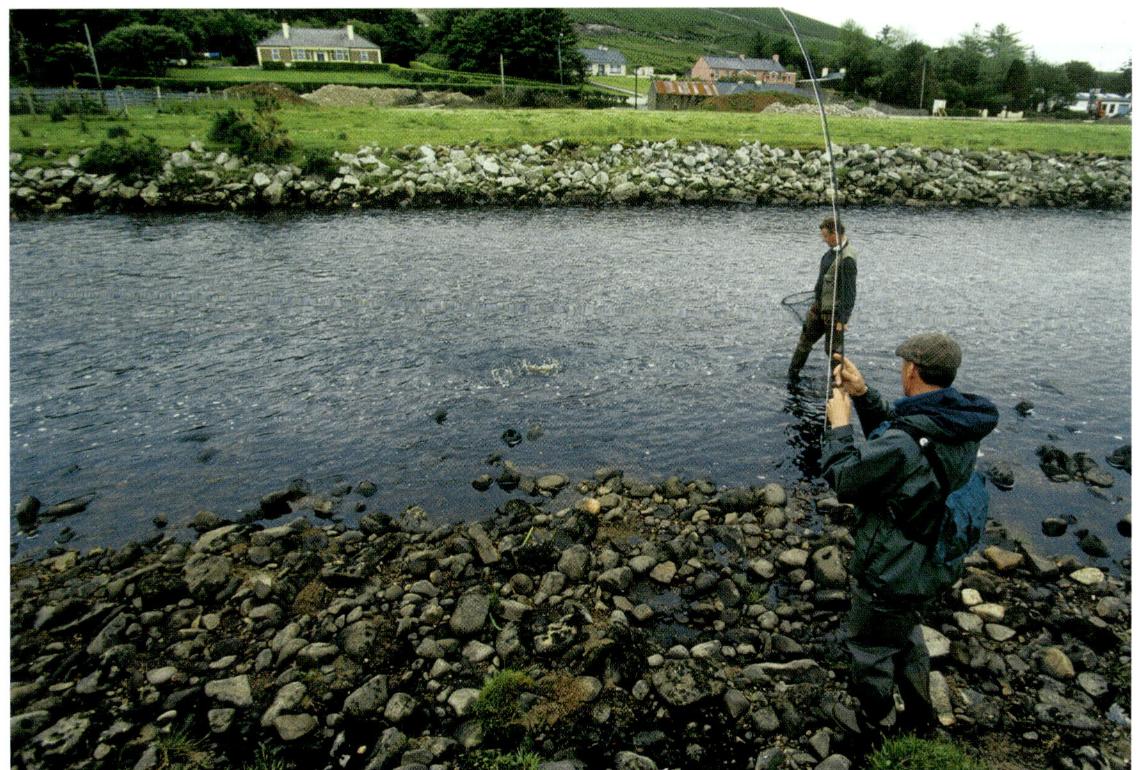

Terrestrials

An warmen Sommerabenden sollte man immer ein Döschen mit ein paar Ameisen, Käfern und Hüpfern in der Fliegenweste haben.

Es war ein Nachmittag, wie man ihn sich für August vorstellt. Heiß und trocken. Nicht die günstigste Voraussetzung, um mit der Fliege auf Forellen zu pirschen. Vor allem nicht mit der Trockenfliege. Im Gegenlicht einer erbarmungslosen Sonne verwandelte sich die Wasseroberfläche vor mir in eine gleißende, undurchsichtige Platte. Selbst die Polbrille konnte die Spiegelung nicht aufheben. Hoch über dem Weizenfeld auf der anderen Seite des Flusses zog ein Bussard seine gemächlichen Kreise. Ich musste unwillkürlich schmunzeln und dachte »Du kriegst bei dem Wetter keine Maus und ich keinen Fisch!« Ich richtete meinen Blick auf ein schmales Schattenband am gegenüberliegenden Strömungsrand unterhalb einer etwas höheren Uferböschung. Lange Grashalme hingen wie unordentlich gekämmte Haare über die Steilkante und tauchten ihre Spitzen in die träge Kehrströmung des langgezogenen Rücklaufs. Mit zusammengekniffenen Augen, versuchte ich diesen Bereich besser zu studieren. Einige Zeit konnte ich überhaupt nichts

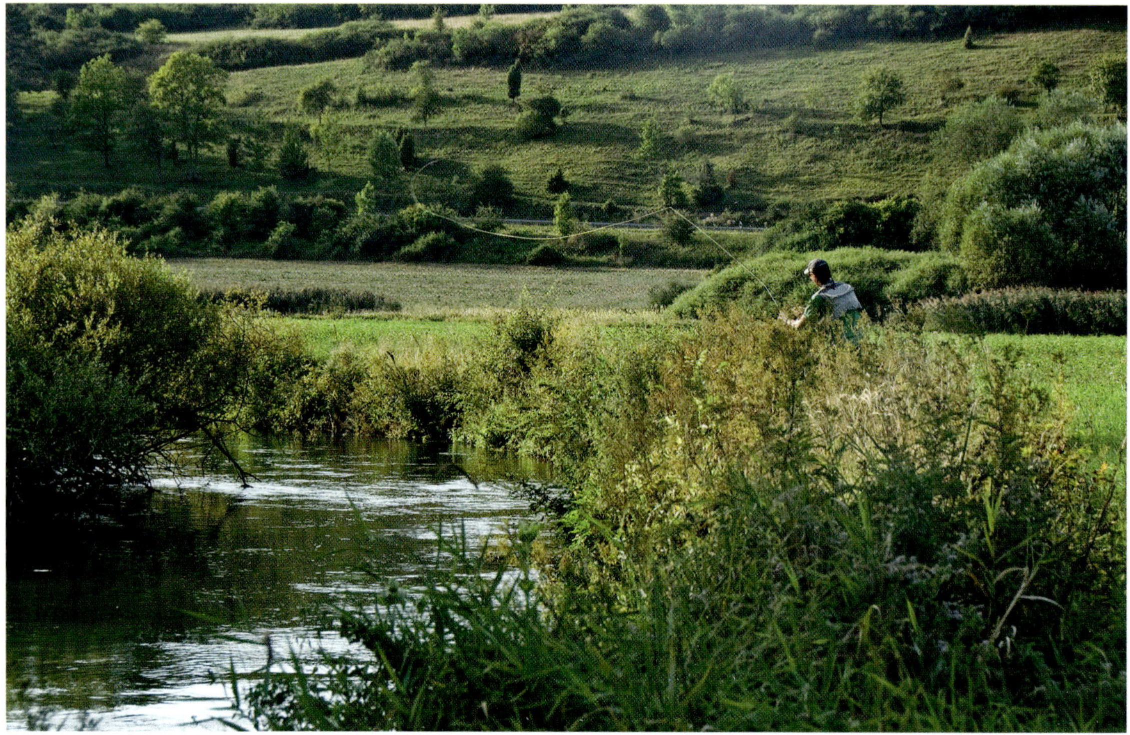

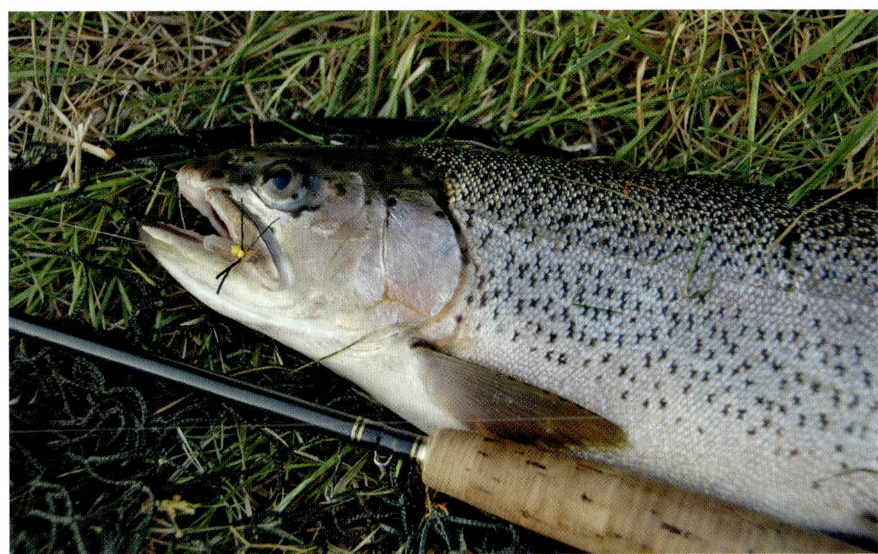

Die Regenbogenforelle mochte den kleinen Schaumstoffkäfer.

wahrnehmen. Ich kannte die Stelle aber und wusste, dass sich hier immer wieder ein guter Fisch einstellt. Wenn man etwas Geduld mitbrachte, konnte man ihn entdecken. Diesmal dauerte es ein paar Minuten, dann schien sich in einer kleinen Lücke der Grasbüschel, keine 20 Zentimeter vom Ufer entfernt, das Wasser fast unmerklich zu bewegen. Etwa so, als ob ein sehr kleines Steinchen vom Ufer herabgefallen wäre. Größere Fische sind Meister darin etwas verstohlen von der Oberfläche zu nehmen und dabei fast keine Welle zu verursachen. Ich begann mein Muster auf die Reise zu schicken und es bedurfte einiger Versuche bis es tatsächlich genau in der Aussparung landete. Wieder glaubte ich etwas wahrzunehmen und streckte die Leine. Und jetzt gab es einen richtigen Schwall, als der Fisch auf der Stelle wendete. Er schoss zuerst in den Pool hinab und dann in die Luft, verriet sich dabei als stramme Regenbogenforelle. Ein paar Minuten später landete sie in meinem Netz. Genau die richtige Größe für den Grillabend, den ich vorhatte. In ihrem Maulwinkel hing mein kleiner schwarzer Schaumstoffkäfer.

Hoher Anteil an der Nahrung

Als Fliegenfischer konzentrieren wir uns vor allem auf die, fachlich korrekt ausgedrückt, »aquatischen Insekten«. Naturnahe, weitgehend intakte Gewässer beherbergen gute Populationen solcher Insektenarten. Die Schlüpfe finden überwiegend im Frühjahr und im Herbst statt, der Sommer fällt diesbezüglich schwächer aus. Eintagsfliegen schlüpfen jetzt seltener, ansonsten sorgen noch Köcherfliegen für etwas Le-

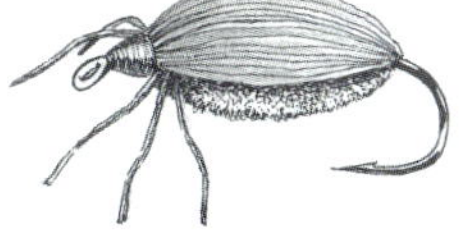

Deer Hair Beetle

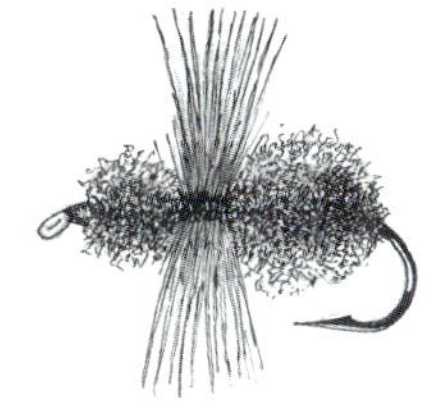

Ameise

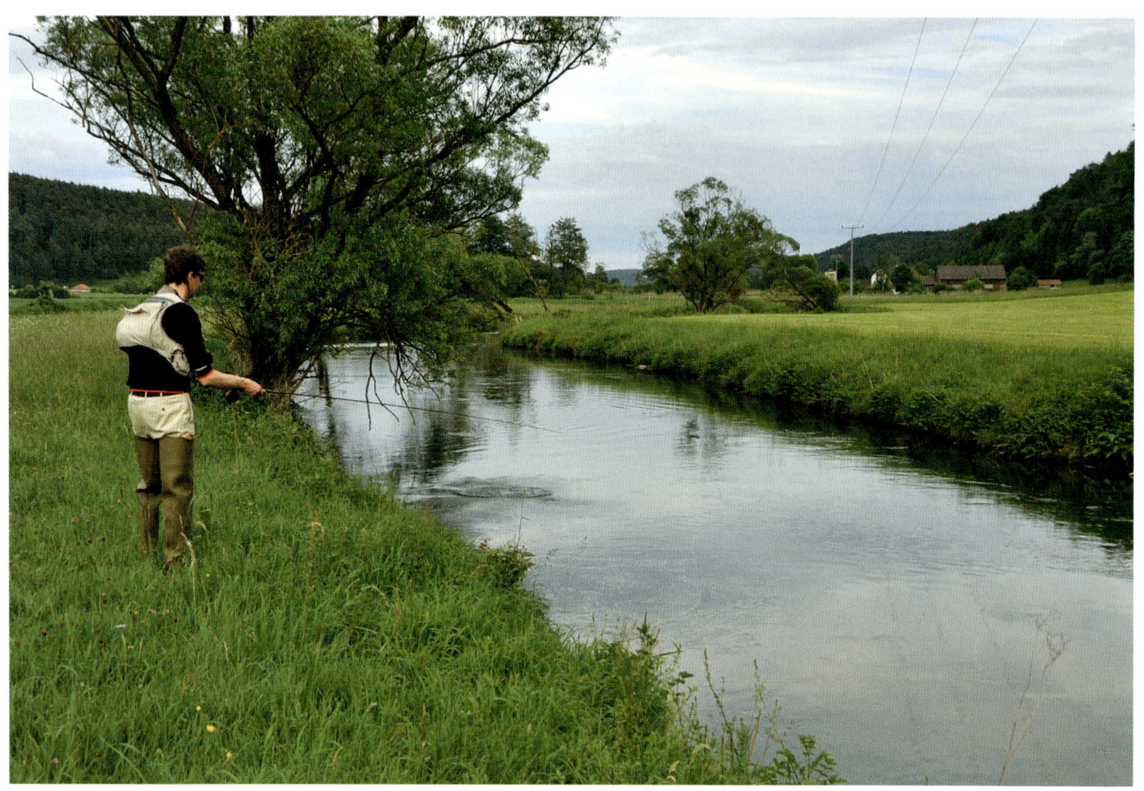

Je näher man einen Grashüpfer oder einen Käfer an den überhängenden Graskanten entlang führt, desto spannender wird es.

ben am Wasser, sie bringen vor allem abends bis in die Nacht hinein die Fische zum Steigen. Dazu kommen diverse Landinsekten, in der Sprache der Fliegenfischer als »Terrestrials« bezeichnet. Sie sind eine weitere oft unterschätzte Nahrungsgrundlage für die Fische, vor allem für Forellen. Nach amerikanischen Untersuchungen ist der Anteil größer als allgemein vermutet und liegt danach zu bestimmten Zeiten teilweise bei 80 %. Ein überraschend hoher Anteil.

Tatsächlich ist es nicht einfach festzustellen, wann ein Fisch nun tatsächlich ein Landinsekt nimmt, solange es sich nicht gerade um einen dicken Grashüpfer handelt, der direkt vor unseren Augen von einer Forelle verschlungen wird. In der Mehrzahl sind es kleinere Vertreter der Landinsektenfraktion, die in die Wasserfalle geraten. Ameisen oder kleine Käfer, die in der Drift schwierig zu erkennen sind. Die Magenuntersuchung eines entnommenen Fisches ist in dieser Hinsicht sehr aufschlussreich.

Wie hoch der Anteil an Landinsekten tatsächlich sein kann, zeigte mir eine etwa 35 Zentimeter lange Regenbogenforelle, die ich eigentlich wieder freilassen wollte. Als ich den Haken entfernte, lag sie in meiner linken Hand und ich fühlte eine harte Ausbuchtung an ihrem Bauch. Damit war meine Neugierde entfacht und das Schicksal des Fisches doch besiegelt. Ich schlug ihn ab und öffnete vorsichtig mit dem scharfen Messer den gedehnten Magensack. Das harte Teil ploppte aus seiner Umhüllung heraus und entpuppte sich als außerordentlich stattliches Exemplar von einem Mistkäfer, unversehrt folgten noch weitere Tierchen unterschiedlicher Herkunft. Der Fisch hatte zuletzt insgesamt mindestens vier Käfer in diversen Größenklassen aus der Drift genommen, zwei adulte Eintagsfliegen und zwei Köcherfliegenlarven samt Köcher vom Gewässergrund. Wieder ein Hinweis, dass Fische sehr opportunistisch sein können. Schließlich wurde ihm meine Trockenfliege, eine graue Klinkhammer in der Größe 12 zum Verhängnis. Wofür er diese gehalten hatte verriet er nicht mehr. Er mochte sie tatsächlich mit einer Eintagsfliege verwechselt haben, möglicherweise hat er sie auch für ein weiteres Käferchen gehalten.

Illustre Gesellschaft

Es ist eine bunte Gesellschaft, die den Speiseplan unserer Salmoniden bereichert. Grashüpfer, Ameisen sowie diverse Käfer, Grillen und Raupen. Auch an Land geborene Zweiflügler *(Diptera),* zum Beispiel kleine Haarmücken wie die »Black Gnat« oder die großen langbeinigen Schnaken, »Daddy Longlegs« genannt, gehören dazu.
Aber egal ob im ausgehenden Frühjahr im Sommer oder im Herbst, wer er-

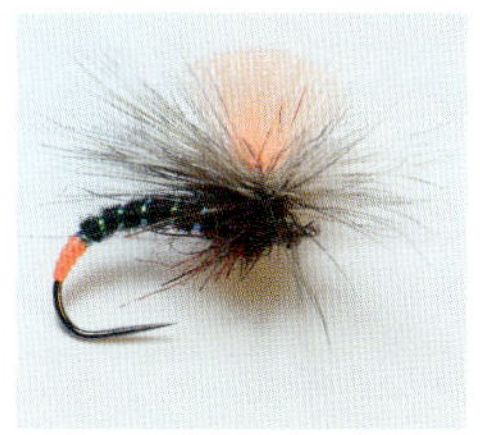

»Lady Emerger XL« Eine Klinkhammer Variante und gute Terrestrial-Imitation.

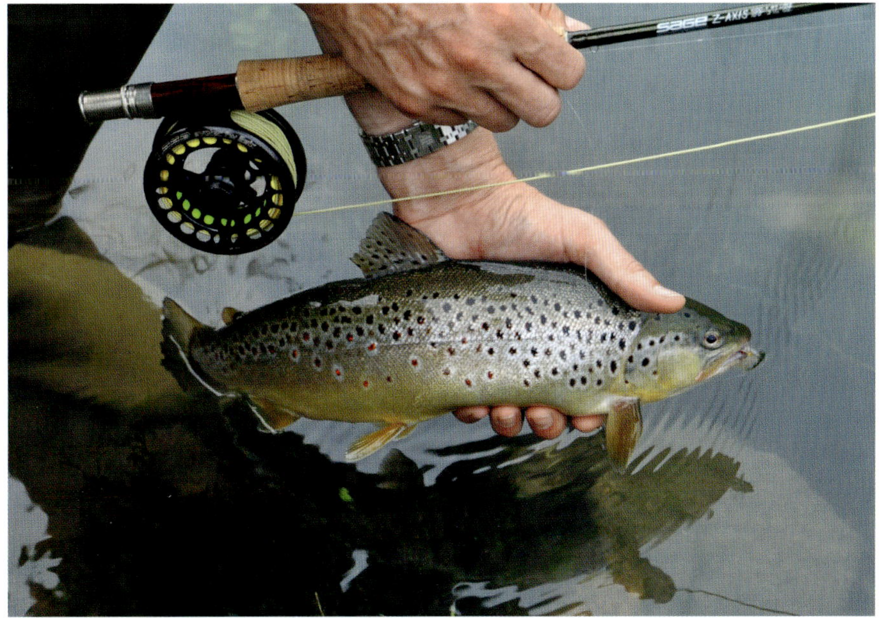

Feiste Bachforelle die nur darauf wartete, dass irgendetwas über die Uferkante sprang.

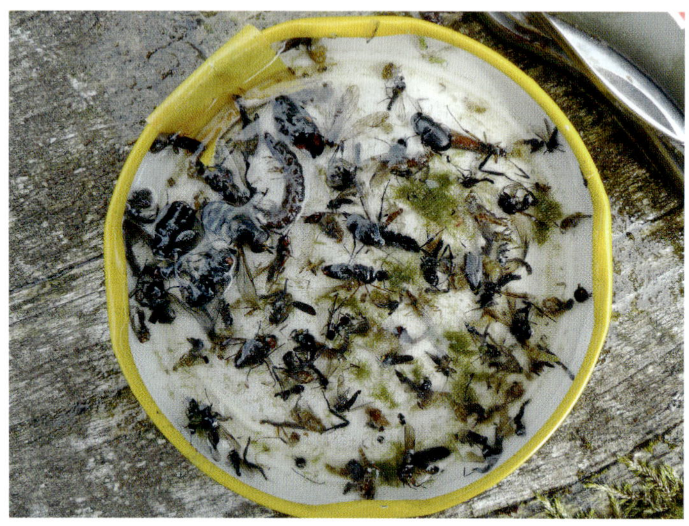

Der Mageninhalt einer im Juni gefangenen Regenbogenforelle. Auffallend ist der hohe Anteil an Landinsekten.

folgreich mit Landinsekten fischen möchte, sollte einige Dinge beachten. Während Eintagsfliegen und Köcherfliegen sehr oft am Morgen oder am Abend schlüpfen, eine Folge der Evolution, da in dieser Zeit ihre größten Fraßfeinde, die Vögel, weniger unterwegs sind, werden wegen der höheren Tagestemperaturen, Landinsekten ab den Mittagsstunden bis in den späten Nachmittag hinein besonders aktiv.
Da macht der Grashüpfer einen ungeschickten Sprung über die Uferkante oder ein Käfer oder eine Raupe verliert beim Herumturnen im Ufergeäst den Halt. Für einen Fisch unüberhörbar, landen die Tierchen hilflos strampelnd im Wasser. Praktisch, wenn die Nahrung vom Himmel fällt. Als Fliegenfischer muss ich dann auch nicht auf eine besonders sanfte Präsentation achten. Der Fisch greift nach dem platschenden Einfall, oft regelrecht reflexhaft zu. Wer aber glaubt Grashüpfer und Co. tragen ein Schild mit der Auf-

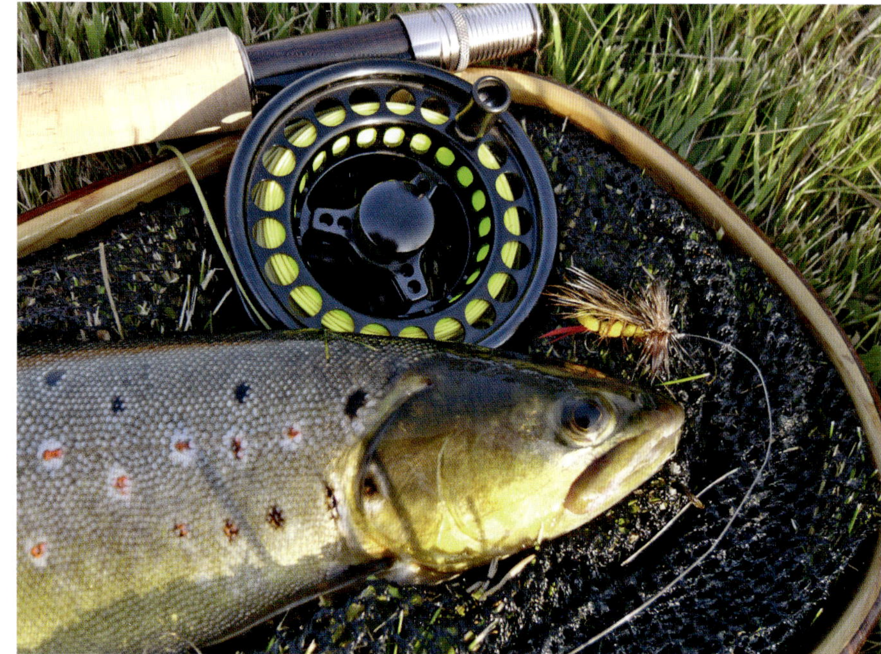

Bachforelle auf »Michigan Hopper«. Grashüpfer-Muster sehen verführerisch aus und punkten unter bestimmten Umständen sehr gut.

schrift »Fanggarantie«, täuscht sich böse. Die Fische beobachten die Welt in ihrem runden Sichtfenster sehr genau, um ja den nächsten Einfall von Beute nicht zu versäumen. Aber auch ein unvorsichtig mit der Rute in der Luft hantierender Fliegenfischer entgeht ihnen nicht.

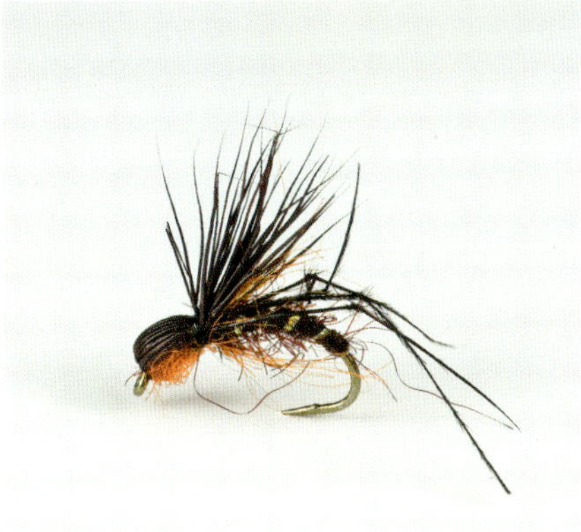

»Rogans Black-Hopper«. Eine Gruppenimitation verschiedener Terrestrials. Die Spannweite reicht von Ameise über Hagedornfliege bis zu diversen kleinen Käferchen oder Wanzen.

Kein Steigmuster

Wenn Fische Terrestrials nehmen, ist kein geregeltes Steigmuster zu erkennen. Schließlich fallen Käfer ja nicht abgezählt im geregelten Zeitabstand ins Wasser. Aber dieses unregelmäßige Steigen können wir als Hinweis auffassen, ein entsprechendes Landinsekt ans Vorfach zu knüpfen. Fischen mit Terrestrials heißt sich viel bewegen, Fische und Standplätze zu suchen und geschickt anzuwerfen. Mit Landinsekten lässt sich wunderbar blind fischen und vielsprechende Stellen absuchen. Überhängende Ufer sind gute Plätze, auch der Bereich um angeschwemmtes Treibholz herum oder die niedrigen schattenspendenden dichten Äste eines Baumes unter dem die Fische Schutz vor der Sommerhitze suchen. Platzieren Sie ihr Muster so, dass es ohne Verdacht zu erregen darunter treibt und seien Sie darauf gefasst schnell den Haken setzen zu müssen. Überall kann ein Fisch darauf lauern sich einen Käfer, eine verunglückte Ameise oder eine Raupe einzuverleiben.

Auch in schnellen Partien

Vor allem im Sommer stehen die Fische wegen der besseren Sauerstoffversorgung gerne im schnelleren, turbulenten Wasser. Rauschen und Rieselstrecken sind gute Plätze. Hier hat der Fisch wenig Zeit für eine genauere Prüfung, er muss schnellstens zugreifen, sonst ist sein Essen an ihm vorbeigeschwommen und weg. Der Grashüpfer oder Käfer darf auch in den Strudeln verschwinden. Landinsekten schwimmen nicht gut, sie gehen oft unter und werden gerade dann besonders gerne genommen. Ameisen können sehr erfolgreich »nass« angeboten werden. Und wieder könnte ein Tandem den Ausschlag geben. Zum Beispiel ein verlässlich schwimmender Käfer oder Grashüpfer an dessen Hakenbogen eine kleine leicht beschwerte Ameise am etwa 30 bis 40 Zentimeter langen Fluorocarbonstück baumelt. Ameisen sind über-

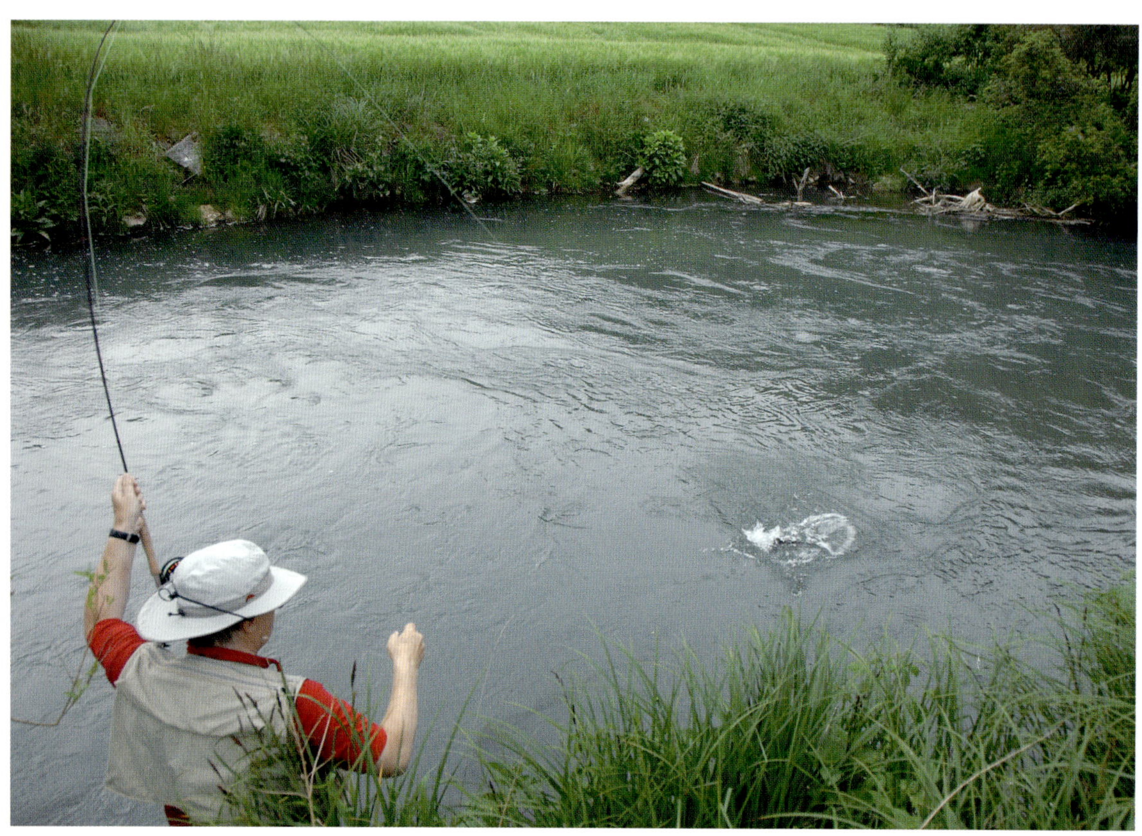

Bei Regenwetter fallen immer wieder Käfer und Raupen aus den Uferbüschen ins Wasser.

haupt so etwas wie mein Geheimtipp. In vielen der von mir untersuchten Mageninhalten waren immer ein paar Ameisen mit dabei. Und zwar ganz egal ob die Fische im Mai, Juli oder September gefangen wurden.

Regen ist günstig

Kräftiger oder länger andauernder leichter Sommerregen eröffnet weitere Möglichkeiten, denn dadurch kommt Sauerstoff ins Wasser und bringt die Fische in Schwung. Außerdem trauen sich die Fische nun auch in sonst glatten Zügen, durch die beunruhigte Oberfläche mehr Richtung Oberfläche. Der Regen schlägt die unterschiedlichsten Insekten direkt aus der Luft oder von Bäumen und Sträuchern aufs Wasser. Auch angeschwollene Seitenbäche bringen Nachschub. Die Fische steigen jetzt zwar nicht nach schlüpfenden Insekten, halten sich aber oft trotzdem nahe unter der Wasseroberfläche auf, um hier möglicherweise vorbei schwimmende Leckerbissen abzugreifen. Bei Sommergewittern sollte man immer an Terrestrials denken. Wenn am Horizont schon Blitze zucken, darf man aber nur eine Glas-

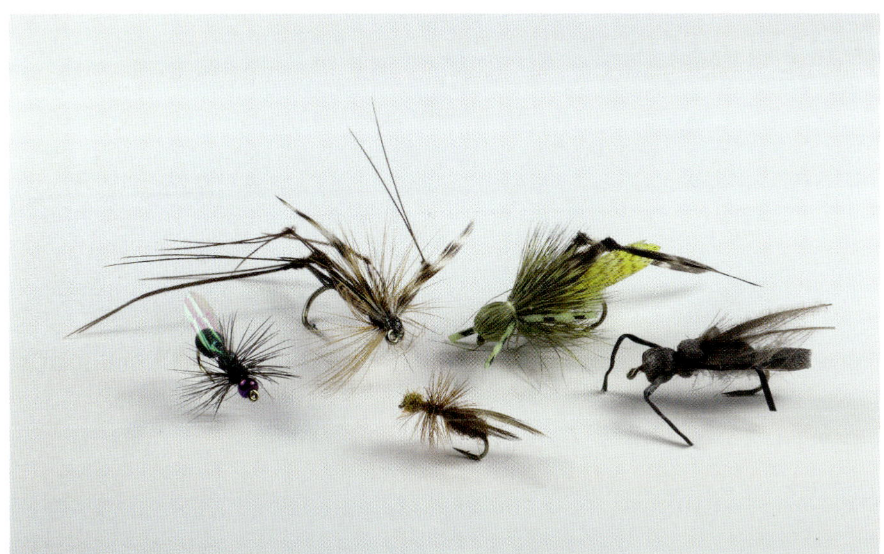

Verschiedene Landinsekten: Ameisen, Daddy Longlegs, Grashüpfer und schwarzer Käfer.

fiberrute oder eine Gespließte verwenden, denn Kohlefaser leitet Elektrizität wie der Teufel. Werfen Sie gezielt verschiedene Stellen an wo Sie die Fische vermuten, aber bleiben Sie nicht zu lange an einer. Das ist klassische Suchfischerei, bei der man zügig am Ufer entlang wandert und eine Stelle nach der anderen anwirft. Ein »Daddy Longlegs« mit langen mobilen Beinchen ist jetzt keine schlechte Wahl.

Immer dabei

Sorgen Sie jedenfalls immer für einen ausreichenden Vorrat an »Terrestrials« in Ihren Fliegendosen. Oder legen Sie sich gleich eine eigene Box mit entsprechenden Mustern in verschiedenen Größen zu. Neben einigen Grashüpfern, Ameisen, Käferchen etc. ist die klassische »Adams« ein gutes Allround-Muster. Mit etwas kräftigerem Körper gebunden, mit traditionellem Hechelkranz oder als Fallschirmvariante, deckt dieses Muster in den Größen 16 bis 10 ein ganzes Spektrum von Landinsekten ab. Auch wenn weit und breit kein Schlupf stattfindet, besteht eine reelle Chance, damit den einen oder anderen Fisch nach oben bringen zu können. Auch an einem langen, heißen Augustnachmittag.

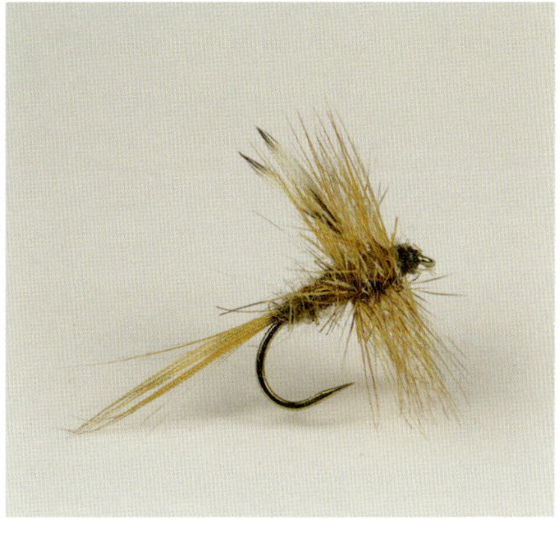

Die »Adams« ist ein sehr universelles Muster und geht auch als Landinsekt durch, zum Beispiel als kleiner Käfer.

Miniaturen

Am späten Abend nehmen die Fische oft winzige Fliegen aus dem Oberflächenfilm. »Smutting« nennt das der angelsächsische Fliegenfischer.

Ein warmer Abend im frühen September. Die Sonne war gerade im Westen des Tales hinter den Uferweiden verschwunden. Und ein orangeroter Abendhimmel kündigte auch für morgen wieder einen schönen Tag an. Die Fische waren nicht übermäßig aktiv, nur in einer ruhigen Kurve des Flusses erschien ein Ring nach dem anderen. So als würden kleine Regentropfen ins Wasser fallen.

Wie eine Schule Delphine standen die Fische aufgereiht in der Hauptströmung und pickten kleine Partikel aus der Drift. Was es war, konnte ich nicht erkennen. Es musste jedenfalls etwas sehr Kleines sein. Meine graue 14er-»Adams«, mit der ich noch vor einer Viertelstunde eine schöne Bachforelle überlisten konnte, wurde nun vollkommen ignoriert.

Mit kleinen Fliegen haben viele von uns Probleme. Auch mir geht es so. Wenn ich nur mit einer 18er-Fliege fische, habe ich erstens Schwierigkeiten die Fliege zu sehen, zweitens den

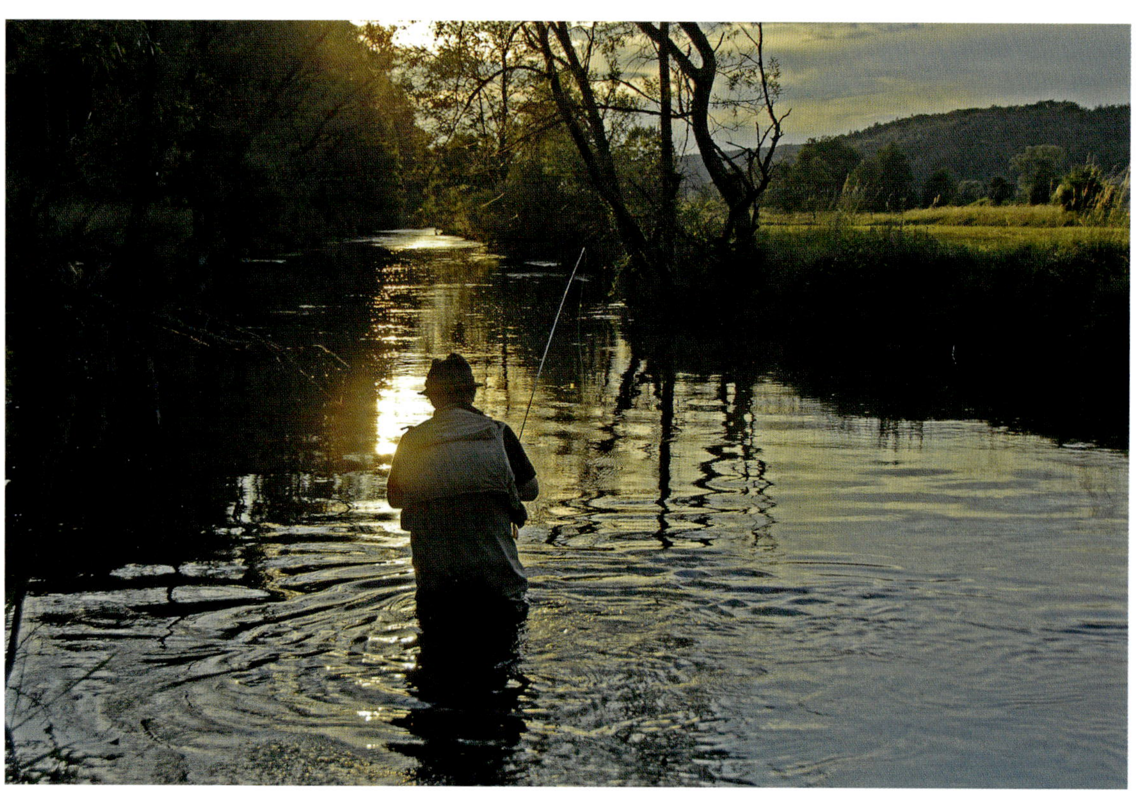

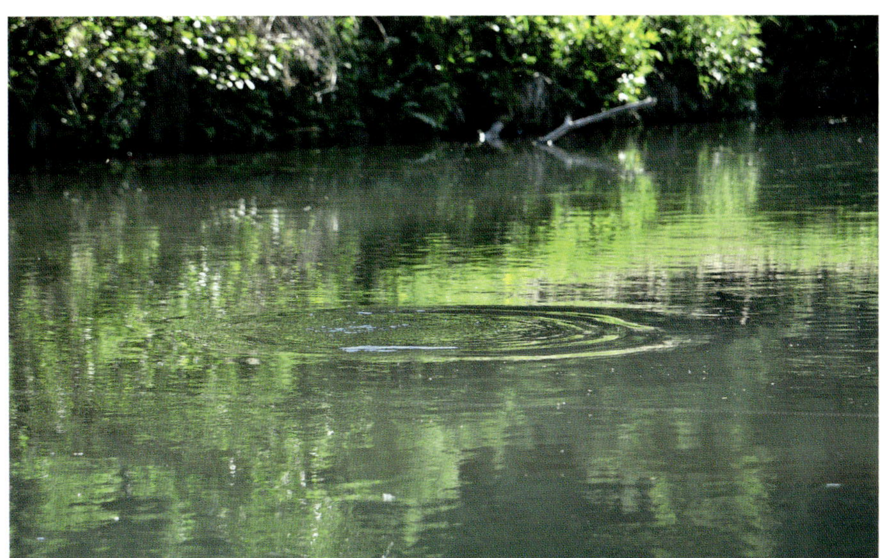

Wie groß war die Fliege wohl, die hier gerade noch entlang driftete?

Haken richtig zu setzen und sollte der Fisch doch hängenbleiben, ihn im Drill nicht wieder zu verlieren. Mit derart kleinen Fliegen musste ich eine Weile eine Niederlage nach der anderen einstecken. Zu meinem Trost geht es aber auch anderen so. So berichtet der amerikanische Fliegenfischerautor *Art Scheck* und der Brite *John Goddard* ebenfalls von anfänglichen Frustrationserlebnissen mit Minifliegen. In ihren Büchern geben sie aber wertvolle Tipps, wie man Enttäuschungen vermeiden kann. Seit ich diese anwende, macht auch mir das Fischen mit 18er und 20ern erheblich mehr Spaß.

Schon beim Binden

Am einfachsten ist es sicher, die fertigen »Minis« zu kaufen. Aber das wäre natürlich nur die halbe Freude. Viele Binder und da schließe ich mich ein, werden jedoch durch die Winzigkeit dieser Fliegen abgeschreckt. Mit der Zeit habe ich herausgefunden, dass dies eine unnötige Befürchtung ist. Es sind keine komplizierten Muster notwendig und nur wenige Bindeschritte nötig. Es hat keinen Sinn fünf verschiedene Materialien auf einem 18er, geschweige denn auf einen 22er-Haken unterbringen zu wollen. Schon die

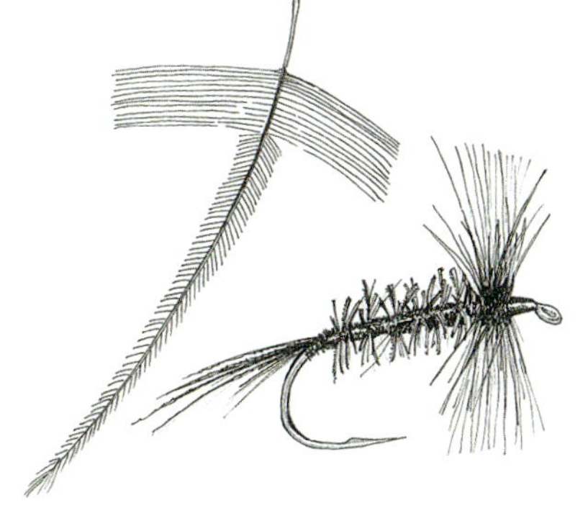

Mottram's »Simple Smut«. Ein Musterbeispiel an binderischem Minimalismus.

Vorratsdöschen für eine Wochenration Pillen bekommt man in der Apotheke. Sie sind ideal zur Unterbringung von Minis.

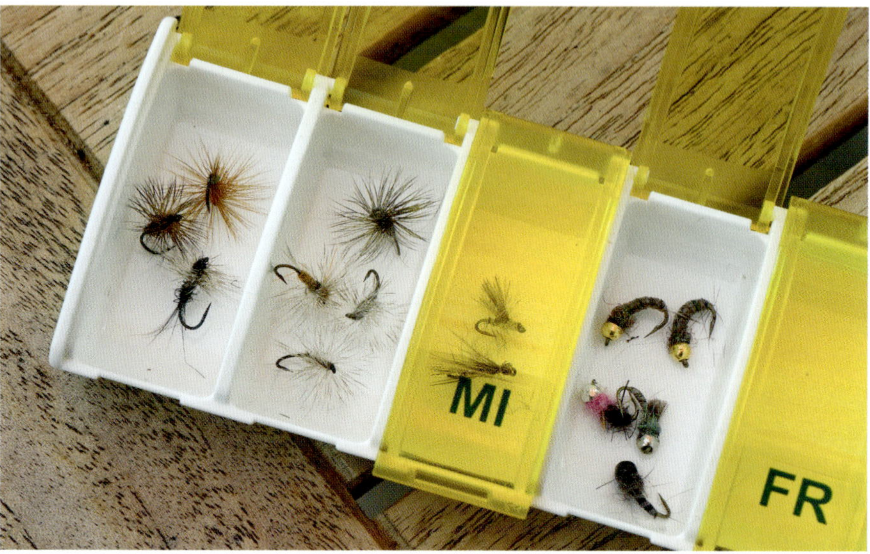

englische Fliegenfischerlegende *J.C. Mottram* schrieb im Jahr 1935 einen Artikel in »Flyfishers Club Journal« mit dem Titel »Simple Flies« also »einfache Fliegen«. Darin beklagte er die wachsende Kompliziertheit von Forellenfliegen und mutmaßte, »vermutlich gehe es dabei mehr darum, die Kunst des Binders zu zeigen, als die Forellen zufrieden zu stellen.«

Vermutlich hatte er damit nicht ganz unrecht. Muster aus seiner Hand waren jedenfalls von einer erfrischenden Einfachheit. Eines seiner kleinen Muster die »Simple Smut« ist ein Beispiel dafür. Er brauchte dazu nur einen Haken, dünnen schwarzen Bindefaden und eine schwarze Hechelfeder, die ein wenig zurechtgeschnnitten wurde. Auch heute gilt immer noch: Kleine Fliegen sind einfache Fliegen.

Ich lackiere den Kopfknoten kleiner Fliegen meist gar nicht, vor allem wenn das Risiko besteht die feinen Materialien zu verkleben. Manchmal benetze ich die Spitze der Dubbingnadel nur ganz wenig und betupfe vorsichtig den Knoten damit.

Passende Hardware

Für kleine Fliegen braucht man passendes Gerät. Das beginnt schon bei der **Fliegendose**. Boxen mit kleinen offenen Abteilungen, wo die kleinen Fliegen lose herum liegen, sind nicht geeignet. In kürzester Zeit verfilzen die Winzlinge zu einem unübersichtlichen und unauflösbar erscheinenden Knäuel.

Boxen mit geriffeltem Schaumstoff oder engen Schlitzen, wo die Minis in Reih und Glied sauber nebeneinander auf ihren Einsatz warten, sind zwar besser, aber ganz kleine Muster halten auch darin nicht gut fest. Außerdem werden die kleinen Hechelkränze verdrückt. Irgendwann stieß ich auf eines dieser Tablettendöschen aus der Apotheke, in denen man den Pillenvorrat für eine Woche unterbringen kann. Die Abteilungen sind groß genug für jeweils vier oder fünf Fliegen. Durch den durchsichtigen Deckel findet man schnell was man will und wegen der abgerundeten Ecken der Abteilungen können die Muster bequem entnommen werden. Ideal für meine Zwecke. Mit zwei dieser Döschen habe ich immer einen ausreichenden Vorrat an Minis dabei.

Was die **Rute** betrifft, bevorzuge ich ein sensibles, nicht zu schnelles Modell der Schnurklasse 3 oder 4 in einer Länge von 7,5 bis 8,5 Fuß. Damit habe ich genügend Kraft, um auch größere Fische gefühlvoll drillen zu können. So manche Gespließte fällt in diese Kategorie. Die bei den vielen Modellen eher langsame, weiche Aktion erleichtert das Anbieten im Nahbereich und puffert auch einen etwas zu hart gesetzten Anhieb ab. Aber es gibt heute genügend Ruten in der Carbon-Klasse, die ebenfalls sehr sensibel sind. Und wer tatsächlich noch eine alte Glasfiberrute besitzt, könnte sie jetzt wieder zu Ehren kommen lassen. Auch im Internet findet man alte Fiberglasruten. Sie kosten inzwischen tatsächlich wieder mehr als vor 10 oder 15 Jahren, vor allem wenn es sich um eine bekannte Marke handelt. Irgendwie eine interessante Entwicklung.

Angesichts der dünnen Vorfächer ist eines besonders wichtig. Die Schnur muss geschmeidig von der **Rolle** kom-

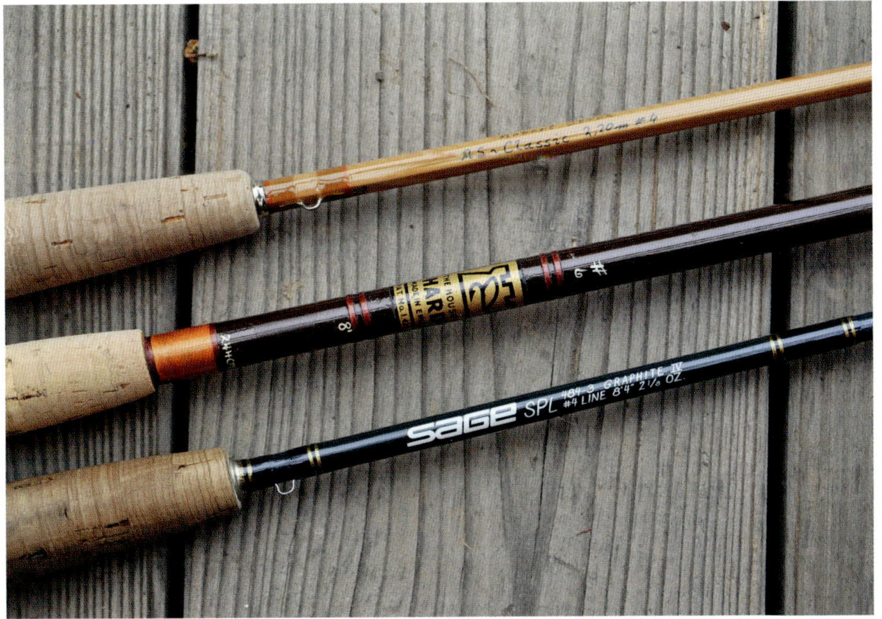

Gespließte, Glas- und Kohlefaserrute nebeneinander. Weichere Rutenblanks sind für das Fischen mit kleinen Fliegen besser geeignet, als zu harte, schnelle Ausführungen.

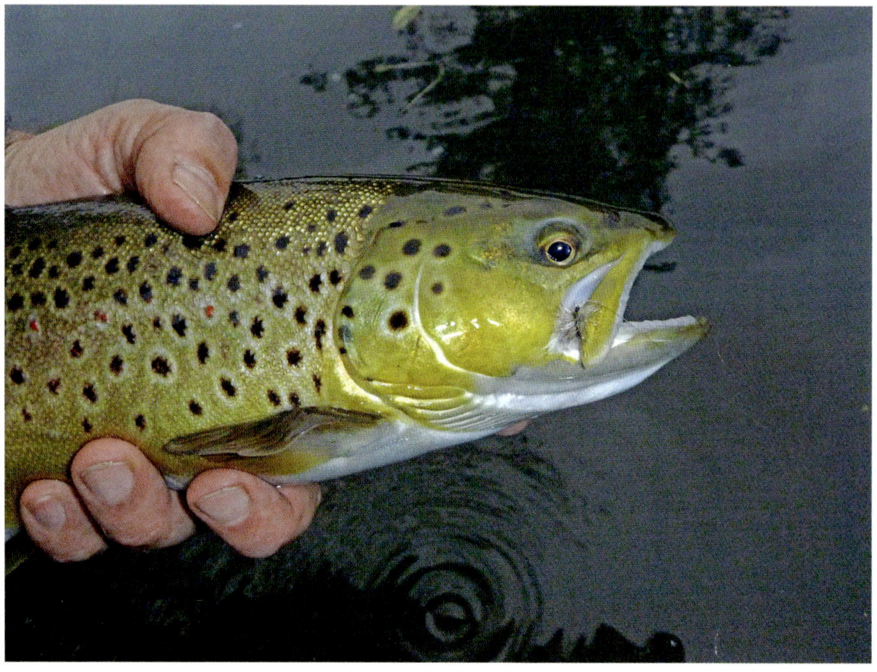

Im Maulwinkel sitzt auch ein kleines Muster sehr sicher.

men. Zu hartes Anlaufen führt unweigerlich zum Vorfachbruch. Traditionelle Klick-Rollen können da unter Umständen zu schwerfällig reagieren, bei den anderen darf die Bremse nicht zu hart eingestellt sein. Ein überstehender Spulenrand ist ganz nützlich, obwohl man meistens mit den Fingern und der Schnur drillen wird. Ein starker Fisch kann sehr schnell durchstarten. Vor allem Regenbogenforellen ziehen manchmal aus dem Stand weg wie der sprichwörtliche Formel-Eins-Bolide von der Startlinie. Öffnet man dann die Finger zu langsam, ist der Fisch weg – meist mit der Fliege.

Achten Sie immer darauf, die Leine sorgfältig aufzurollen. Es kann passieren, dass nach einem langen Wurf oder dem letzten Fisch die Schnur zu locker und ungeordnet auf die Rolle gespult wird. Wenn die Schnur klemmt, ist es zu spät.

Was die Schnur betrifft, kommt nur eine Schwimmende in Frage. Die Farbe sollte eher gedeckt sein, sie könnte vielleicht in der Luft aufblitzen.

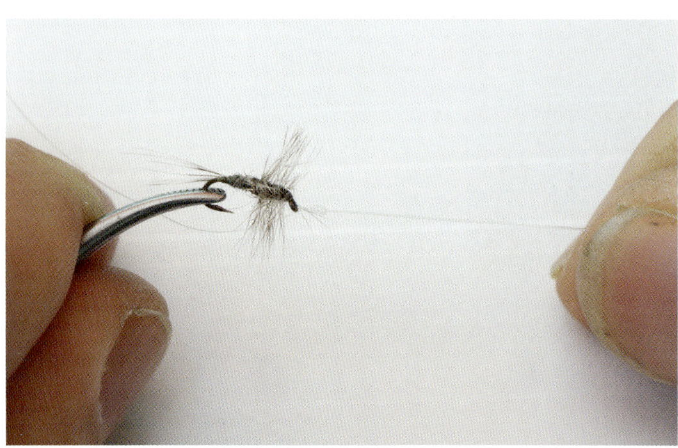

Die Arterienklemme hält auch einen winzigen Haken sicher fest. Auf diese Weise fällt das Anknüpfen ans Vorfach leicht.

Bei klarem Wasser ist das sehr kontraproduktiv.
Nicht zu steife **Fliegenschnüre** sind in Verbindung mit kleinen Fliegen bequemer zu handhaben. Auch für die Vorfachspitze mag ich weiches Monofilmaterial, es legt sich in schöneren, kleinen Kurven auf das Wasser und wirkt dadurch dem Dreggen entgegen. Ob man sich die Vorfächer selbst knüpft oder fertig kauft, ist Geschmacksache. Ein knotenlos sich verjüngendes Vorfach bietet grundsätzlich den Vorteil, dass kein Schmutz an den Knoten hängen bleiben. Im Handel sind so genannte »Spring Creek Leaders« erhältlich in einer Länge von 10 bis 14 Fuß, also 3,50 bis 4,30 Meter. Manche besitzen aber, was das Material betrifft, eben ein zu hartes Spitzenteil, das zu einer unbefriedigenden Präsentation führt. Experten auf diesem Gebiet schneiden dann die parallele Spitze weg und binden eine neue, aus weicherem Material an. Wenn die Knoten richtig und sorgfältig geknüpft wurden, gehen die wenigstens Fische durch Schnurbruch verloren. Und wie dünn darf die Spitze sein? Was mich betrifft, vermeide ich Schnurstärken unter 0,12 Millimeter.

Ans Vorfach

Der nächste etwas diffizile Punkt ist das Anbinden der kleinen Fliegen am Vorfach. Will man sie mit den Fingerkuppen greifen, verschwinden sie dazwischen. Mit den feinen Spitzen der Arterienklemme kann man sie dagegen gut greifen. Die Klemme halte ich in der einen Hand und mit der anderen kann ich die Fliege in Ruhe und präzise auffädeln bzw. anknüpfen, ohne mir den winzigen Haken in die Fingerkuppe zu ziehen. Der unauffällige und kleine »Midge-Knoten« ist ideal, da man ihn so gut wie nicht sieht. Korrekt geknüpft hält er absolut sicher. Er ist auch für größere Fliegen geeignet.

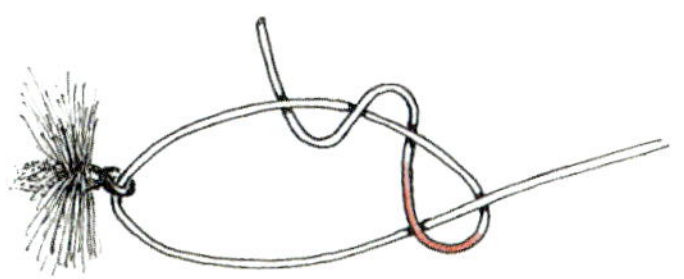

Der »Midge-Knoten«. Er trägt kaum auf und ist absolut rutschfest. Man muss nur darauf achten den Umschlag um die stehende Leine nach innen unter die Schlaufe (rote Linie) Richtung Fliege zu führen. Würde man ihn auf die andere Seite, also zur Fliegenschnur hin richten, würde der Knoten sofort durchrutschen.

Technik und Taktik

»Beobachten, annähern, präsentieren« das ist der Grundsatz der Trockenfischerei und das gilt ganz besonders bei kleinen Fliegen. Dort wo wir sie servieren, ist das Wasser meist spiegelglatt. Zwei günstige Wurfpositionen stehen im Vordergrund. Der Service schräg stromauf zum Fisch, lässt die Fliege weniger dreggen, außerdem weist der Kopf des Fisches von uns weg. Allerdings besteht immer das Risiko den Fisch mit dem Vorfach zu überwerfen. Präsentiert man dagegen schräg stromabwärts, treibt die Fliege vor dem Vorfach ins Sichtfeld des Fisches, der in diesem Fall allerdings in unsere Richtung blickt. Beide Anbiete-

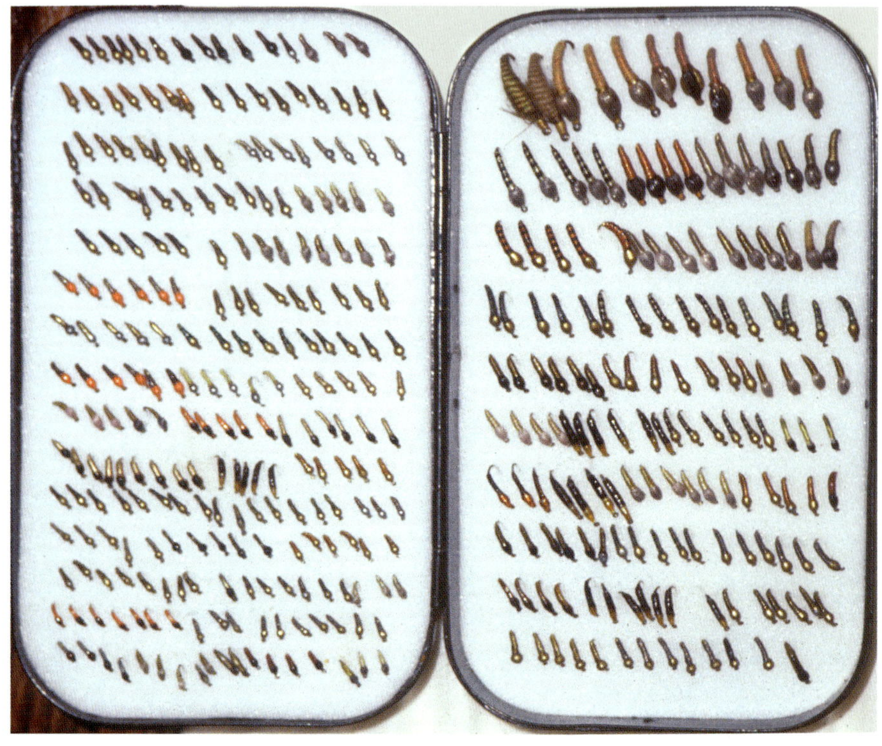

Blick in die Dose eines französischen Nymphen-Experten. Man beachte: Die meisten Muster sind auf Hakengröße 18 bis 22 gebunden.

varianten haben also Vor- und Nachteile, die situationsbedingt berücksichtig werden müssen.
Lange Würfe mit einer kleinen Fliege am Vorfach sind selten erfolgreich. Die Leine ist nicht ausreichend zu kontrollieren und auf größere Distanz sehen wir das winzige Muster kaum oder überhaupt nicht. Kurze Ablagen, mit wenig Fliegenschnur auf dem Wasser sind erfolgversprechender. Ein langes Tippet sorgt für eine locker auf dem Wasser treibende Fliege. 70 bis 100 Zentimeter sind Mindestmaß, manche Experten fischen bei einem leichten Luftzug in Wurfrichtung mit superlangen Spitzenteilen von bis zu zwei Metern.

Bisserkennung

Wie erkennen wir einen Biss, wenn wir die Fliege manchmal kaum sehen können? Und dort wo sie eigentlich schwimmen müsste, steigen gleich mehrere Fische. Welcher Ring ist der unsere?
Manche Experten helfen sich damit, indem Sie sich dort wo die Fliege ungefähr sein müsste, einen Kreis auf der Wasseroberfläche von etwa einem Meter Durchmesser vorstellen. Zeigt sich in diesem Bereich ein Ring, setzen Sie den Haken. Eine Methode, die allerdings nur dann zum Erfolg führt, wenn gerade nicht allzu viele Fische steigen. Eine gute Sichthilfe wäre eine größere

Trockenfliege, die mit der Minifliege im Tandem gefischt wird. Statt einer Fliege ist auch ein kleines Stückchen imprägniertes Garn als Bissanzeiger geeignet. Wer das noch für zu auffällig hält, dem bleibt nichts anderes übrig, als die auf dem Wasser treibende Vorfachlinie zur Orientierung zu benutzen.

Dazu sollte das Vorfach bis kurz vor der Fliege sorgfältig imprägniert sein. Die letzten Zentimeter des Monofils dürfen auch etwas einsinken, möglicherweise fallen sie so dem Fisch weniger auf. Ein schwimmendes Vorfach lässt sich zudem viel komfortabler von der Wasseroberfläche abheben, als eines, das auf ganzer Länge zum Abtauchen neigt.

Die richtige Anbieteweise von superkleinen Nymphen ist besonders anspruchsvoll. Schräg stromauf serviert, muss korrekt vorgehalten werden, damit die Nymphe absinken kann und in freier Drift auf den Fisch zutreibt.

Bei etwas unruhiger Wasseroberfläche sind ein kleiner Bissanzeiger und etwas Gewicht am Vorfach gute Helfer. Bei glatter Wasseroberfläche bevorzuge ich ebenfalls eine etwas größere Trockenfliege als Anzeiger, in deren Hakenbogen das leicht beschwerte Nymphchen an einem rasch sinkenden Stück Flourocarbon baumelt. Fische ich ohne jede Sichthilfe, wähle ich ein langes Vorfach und fette das Monofil bis auf etwa 30 bis 50 Zentimeter vor der Fliege. Französische Experten verwenden bis zu 9 Meter lange Vorfächer in flachem Wasser beim so genannten »French Nymphing« auf gesichtete Forellen oder Äschen.

Auf eine Mininymphe gefangene Äsche aus dem Doubs im französischen Jura. Die einheimischen Nymphenfischer setzen dort sehr lange Vorfächer ein.

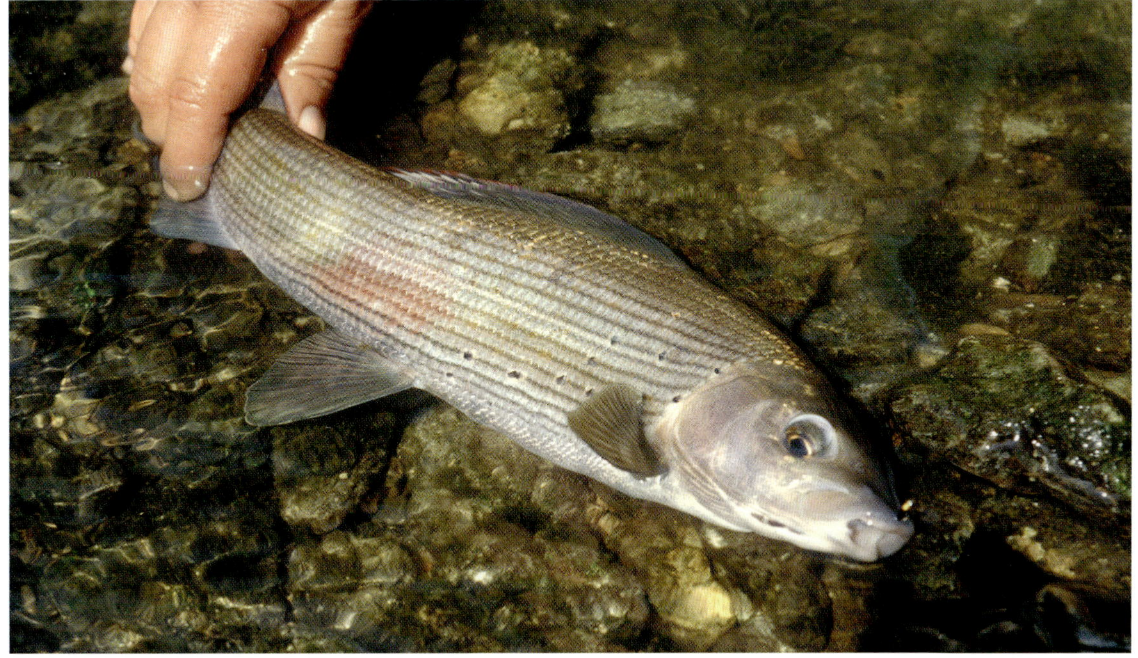

Der Engländer *John Goddard* empfiehlt leichte Haken mit großem Bogen und bindet seine Fliegen nur etwa über die Hälfte des Hakenbogens.

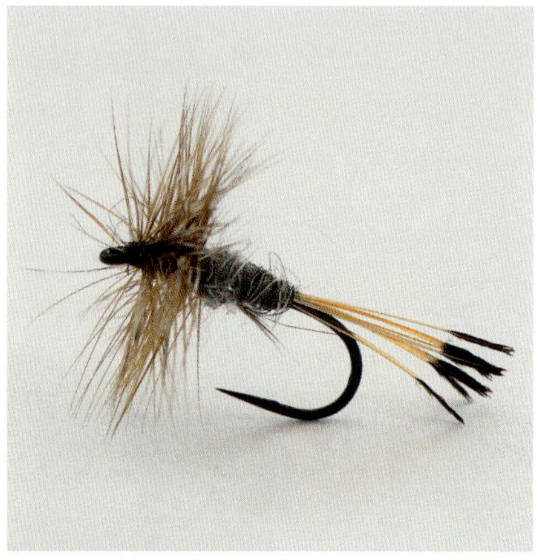

Haken setzen

Tja, dieses leidige Haken setzen. Ich weiß nicht, wie viele Fische ich mit kleinen Fliegen schon kurz gehakt, aber dann sofort wieder verloren habe. Der amerikanische Minifliegenexperte *Art Scheck* hat eine Lösung parat. Er schränkt den Hakenbogen ganz sanft mit mithilfe einer Arterienklemme. Dadurch weist die Hakenspitze etwas zur Seite und die Spitze findet im Fischmaul besseren Halt.

Der Engländer *John Goddard* verwendet leichte, etwas größere Haken, bindet seine winzigen Mückenmuster aber nur über den halben Hakenschenkel. Eine pfiffige Idee.

Und dann braucht es noch unbedingt die richtige Art und Weise um den Haken zu setzen. Was genau machen wir mit der Schnur- und der Rutenhand? Leichtfertig »anzuschlagen«, wäre genau das falsche. Ein Anschlag hat immer mit einem gewissen Kraftaufwand zu tun. Tatsächlich müssen wir die Kraft, die auf den Haken wirkt, sehr im Zaum halten, denn um so eine kleine dünne Hakenspitze einzutreiben, braucht es nur sehr wenig Widerstand. Ein verhaltenes Heben der Rutenspitze reicht. Wenn etwas lockere Leine auf dem Wasser liegt, kann diese zusätzlich als Puffer dienen.

Eine interessante Methode erwähnt *Ed Engle* in seinem Buch »Fishing Small Flies«. Statt die Schnur beim Hakensetzen festzuhalten, lässt er die Schnurhand kurz los und formt mit den

Kleine Fliegenmuster sollten einfach und aus wenigen Materialien gebunden werden.

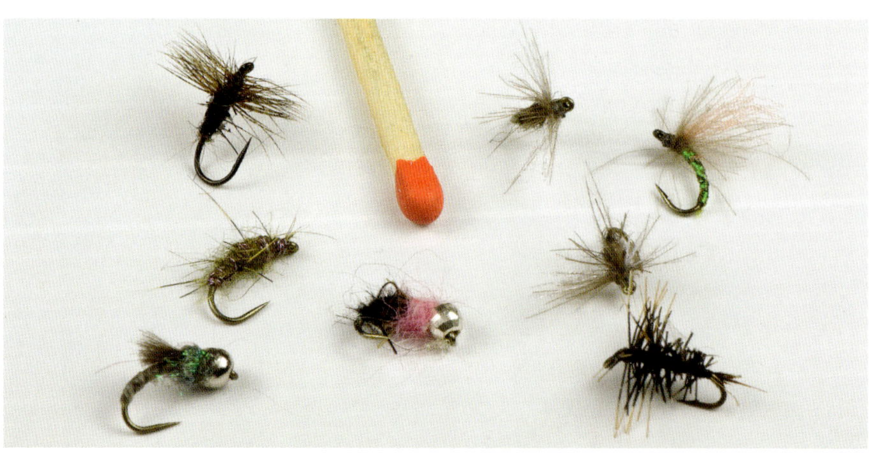

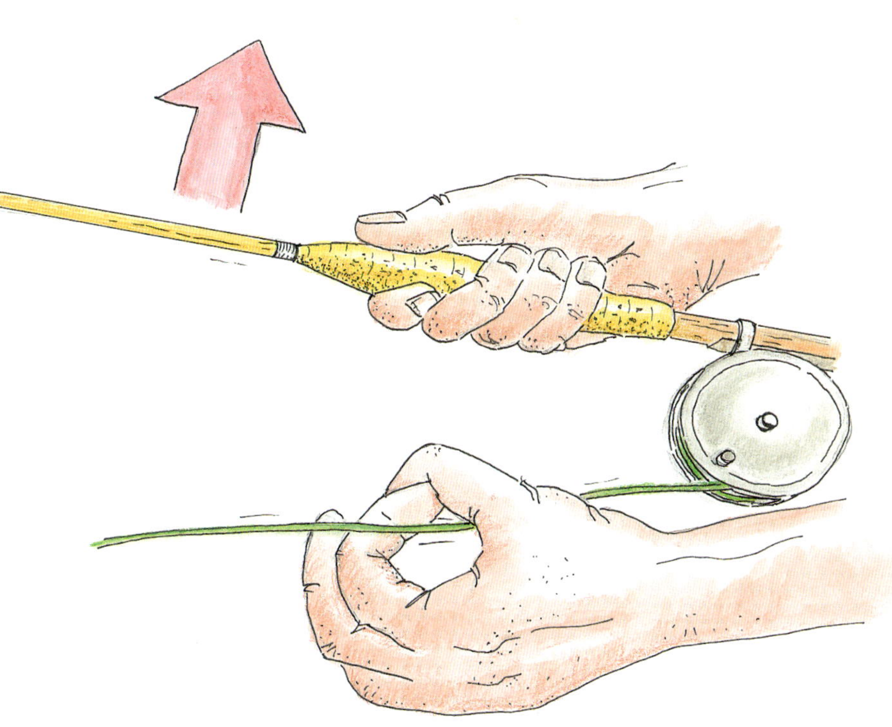

Haken setzen mit dem O-Ring. Beim Heben der Rute lässt man die Schnur durch die zum Kreis geformten Finger rutschen. Eine Sache, die geübt werden will.

Fingern einen O-Ring um die Schnur. Beim Heben der Rute sorgt die Reibung der Schnur in den Ringen und im Fingerkreis für ausreichend Widerstand. Das erfordert allerdings einige Übung, bis es zuverlässig klappt.

Drill

Wenn der Haken gefasst hat und ein größerer Fisch davon stürmen möchte, hat es keinen Sinn dagegenzuhalten. Wir würden ihn verlieren. Also lassen wir ihn erst einmal schwimmen. In den meisten Fällen stellt er sich nach dem ersten Erschrecken in die Strömung. Erst dann können wir langsam Druck auf ihn ausüben. Auch jetzt empfinde ich weichere Ruten als vorteilhaft. Im Gegensatz zu schnellen, härteren Ruten, bremsen sie die Fische sanft ab, aber halten einen gleichmäßigen Zug aufrecht. Stetiger Zug mit einem nachgiebigen, eher parabolisch agierenden Rutenblanks ermüdet einen Fisch recht schnell. Die Fische gebärden sich an diesen Ruten durch den weichen Puffer auch weniger wild, als wenn sie gegen den ruppigen Widerstand einer harten Rute ankämpfen müssen.

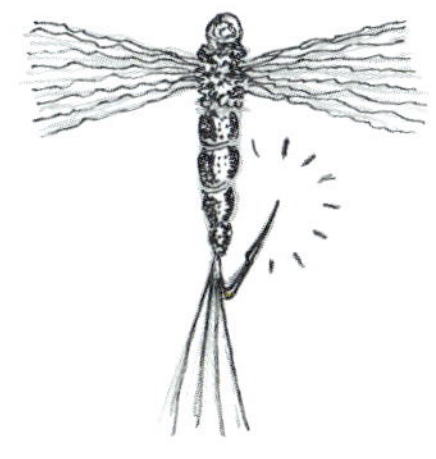

Minifliege mit geschränkter Hakenspitze

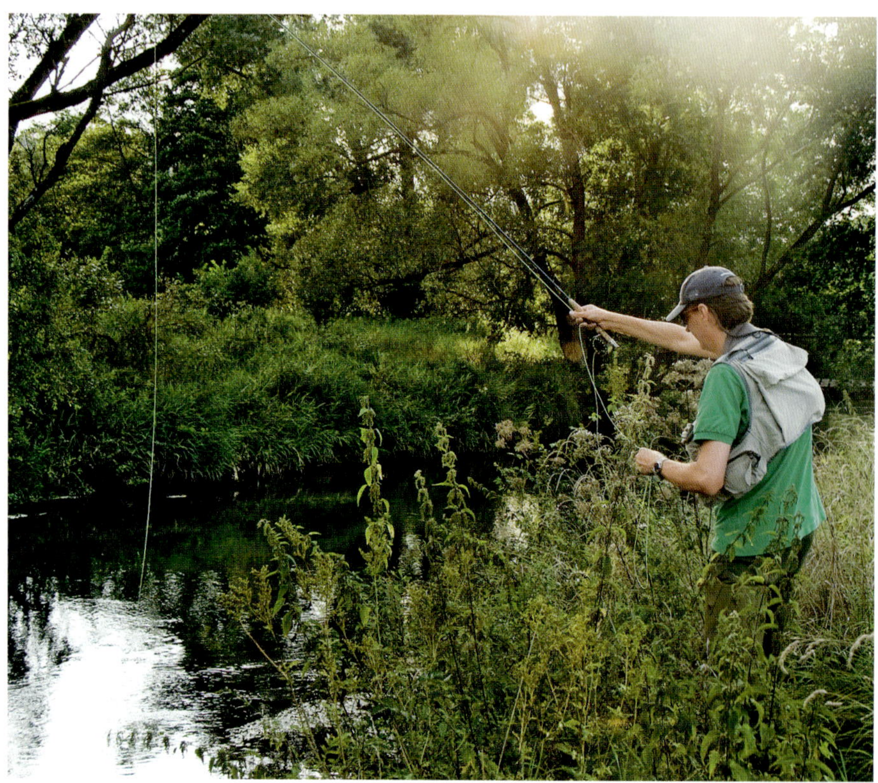

Gerade Minifliegen sollte man wegen der besseren Kontrolle an möglichst kurzer Leine anbieten.

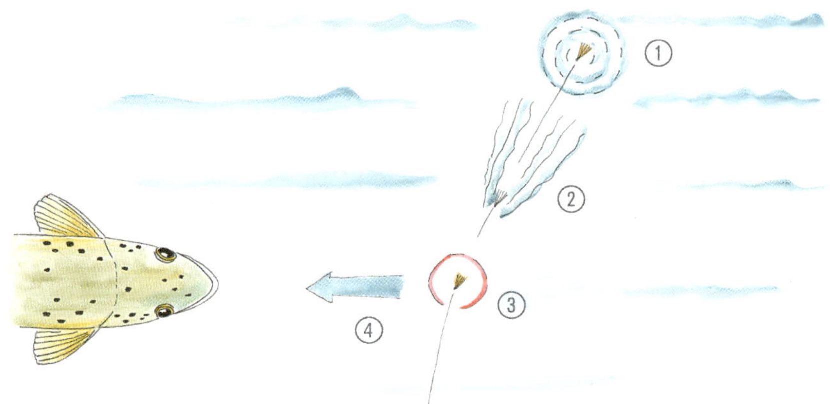

Es ist nicht einfach mit der kleinen Trockenfliege exakt in die richtige Driftlinie vor einen Fisch zu treffen. Am besten hält man etwa einem Meter vor den Fisch, wirft aber etwas über die Driftlinie hinaus ①, und zieht die Fliege dann entsprechend zurück. Die V-Welle ② ist gut zu erkennen. Dann stoppt man ③ etwa 50 bis 100 cm oberhalb vom Fisch und lässt die Fliege in der korrekten Drift ④ abtreiben.

Stille Wasser

Das Fliegenfischen auf Salmoniden in Seen empfinde ich immer als eine große Herausforderung und besonderes Vergnügen. Einmal weil diese Seen oft landschaftlich sehr reizvoll gelegen sind und auch weil man dort oft gute Chancen auf außergewöhnlich schöne und große Fische hat.

Die Bedingungen an Salmonidenseen sind auf der ganzen Welt gar nicht so unterschiedlich, da sie einigermaßen vergleichbaren klimatischen Verhältnissen unterliegen. Auch die Gruppe der wirklich benötigten Muster ist überschaubar. Neben diversen Eintags- und Köcherfliegen spielen vor allem Zuckmücken eine große Rolle. An drei europäischen Seen von ganz unterschiedlicher Größe, in Irland, Schweden und in Südtiroler Alpen auf über 2000 Meter Meereshöhe, konnte ich feststellen, dass einige wenige, sorgfältig angewandte Grundtechniken und ein paar Fliegenmuster genügen.

Schweden/Dalarna

Von Mora aus fahren wir gegen Norden auf der Straße nach Sveg. Etwa

An einem einsamen irischen Bergsee.

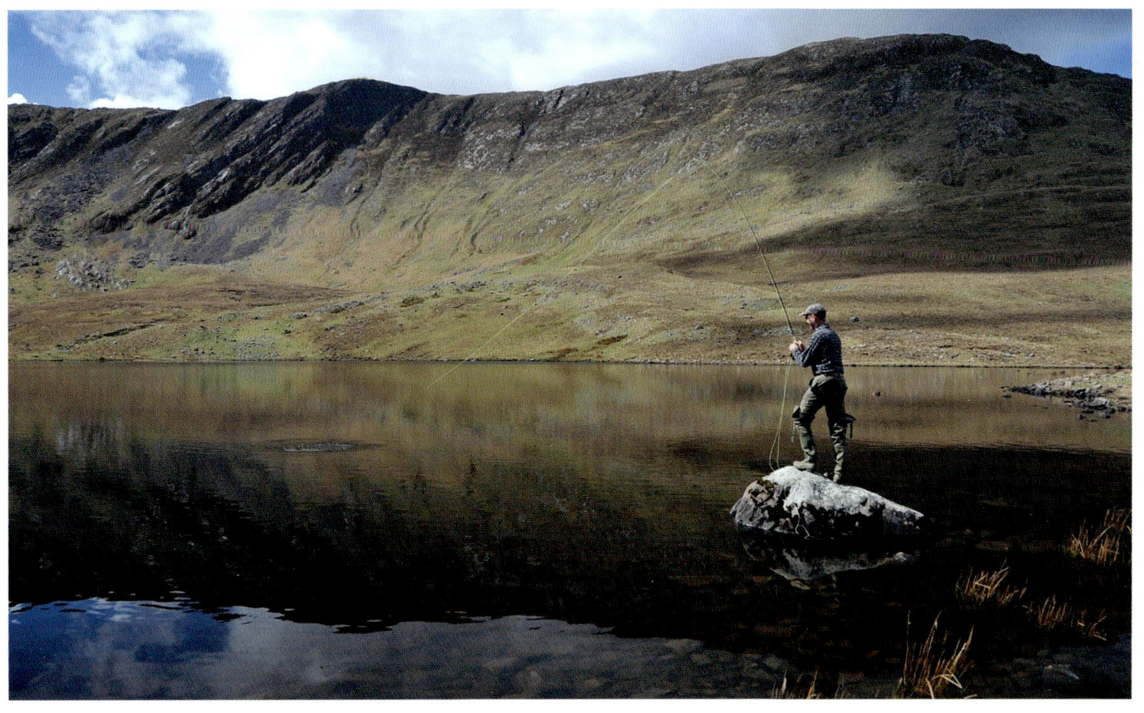

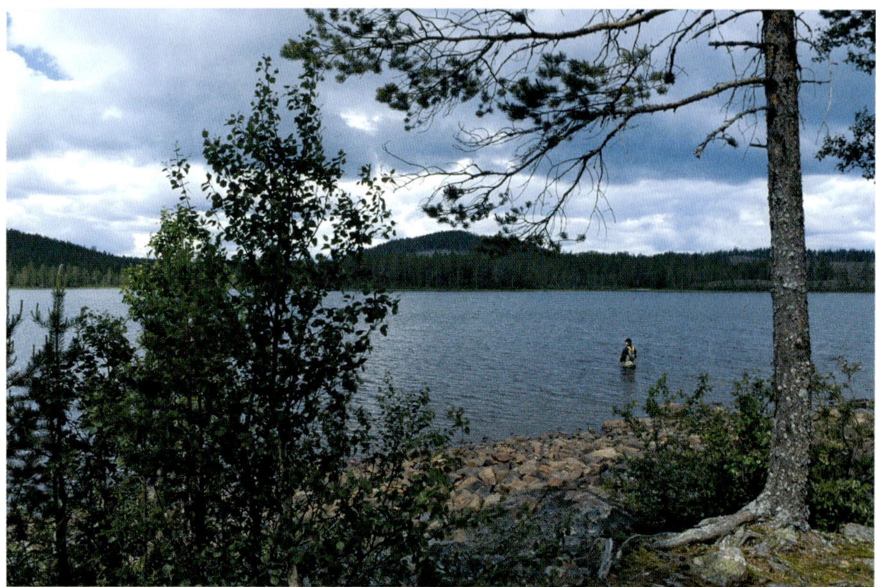

Der »Abborsjön« in der schwedischen Provinz Dalarna. Seen wie diese gibt es in Skandinavien Tausende. In vielen von ihnen lässt sich hervorragend mit der Fliege fischen.

80 km müssen wir zurücklegen, für schwedische Verhältnisse ist das keine besondere Distanz. Wir fahren durch endlose Wälder. Irgendwann steht auf einem Ortschild »Noppikorski«. Der Name stammt von finnischen Siedlern. Ein Tankstelle mit einem kleinen rustikalen Restaurant, viel mehr ist nicht zu sehen. Kurz hinter dem Ort zweigen wir nach links ab und folgen einer geschotterten Forststraße. Ein Blick auf die Landkarte zeigt, die waldreiche Gegend ist systematisch durch diese Holzabfuhrwege erschlossen. Falun, die berühmte, jahrhundertealte Bergwerksstadt hat immer viel Holz benötigt. Wir überqueren eine Eisenbahnlinie, zwischen den Bäumen schimmert immer wieder Wasser hindurch. Dann ein größerer Kahlschlag. Rechts liegt eine kleine Blockhütte und ein vielleicht 30 oder 40 Hektar großer See: Aborresjön.

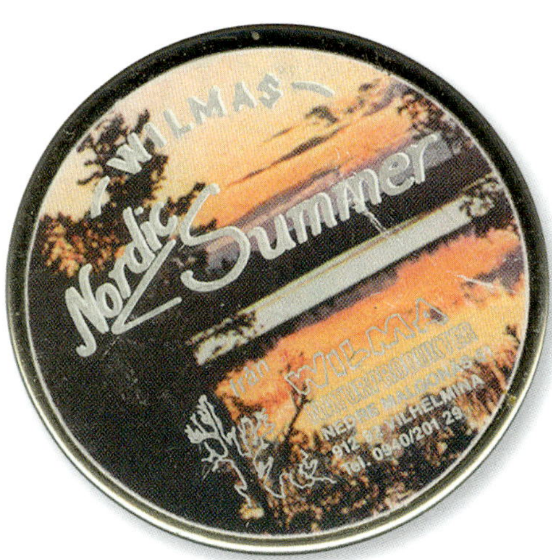

Rosskur

Als wir in die Wathosen schlüpfen, schlage ich einige Mücken tot. Kenneth lacht: »Wo es Fische gibt – da sind auch Mücken. Von irgendwas müssen die Fische ja leben.« Ich krame nach dem Döschen »Nordic Summer« aus dem Angelzentrum in Älvdalen. Nach dem Einreiben rieche ich wie ein Teerfass. Aber die Mücken bleiben tatsächlich weg. Einigermaßen wenigstens. Kenneth weiß eine andere Methode: »In Finnland legt man sich nur ein Mal mit nackten Oberkörper für eine Stunde auf den Waldboden und lässt sich einfach von allen anfliegenden Mücken stechen. Danach trinkt man eine halbe Flasche Whisky und geht ins Bett. Jetzt bekommt man hohes Fieber, aber ab nächsten Tag ist man immun gegen jede Art von Mückenstich«. Ich bleibe nicht nur aus Zeitgründen lieber bei »Nordic Summer« und seinem Teergeruch. Nach einem kleinen Fußmarsch am Ufer entlang, schlagen wir unser Tageslager auf einer kleinen Halbinsel im See auf.

Große Köcherfliegen

Welche Muster sind angesagt? Plötzlich fliegt mir etwas in den Nacken. Ich schlage mit der Hand danach und glaube einen Nachtschwärmer in der Hand zu halten. Nein, es ist eine Köcherfliege, mindestens vier Zentimeter lang.

Es ist jetzt fast Mitte Juli, große Köcherfliegen gehören hier zum Standardprogramm. Kenneth zeigt auf eine größere flache Steininsel nahe am Ufer.

Nach schwedischem Recht darf man in der »Wildmark« mit auf dem Boden liegenden Holz fast überall ein Lagerfeuer entzünden, wenn man die Sicherheitsregeln beachtet.

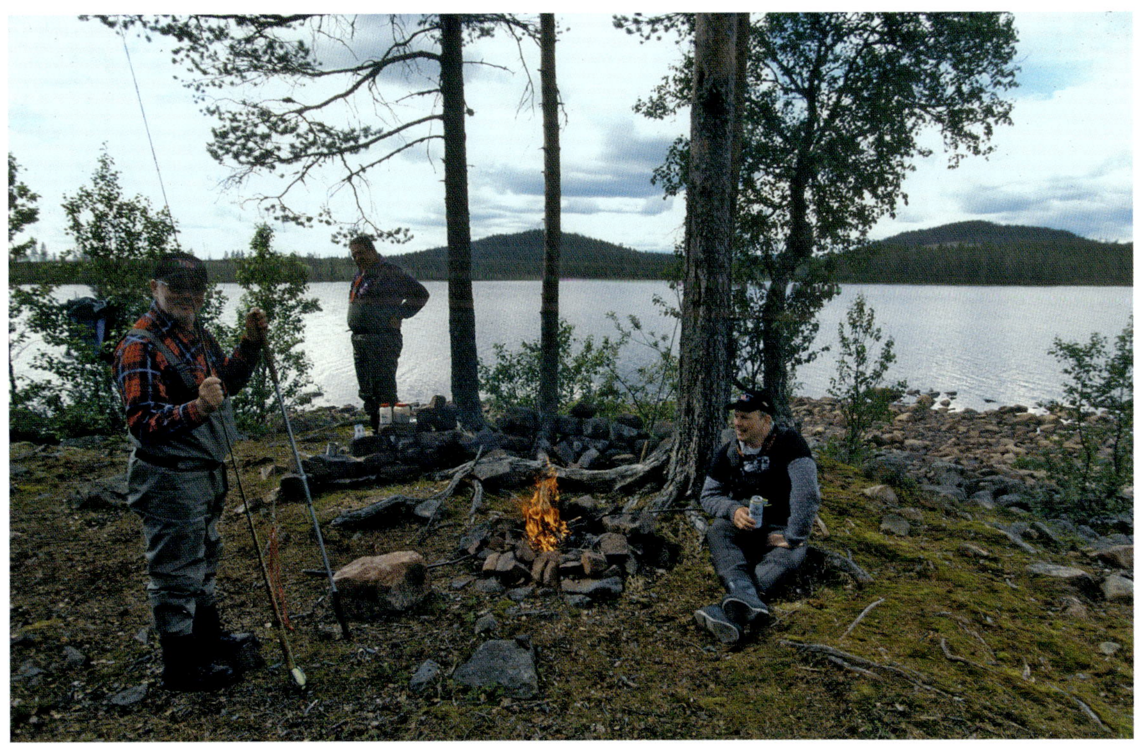

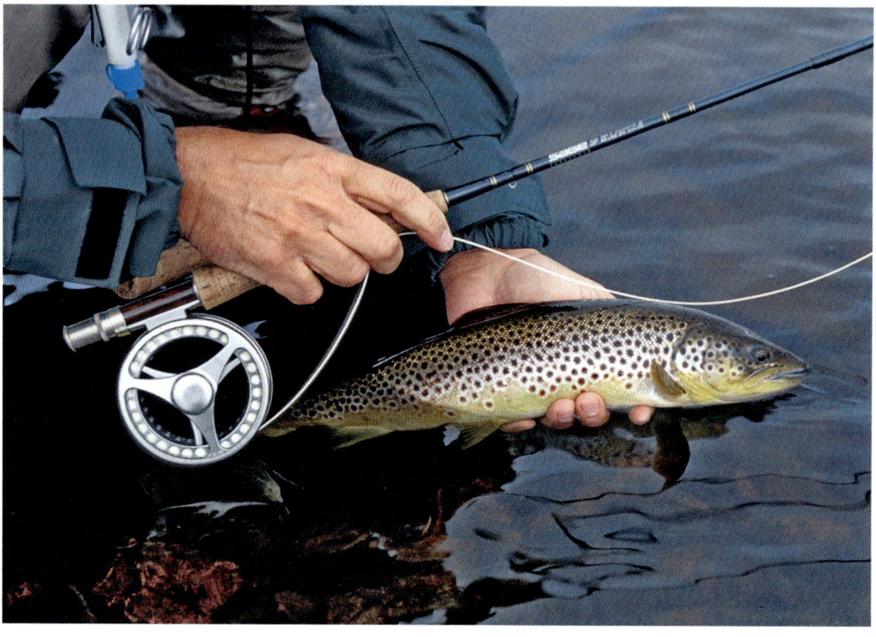

Die Forellen waren vor allem hinter den gerade schlüpfenden Köcherfliegen her.

»Von hier hast Du die besten Chancen. Der Boden fällt schnell ab und an der Kante schwimmen schöne Fische entlang.« Ich folge seinem Rat und wate hinaus zur Steinbank. Die Atmosphäre ist beeindruckend, so habe ich mir Schweden immer vorgestellt. Ein abgelegener See, leicht gekräuselte Wellen, endlos scheinender Nadelwald an den Ufern. Während ich noch sinniere, zeigt sich draußen auf dem See ein Schwall. Leicht elektrisiert knüpfe ich eine der schwedischen Nymphen an. Grauer Körper mit einem Schwänzchen aus Elchhaar und weiter oben ein Kranz aus langen Hecheln. Darüber ein knallrotes Polyfoam-Köpfchen. Sieht aus wie ein kleiner Alien, heißt aber »Gösta's Killer«. Vielversprechend! Na dann! Wenig später halte ich Sichtkontakt zu dem kleinen roten Punkt zwischen den bleigrauen flachen Wellen. Langsam, ganz langsam, Zentimeter für Zentimeter zupfe ich die Leine zurück, so wie man es mir empfohlen hatte. Dann ein Schwall, ein Riesenschwall sogar! Der Fisch hängt und geht ab wie die sprichwörtliche Rakete. Tief beugt sich die Rute und nach lebhaftem Drill kommt eine herrliche Bachforelle zu mir. Ich lasse sie in meine Hand glei-

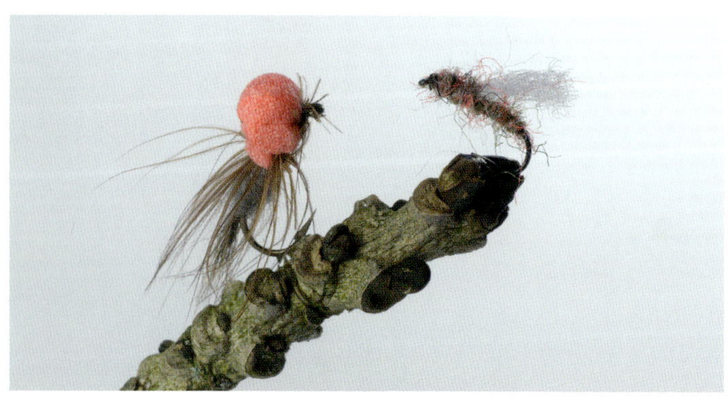

»Engel« und »Gösta's Killer«. Am See werden Sie ganz langsam und in kurzen Intervallen eingezupft.

ten und löse den Haken. Ein muskulöser, strammer Fisch. Und so schön gezeichnet wie die wilden Brown Trout in Irland oder Neuseeland. Wenig später bezieht Kenneth etwas links von mir Stellung. Es dauert keine zehn Minuten, da biegt sich seine Rute und eine ebenso schöne Bachforelle kommt zu ihm. Welche Fliege? Natürlich sein »Engel«. Die Fische nehmen die fast statisch im Film zappelnden Puppen sowie die langsam über die Wasseroberfläche schlitternden adulten Insekten.

Irland

An den Seen der britischen Inseln hat das Fischen mit Nassfliegen große Tradition, aber auch Trockenfliege und Nymphe führen zum Erfolg. Jedes Frühjahr gegen Ende April begebe ich mich mit ein paar Freunden für eine Woche nach Irland. Wir wollen während der Hauptschlupfzeit der Zuckmücken, hier »Midges«, »Buzzers« oder »Duck Fly« genannt, den fabelhaften Brown Trout des Lough Mask im Westen der Insel nachstellen. Und zwar in erster Linie mit einem feinem Tandemsystem: Vom Hakenbogen einer trockenen Zuckmückenimitation hängt eine »Midge Pupa« zwischen 20 und 40 Zentimeter ins Wasser hinab und wird in dieser Tiefe gehalten. Neun von zehn Forellen nehmen dann die Puppe und die abtauchende Trockenfliege meldet den Biss. Im Gegensatz zu den Nassfliegenfischern, die für die

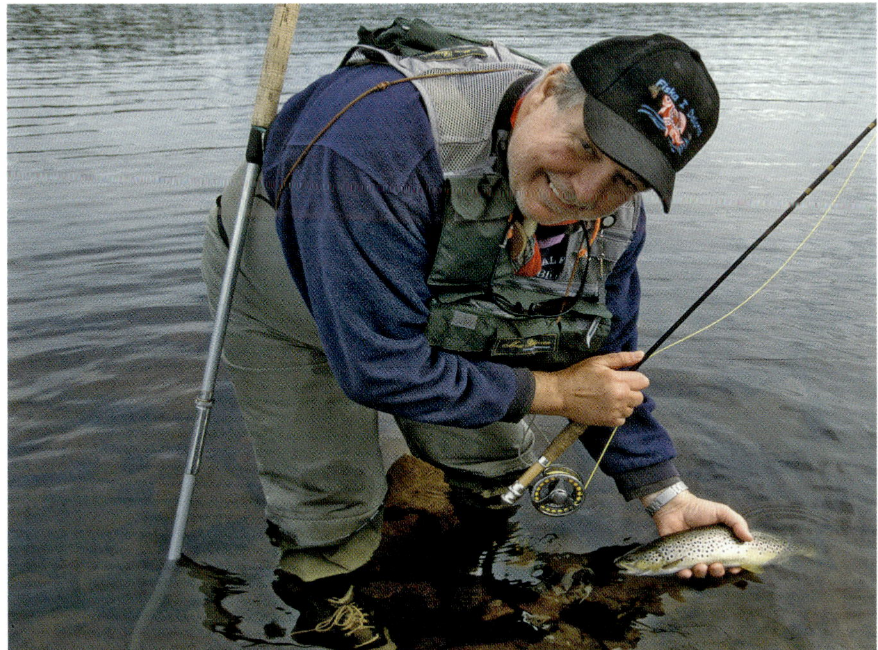

Das schwedische Fliegenfischer-Urgestein *Kenneth Svensson* schwört auf seinen weiß geflügelten »Engel«. Die schöne Abborsjön Forelle gibt ihm Recht.

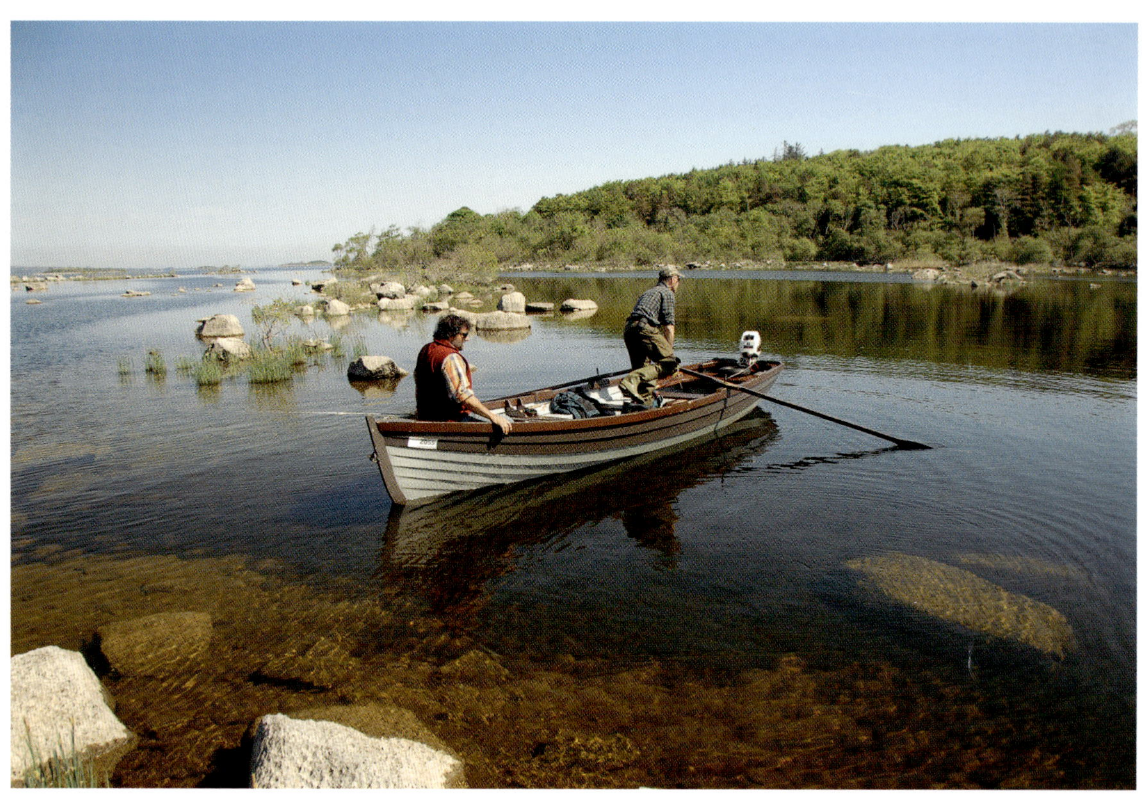

Forellenpirsch mit dem Boot in einer der flachen Buchten des Lough Mask. Der Bereich wo die Fische aktiv sind, muss auf Wurfweite angesteuert werden. Dann wird Anker gesetzt und die Fliege ausgelegt. Man braucht ein langes Vorfach, die richtigen Fliegenmuster und ganz viel Geduld.

Drift mit dem Boot frischen Wind benötigen, bevorzugen wir ruhiges Wetter mit wenig Wind und höchstens kleineren Wellen auf der Seeoberfläche. Wir wollen sehen wo die Fische steigen und verankern unser Boot dann in diesem Bereich.

Fische finden

Der Tagesablauf ist eingespielt. Morgens gegen 8 Uhr aufstehen. Blick aus dem Fenster. Der See scheint ruhig zu sein, das kann sich aber immer schnell ändern. Was sagt der Wetterbericht? Irland muss ein Traumland für Meterologen sein. Man packt einfach alle möglich erscheinenden Wetterbedingungen in die neue Meldung. Irgendetwas davon trifft sicher ein. Vor 11 Uhr brauchen wir nicht auf dem Wasser zu sein. Vorher findet kein Schlupf statt. Gegen 11.30 Uhr steuern wir die erste Bucht an. Der See ist riesig und wir suchen nicht zu tiefes Wasser. Jede der großen flachen Buchten im Ost und Südbereich ist eigentlich ein eigener See. Von weitem erkennen wir aufgeregt umherfliegende Möwen und Schwalben. Immer stoßen sie zur Wasseroberfläche hinunter. Sehr gut, hier sind »Midges«, die Zuckmücken, auf dem Wasser. Als wir näher kommen, sehen wir auch einzelne Ringe auf der

Oberfläche. Von oben die Vögel, von unten die Fische, Zuckmücken leben gefährlich. Am besten ist der Schlupf in Wassertiefen von 1 bis 3 Metern über schlammig sandigem Grund mit Pflanzenbewuchs. Es macht Spaß mit leichtem Gerät zu fischen. Eine Rute, 9 bis 10 Fuß lang und Schnurklasse 4 bis 5 ist ideal. Eine 4er-Schnur fällt leicht aufs Wasser, das Vorfach sollte nicht kürzer sein als 4 bis 5 Meter.

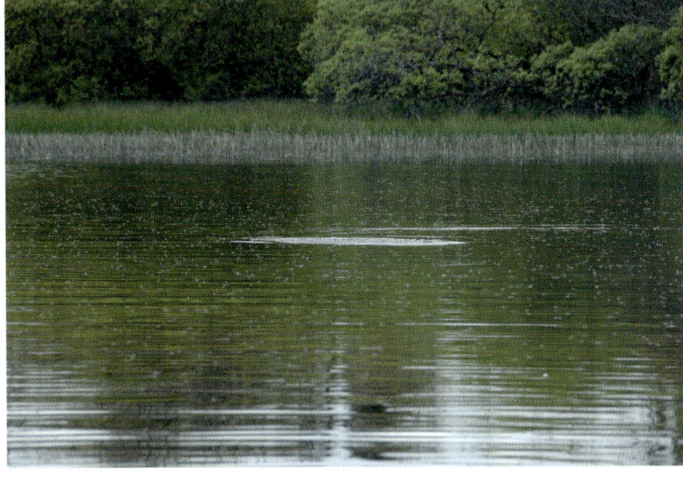

Tausende von Fliegen. Ob die Fische herausfinden, welche davon die unsere ist?

Schwierige Herausforderung

Würde man versuchen jeden auf der Wasseroberfläche erscheinenden Ring einzeln anzuwerfen, wären die Fische bald über alle Berge. Nach dem Ablegen heißt es warten. Der Fisch findet die Fliege. Wenn er will. Schwierig wird es, wenn der See tatsächlich spiegelglatt ist. Dann kann man zwar die Ringe auf mehrere hundert Meter erkennen, aber die Fische sind übervorsichtig. Ein kleiner »Ripple«, eine leicht angeraute Oberfläche ist dagegen ideal. Erstens weil der Fisch nicht durch ein glattes Fenster Richtung

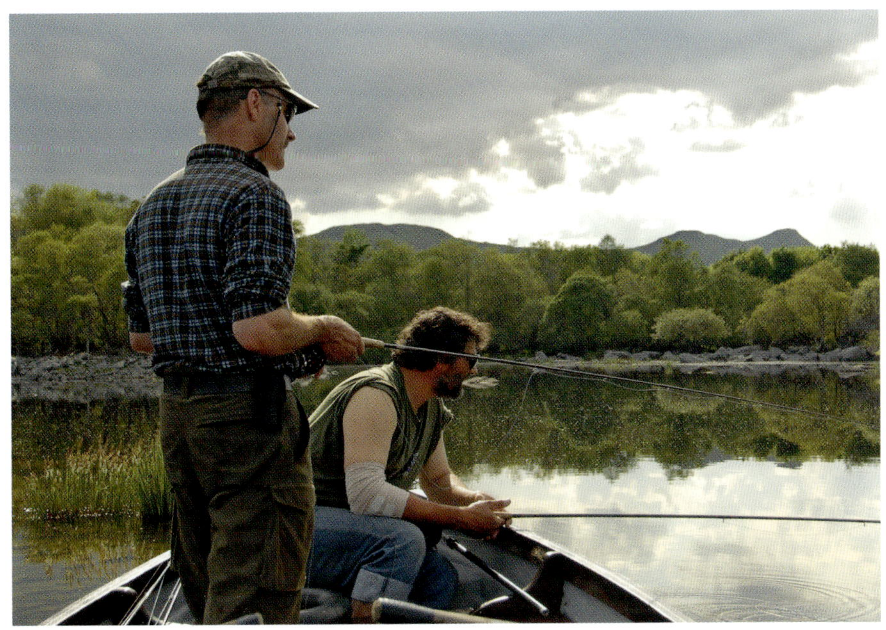

Warten auf den Schlupf.

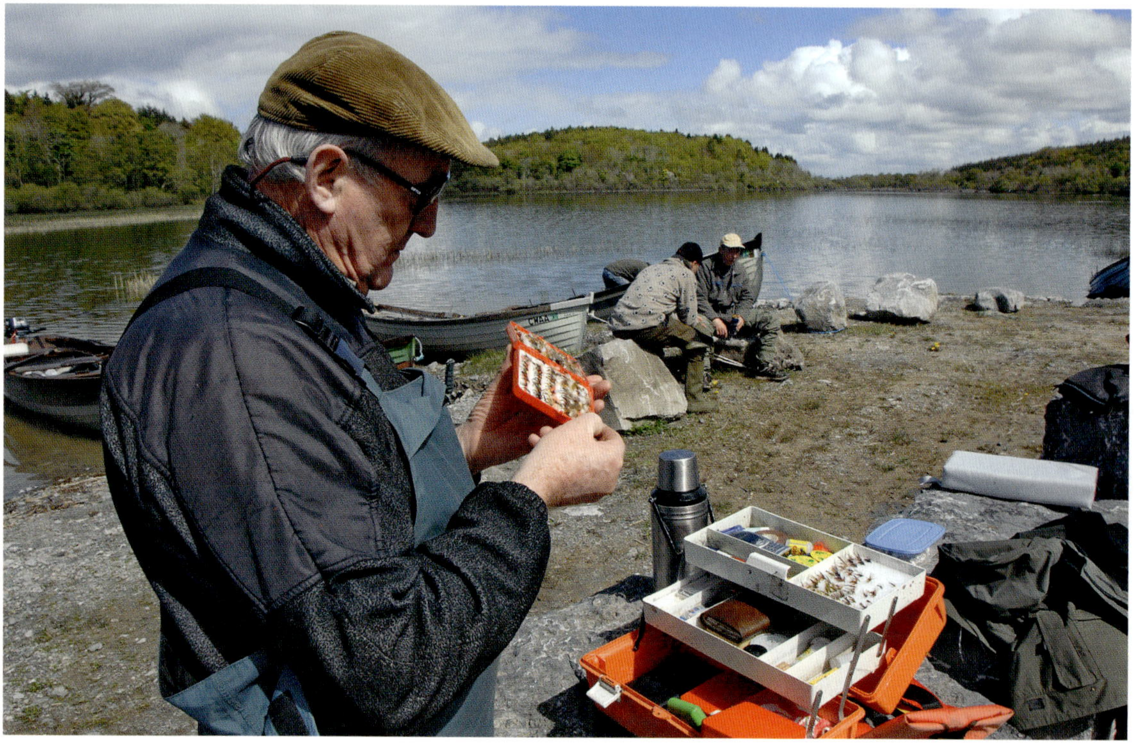

Lunchtime! Zeit sich über das Fliegenteam für den Nachmittag Gedanken zu machen. Dann werden vermutlich mehr Eintagsfliegen als Zuckmücken schlüpfen.

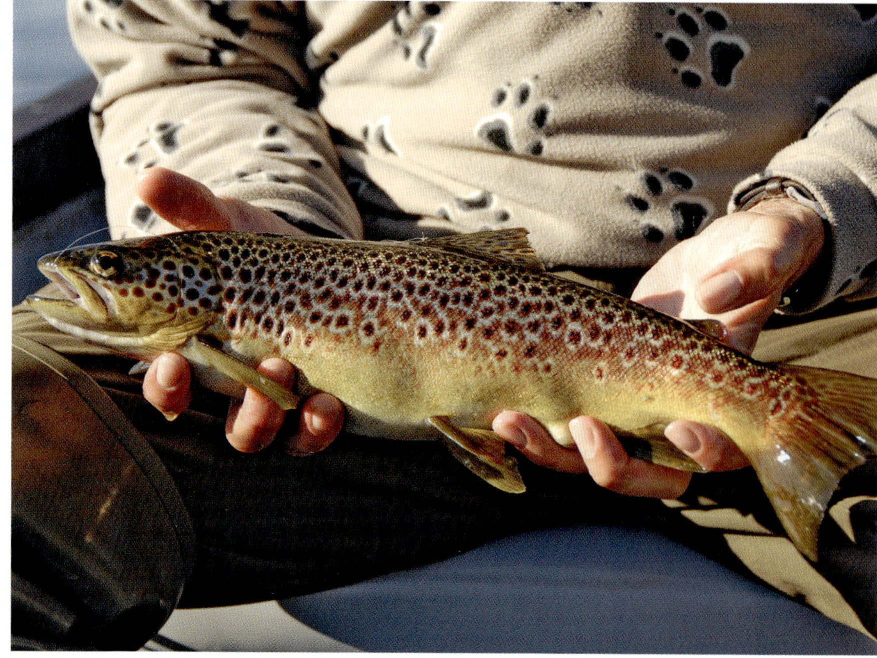

Eine prachtvolle Lough Mask-Brown Trout. Sie sammelte ganz nah am Ufer über nur einem halben Meter Wasser Zuckmücken-Puppen aus dem Oberflächenfilm und nahm eine in ihre Bahn servierte schwarze »Klinkhammer-Spezial« .

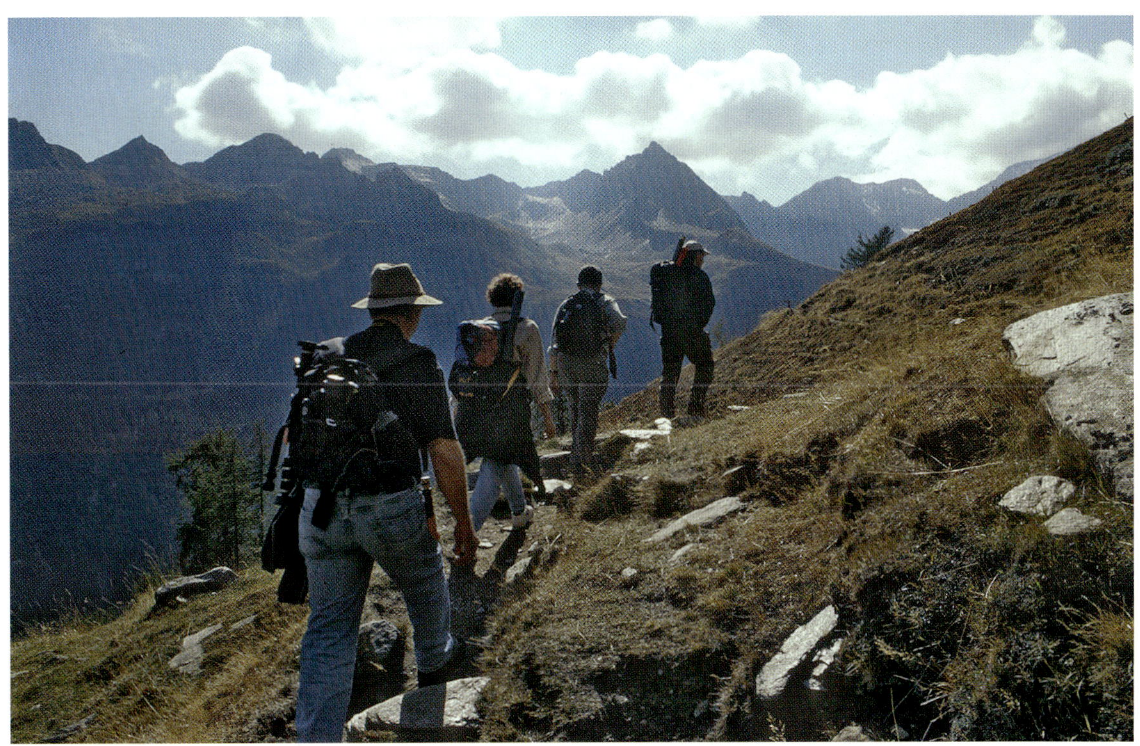

Himmel blicken kann, und zweitens weil die Nymphe unter der Trockenfliege sacht auf und ab hüpft. Das erhöht die Attraktivität der Muster enorm. Am frühen Nachmittag lässt der Midge-Schlupf gewöhnlich nach, dafür erscheinen plötzlich winzige Segelboote auf dem Wasser. Kleine Eintagsfliegen mit dunklerem, mattolivem Körper. »Sooty Olives« heißen sie hier. Die Fische steigen weiter. Wer allerdings glaubt, es wäre unter diesen Umständen einfach einen Fisch zu fangen, der täuscht sich. Es erfordert Geduld und Hartnäckigkeit. Das Durchschnittsgewicht pro Fisch von rund einem Kilo und die Kampfkraft dieser Wildlinge sind aber alle Mühe wert.

Südtirol

Es ist ein glasklarer, sonniger Herbsttag. Unser Wagen klettert die haarklammerengen Serpentinen der Timmelsjochstraße empor. Je höher wir kommen, desto atemberaubender wird der Ausblick über das Tal der jungen Passer. Wenig später nehmen wir im Gasthof Hochfirst einen Espresso zu uns und die Fischereilizenz in Empfang. Wir befinden uns etwa drei Kilometer unterhalb der Passhöhe und der Grenze zum Nachbarland Österreich. An der Wand im Wirtsraum viele Jagdtrophäen und einige gerahmte Fotos von glücklichen Anglern nebst Beute aus den umliegenden Bergseen.

Über einen Höhenweg mit phantastischem Bergpanorama geht es in 2000 Meter Seehöhe zum See.

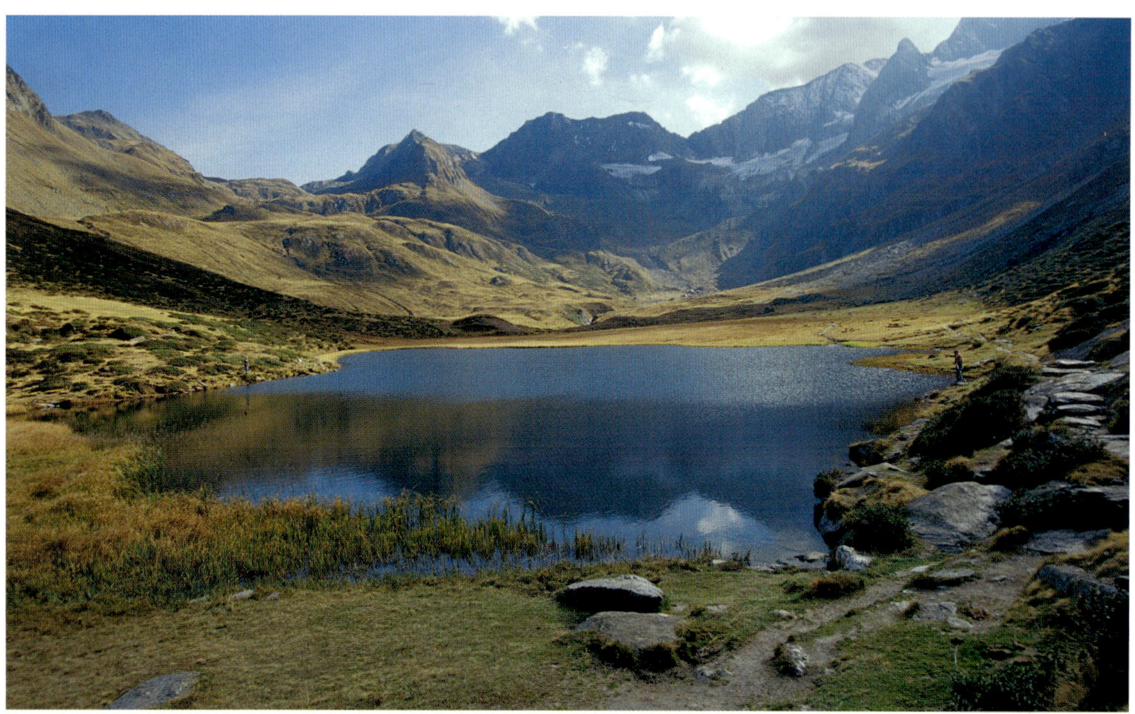

Der Seebersee. Solche Kleinode gibt es überall im Alpenraum. Für den wanderlustigen Fliegenfischer ein Traum.

Ein paar Kehren noch, dann biegt Robert in einen seitlich gelegenen Parkplatz ein. Von hier aus geht es zu Fuß weiter. Gut eine Stunde soll man angeblich laufen bis zum See. Es sind wenige Höhenmeter zu überwinden, es bleibt bei einem relativ moderaten Auf und Ab, auf einem gut begehbaren Wanderweg. Der wird mit der Zeit schmäler und führt über herbstlich gelbgefärbte Almwiesen. Vor uns liegt die prächtige Hochgebirgsszenerie der Hochgipfel des östlichen Ötztaler Hauptkamms. Ein Blick auf die Wanderkarte sagt uns die Namen: Hochfirst, Granatenkogel und Königskogel. Prüfende Blicke wandern nach oben. Normalerweise müssten hier an den Hängen Murmeltiere zu sehen sein. Entfernt hören wir sogar hin und wieder einen Pfiff, der von einem Wächtertier stammen könnte.

Wenig später kommen wir über den letzten Hügel und dann liegt in einem weiten Trog unterhalb zweier kleiner Gletscher der See vor uns. Wie ein Juwel glitzert er in der herbstlichen Mittagssonne.

Alpines Kleinod

Der Seebersee ist nicht groß, nur rund 150 Meter lang und etwa halb so breit. Teilweise sind die Ränder moorig und er Boden trügerisch, aber an beiden Längsseiten ist der Untergrund hart und sicher begehbar. Etwas oberhalb des am See entlang führenden Wan-

derweges lassen wir uns nieder. Robert spendiert noch eine Runde Äpfel aus dem Etschtal, dann nähern wir uns mit montierter Rute vorsichtig dem Ufer. Das Wasser ist glasklar, die Oberfläche im Moment spiegelglatt. Offenbar ist das Wasser nicht allzu tief, durch den günstigen Lichteinfall kann ich mithilfe der Polbrille fast überall bis zum Grund sehen. Pflanzenbewuchs ist auf etwa achtzig Prozent der Fläche vorhanden. Als ich den Blick direkt nach unten richte, entdecke ich tatsächlich keine drei Meter vom Ufer entfernt zwei Saiblinge fast bewegungslos über einem hellen Sandfleck schweben. Einen davon schätze ich auf gut 40 Zentimeter. Aber die Fische erweisen sich als recht unwillig. Nur ein recht kleines Exemplar erscheint plötzlich aus dem Nirgendwo und verfolgt meine vorsichtig präsentierte graue Nymphe mit Messingköpfchen. Wolfgang, der weiter rechts von mir fischt, hat mehr Glück, nach einigen Versuchen kann er einen mittelgroßen »Salvelinus alpinus« landen.
Auch hier im Hochgebirge funktioniert die »Zuckmückenkombi« aus Irland. Und wieder kommen die meisten »Takes«, wenn ein leichter Wind das Wasser rippt. Der lässt durch das Auf und Ab der Trockenfliege auch die Puppe am Springervorfach verführerisch zittern. Eines der besten Muster an diesem Tag ist aber die grüne Goldkopfnymphe von *Gerd Laible*. Er wirft quer zum Wind, lässt von diesem einen Bogen in die Schnur drücken. Dann zupft er die Nymphe langsam nach oben und lässt sie dann wieder zurückfallen. Seine Rute beugt sich häufig, die Fische mögen diese Technik. Lange Vorfächer sind auch am See vorteilhaft, vor allem, wenn man die etwas größeren Exemplare erfolgreich ansprechen möchte.

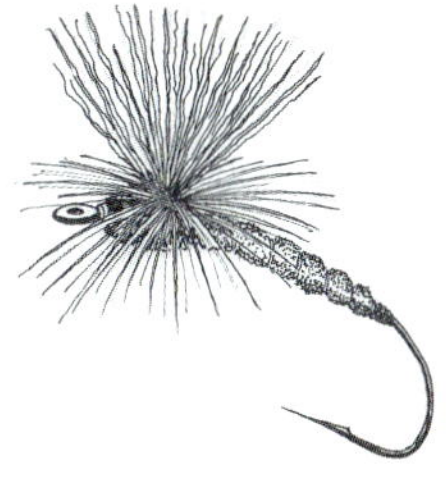

Klinkhammer-Midge

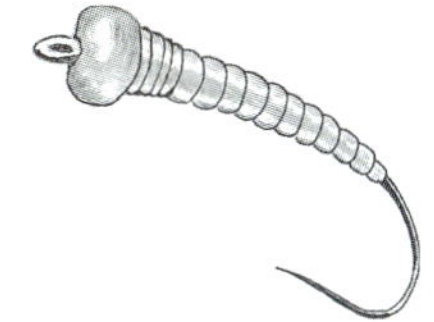

Midge-Pupa mit Glasperle

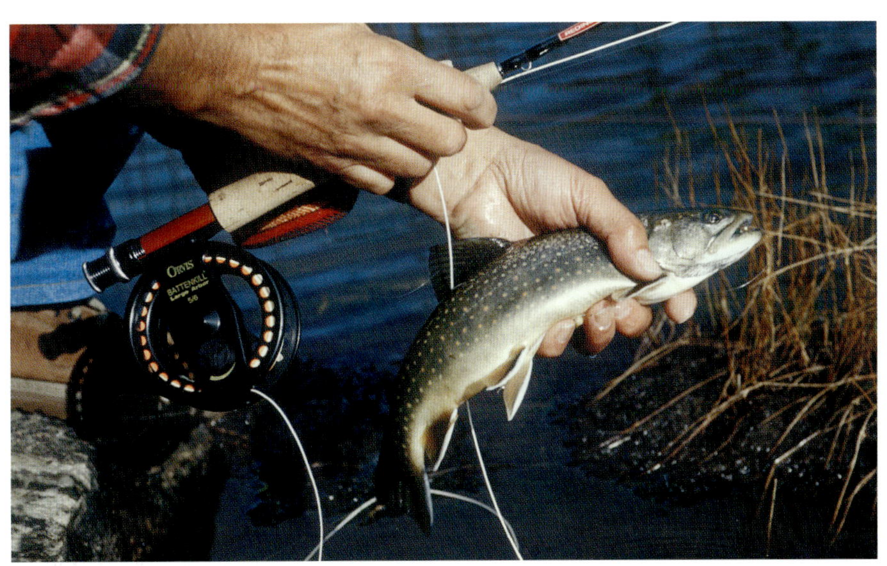

Alpiner Seesaibling

Zum Schluss noch ein paar nützliche Tipps und Knoten ...

Eine *Lesebrille* erleichtert manchem von uns die Lektüre der Tageszeitung, aber auch das Einfädeln der Vorfachspitze durch das Öhr des Fliegenhakens. Eine preisgünstige Brille aus dem Supermarkt mit etwa 0,5 bis 1 Dioptrien mehr als die gewohnte Stärke fördert Vergrößerung und Schärfe. Grund: Eine Fliege hält man beim Anbinden gewöhnlich näher an die Augen als eine Zeitung zum Lesen. Zum Anbinden des Musters hilft auch ein einheitlicher Kontrast im Hintergrund.

Beim Binden bestimmter Knoten hat man oft den Eindruck, die Finger der zwei Hände reichen nicht aus. Dann wünscht man sich eine *dritte Hand*, die zusätzlich zugreifen könnte. So beim Knüpfen des Non-Slip Mono-Loops, wenn der Haken fixiert wäre, hätte man beide Hände zum sorgfältigen Schließen des Knoten frei. Eine dritte Hand wächst uns sicher nicht, aber es gibt ein recht praktikables Hilfsmittel. Befestigen Sie auf Brusthöhe einen kleinen Karabinerwirbel an einer Schlaufe oder einem vorhandenen Metallring an Ihrer Anglerweste. In das Öhr des Wirbels haken Sie bei Bedarf Ihr gewähltes Muster ein, die Finger beider Hände können sich dann auf die Herstellung des Knotens konzentrieren.

Neue Knoten gehen nicht gleich einfach von der Hand. Am besten übt man sie aber nicht mit der dünnen Angelschnur sondern verwendet dazu eine *dickere Leine*. Ein Stück alte Fliegenschnur ist besonders gut geeignet. Fliegenschnur ist relativ durchmesserstark, aber zwischen den Fingern problemlos formbar und sie rutscht auch gut durch die diversen Schlingen und Schlaufen, die beim Knotenmachen auftreten.

Folgende Knoten und Verknüpfungen sind mir in den letzten Jahren positiv aufgefallen:

Klemm-Knoten

Manchmal muss man das blanke Fliegenschnurende schnell mit dem Vorfach verbinden. Bei dem hier gezeigten Knoten handelt es sich eigentlich um den »Schotstek« der Seefahrer, die ihn zur Verbindung zweier unterschiedlich starker Leinen verwenden. Während aber der normale »Schotstek« mit einem Umschlag auskommt, werden in diesem Fall drei Umschläge durchgeführt. Englische Fliegenfischer nennen diesen Knoten einfach »Jam-Knot«, was auf Deutsch so viel wie Klemm-Knoten bedeutet.

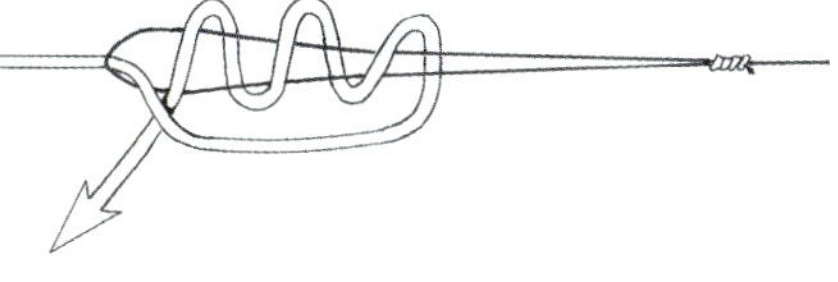

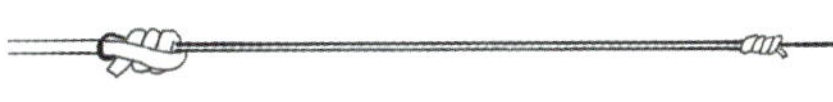

1. Schlaufe in das Vorfachende knüpfen.
2. Fliegenschnurende durch die Schlaufe fädeln, dann sozusagen rückwärts drei Umschläge um beide Monofilstränge der Schlaufe herum und unter der Fliegenschnur hindurch führen.
3. Fliegenschnur festziehen. Rest abschneiden. Ein relativ kleiner, aber sehr festsitzender Knoten.

Half-Hitch Schlaufe

Eine Schlaufe Ende der Fliegenschnur kann man durch Umbiegen der Leine und Umwickeln mit Faden und kreisendem Spulenhalter herstellen. Abschließend wird der Bindefaden normalerweise mithilfe einer dünnen Fadenschlaufe unter den Wicklungen durchgezogen und gesichert. Das geht einfacher ohne Fadenschlaufe, wenn Zeige- und Mittelfinger den Faden ergreifen und einen halben Schlag über die Fliegenschnurspitze hinweg auf die Wicklung heben. Dieser Vorgang wird drei- bis vier Mal wiederholt. Die Wicklungen mit einem kleinen Tropfen Sekundenkleber benetzen. Zusätzlich mit Nagellack bestreichen und trocknen lassen. Hält absolut bombenfest.

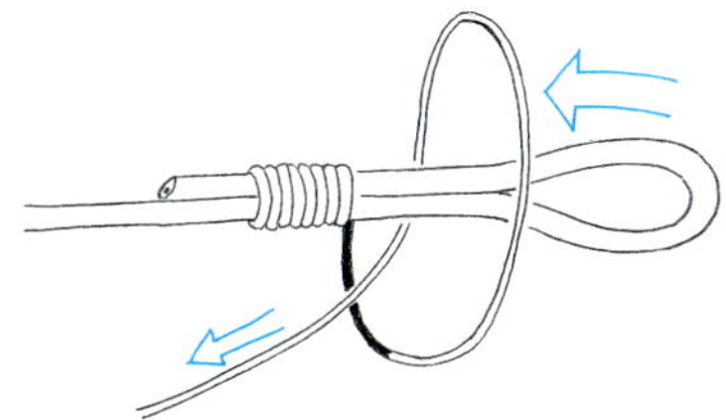

Bight- oder Seaguar-Loop

Dieser Loop ist ebenfalls eine sehr tragfähige Alternative zur »Chirurgen-Schlaufe«. Doppeln Sie die Leine, um eine einfache Schlaufe zu legen. Doppeln Sie die Leine nochmal und legen Sie das Schlaufenende zwei bis drei Mal um den stehenden Part. Danach führen Sie die ursprüngliche Endschlaufe durch die neu entstandene Doppelschlaufe hindurch und ziehen zu.

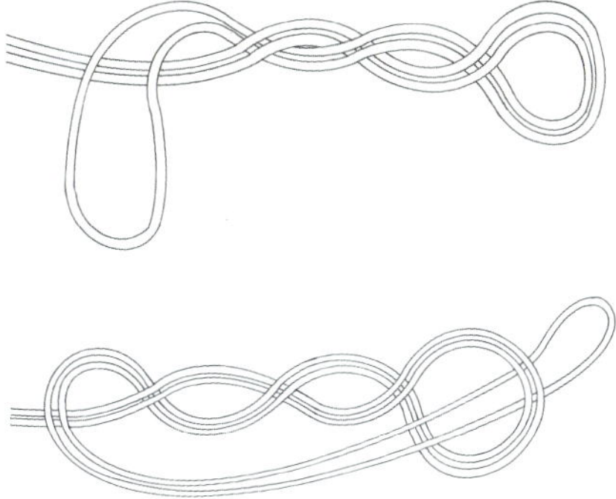

Orvis Tippet-Knoten

Eine tragfähige Möglichkeit ein Flourocarbon-Tippet mit einem Nylonvorfach zu verbinden. Wer genau hinsieht, dem fällt auf, dass es sich dabei im

Prinzip um einen Bight-oder Seaguar-Knoten handelt.

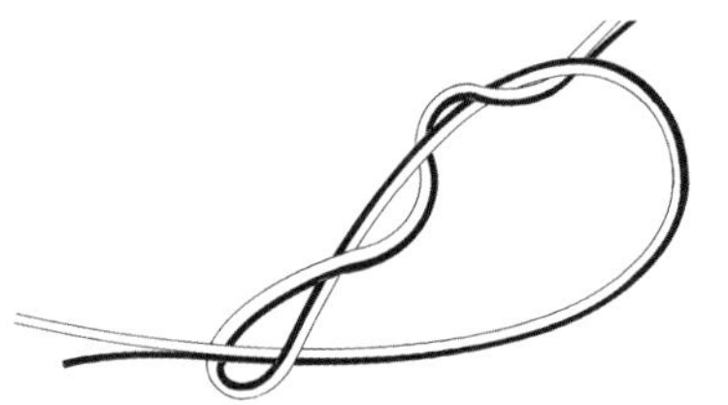

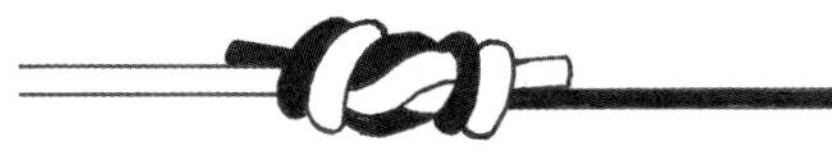

Pitzenbauer-Knoten

Der Knoten, im englischen Sprachraum unter der Bezeichnung Pitzen-Knot geführt, ist nach dem bekannten verstorbenen deutschen Fliegenfischer *Edgar Pitzenbauer* benannt.

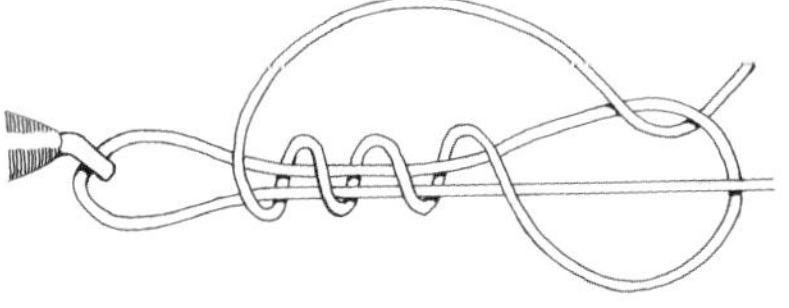

San Diego Jam-Knoten

Bei den Big-Game Anglern in San Diego entstanden, die den Knoten bei eher starkem Monofil anwenden. Er passt aber auch beim Fliegenfischen mit feinen Spitzenteilen. Im Unterschied zum »Pitzenbauer-Knoten« wird das Tippet vor dem Öhr durch die Schlaufe gesteckt und nicht nur außen herum gelegt. Angeblich ist der Knoten stärker als der »Verbesserte Klammerknoten«.

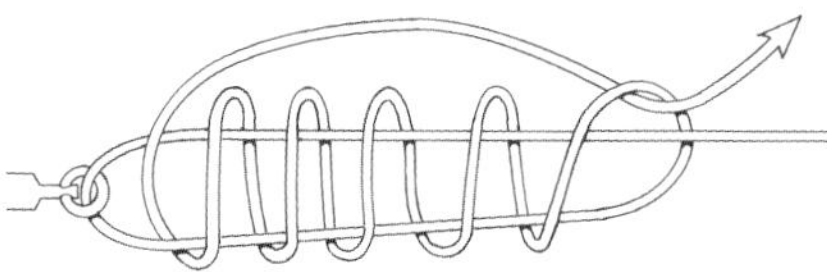

Midge-Knoten (Klemmvariante)

Der normale »Midge-Knoten« ein sehr schnell herzustellender Fliegenknoten ist im Buch auf Seite 167 vorgestellt. Er ist bei englischen Competition-Fischern sehr beliebt und stammt angeblich von *Davy Wotton*, deshalb heißt er auch »Davy's Knot«. Der Schrobenhausener Fliegenfischer *Hans Krammer* zeigte mir eine Version, bei welcher ein Überhandknoten das Durchrutschen des Monofils verhindert. Man traut es diesen beiden unscheinbaren Knoten irgendwie nicht zu, aber sie halten absolut sicher, wenn sie richtig geknüpft werden.

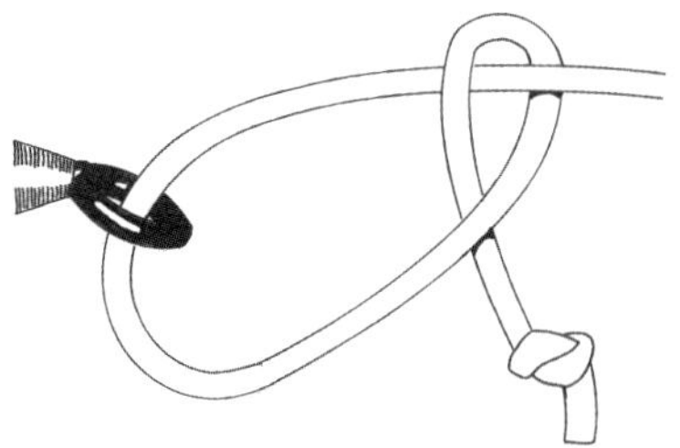

Perfection-Loop

Diese »perfekt« geformte Schlaufe steht im Gegensatz zur Chirurgen-Schlaufe gerade in Verlängerung der Leine und besitzt eine hohe Tragkraft.

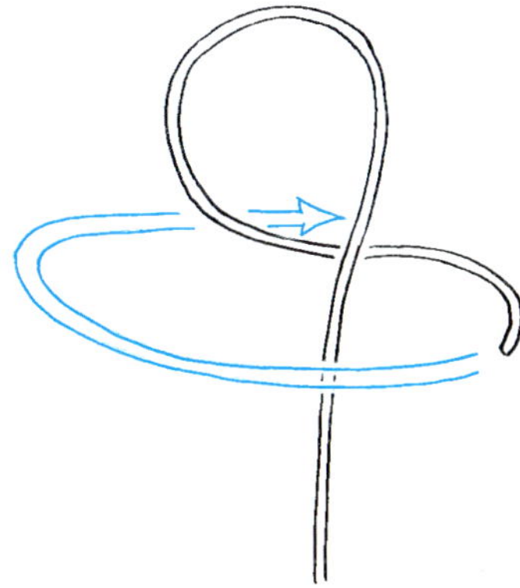

1. Eine Schlaufe formen und das Schnurende um die stehende Schnur herumführen.

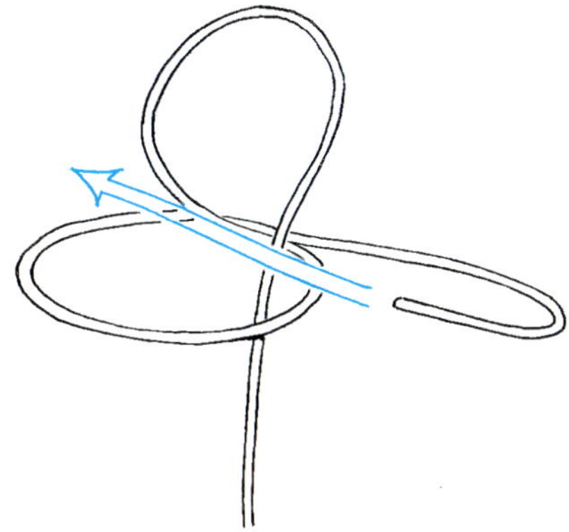

2. Dadurch entsteht eine zweite Schlaufe. Das Schnurende zwischen beide Schlaufen legen.

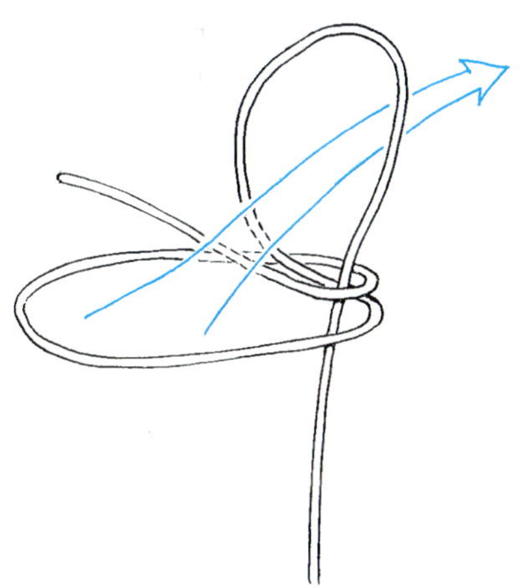

3. Die untere, zweite Schlaufe nun durch die erste hindurchführen und den Knoten festziehen.

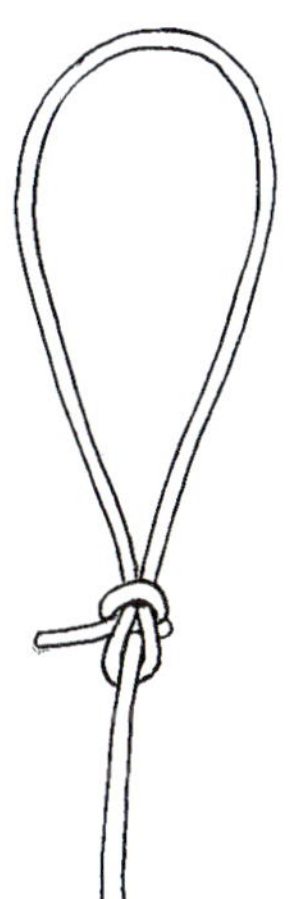

4. Die Schlaufe ist fertig. Schnurende zurechtstutzen. Der Knoten ist klein und unauffällig.

Stichwortverzeichnis

Abgebildete Fliegenmuster und ihre Binder

S. 11 Flashback Hares Ear-Nymphe, Andy Pfirstinger
S. 64 von links: Maifliegenmuster von Hans-Jürgen Baum, Marco Crippa, Werner Steinsdorfer
S. 89 von links. Wupper-Nymphe, Jörg Schuft; HG Sedge-Pupa, Hartmut Glowa.
S. 103 Eisack-Nymphen, Christian Marseiler
S. 109 Wildschwein-Nymphen, Wolfgang Ebert
S. 113 Czech-Nymphs von links: Milan Jamos, Oldrich Dvorak, Miroslav Kuzka
S. 116 Hares Ear- und Pheasant Tail-Nymphe, Andy Pfirstinger
S. 121 von links: HG UV Ice Muddler, Hartmut Glowa; Koppenstreamer, Theo Atanassow;
S. 126. Lucky-Streamers, Gerd Laible
S. 127 Pearly-Streamer, Peter Joest; Bunny-Punker, Werner Steinsdorfer
S. 133 Tubenfliegen, Hartmut Glowa, Jörg Schuft
S. 157 Lady Emerger XL, Werner Steinsdorfer
S. 161 Ameisen, Grashopper, Igor Stancev; Schwarzer Käfer, Fabio Mazzari
S. 176 Elk Hair Sedge-Pupa, Gösta Helldal; Engel, Kenneth Svennson

Über den Autor

Hans Eiber, hauptberuflich Förster, begann bereits im Alter von 12 Jahren mit dem Angeln. Seit 1978 wurde das Fliegenfischen immer mehr zu seiner großen Leidenschaft. Neben den Schreiben von Fachbüchern zum Thema veröffentlicht er Beiträge in verschiedenen Angel- und Fliegenfischerzeitschriften und arbeitet auch als Fachübersetzer.

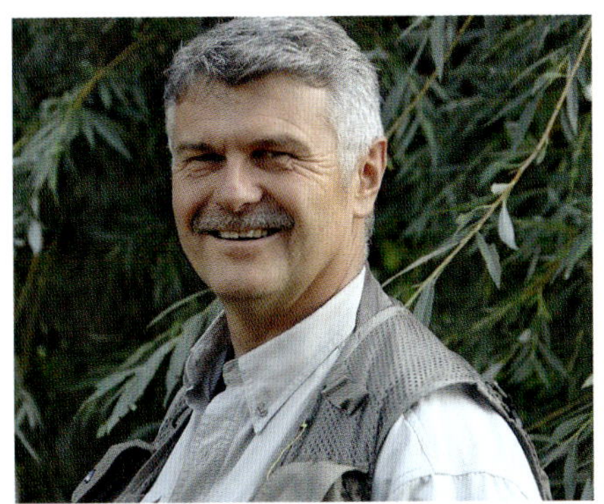

Bibliografische Information der Deutschen Nationalbibliothek
Die Deutsche Nationalbibliothek verzeichnet diese Publikation in der Deutschen Nationalbibliografie; detaillierte bibliografische Daten sind im Internet über http://dnb.d-nb.de abrufbar.

2. Auflage

BLV Buchverlag GmbH & Co. KG
80636 München

www.facebook.com/blvVerlag

Bildnachweis
S.104 links oben: Erwin Ladurner
S.142 links oben: Wolfgang Ebert
S.133 unten: Gerd Laible
Alle anderen Fotos und Grafiken stammen vom Autor.

Umschlagkonzeption und -gestaltung: BLV-Verlag
Umschlagfotos:
Vorderseite: Florian Läufer
Rückseite: Hans Eiber
Lektorat: Gerhard Seilmeier
Herstellung: Ruth Bost
Layout/DTP: Uhl + Massopust, Aalen

Gedruckt auf chlorfrei gebleichtem Papier
Printed in Italy
ISBN 978-3-8354-1886-8

Hinweis
Das vorliegende Buch wurde sorgfältig erarbeitet. Dennoch erfolgen alle Angaben ohne Gewähr. Weder Autor noch Verlag können für eventuelle Nachteile oder Schäden, die aus den im Buch vorgestellten Informationen resultieren, eine Haftung übernehmen.